维特根斯坦语言哲学中的确定性思想研究

A Study on Certainty in
Wittgenstein's Philosophy of Language

胡雯 著

人民出版社

责任编辑:夏 青
封面设计:毛 淳 姚 菲

图书在版编目(CIP)数据

维特根斯坦语言哲学中的确定性思想研究/胡雯 著. —北京:
人民出版社,2023.12
ISBN 978－7－01－026025－9

Ⅰ.①维… Ⅱ.①胡… Ⅲ.①维特根斯坦(Wittgenstein,Ludwig
1889-1951)-语言哲学-哲学思想-研究 Ⅳ.①B561.59 ②H0

中国国家版本馆 CIP 数据核字(2023)第 200326 号

维特根斯坦语言哲学中的确定性思想研究
WEITEGENSITAN YUYAN ZHEXUE ZHONG DE QUEDINGXING SIXIANG YANJIU

胡 雯 著

人民出版社 出版发行
(100706 北京市东城区隆福寺街 99 号)

中煤(北京)印务有限公司印刷 新华书店经销

2023 年 12 月第 1 版 2023 年 12 月北京第 1 次印刷
开本:710 毫米×1000 毫米 1/16 印张:22
字数:350 千字

ISBN 978－7－01－026025－9 定价:88.00 元

邮购地址 100706 北京市东城区隆福寺街 99 号
人民东方图书销售中心 电话 (010)65250042 65289539

国家社科基金后期资助项目
出版说明

  后期资助项目是国家社科基金设立的一类重要项目，旨在鼓励广大社科研究者潜心治学，支持基础研究多出优秀成果。它是经过严格评审，从接近完成的科研成果中遴选立项的。为扩大后期资助项目的影响，更好地推动学术发展，促进成果转化，全国哲学社会科学工作办公室按照"统一设计、统一标识、统一版式、形成系列"的总体要求，组织出版国家社科基金后期资助项目成果。

全国哲学社会科学工作办公室

目　录

导　论 ……………………………………………………………… 1

第一章　确定性问题的历史与变迁 ……………………………… 22
　　第一节　确定性问题的传统思路 …………………………… 23
　　第二节　确定性问题的语言转向 …………………………… 29

第二章　《逻辑哲学论》:"语言的界限"与确定性 …………… 36
　　第一节　命题、意义与界限 ………………………………… 37
　　　　一、《逻辑哲学论》中的"命题" ……………………… 37
　　　　二、《逻辑哲学论》中的意义观 ……………………… 39
　　　　三、《逻辑哲学论》中的"界限" ……………………… 41
　　第二节　"可说"与"不可说" ……………………………… 43
　　　　一、可以言说之物 ……………………………………… 43
　　　　二、不可言说之物 ……………………………………… 45
　　第三节　"可说""不可说"与确定性 ……………………… 54
　　　　一、"可说"与确定性 ………………………………… 54
　　　　二、"不可说"与确定性 ……………………………… 59
　　　　三、"不可说"与"无意义" …………………………… 60
　　第四节　从《逻辑哲学论》看维特根斯坦对确定性的追求 …… 65

第三章　《哲学研究》:意义、理解与确定性 ………………… 68
　　第一节　意义与确定性 ……………………………………… 70
　　　　一、维特根斯坦意义观的发展 ………………………… 70
　　　　二、维特根斯坦对"使用"的考察 …………………… 74
　　　　三、"意义即使用"观与确定性 ……………………… 78

第二节　规则与确定性 ································· 87
　　一、维特根斯坦规则观的发展 ····················· 88
　　二、维特根斯坦对"规则"的考察 ··················· 90
　　三、"遵守规则悖论"与确定性 ····················· 100
第三节　理解与确定性 ································· 120
　　一、维特根斯坦理解观的发展 ····················· 121
　　二、维特根斯坦对"疼痛"的解析 ··················· 123
　　三、"私人语言论证"与确定性 ····················· 140
第四节　从《哲学研究》看维特根斯坦对确定性的思考 ······ 151

第四章　《论确定性》：维特根斯坦论确定性 ··············· 157
第一节　怀疑与确定性 ································· 159
　　一、维特根斯坦论"怀疑" ························· 159
　　二、维特根斯坦论"确定性" ······················· 175
第二节　"世界图景"与确定性 ························· 187
　　一、"世界图景"的基础地位 ······················· 188
　　二、"世界图景"的隐喻表达 ······················· 190
　　三、"世界图景""语言游戏"与"生活形式" ··········· 199
第三节　"枢轴命题"与确定性 ························· 206
　　一、"枢轴命题"的形式与内容 ····················· 208
　　二、"枢轴命题"的产生与接受 ····················· 217
第四节　从《论确定性》看维特根斯坦对确定性的考察 ······ 231

第五章　确定性在实践中的显示 ························· 236
第一节　确定性显示的背景 ····························· 236
　　一、作为背景的日常生活 ························· 236
　　二、"周边情况"与"生活形式" ····················· 238
第二节　确定性显示的空间 ····························· 243
　　一、共同体与确定性 ····························· 243
　　二、确定性显示于公共表达系统之中 ··············· 249
　　三、确定性显示于共同信念系统之中 ··············· 252
第三节　确定性显示的媒介 ····························· 256
　　一、语言与行为 ································· 257
　　二、"看"的转变 ································· 263
　　三、有效的实践 ································· 265

第六章　"语言游戏"与确定性 ················· 268

　　第一节　语言与确定性 ·················· 268

　　第二节　"语言游戏"的确定性 ············· 272

　　第三节　"语言游戏"与本质主义 ············ 278

第七章　确定性的后现代语言考察 ··········· 283

　　第一节　后现代主义与确定性 ············· 283

　　第二节　维特根斯坦与后现代主义 ·········· 287

第八章　理解确定性 ···················· 299

　　第一节　维特根斯坦的确定性之路 ·········· 299

　　第二节　确定性的意义 ················· 303

　　第三节　确定性的现代启示 ·············· 306

　　　　一、确定性与认识世界 ·············· 307

　　　　二、确定性与理解活动 ·············· 311

　　　　三、确定性与文化价值 ·············· 318

结　语 ····························· 327

主要参考文献 ························· 333

后　记 ····························· 344

导　　论

一、选　题　缘　起

人类对"确定性"（certainty）①的思考与追求历经了成百上千年并延续至今。早在古希腊时期，人类就已经踏上追求"确定性"的漫漫征途。这种追求最初源自对安全感的质朴需求，人们怀揣着对世界的好奇心，希望把握世界本原，以便更好地认清客观世界。因此，他们在这一阶段追求的是一种外部世界存在的确定性。到了科学和文化繁荣发展的近现代时期，出于切实理解人类自身与现实世界的渴望，人类开始寻求认识（知识）的确定性。

西方哲学对"确定性"这一重大认识论问题的考察由来已久。近代各派哲学竭力通过美国实用主义哲学家杜威（John Dewey）所说的那种"纯理智的和逻辑的过程"②，试图在一个理想化的世界中获得确定性。以笛卡尔（René Descartes）、胡塞尔（Edmund Husserl）等为代表的近现代西方哲学家努力从人类意识中寻找确定性，但都没能切实解开确定性之谜。当今社会生活的不确定性与日俱增，后现代主义的兴起更是促使人们将目光从"确定性"转向"不确定性"。虽然后现代主义者"在知识的领域摒弃了确定性"③，但现代哲学与科学发展的"最强大刺激"依然是"平息怀疑的需求"④。对确定性的寻求在杜威那里意味着寻求"可靠的和平"，寻求一个"没有危险，没有由动作所产生的恐惧阴影的对象"⑤。人们对确定性的不懈追求不断驱使他们更为主动、深入地探索自身所处的世界，对确定性问题

---

① certainty 这一英语词汇来源于拉丁语 certus，意为"确定无疑的""肯定的"。张金言在翻译维特根斯坦最后一部作品 On Certainty 时，将 certainty 译为"确实性"。虽然"确实性"与"确定性"均有"必然，确实无疑"之意，两者意思相差无几，但"确定性"这一表达对中国读者来说更为耳熟能详，读起来朗朗上口，意义也更为明确，因此本书采用"确定性"这一译法。

② 杜威：《确定性的寻求——关于知行关系的研究》，傅统先译，上海：上海人民出版社 2004年版，第 304 页。

③ 塞德曼：《后现代转向——社会理论的新视角》，吴世雄、陈维振等译，沈阳：辽宁教育出版社 2001 年版，第 7 页。

④ 弗罗姆：《逃避自由》，刘林海译，上海：上海译文出版社 2015 年版，第 52 页。

⑤ 杜威：《确定性的寻求——关于知行关系的研究》，傅统先译，上海：上海人民出版社 2004年版，第 6 页。

的研究也有助于把握哲学发展的基本脉络。

目前对"确定性"问题的研究多聚焦笛卡尔、胡塞尔等人从意识层面对确定性的探索,而对当今确定性思想的考察并不多见,相关研究也较为零散,未成体系。因此,厘清确定性问题的历史渊源与发展趋势,追踪其近现代研究状况,梳理其研究思路,对理解确定性具有重要意义。

古希腊罗马时期,人们热衷于探究世界本原问题,这使哲学研究停留在"本体论"阶段。从 14 世纪开始的文艺复兴,到 16 世纪的欧洲宗教改革,再到 17 世纪兴起的思想启蒙,均大大解放了人类思想,也造就了哲学的"认识论"转向。这些思想解放运动崇尚科学精神、理性精神与人文主义,不仅营造了自由包容的社会氛围,促进了社会进步,更为自然科学发展奠定了坚实的思想基础。诸多科学发现也对哲学作出了重大贡献,在方式、观点、信息方面为哲学研究带来了新思路,使哲学得以借助科技进步提供观察、认识与理解世界的全新方法。20 世纪初,数理逻辑迅速发展,弗雷格(Gottlob Frege)、罗素(Bertrand Russell)等人的逻辑主义为哲学提供了强有力的技术支持,促成了哲学的"语言转向",并于五六十年代迅速普及开来,形成了英美分析哲学传统和以德国现象学与法国语言哲学为代表的欧洲大陆哲学传统。

语言哲学试图通过对语言的分析解答有关语言的疑问。语言哲学家维特根斯坦(Ludwig Wittgenstein)是哲学"语言转向"的主要领军人物。塞尔(J.R.Searle)指出,"当今没有一位哲学家能享有维特根斯坦在 20 世纪的声望与影响"①。维氏通过语言批判将哲学问题化解为语言问题,主张系统地从语言角度思考世界,奠定了语言哲学的基础,对"语言转向"功不可没。一方面,维特根斯坦语言哲学思想为日常语言学派提供了坚实理论支持。奥斯汀(J.L.Austin)关于"意义即使用""奥古斯丁式语言观""语词的诱惑""对普遍性的渴望"与"家族相似"②等核心话题的讨论,以及塞尔、塞拉斯(W.Sellars)等语言哲学家对人类交际过程中日常语言的关注,均充分体现了以《哲学研究》为代表的维氏后期思想的深刻影响。另一方面,它也对西方语言学产生了深远影响。正如罗宾斯(R.H.Robins)在《简明语言学史》中所言:"哲学就其广义而言是语言学的摇

---

① Searle,J.R.Insight and Error in Wittgenstein. *Philosophy of the Social Sciences*,2016,46(6),p.527.

② Harris,D.W.& Unnsteinsson, E.Wittgenstein's Influence on Austin's Philosophy of Language. *British Journal for the History of Philosophy*,2017,26(2),pp.376-382.

篮。"(Philosophy in its widest sense had been the cradle of linguistics)①维氏后期语言哲学的意义观陆续催生出语用学、语义学等语言学分支学科,并促进了功能语言学的发展,引发语言学家对动态语境的关注。维特根斯坦语言哲学思想的应用也十分广泛,逐渐从原本的哲学、语言、文学、美学、伦理、法学等人文社科领域,拓展到认知科学、心脑科学等自然科学领域。

说到维特根斯坦,就不能不提到他最著名的两部作品《逻辑哲学论》(Tractatus Logico-Philosophicus)与《哲学研究》(Philosophical Investigations)②。《逻辑哲学论》是维特根斯坦第一部正式出版的作品,也是维氏著作中唯一的"定本",被视为其前期思想的代表作。这部作品主要探讨了语言的本质以及语言与世界的关系,其中的论题不仅关乎逻辑,还延伸到了对意义的反思,直接影响了早期分析哲学的形成。然而后期维特根斯坦反对从传统逻辑来理解语言的本质,放弃了原先的语言逻辑分析方法,转向以"语言游戏"为核心的哲学思想和理解理论。维氏于 1936 年至 1947 年留下了并不完整的《哲学研究》,虽然这部后期代表作直到 1951 年他去世后才由其遗稿执行人正式出版,但正是这些工作为后来的哲学发展"拓展新的领域和方向",使当代哲学研究开始"力图为各种具体问题提供可行解决方案"③,并启发了新一代英美哲学家"拒绝大规模的、正式的理论化","竭力通过诉诸常识和日常语言而零碎地解决哲学问题"④,为语言研究开启了新的思路和解释模式。

此后,维特根斯坦学生根据维氏大量笔记和手稿、打字稿等半成稿以及他们的听课记录编辑而成的《蓝皮书和棕皮书》(The Blue and Brown Books)、《哲学语法》(Philosophical Grammar)、《哲学评论》(Philosophical Remarks)、《数学基础研究》(Remarks on the Foundations of Mathematics)、《心理学哲学研究》(Remarks on the Philosophy of Psychology)、《论确定性》(On Certainty)、《论颜色》(Remarks on Colour)、《字条集》(Zettel)等许多作品也

① Robins, R.H. A Short History of Linguistics. London: Longman, 1967, p. 88.
② Wittgenstein, L. Tractatus Logico-Philosophicus. (trans.). D.F.Pears & B.F.McGuinness. London: Routledge, 1971. Wittgenstein, L. Philosophical Investigations. 4th edition. (eds.). P.M.S.Hacker & J.Schulte. (trans.). G.E.M.Anscombe, P.M.S.Hacker & J.Schulte. Oxford: Blackwell, 2009.
③ 江怡:《论维特根斯坦后期思想在当代哲学发展中的位置》,《武汉大学学报(人文科学版)》2016 年第 3 期。
④ 斯鲁格:《维特根斯坦》,张学广译,北京:北京出版社 2015 年版,"前言"第 4 页。

以维特根斯坦著作的形式陆续出版①。其中的《论确定性》是维特根斯坦在生命最后 18 个月完成的哲学笔记,维氏最后阶段的这些哲学思考对知识与确定性问题进行了深入探讨,因此与《逻辑哲学论》和《哲学研究》一样,对理解维氏语言哲学具有举足轻重的作用。

在我们看来,维特根斯坦确定性思想是维特根斯坦语言哲学思想的重要组成部分。正如利科(Paul Ricoeur)所描述的"遗产"那样,与其说维氏确定性思想这一宝贵的思想遗产是不断传递于人们手中却"从未打开过的密封包裹",毋宁说它是人们能够"大把大把挖掘"并"在挖掘活动中得到更新的宝藏"②。研究维特根斯坦语言哲学中的确定性思想,不仅可以拓宽确定性问题的研究思路,为理解确定性、理解他人、认识世界提供有效的现实途径,还有助于准确地理解维氏语言哲学思想,重新认识语言的重要价值,有利于哲学与语言两种研究视域的融合。

其一,维特根斯坦的确定性思想为解决"确定性"这一重要哲学问题提供了富有洞察力的语言视角,维氏通过在语言意义、理解方面对确定性的重新审视,帮助人们重拾对确定性的关注,对深入理解确定性具有重要参考价值,也为"确定性"问题提供了切实可行的解决方案。维特根斯坦毕生都坚持对确定性问题的不懈思考,这些持续性的思考充分体现在其前期、后期乃至晚期等几部重要代表作中。语言是维氏思考确定性问题的关键出发点,语言视角将认识的确定性问题逐步转化为意义、理解的确定性问题。当然,语言意义的多样性以及自然语言在现实使用中的不确定性并非维氏关注的焦点,他更在意世界图景、生活形式等因素对语词意义的规约与限制,主张语词意义的确定性与人类理解的确定性可以在现实语言游戏中获取。

---

① Wittgenstein, L. *The Blue and Brown Books*. (ed.). R. Rhees. Oxford: Blackwell, 1969. Wittgenstein, L. *Philosophical Grammar*. (ed.). R. Rhees. (trans.). A. J. P. Kenny. Oxford: Blackwell, 1974. Wittgenstein, L. *Philosophical Remarks*. (ed.). R. Rhees. (trans.). R. Hargreaves and R. White. Oxford: Blackwell, 1975. Wittgenstein, L. *Remarks on the Foundations of Mathematics*. 3rd edition. (eds.). G. H. von Wright, R. Rhees & G. E. M. Anscombe. (trans.). G. E. M. Anscombe. Oxford: Blackwell, 1978. Wittgenstein, L. *Remarks on the Philosophy of Psychology*, Vol. 1, (eds.). G. E. M. Anscombe and G. H. von Wright, (trans.). G. E. M. Anscombe, Vol. 2, (eds.). G. H. von Wright and H. Nyman, (trans.). C. G. Luckhardt and M. A. E. Aue, Oxford: Blackwell, 1980. Wittgenstein, L. *On Certainty*. (eds.). G. E. M. Anscombe & G. H. von Wright. (trans.). D. Paul & G. E. M. Anscombe. Oxford: Blackwell, 1969. Wittgenstein, L. *Remarks on Colour*. (ed.). G. E. M. Anscombe. (trans.). L. McAlishter & M. Schattle. Oxford: Blackwell, 1977. Wittgenstein, L. *Zettel*. (eds.). G. E. M. Anscombe & G. H. von Wright. (trans.). G. E. M. Anscombe. Oxford: Blackwell, 1981.

② 利科:《解释的冲突——解释学文集》,莫伟民译,北京:商务印书馆 2008 年版,第 31 页。

其二,对维特根斯坦语言哲学中确定性思想的系统性、连续性的考察为澄清部分学者对维氏语言哲学思想的误解提供了重要依据,一方面有助于更为准确、深入地理解其语言哲学思想,树立新型的语言观,重新认识语言的重要作用;另一方面也为维特根斯坦研究提供了重要线索与新的思路,有利于把握维氏语言哲学的整体走势,理解其深刻内涵并发掘其当代意义。后现代主义者如利奥塔(Jean-François Lyotard)等人就将维氏后期的"语言游戏"视为"普遍的研究方法",并指出知识的一大显著特征——它在"方法上的灵活性",即"语言上的多样性"①,以此来消解确定性。当今语言研究对自然语言的不确定性饶有兴趣,却对意义、理解的确定性基础探讨不足。部分语言学者同样以"语言游戏"等概念为依据,认为维氏后期意义观主张语词意义随语境变化,进而认定维氏在这一时期关注语用,聚焦意义的不确定性,于是维氏语言哲学思想便被更多地与"不确定性"联系起来。上述理解误将维特根斯坦后期思想作为消解确定性的依据,未能意识到维氏其实从未停止对确定性的思考,他对确定性的长期探索恰恰为澄清这些误解提供了有力支持。

其三,研究维特根斯坦对意义、理解的确定性的探索与思考,有助于哲学研究和语言研究两大领域的互鉴共融。这不仅将引导人们从语言视角审视哲学问题,借助语言分析揭示哲学问题的内涵,厘清语言哲学中意义与理解这两大关键问题,同时也为语言研究提供了科学世界观与方法论的哲学理论指导,促进了语言研究的视域转换,拓宽了话语实践的研究思路,也对文化、社会等领域的研究具有重要启示。

二、研　究　现　状

(一) 国外研究现状

西方国家尤其是英美两国向来走在维特根斯坦研究的最前沿。维特根斯坦的四名学生安斯康姆(G.E.M.Anscombe)、里斯(Rush Rhees)、冯·赖特(G.H.von Wright)与马尔科姆(Norman Malcolm)当属最著名的维特根斯坦研究者。②

英国维特根斯坦研究者人数众多,除了马尔科姆等维氏学生之外,还有

---

① 利奥塔:《后现代状态》,车槿山译,南京:南京大学出版社2011年版,第62、153页。
② 安斯康姆(1919—2001)、里斯(1905—1989)、冯·赖特(1916—2003)与马尔科姆(1911—1990)翻译与编辑出版的大量维特根斯坦书籍与手稿为维特根斯坦后继研究者提供了许多宝贵的第一手研究资料。

贝克(G.P.Baker)、哈克(P.M.S.Hacker)、皮尔士(David Pears)、格洛克(Hans-Johann Glock)、蒙克(Ray Monk)等著名研究者。里斯在威尔士斯旺西大学(Swansea University)建立的维特根斯坦研究中心也拥有温奇(Peter Winch)、菲利普斯(D.Z.Phillips)等重要学者。英国维特根斯坦学会(British Wittgenstein Society)还于1978年创立了以维特根斯坦研究为特色的世界权威哲学期刊——《哲学研究》(*Philosophical Investigations*)。

美国维特根斯坦研究者以安斯康姆为领军人物,主要代表人物有戴梦德(Cora Diamond)、柯南特(James Conant)、卡维尔(Stanley Cavell)以及斯鲁格(Hans Sluga)、斯特恩(David Stern)等。

斯堪的纳维亚半岛则聚集了以冯·赖特为首的维特根斯坦研究者,包括赫兹伯格(Lars Hertzberg)、辛提卡(Jaakko Hintikka)等人。

欧洲大陆的维特根斯坦研究者如德国的罗斯哈特(Josef Rothhaupt)、舒尔特(Joachim Schulte)等人的研究也不容小觑。

比列茨基(Anat Biletzki)在《(过度)诠释维特根斯坦》这部阐述维氏哲学解释史的专著中,首次全面地总结了维特根斯坦哲学诠释,将其分为“标准解释”(standard interpretations)、“非标准解释”(non-standard issues)以及“文化与共同体”(culture and community of interpretation)①三类。目前国际维特根斯坦哲学研究主要有“标准解释”(the standard interpretation)、“老美式维特根斯坦”(Old American Wittgenstein)与“新美式维特根斯坦”(New American Wittgenstein)②三个学派。其中以安斯康姆和哈克为代表的“标准解释”派已于20世纪80年代对维特根斯坦前后期哲学达成了解释共同体,认定维氏前后期哲学思想存在“决定性的断裂”,而后兴起的新维特根斯坦研究则形成了与“标准解释”派的观点对峙,强调维氏前后期思想之间的密切联系。

---

① Biletzki,A.(*Over*)*interpreting Wittgenstein*.Norwell:Kluwer Academic Publishers,2003.其中“标准解释”包括“逻辑—语言的(反)形而上学”(Logico-Linguistic(Anti-) Metaphysics)、复杂的形而上学与“意义即使用”(Sophisticated Metaphysics and Meaning as Use)、“理性的元解读”(Reasonable Meta-Readings)、“严肃对待无意义”(Taking Nonsense Seriously)以及“伦理解读”(Ethical Reading)这五个阶段(见该书第29—105页),“非标准解释”包含数学、宗教与社会科学三个领域(见该书第107—161页),“文化与共同体”则呈现了“大陆性”(continental)、“多样性”(diverse)与“偶像流行”(idolatry and fashion)这三种走向(见该书第163—198页)。

② “标准解释”派代表人物有罗素、安斯康姆、冯·赖特、拉姆齐(F.P.Ramsey)、肯尼、皮尔士、哈克以及贝克等人,“老美式维特根斯坦”派主要包括安布罗斯(Alice Ambrose)、马尔科姆与布莱克(Max Black)等人,“新美式维特根斯坦”派则以戴梦德与柯南特为代表。

"新美式维特根斯坦"学派自 20 世纪 80 年代末期逐步发展起来,其代表人物戴梦德和柯南特以《逻辑哲学论》为起点,强调对这部作品展开"果断解读"(absolute reading),尝试以维氏后期思想视角来阐释《逻辑哲学论》。后来这种以"治疗性"(therapeutic)、"非正统"(non-standard)与"果断性"(absolute)等为特征的新式解读逐步扩展到对维氏前后期哲学关系的考察,主张对维氏前后期哲学之间具有的"实质连续性"①开展连贯的解释,并强调对维氏后期思想的"治疗性"解读。2000 年出版的论文集《新维特根斯坦》(The New Wittgenstein)②,以及 2001 年奥地利维特根斯坦研讨会上"新美式维特根斯坦"派与"标准解释"派的激烈交锋,标志着新维特根斯坦研究的产生。

20 世纪 80 年代以前,国外维特根斯坦研究一方面聚焦维特根斯坦前后期思想的差异,主张两者截然不同,如冯·赖特的《传略》(1955)③、肯尼(Anthony Kenny)(1973)④、哈克(1986)⑤、皮尔士(1988)⑥等人的相关作品;另一方面,维特根斯坦的"私人语言"论题吸引了众多研究者的目光。在艾耶尔(A.J.Ayer)与里斯之间展开的著名的"有无之争"中,两者的同名论文⑦针对"私人语言是否存在"作出了迥然不同的回答。艾耶尔为"私人语言"辩护,认为这种语言可能存在,而里斯则选择与维特根斯坦站在一起,坚决否认"私人语言"的存在。

自 20 世纪 80 年代开始,维特根斯坦研究的焦点有所变化,主要呈现出以下特征。第一,在继续关注维特根斯坦前后期思想转变的同时,不再将维氏前后期思想完全对立起来,而是开始关注两者之间的连续性。蒙克(1990)就采用维特根斯坦的"哲学关切"与其"感情和精神生活"的"统一"⑧视角来考

---

① 张学广:《美国新维特根斯坦研究探析》,《西安建筑科技大学学报(社会科学版)》2017 年第 1 期。

② Crary, A & Read, R.(eds.).*The New Wittgenstein*.London:Routledge,2000.

③ von Wright, G. H. Ludwig Wittgenstein: A Biographical Sketch. *Philosophical Review*, 1955, 64(4), pp. 527-545.

④ Kenny, A.*Wittgenstein*.Harmondsworth:The Penguin Press,1973.

⑤ Hacker, P.M.S.*Insight and Illusion:Themes in the Philosophy of Wittgenstein*.Oxford:Oxford University Press,1986.

⑥ Pears, D.*The False Prison:A Study of the Development of Wittgenstein's Philosophy*.Oxford:Oxford University Press,1988.

⑦ 艾耶尔:《"能有私人语言吗"》,鲁旭东译,《哲学译丛》1994 年第 5 期;里斯:《"能有私人语言吗"》,鲁旭东译,《哲学译丛》1994 年第 5 期。

⑧ Monk, R.*Wittgenstein:The Duty of Genius*.London:Jonathan Cape,1990:xvii.

察其思想转变,谢尔兹(P.R.Shields)(1993)①等学者也暂时将维氏前后期思想的差异搁置起来,强调两者之间的密切联系。第二,聚焦维特根斯坦后期语言哲学思想。贝克与哈克自 1980 年以来对维氏后期代表作《哲学研究》文本作出的多卷细致注疏②系统、深入地展现了维氏后期意义观的基本主张。克里普克(Saul A.Kripke)(1982)在《维特根斯坦论规则与私人语言》③中对“遵守规则”的讨论也影响深远。帕特里西亚(H.W.Patricia)(1992)④、麦金(Marie McGinn)(1997)⑤等人对《哲学研究》中的“规则”“意义”“私人语言”等关键议题的批判性分析不仅清晰地呈现出这些概念结为体系的具体过程,而且明确地阐释了维氏思想的演变。

　　可见,21 世纪之前,维特根斯坦研究的绝大多数成果都是关于维氏前期和后期语言哲学思想的主要内容,以及两者的联系与区别等,主要围绕着《逻辑哲学论》中的逻辑、图像和界限,以及《哲学研究》中的意义、规则和私人语言等论题展开。然而研究维特根斯坦后《哲学研究》时期的思想尤其是其确定性思想的论著并不多见,莫拉维茨(Thomas Morawetz)(1978)⑥分析指出,维氏晚期代表作《论确定性》充分展现了维氏的知识观,因而对确定性问题的研究具有重要意义,斯特洛尔(Avrum Stroll)(1994)⑦则细致比较了维特根斯坦与摩尔在“确定性”问题上的异同点。此外,对确定性的探讨仅散见于维氏研究著作中的个别章节,如冯·赖特(1982)⑧、马尔科姆(1986)⑨均在其著作中专辟一章考察维氏对“确定性”的看法。其他相关研究也多见于零散的论文中,如基尔(Jerry H.Gill)(1974)⑩关注了《论确定

①　Shields,P.R.*Logic and Sin in the Writings of Ludwig Wittgenstein*.Chicago:The University of Chicago Press,1993.

②　Baker,G.P.& Hacker,P.M.S.*An Analytical Commentary on Wittgenstein's Philosophical Investigations*.Chicago:University of Chicago Press,1980.

③　Kripke,S.*Wittgenstein on Rules and Private Language*.Cambridge:Harvard University Press,1982.

④　Patricia,H.W.*Skepticism,Rules and Private Languages*.London:Humanities Press International,1992.

⑤　McGinn,M.*Wittgenstein and the Philosophical Investigations*.London:Routledge,1997.

⑥　Morawetz,T.*Wittgenstein and Knowledge:The Importance of On Certainty*.Brighton:Harvester Press,1978.

⑦　Stroll,A.*Moore and Wittgenstein on Certainty*.Oxford:Oxford University Press,1994.

⑧　von Wright,G.H.*Wittgenstein*.Oxford:Basil Blackwell,1982.

⑨　Malcolm,N.*Nothing is Hidden*.Oxford:Basil Balckwell,1986.

⑩　Gill,J.H.Saying and Showing:Radical Themes in Wittgenstein's On Certainty.*Religious Study*,1974,10(3),pp.279-290.

性》中"说"与"显示"的主题,沃尔加斯特(Elizabeth Wolgast)(1987)①聚焦的是"生活形式"与"确定性"之间的关系,丘吉尔(John Churchill)(1988)②则考察了"世界图景"的确定性问题等。

21世纪以来,维特根斯坦研究继续结合维氏生平来阐释维氏语言哲学思想,如恰尔德(William Child)与斯鲁格的同名著作《维特根斯坦》。③ 此外,这一时期的维特根斯坦研究开始侧重关注《哲学研究》以及其中的重要概念。怀亭(Daniel Whiting)(2000)④聚焦了维氏后期的语言意义观,里斯(2003)⑤考察了维氏与话语的可能性等问题,斯特恩(2004)⑥探讨了《哲学研究》对奥古斯丁语言观的批判。艾伦(Richard Allen)与特维(Malcolm Turvey)(2001)⑦编辑的论文集关注了维特根斯坦后期思想与人类理解的自主性以及文学艺术等领域之间的关系,斯鲁格与斯特恩(2004)⑧的论文集也就《哲学研究》中的"哲学语法""世界图景""生活形式"等重要概念展开论述,汉福宁(Oswald Hanfling)(2006)⑨则通过考察规则、思维、心智等概念来研究"生活形式"。

值得注意的是,以《论确定性》为代表的维特根斯坦后《哲学研究》思想逐渐引发学界浓厚的研究兴趣。里斯(2003)⑩结合《论确定性》产生的哲学背景,探讨了这部作品的具体内容。2002年,莫亚-夏洛克(Daniele Moyal-Sharrock)⑪首次提出"第三阶段的维特根斯坦"(The Third Wittgenstein)⑫,将《论确定

① Wolgast,E.Whether Certainty is a Form of Life.*The Philosophical Quarterly*,1987,37(147), pp.151-165.
② Churchill,J.Wittgenstein:The Certainty of Worldpictures.*Philosophical Investigations*,1988,11 (3),pp.28-48.
③ Child,W.*Wittgenstein*.London:Routledge,2011.Sluga,H.*Wittgenstein*. Oxford:Wiley-Blackwell,2011.
④ Whiting,D.*The Later Wittgenstein on Language*.New York:Palgrave Macmillan,2000.
⑤ Rhees,R.Wittgenstein and the Possibility of Discourse.Cambridge:Cambridge University Press, 2003.
⑥ Stern,D.G.*Wittgenstein's Philosophical Investigations:An Introduction*.Cambridge:Cambridge U-niversity,2004.
⑦ Allen,R & Turvey,M.(eds.).*Wittgenstein,Theory and the Arts*.Oxon:Routledge,2001.
⑧ Sluga,H.& Stern,D.G.(eds.).*The Cambridge Companion to Wittgenstein*.北京:三联书店2006年版。
⑨ Hanfling,O.*Wittgenstein and the Human Form of Life*.London &New York:Routledge,2002.
⑩ Rhees,R.*Wittgenstein's On Certainty:There—Like Our Life*.London:Wiley-Blackwell,2003.
⑪ 为方便起见,后文将莫亚-夏洛克简称为"夏洛克"。
⑫ 有学者按照字面意思将 The Third Wittgenstein 译作"第三个维特根斯坦"。但我们认为, "第三个维特根斯坦"这种译法否认了维特根斯坦任何一个阶段的思想都出自同一个认知主体,从字面上掩盖了这几个阶段维氏思想的相通之处。因此,本书为了避免将维特根斯坦前期、后期以及晚年时期的哲学思想完全割裂开来,为分阶段、系统地阐明维特根斯坦确定性思想的区别与联系提供便利,故采用"第三阶段的维特根斯坦"这一译法。

性》视为维氏的"三部伟大作品之一"①以及"第三阶段的维特根斯坦"的代表作,并分别于 2004 年②与 2005 年③对《论确定性》进行了细致的考察。2007 年,夏洛克创立了"英国维特根斯坦学会"(British Wittgenstein Society),2008 年的英国维特根斯坦研究大会的会议主题便是"第三阶段的维特根斯坦",2009 年的《哲学》(Philosophia)杂志也就这一主题展开专题讨论。卡维尔(2004)④、普利查德(Duncan Pritchard)(2012)⑤、柯利瓦(Annalisa Coliva)(2013)⑥与贝克斯(Chantal Bax)(2013)⑦等学者陆续发表了一系列探讨《论确定性》的研究论文,但相关成果仍多集中于对该部作品的孤立考察,对维氏确定性思想系统性的研究与持续性的追踪尚未切实开展。

2014 年以来国外出版的有关维特根斯坦语言哲学思想的著作中,除了有关维特根斯坦语言哲学思想重要主题的研究论文集⑧和维氏的学生与朋友们对其手稿与讲座的整理⑨,研究内容涉及对《哲学研究》的解读⑩、《逻

---

① Moyal-Sharrock D.The Third Wittgenstein and the Category Mistake of Philosophical Skepticism. In R.Haller & K.Puhl.(eds.).*Wittgenstein and the Future of Philosophy:A Reassessment After 50 Years.*Wieu:Obv & hpt.,2002.

② Moyal-Sharrock,D.*Understanding Wittgenstein's On Certainty.*New York:Palgrave Macmillan, 2004.Moyal-Sharrock,D.(ed.).*The Third Wittgenstein:The Post-Investigations Works.* Hampshire:Ashgate Publishing Company,2004.

③ Moyal-Sharrock.D.& Brenner,W.H.(eds.).*Readings of Wittgenstein's On Certainty.*New York: Palgrave Macmillan,2005.Moyal-Sharrock.D.& Brenner,W.H.(eds.).*Investigating On Certainty:Essays on Wittgenstein's Last Work.*New York:Palgrave Macmillan,2005.

④ Cavell,S.Reply to Four Chapters.In D.McManus(ed.).*Wittgenstein and Scepticism.*London:Routledge,2004.

⑤ Pritchard,D.Wittgenstein and the Groundlessness of Our Believing.*Synthese*,2012,189(2), pp.255-272.

⑥ Coliva,A.Hinges and Certainty.*Philosophia*,2013,41(1),pp.1-12.

⑦ Bax,C.Reading On Certainty through the Lens of Cavell:Skepticism,Dogmatism and the 'Groundlessness of Our Believing'.*International Journal of Philosophical Studies*,2013,21(4),pp.515-533.

⑧ Glock,H.J & Hyman,J.(eds.)*A Companion to Wittgenstein.*Hoboken,New Jersey:Wiley,2017.Conant,J.& Sunday,S.(eds.).*Wittgenstein on Philosophy,Objectivity and Meaning.*Cambridge:Cambridge University Press,2019.Appelqvist,H.(ed.).*Wittgenstein and the Limits of Language.*Routledge:New York,2020.

⑨ 维特根斯坦有关伦理学的讲座可见 Wittgenstein,L.*Lecture on Ethics.*(eds.).E.Zamuner,E.V. Di Lascio & D.K.Levy.UK:Wiley-Blackwell,2014。维特根斯坦 1938 年至 1941 年在剑桥的演讲可见 *Wittgenstein's Whewell's Court Lectures:Cambridge,1938-1941:From the Notes by Yorick Smythies.*(eds.).V.Munz & B.Ritter.UK:Wiley-Blackwell,2017.维特根斯坦与里斯的谈话录可见 Wittgenstein's Philosophical Conversations with Rush Rhees(1939-50):From the Notes of Rush Rhees.(ed.).G.Citron.*Mind*,2015,124(493),pp.1-71。

⑩ Luntley,M.*Wittgenstein:Opening Investigations.* London:Wiley-Blackwell,2015.McNally,T.*Wittgenstein and the Philosophy of Language:The Legacy of the Philosophical Investigations.*London: Cambridge University Press,2017.Savickey,B.*Wittgenstein's Investigations:Awakening the Imagination.*Switzerland:Springer,2017.

辑哲学论》至《哲学研究》时期维特根斯坦思想的转变①、维氏与现代主义
的关系②；维氏思想与伦理学③，以及维氏语言哲学思想在教育、心理学、人
类学、文学、认知科学等领域的影响与应用④等。与确定性思想相关的研究
内容既包括对《论确定性》本身的研究，如对这部作品的阐释⑤、对这部作品
中的实用主义的探讨⑥，也牵涉到对"世界图景""枢轴隐喻"⑦等具体概念
的分析以及确定性的获得与儿童对"世界图景"的习得⑧等。2018 年 4 月，
《哲学研究》期刊出版了英国维特根斯坦第十届年会特刊⑨，刊发的 7 篇论
文重点考察了维特根斯坦思想在 21 世纪的发展与应用，主题包括：维特根
斯坦的"私人语言论证"以及维特根斯坦思想与社会、教育哲学、物理哲学、
交流技术等之间的关系。2021 年 4 月，夏洛克以其 2013 年至 2020 年期间
正式发表的论文和书籍的部分章节为基础，出版了《行动中的确定性》(*Cer-*

---

① Stern,D.G.(ed.).*Wittgenstein in the 1930s：Between the Tractatus and the Investigations*.New York：Cambridge University Press,2018.

② LeMahieu,M & Zumhagen-Yekplé,K.(eds.).*Wittgenstein and Modernism*.Chicago and London：The University of Chicago Press, 2017. Matar, A. (ed.). *Understanding Wittgenstein，Understanding Modernism*.New York：Bloomsbury,2017.

③ Diamond,C.*Reading Wittgenstein with Anscombe，Going On to Ethics*.Cambridge：Harvard University Press,2019.

④ 教育领域论著有 Peters,M.A & Stickney,J.*Wittgenstein's Education：'A Picture Held Us Captive'*.Singapore：Springer,2018.Peters,M.A & Stickney,J.(eds.).*A Companion to Wittgenstein on Education*.Singapore：Springer,2017。心理学领域论著见 Sullivan,G.B.*Wittgenstein's Philosophy in Psychology：Interpretations and Applications in Historical Context*.UK：Palgrave Macmillan,2017。人类学视角的论著有 Gebauer,G.*Wittgenstein's Anthropological Philosophy*.Switzerland：Palgrave Macmillan,2017.Das, V. *Texture of the Ordinary：Doing Anthropology after Wittgenstein*.New York：Fordham University,2020。文学领域论著见 Zumhagen-Yekplé, K. *A Different Order of Difficulty：Literature after Wittgenstein*.Chicago：University of Chicago Press,2020。认知科学领域论著见 Loughlin, V.*4E Cognitive Science and Wittgenstein*.New York：Palgrave Macmillan,2022。

⑤ Hamilton,A.*Wittgenstein and On Certainty*.New York：Routledge,2014.

⑥ Boncompagni,A.*Wittgenstein and Pragmatism：On Certainty in the Light of Peirce and James*.UK：Palgrave Macmillan,2016.

⑦ Perissinotto,L.How long has the Earth Existed? Persuasion and World-picture in Wittgenstein's *On Certainty*.*Philosophical Investigations*,2016,39(2)，pp.154-177.Ohtani,H.World-pictures and Wittgensteinian Certainty.*Metaphilosophy*,2018,49(1-2),pp.115-136.Dromm,K.The Difficulties with Groundlessness. *Philosophical Investigations*,2018,41(4),pp.418-435.

⑧ Ariso,J.M.Can Certainties be Acquired at Will? Implications for Children's Assimilation of a World-picture.*Journal of Philosophy of Education*,2016,50(4),pp.573-586.

⑨ Mounce,H.O.(ed.).Special Issue：Proceedings of the British Wittgenstein Society 10th Anniversary Conference：Wittgenstein in the 21st Century. *Philosophical Investigations*,2018,41(2).

tainty in Action：Wittgenstein on Language, Mind and Epistemology）①一书，强调了"行动"（action）概念在维氏哲学思想中的重要性，分析了维氏的"确定性"为认识论、心智哲学乃至语言学、心理学与人类学等领域带来的新思路。

（二）国内研究现状

1927 年，中国哲学家张申府将维特根斯坦于 1921 年首次以德语发表的《逻辑哲学论》译为《名理论》引入中国，成为该部作品 1922 年德英对照版之后的首部外文版，同时拉开了中国国内研究维特根斯坦的序幕。实际上，维特根斯坦研究于近二十年才真正在中国学界蓬勃发展起来。维特根斯坦的作品、书信、笔记以及演讲等大量文本被译为中文，迄今为止，《逻辑哲学论》已有五个汉译版本，《哲学研究》的中文译本则多达六个。② 1998 年，江怡出版了《维特根斯坦传》③，涂纪亮于 2003年组织编译的《维特根斯坦全集》（12 卷）④收录了维氏哲学不同思想阶段的代表作。2019 年，韩林合主编出版的《维特根斯坦文集》（8 卷）除了依旧收录维氏不同阶段的重要语言哲学代表作之外，还对《哲学语法》《数学基础研究》《战时笔记（1914—1917）》⑤以及《心理学哲学研究》《心理学哲学笔记（1948—1950）》《最后的哲学笔记（1950—1951）》⑥等维氏遗稿进行重新编译。与此同时，国外大量的维特根斯坦传记与维氏研究专著也

---

① Moyal-Sharrock, D. *Certainty in Action：Wittgenstein on Language, Mind and Epistemology*. London：Bloomsbury，2021.
② 《逻辑哲学论》的最新译本见《逻辑哲学论》，黄敏译，北京：中国华侨出版社 2021 年版；《哲学研究》的最新译本见《哲学研究》，楼巍译，上海：上海人民出版社 2019 年版。
③ 江怡：《维特根斯坦传》，石家庄：河北人民出版社 1998 年版。该书于 2018 年修订再版，见江怡：《维特根斯坦传》，南京：江苏人民出版社 2018 年版。
④ 维特根斯坦：《维特根斯坦全集》（12 卷），涂纪亮主编，石家庄：河北教育出版社 2003年版。
⑤ 韩林合翻译的《战时笔记（1914—1917）》《哲学语法》《数学基础研究》与等维特根斯坦作品于 2012 年、2013 年陆续出版（具体可见：维特根斯坦：《战时笔记（1914—1917）》，韩林合译，北京：商务印书馆 2013 年版；维特根斯坦：《哲学语法》，韩林合译，北京：商务印书馆 2012 年版；维特根斯坦：《数学基础研究》，韩林合译，北京：商务印书馆 2013 年版），并分别被收录于 2019 年韩林合主编的《维特根斯坦文集》（8 卷）的第 1 卷、第 3 卷和第 5 卷。
⑥ 维特根斯坦：《心理学哲学研究》（《维特根斯坦文集》第 6 卷），韩林合主编，张励耕编译，北京：商务印书馆 2019 年版；维特根斯坦：《心理学哲学笔记（1948—1950）》（《维特根斯坦文集》第 7 卷）；韩林合主编，张励耕编译，北京：商务印书馆 2019 年版；维特根斯坦：《最后的哲学笔记（1950—1951）》（《维特根斯坦文集》第 8 卷），韩林合主编，刘畅编译，北京：商务印书馆 2019 年版。（该卷包括维氏的《论确定性》《论颜色》以及《最后的心理学哲学著作》的部分内容）

被译介到中国。① 随着维特根斯坦研究在中国的快速发展,中国维特根斯坦学会(Chinese Wittgenstein Society)于2013年10月成立,是欧洲、北美以外第一家,也是世界上第七家维特根斯坦学会,2015年成立的维特根斯坦哲学专业委员会成为中国首个以西方哲学家命名的二级学会。

国内维特根斯坦研究大致秉承着"文本阅读"(textual reading)、"语境阐释"(contextual interpretation)与"哲学应用"(philosophical application)三条研究路线②,主要研究内容如下:第一,在西方哲学尤其是语言哲学发展的宏观背景下,从整体上审视维特根斯坦语言哲学思想。徐友渔(1996)③、陈嘉映(2003)④与王寅(2014)⑤等学者在其主编的语言哲学论著中专门对维氏语言哲学思想进行了详细解读,江怡(2002)⑥强调了维氏语言哲学思想与众不同的特点,认为它是一种独特的"后哲学的文化"。涂纪亮(2007)⑦则以英美哲学的发展为历史背景,将语言哲学中的意义与理解等关键问题作为基本线索,考察维氏后期对这些问题的思考;第二,从维特根斯坦哲学本体入手,重新诠释维氏某一时期思想中的重要主题,如考察维氏前期的命题学说⑧、从存在论维度探讨维氏后期哲学⑨,或聚焦维氏某一时期代表作,如韩林合(2010)⑩对《哲学研究》作出了细致入微的注疏与解读;第三,研究维特根斯坦思想对人工智能、语言学习等领域的指导意义与

① 蒙克:《维特根斯坦传——天才之为责任》,王宇光译,杭州:浙江大学出版社2011年版;蒙克:《如何阅读维特根斯坦》,徐斌译,杭州:浙江大学出版社2021年版;恰尔德:《维特根斯坦》,陈常燊译,北京:华夏出版社2012年版;斯鲁格:《维特根斯坦》,张学广译,北京:北京出版社2015年版。
② Zhang,X.G. Wittgenstein in China. *Philosophical Investigations*,2015,38(3),pp.209-210.
③ 徐友渔等:《语言与哲学——当代英美与德法传统比较研究》,北京:三联书店1996年版。
④ 陈嘉映:《语言哲学》,北京:北京大学出版社2003年版。
⑤ 王寅:《语言哲学研究——21世纪中国后语言哲学沉思录》,北京:北京大学出版社2014年版。
⑥ 江怡:《维特根斯坦:一种后哲学的文化》,北京:社会科学文献出版社2002年版。
⑦ 涂纪亮:《涂纪亮哲学论著选第2卷:维特根斯坦后期哲学思想研究、英美语言哲学概论》,武汉:武汉大学出版社2007年版。
⑧ 李国山:《言说与沉默——维特根斯坦〈逻辑哲学论〉中的命题学说》,天津:南开大学出版社2004年版;黄敏:《维特根斯坦的〈逻辑哲学论〉》,上海:华东师范大学出版社2010年版。
⑨ 焦卫华:《"综观"与"面相":后期维特根斯坦哲学存在论维度解读》,北京:人民出版社2014年版。
⑩ 韩林合:《维特根斯坦〈哲学研究〉解读》,北京:商务印书馆2010年版。

具体应用。①

2014 年以后国内出版的维特根斯坦研究著作除了继续关注维氏某一思想阶段的重要主题②、维氏在当代哲学发展中的地位③，依然重视对维氏作品的文本解读，出现了基于语料库对《维特根斯坦选集》开展的文本研究④以及对《哲学研究》等作品的全新注解⑤。另有一些著作着重考察了维氏心理学哲学、语言游戏思想、语境思想、数学哲学以及伦理学思想等。⑥2021 年恰逢维特根斯坦逝世 70 周年与《逻辑哲学论》出版 100 周年，中国权威哲学期刊——《哲学研究》组织的"《逻辑哲学论》发表 100 周年专题"刊发了国内学界对《逻辑哲学论》的新思考，众多学术期刊与报章杂志也发表了一系列研究论文与文章，再次掀起了国内维特根斯坦研究热潮。

值得注意的是，目前国内关于维特根斯坦确定性思想的研究成果仅散见于一些学术著作的章节或论文中，尚未有相关著作出版，已有研究侧重点也各有不同。研究内容主要包括：第一，从数学视角展开对确定性问题的解读⑦；第二，对《论确定性》这部作品的解读，包括对其中的"命题"⑧、摩尔和

---

① 沈梅英等：《维特根斯坦哲学观视角下的语言研究》，杭州：浙江大学出版社 2012 年版；徐英瑾：《心智、语言和机器——维特根斯坦哲学和人工智能科学的对话》，北京：人民出版社 2013 年版；范连义：《维特根斯坦的哲学语言学习观》，上海：上海译文出版社 2014 年版。

② 徐弢：《前期维特根斯坦意义理论研究》，北京：人民出版社 2018 年版。

③ 江怡：《维特根斯坦与当代哲学的发展》，北京：北京师范大学出版社 2021 年版。

④ 刘辉：《基于语料库的〈维特根斯坦选集〉文本研究》，哈尔滨：黑龙江大学出版社 2017 年版。

⑤ 楼巍：《维特根斯坦〈哲学研究〉注解》，上海：上海人民出版社 2019 年版。

⑥ 2017 年 4 月 8 日至 9 日，在北京师范大学举办的维特根斯坦国际研讨会主要从当代哲学视角分析维特根斯坦的心理学哲学思想，最新的维特根斯坦心理学哲学研究著作有：张励耕：《维特根斯坦心理学哲学研究》，北京：中国社会科学出版社 2018 年版。近年来国内还陆续出版了有关维特根斯坦语言游戏思想、语境论思想、数学哲学思想以及伦理学思想的研究著作：范秀英：《语言游戏的语用维度》，北京：中国社会科学出版社 2014 年版；谢群：《维特根斯坦语言游戏思想研究》，哈尔滨：黑龙江大学出版社 2017 年版；李果：《维特根斯坦的语言游戏思想研究》，北京：社会科学文献出版社 2020 年版；樊岳红：《维特根斯坦与语境论》，北京：科学出版社 2017 年版；樊岳红：《维特根斯坦数学哲学思想研究》，北京：科学出版社 2018 年版；李文倩：《维特根斯坦事实与价值》，成都：四川大学出版社 2019 年版。

⑦ 方刚：《维特根斯坦之命题意义的确定性问题研究》，复旦大学博士学位论文，2004 年。

⑧ 可见李果：《维特根斯坦的语言游戏思想研究》，北京：社会科学文献出版社 2020 年版，第五章第二至四节。

怀疑主义的反驳①、确定性的刻画②以及"相对主义"③的分析;第三,对维氏
"确定性"概念的基本立场④与批判性解读⑤等。

（三）现存问题

第一,虽然近年来国内外对维特根斯坦晚年思想尤其是《论确定性》的
研究已经取得一些成果,但相较于有关维氏前后期语言哲学思想的丰富研
究成果,依然偏少;第二,目前对维特根斯坦确定性思想的考察依然仅围绕
着《论确定性》一部作品展开,且对《论确定性》的研究大多旨在通过哲学视
角探讨维氏对怀疑论的消解,聚焦维氏对摩尔反驳怀疑论方式的批判,却缺
乏语言视角的反思;第三,对维特根斯坦其他时期的重要作品如《哲学研
究》等体现的确定性思想未给予充分关注,部分研究甚至将维氏后期思想
完全等同于"不确定性";第四,未能将维特根斯坦确定性思想置于其语言
哲学思想发展的全景中进行一种动态、系统的审视,这不仅容易对维氏确定
性思想产生孤立、片面、静止的理解,还可能会导致对维氏整体语言哲学思
想的误解。

可见,一方面,《论确定性》这部作品的理论宝藏尚未得到充分挖掘,一
种借助语言手段探索确定性的研究路径也没能引起应有的关注;另一方面,
以《哲学研究》等作品为代表的维特根斯坦其他时期的确定性思想尚未得
到全面考察,更缺乏对维氏确定性思想的系统综观。

要获得维特根斯坦确定性思想的完整图像,仅依靠对《论确定性》的考
察远远不够,对维氏各个阶段期语言哲学思想的探讨同样必不可少。我们
在考察中发现,《逻辑哲学论》《哲学研究》等作品对确定性问题的关注丝毫
不比《论确定性》少,它们与《论确定性》一样充分体现了维氏对确定性的探
索,是维氏确定性思想研究不可缺少的链条。虽然《论确定性》用大量篇幅
探讨了对怀疑主义与摩尔的批判,但维特根斯坦最终的研究旨趣绝非批判

---

① 戚本芬:《维特根斯坦论怀疑论与确定性》,《兰州大学学报(社会科学版)》2001 年第 5
期;曹剑波:《维特根斯坦论有意义的怀疑——〈论确定性〉的怀疑观管窥》,《华东师范大
学学报(哲学社会科学版)》2005 年第 5 期。
② 楼巍:《维特根斯坦〈论确定性〉研究》,浙江大学博士学位论文,2010 年。
③ 陈常桑:《语言与实践:维特根斯坦对"哲学病"的诊治》,上海:上海人民出版社 2016 年版
(其中第六章为作者对《论确定性》的阐述);马芳芳:《维特根斯坦:一个彻底的相对主义
者?》,《科学技术哲学研究》2019 年第 3 期。
④ 江怡:《后期维特根斯坦论确定性与不确定性》,《山西大学学报(哲学社会科学版)》2022
年第 3 期。
⑤ 刘清平:《难以确定的"确定性"——析维特根斯坦哲学生涯的一个内在悖论》,《贵州大学
学报(社会科学版)》2021 年第 2 期。

与消解怀疑主义,他借助命题等语言手段对确定性问题作出重新思考,描绘出一幅"语言游戏认知结构"(the epistemic structure of language-game)与其"相关认知背景"(their epistemically relevant settings)的"哲学启示图"①。因此,通过《论确定性》考察维特根斯坦确定性思想时,需要超越认识论的局限,综观维氏语言哲学思想发展的几个阶段,聚焦确定性与语言之间的密切联系。只有从语言视角对确定性问题进行深入细致的考察,才可能获得对维氏确定性思想、维氏整体语言哲学思想以及确定性问题更为全面、准确、深刻的理解。

三、研究内容与研究方法

(一) 研究内容

近现代哲学对"确定性"这一重大认识论问题进行了持久不懈的追求与探索,但以意识、精神为进路的探索都未能最终厘清这一问题,反而使人们陷入了对心理状态的过度迷恋之中。维特根斯坦在其语言哲学思想前期也渴望一种绝对精致的确定性,然而随着其意义观的变化与语言视域的进一步开阔,维氏对确定性的追求逐渐摆脱了心理层面,完全转移到语言层面上,并层层深入地从语言视角切入确定性问题。对维特根斯坦语言哲学中的确定性思想进行系统考察,将澄清部分学者对维氏语言哲学思想的误解,为确定性问题与维氏语言哲学思想研究提供新的思路,帮助人们重新审视、理解语言的重要作用与确定性的真实内涵。

本书包括十大部分:

导论阐明了选题缘起,对国内外维特根斯坦研究的发展历程和研究现状作出梳理与评价,介绍了本书的研究内容、研究方法、研究思路与研究视角。

第一章回溯了确定性问题的历史渊源,梳理了古希腊时期到近代哲学对确定性问题的传统思路以及哲学的"语言转向"为确定性问题赋予的语言视角。

第二章从维特根斯坦在其前期代表作《逻辑哲学论》中划出的"语言的界限"出发,分析维氏前期意义观及其提出的"命题"与"界限"概念,对维氏意味的"可说"之物与"不可说"之物进行重新分类,考察"可说""不可说"

---

① Kober,M.Certainties of a World-picture:The Epistemological Investigation of *On Certainty*.In H. Sluga.& D.G.Stern.(eds.). *The Cambridge Companion to Wittgenstein*.北京:三联书店 2006 年版,第 412 页。

与确定性的关系,总结《逻辑哲学论》所体现的维特根斯坦前期确定性思想。

第三章以"意义""理解"与"确定性"为主要线索,从意义、规则与理解三个方面入手,细致考察维特根斯坦后期代表作《哲学研究》中提出的"意义即使用"观、"遵守规则悖论"与"私人语言论证",追踪维氏意义观、规则观与理解观的发展变化,解析维氏后期对确定性的思考。

第四章从维特根斯坦在其晚年代表作《论确定性》中关于怀疑与确定性的论断着眼,通过厘清"世界图景""枢轴命题"等重要概念与确定性的关系,归纳出蕴含于《论确定性》中的维氏晚年时期的确定性思想。

第五章将确定性与实践相结合,将确定性视为一种实践中的显示,解读其显示的背景、空间与媒介。

第六章通过对"语言游戏"的概念考察,阐明语言与确定性的密切关系。

第七章聚焦部分后现代学者围绕语言意义与理解对确定性作出的思考,并将其与维特根斯坦对确定性的语言考察进行比较。

第八章总结维特根斯坦语言哲学中确定性思想的发展脉络,厘清维氏的意义观、理解观与其确定性思想的密切联系,阐明确定性的意义,指出确定性对人类在现代社会中认识世界、理解自我与他者、看待文化价值等方面的重要启示。

结语部分回溯全书所述,阐明本书结论。

(二) 研究方法

1. 解读原文文本

文本作为独立的整体,向来是理解思想与理论的主要材料与关键证据。因此,我们将文本视为把握维特根斯坦语言哲学思想的重要工具,从字词等局部的具体细节出发,对《逻辑哲学论》《哲学研究》《论确定性》这三部维氏代表性经典文本进行近距离的观察与阅读,分析并阐释其中的重要概念与主要观点,同时还以《蓝皮书和棕皮书》《哲学语法》《哲学评论》《数学基础研究》《维特根斯坦剑桥演讲录(1930—1935)》[①]《心理学哲学研究》《心理学哲学笔记(1948—1950)》《最后的哲学笔记(1950—1951)》《论颜色》《文化和价值》等基于维氏手稿和打印稿的其他作品作为参考辅助。既从小处着手,也不忘大处着眼,透过局部窥得整体,从总体上把握维氏哲学文

———————

① 维特根斯坦:《维特根斯坦剑桥演讲录(1930—1935)》,周晓亮、江怡译,杭州:浙江大学出版社 2010 年版。

本的意义。基于文本细读,透过作为人类思维基本单元与人类重要思维事件且反映人类对世界认知加工过程的"概念",借助"概念考察"这种分析性的说理与论证方式"安静地权衡语言事实"(quiet weighing of linguistic facts)①,建立起语言与概念的密切联系,探索客观世界、人类认识与语言之间的密切联系,进而形成对维特根斯坦语言哲学中确定性思想乃至维氏语言哲学总体思想的更为全面、深刻、科学、立体的认知,阐明蕴含在"确定性"这一基本概念中的道理,澄清对"确定性"的理解。

哈奇森(Phil Hutchinson)归纳了阅读维特根斯坦后期代表作《哲学研究》的三种方式:"教条式"(doctrinal)、"阐明式"(elucidatory)与"治疗式"(therapeutic),②其中"标准阐释"派主要采用"教条式"方法,"美式维特根斯坦"派则多采用"阐明式"与"治疗式",主张"治疗式"解读是有效理解维氏整体哲学文本并说明维氏哲学重要性的唯一手段。我们对维特根斯坦文本的解读秉承"作品本身也要为自己说话"的思想,以严谨的学术态度从维氏原文文本出发,基于文本事实来研究其思想。维特根斯坦语言哲学思想较为复杂,且存在着许多颇具颠覆性的观点,只有回到文本,才能更为准确地把握维氏思想的发展变化,减少对维氏思想的过度诠释。解读文本的过程中频繁引用维特根斯坦原文话语,旨在尽可能呈现出维氏思想的原貌,为对维氏文本的特定解读提供证据支持,也让读者亲身领略到维氏"直接、朴素、极其自信"③与语调独特的"对话性"写作风格。

《逻辑哲学论》《哲学研究》《论确定性》是本书中三部频繁引证的维特根斯坦文本,本书主要根据王平复、陈嘉映以及张金言的中译本,④并对照英译本原文,对部分译文稍作改动。书中常引的维氏作品严格按照学界惯例进行标注,比如使用书名缩写形式 TLP 来代表《逻辑哲学论》,PI 代表《哲学研究》,OC 代表《论确定性》等。此外,在引用中译本时不仅标注页码,还用§标注小节数,并适当列出部分英文原文,方便读者查阅与理解。

---

① Wittgenstein, L. *Zettel*. (eds.). G.E.M. Anscombe & G.H. von Wright. (trans.). G.E.M. Anscombe. Oxford: Blackwell, 1981, p. 80, §447.

② Hutchinson, P. What's the Point of Elucidation? *Metaphilosophy*, 2007, 38(5), pp. 691-713.

③ 希尔:《维特根斯坦与对话》,载斯迈利:《哲学对话:柏拉图、休谟和维特根斯坦》,张志平译,桂林:漓江出版社 2013 年版,第 91 页。

④ 在维特根斯坦作品的众多中译本中,本书选用以下译本:维特根斯坦:《逻辑哲学论》,王平复译,北京:中国社会科学出版社 2009 年版;维特根斯坦:《哲学研究》,陈嘉映译,上海:上海人民出版社 2005 年版;维特根斯坦:《论确实性》,张金言译,桂林:广西师范大学出版社 2002 年版。

2. 研读研究著述

在维特根斯坦作品原文文本的基础上,深入研读维氏研究相关著述,了解学界对维氏哲学文本的多样性解读,客观描述并剖析国内外学者对维氏语言哲学思想的探讨与批判,对学界有关维氏思想的争论作出较为合适的评断。关注国内外维特根斯坦研究动态,搜集国内外维氏研究著述,尤其是近年出版的最新国外维氏研究论著,并借助翻译手段引入这些论著的重要部分与主要观点,以便更加全面、准确地理解维氏思想。

3. 多层次对比分析

(1)纵向比较分析维特根斯坦确定性思想与近现代历史上的确定性思想,系统梳理它们切入确定性问题的不同视角;

(2)将维特根斯坦确定性思想与同时代的确定性思想进行横向对比,尤其比较维氏与其他思想家从语言等层面探讨确定性的异同,并结合维氏与部分语言学家意义观的对比分析,揭示维氏语言视角的独特性,剖析其产生与发展的动因;

(3)对比维特根斯坦自身语言哲学发展阶段的思想异同,联系这几个阶段展现出来的思想连续性,全面呈现维氏确定性思想的发展与变化。

4. 宏观与微观系统考察

宏观层面上,回顾确定性问题的历史渊源、传统进路以及近现代人们对确定性的追求,并将对维特根斯坦语言哲学思想的解读纳入更为宏观的西方语言哲学广阔语境之中,从意义、规则、理解等三大方面分析维氏确定性思想,进而探讨确定性与语言的密切关系,阐明确定性的意义;微观层面上,聚焦维特根斯坦独特的语言视角,反思性、批判性地解读维氏原文文本,归纳并分析维氏确定性思想中的关键概念与主要观点。

5. 历史与时代综合分析

将确定性问题既置于近现代西方哲学追求确定性的历史大背景下予以考察,也放入维特根斯坦所处时代进行解读,同时在当代社会语境中探讨维氏确定性思想的现代启示。

四、研究思路与研究视角

(一) 研究思路

本书作为把握维特根斯坦语言哲学中确定性思想全貌的一次崭新尝试,采取了一种考察维氏确定性思想的新思路,即将维氏语言哲学思想视为一个整体,以"意义、理解与确定性"为主线,全面分析维氏三个重要思想阶段的三部代表作,以解读其中体现的维氏确定性思想。同时,以维特根斯坦语言哲学中的确定性思想为"点",进而扩展延伸至"确定性"这一重要哲学问题的"面",由"点"及"面"地尝试对"确定性"作出具体解读。

鉴于不同的研究视角,学界历来存在"几个维特根斯坦"或"新、旧维特根斯坦"的说法。① 从某种意义上说,研究视角的多样性恰恰表明了维氏哲学"丰富的内在意蕴和思想价值"②。但我们认为,维特根斯坦语言哲学思想是一个连贯的整体,仅集中研究维氏某一阶段的思想与代表作,或过分强调其不同时期的思想差异,容易造成对维氏思想的过度诠释甚至误读。事实上,只存在一个维特根斯坦,他毕生致力于帮助人们摆脱哲学带来的困扰,只不过其语言哲学思想经历了三个主要阶段,每个阶段的思想虽不尽相同,但均与维氏对语言的看法密切相关。

"第一阶段的维特根斯坦"对应维特根斯坦前期,即《逻辑哲学论》时期,指 20 世纪 20 年代末(即 1929 年维氏重返剑桥)以前以《逻辑哲学论》等作品为代表的维氏语言哲学思想;"第二阶段的维特根斯坦"对应维特根斯坦后期,即《哲学研究》时期,指 20 世纪 20 年代末之后以《哲学研究》等作品为代表的维氏思想;"第三阶段的维特根斯坦"对应维特根斯坦晚年时期,即《论确定性》时期,指 1946 年之后以《论确定性》等作品为代表的维氏思想。

本书将维特根斯坦的确定性思想分成以上三个阶段进行考察,并不意味着对维氏思想进行一种简单、粗暴的图示化切割。要切实把握贯穿维特根斯坦一生的确定性思想,仅凭研究其某一阶段的思想远远不够,只有在纵观维氏不同时期代表作的基础上,梳理它们之间的联系与区别,进而展开一

---

① 学界标准观点认为存在"两个维特根斯坦",即分别以《逻辑哲学论》和《哲学研究》为代表的"早期维特根斯坦"和"后期维特根斯坦"。传统的维特根斯坦哲学分期则认为存在"三个维特根斯坦",除了"早期维特根斯坦"和"后期维特根斯坦"之外,还存在着将这两个阶段衔接起来的"中期维特根斯坦"(1927 年至 1936 年)(见 Stern, D.G.The "Middle Wittgenstein": From Logical Atomism to Practical Holism. *Synthese*, 1991, 87(2), pp. 203–205)。夏洛克也认为存在"三个维特根斯坦",但她的观点与传统分期不同,其提出的"第三阶段的维特根斯坦"意味着她将维特根斯坦思想划分为:"第一阶段的维特根斯坦"(以《逻辑哲学论》为代表)、"第二阶段的维特根斯坦"(以《哲学研究》为代表)与"第三阶段的维特根斯坦"(以《论确定性》为代表)。另外一种"三个维特根斯坦"的观点拓展了夏洛克的"第三阶段维特根斯坦"的外延(Harré, R.Grammatical Therapy and the Third Wittgenstein. *Metaphilosophy*, 2008, 39(4–5), pp. 484–491),将维特根斯坦的《逻辑哲学论》时期视作"第一个维特根斯坦"(LW1),《哲学研究》的第一部分看作"第二个维特根斯坦"(LW2),《哲学研究》的第二部分与《论确定性》以及《论颜色》等其他著作视为"第三个维特根斯坦"(LW3)。

② 李国山:《语言哲学的困局与出路——以维特根斯坦语言哲学及其解读为例》,《云南大学学报(社会科学版)》2015 年第 6 期。

种整体式的把握,才能厘清维氏确定性思想的发展脉络,并更为系统、完整、确切地理解其真实内涵。

虽然《逻辑哲学论》《哲学研究》与《论确定性》分别代表了维特根斯坦语言哲学三个重要阶段的思想结晶,表达的核心思想各有侧重,写作风格也各有千秋,但每部作品都鲜活地展现出其独特的确定性思想。因此,本书以"三个阶段的维特根斯坦"为基本线索,追踪维氏思想的发展轨迹,综合分析这三部代表作中的重要观点,并参考同时期的维氏其他作品以及维氏研究相关著述,阐述并厘清贯穿于维氏前期、后期以及晚年时期语言哲学思想中的确定性思想,对维氏确定性思想进行一个总体概观。同时,借助对维特根斯坦三个重要阶段确定性思想之间的联系与区别、发展与变化的细致考察,厘清其切入确定性问题的全新路径以及为确定性问题带来的有益启示,并在此基础上阐发出对"确定性"这一核心概念的基本理解。

（二）研究视角

本书从西方哲学确定性问题的历史与变迁、西方哲学的"语言转向"以及西方语言哲学发展的宏观语境入手,透过语言视角解读维特根斯坦三部代表性哲学文本,通过分析语词的具体应用来认识语言所要表达的东西,达成对蕴含其中的维氏确定性思想的基本理解。首先,重点考察维特根斯坦《逻辑哲学论》时期的意义观以及其《哲学研究》时期的意义观、规则观与理解观的发展变化,归纳出维氏这两个阶段的确定性思想。其次,在分析《论确定性》中的确定性思想时,突破用以考察维氏消解怀疑论的传统哲学视角,着重在语言层面上,尤其从考察"枢轴命题"的形式、内容、产生与接受以及《论确定性》中的隐喻表达等微观方面入手,深入分析、梳理"世界图景""枢轴命题"这两个重要概念与确定性的关系,进而解读维氏这一时期的确定性思想。最后,在综观维特根斯坦确定性思想的变化与发展的基础上,揭示维氏确定性思想对语言的意义与理解方面的重要价值与启示,厘清确定性与语言的关系,为理解确定性提供新的思路。

第一章　确定性问题的历史与变迁

"确定性"作为一个古老而重大的认识论问题历来是哲学研究的焦点之一,对"确定性"的思考始终存在于西方哲学讨论中,呈现出不同的形式与类别。

最普遍的一种分类是将确定性分为"客观世界的确定性"与"认识的确定性"。前者是一种本体论意义上的确定性,它意味着切实存在于现实世界中的任何事物均具有不容置疑的客观实在性,其存在、发展与变化均不受制于人类意志;后一种确定性与人类密切相关,人类对客观世界的认识,在亲身体验现实生活与细致观察世间万物的漫长过程中变得愈加清晰,对外部世界的态度也从最初的困惑和怀疑逐步转变为信任和确定,这集中反映了作为"认识主体"的人类对作为"认识客体"的外部客观世界的理解与认知。因此,这种分类以人与世界的关系为标准。

另一种分类则以"确定性"的对象为标准,把"确定性"细分为"心理的确定性"与"道德的确定性"等。认识的确定性总是不可避免地伴随着心理的确定性,后者充分反映了人们极度确信、认可、肯定、不持任何疑惑的精神状态。对人类而言,要切实、确定地认知进而充分地理解世间万物,离不开从怀疑到确信等一系列心理变化。当然,认识的确定性并不必定涉及心理的确定性。笛卡尔在《哲学原理》①第四部分提到的"道德的确定性"概念则是一种长期的确定性,它虽然有可能出错,但足够应对社会生活并约束日常行为。此外,确定性的高低程度也可以作为区分具有确定性的事物的标准。古罗马修辞学家昆提利安(M.F.Quintilian)将确定性分为四个层次,由高到低依次为人类"通过自己的感官感知"的事物、"具有普遍共识"的事物、"由法律确定"并"至少在论辩发生的国度正被实行"的事物、"论辩双方都予以接受"且"至少敌对的一方没有对其提出异议"的事物②。

可以说,近代哲学、科学的历史也是人们追求确定性的历史,因此梳理

---

① Descartes, R. *Principles of Philosophy.* (trans.). J. Cottingham, R. Stoothoff & D. Murdoch. Cambridge:Cambridge University Press,1985.

② 刘亚猛:《追求象征的力量》,北京:三联书店 2004 年版,第 68 页。

确定性这一重要概念的历史发展,必将有助于建立一种跨越时间的整体视野,进而达成对确定性更为深刻的理解。19 世纪末 20 世纪初,哲学将心理学彻底分离出去,现代西方认识论不再关注认识的起源与本质等问题,而是直接考察知识,聚焦有关知识的本质与意义等问题。就当今认识论①的理论考察与实际应用而言,众多哲学家显然对近代哲学所关注的人类认识能力兴趣不大,而是开始聚焦人类知识的表达。近现代以来,认识、知识的确定性始终处于确定性问题的研究中心,确定性与普遍性、客观性等概念一样,均与知识密切相关。因此,"认识的确定性"在当今语境下指的就是"知识的确定性",这种确定性在哲学传统中占有核心地位,也是本书重点考察的确定性。②

第一节　确定性问题的传统思路

古希腊是西方文明的源头,任何西方哲学都能从古希腊哲学中追根溯源。古希腊人怀着对世间万物的好奇心以及一种既敬畏、顺从自然又渴望超越、改造自然的复杂情感,试图通过对宇宙这一有机整体的细致观察与耐心思考,弄清"世界有什么",明确客观世界究竟包含哪些元素,这些元素又是如何共同建构外部世界,并了解"世界是什么",探究世界的本原。因此,对确定性的追求早在古希腊时期就已开始。古希腊哲学追求的这种确定性建立在客观事物本体之上,源于厘清人与自然两者关系的基本诉求,是一种存在论意义上的绝对的确定性。

前苏格拉底时期,大部分哲学家聚焦"存在"问题,主张从自然出发来看待世界,把"存在"与自然紧密地联系起来。人类的五种感官(视觉、听觉、嗅觉、味觉、触觉)不仅是人类体验世界的生理基础,也成为确定外部世界存在的基本前提。因此,"四元素说"即世界由水、火、土、气这四种元素组成,盛行一时。泰勒斯的"万物皆水"、赫拉克利特的"万物皆火"、齐诺弗尼斯的"万物皆土"与阿那克西美尼的"万物皆气"均充分表达出对客观世界确定性的确信。虽然这一时期的哲学家并未否认变化的存在,但他们坚持认为,在变动不居的外在世界中始终存在着一种能够作为世界本原的、稳

---

① 对"认识论"(epistemology)与"知识论"(theory of knowledge)之间的关系,普遍存在两种观点:一是两者是同一概念,因此将"知识论"与"认识论"都翻译为 epistemology;二是两者虽然存在密切联系,但它们依旧是不同的概念。此处我们将"认识论"基本等同于"知识论"。

② 心理、道德等方面的确定性不在我们的考察范围内。

定不变的本质。尽管赫拉克利特坚持"万物皆流变",但他同样承认"有某种东西是永久的"①。因此,人们更关注那些不动的"本体",希望透过考察外部世界来探索并把握事物的本原。这种探索标志着追求确定性的开始,为哲学进一步阐释世界奠定了本体论基础,造就了后来古希腊与中世纪哲学的"本体论转向"。

后苏格拉底时期,人们不再致力于探寻世界本原,而是由外向内地开始关注人类的认识问题。苏格拉底的学生柏拉图对宇宙进行了"二元化"的处理,把世界划分为"现象世界"(phenomenal world)与"理念世界"(ideal world)。他认为,水、火、虫、兽等组成"现象世界"的物质或生物虽然均可为感官所感受,但其实却是虚假的,无法为人类真正把握。柏拉图基于本质主义提出的"理念论"认为,只有由"美德""品行"等永恒不变且真实可靠的"理念"共同组成的"理念世界",才能够切实为人类思想所把握。其《斐多篇》(Phaedo)充分显示了哲学思想对"人的灵魂的不朽性"作出"清晰而不可辩驳的证明"②的努力。亚里士多德在某种程度上依旧继承了老师柏拉图的宇宙生成论与对象性世界观,认为世界是物(对象)的总和,只不过柏拉图把"理念"当作世界的本原以及认识的唯一对象,亚里士多德则将现实世界的实在对象视为思想与真知的来源。

虽然古希腊时期创造了大量的科学成就,但这一时期的科学就总体而言尚未成熟,这导致当时对确定性的追求主要建立在感性的基础上,不仅缺少科学实践的强大支持,也没能得到系统的科学方法与深刻的科学理论指导。但毋庸置疑,这一时期对事物本质的积极探寻与对确定性的质朴追求,奠定了近代哲学主客二元对立的思想基础,也为现当代西方哲学对确定性的明确追求架设了基本发展模式。

怀疑主义兴起于文艺复兴之后,这种哲学立场认为理性无助于人类认识世界,人类心智也不可能获得绝对的确定知识,即便心智获取了确定的知识,人类也无法认识到这一点,因此任何事物的确定性均存在问题。当然,怀疑主义在这一时期的盛行并不意味着人们已经完全将认识或知识视为不可能,实际上人类探索认识与知识的脚步从未停止,科学技术与方法的不断发展以及哲学理论的日益丰富与完善,也为确定性的追求提供了坚实的外部条件与稳固的内部基础保障。

古希腊时期,人们始终认为在物质或精神方面存在着一个最终实在,然

---

① 罗素:《西方哲学史》,何兆武、李约瑟译,北京:商务印书馆 2015 年版,第 58 页。
② 卡西尔:《人论》,甘阳译,上海:上海译文出版社 2004 年版,第 117 页。

而到了近代哲学,认识问题成为研究焦点,人们开始寻求绝对可靠的知识,日益关注认识的本质、起源等问题。确定性问题的重心开始转移到对主客体关系的思考上,开始追求知识的确定性,笛卡尔、洛克、休谟、康德、胡塞尔等众多哲学家在这一问题上付出了巨大的智性努力。

笛卡尔促成的近代哲学的"认识论转向"触发了哲学界对确定性以及人类理解力的巨大关注,使人们开始关注"我是如何知道的",聚焦认识的能力与来源问题,笛卡尔对知识的追求也为人们更好地完成"认识自己"的哲学使命奠定了基础。在西方哲学史上,笛卡尔为了寻找一种清晰明确的哲学基础,首次明确提出"确定性"①概念。他的"身心二元论"严格地区分了心(内)与物(外),主张人的理性只能基于身心的明确区分,人们永远无法怀疑心智的存在,因此一种无可置疑、永恒绝对的确定性必须源自心灵本身,感官的欺骗性决定了确信只能由"具有明显知觉的理智"②取得。他指出,关于观念的知识不可怀疑,只有通过"自明的直觉"(manifest intuition)和"必然的演绎"(necessary deduction)两种途径才能够获得确定性的知识。③ 因此,笛卡尔认识论的核心主张在于,凡是人类理性能够清晰认识到的东西都是真实的。他通过观念论确立的"我""观念"与"世界"三者之间的关系成为其认识论的基础,这也意味着要追求知识的确定性就必须认识、把握人的心灵。

后期笛卡尔方法论从直觉演绎变为普遍怀疑,通过"怀疑一切"的方法将外物与心灵分隔开来,认为人们在寻求确定性的过程中必须持续怀疑,直到发现某些确定的东西,才能在哲学中达到客观性和确定性,为知识寻找到一个无可置疑、简单自明的基础。当然,笛卡尔并不像古希腊怀疑主义奠基人皮浪那样为了寻求自身安宁而消极否定、怀疑世间万物的真实性。他的这种怀疑更多的是一种积极的策略与实在的建构活动,一种旨在达成目的的手段,并未绝对否定一切事物。最终,笛卡尔将其寻求的"那种哲学的第一条原理"④归纳为"我想,我所以是"(Je pense,donc je suis,即我们常说的"我思故我在")这条确实、可靠的真理。可见,笛卡尔前期的直觉演绎与后期的普遍怀疑均一致指向明确的知识和真理。

---

① 笛卡尔的确定性指的是认识上的确定性,而非心理或语义上的。
② 笛卡尔:《谈谈方法》,王太庆译,北京:商务印书馆2010年版,第65页。
③ Descartes, R.*The Philosophical Works of Descartes*:*2nd Volume*.(trans.) E.S.Haldaney & G.R.T. Ross. Cambridge:Cambridge University Press,1931,p.45.
④ 笛卡尔:《谈谈方法》,王太庆译,北京:商务印书馆2010年版,第27页。

经验主义代表人物洛克与笛卡尔一样,关注"人类知识的起源、确度和范围"①,主张通过形而上学寻找确定性。他将"确定性"分为"真理"与"知识"两层,真理的确定性在于各种文字形成命题后能够如实表示"各种观念的契合或相违",而知识的确定性在于人们按照命题所表示的样子来"认知"这些"契合或相违"②。在洛克那里,人心如同一块没有任何记号的白板,既不存在天赋的观念,也不存在天赋的实践原则,但是只要通过经验就能获得所有知识,即便无法获得绝对确定的知识,也完全能够在主体认知范围内获取不同程度的确定性知识。如果说笛卡尔基于形而上学的确定性思想真正开启了近现代西方哲学对确定性问题的考察,那么洛克对"真理"与"知识"确定性的思考及其对笛卡尔和莱布尼茨的批判也影响着近现代西方对确定性的追求。

休谟深受洛克和贝克莱经验主义思想的影响,关注知识的可靠性问题,试图为人类知识提供绝对坚实的基础。在他看来,基于"信念"的诸多"习惯"促使人们不断开展行动并坚信这些行为的合理性,人们对因果关系的认知也并非基于永恒的人类理性或抽象的自然定律,而是取决于习俗等长期存在的东西。因此,他将"习惯"视为"人类生活中的伟大指南"③与经验科学的基础,希望通过"习惯"和"常识"来寻找知识的确定性。然而休谟对知识确定性的理解耽于表面,仅将其归纳为人们当下的感觉,其因果推理也具有明显的心理内部倾向,未能意识到人类知识具有的坚实事实基础要远远高于"习惯"与"常识",导致其最终未能深入触及确定性的基础。

不可否认,休谟对人类主体性价值的强调以及对事实与价值的区分影响深远。康德从休谟对因果规律的怀疑中,认识到人必须首先批判自身的认识能力,他的"哥白尼式哲学革命"充分体现了西方哲学的认识论转向。康德的《纯粹理性批判》主张,只要研究"先天综合判断"(synthetic a priori judgements)如何可能,就能了解确定性的知识如何可能。《实践理性批判》结论提到的对"我头上的星空"与"我心中的道德律"的"惊奇和敬畏"④,也明确表达出康德对人类主体性的关注,即人类主导着世界,只有人类才能创造世界、改变世界和影响世界。他借鉴了笛卡尔的理性主义和休谟的经验主义,把知性范畴和感性对象两者相结合以追求知识的确定性,却未意识到

① 洛克:《人类理解论》(上册),关文运译,北京:商务印书馆2012年版,第1页。"确度"的英文原文为"certainty"。
② 洛克:《人类理解论》(下册),关文运译,北京:商务印书馆2012年版,第617页。
③ 休谟:《人类理智研究》,吕大吉译,北京:商务印书馆1999年版,第37页。
④ 康德:《实践理性批判》,邓晓芒译,北京:人民出版社2003年版,第220页。

他所认为的本质,即一种完美、绝对的确定性只能在"非历史、非人类"①的领域获得。可见,康德意义上的人由于脱离了日常生活,并非存在于社会中的真实主体,因而不具有主体性特征。

近代哲学将客观(物质)世界与主观(精神)世界截然对立,导致自古希腊时期以来的传统哲学对确定性的持续追求依然停留在"主体—客体"的认识论上。确定性被置于作为当时科学知识基础的"形而上学"视域下,不断地被主体化、抽象化和绝对化,最终陷入本质主义的陷阱。虽然笛卡尔的理性主义以及洛克、休谟等人经验主义的确定性寻求之路在强调主体作用方面具有积极意义,体现了理性精神,也不断启发人们继续坚持不懈地寻求确定性,但是这种对绝对确定性与本质的过度追求并无益于确定性的真正获取。

20世纪西方哲学呈现出一派繁荣的景象,那么这一时期哲学家对确定性的追求是否依旧沿袭着近代哲学的传统思路?19世纪末20世纪初,胡塞尔继承了笛卡尔的理性主义传统,致力于追求知识的确定性基础。他对确定性的追求具有与笛卡尔哲学相同的逻辑开端——普遍怀疑和中止判断,认为只要直接面对世界,搁置一切不确定的知识,同时切实面向事物本身,事先不做任何预设,便可以留下确定的知识。继搁置判断之后,胡塞尔主张通过现象学的"还原"(reduction)又能将主体与世界重新连接起来,从而解决前面"悬置"(suspension)存疑起来的问题,以澄清事物本质,把握世界原貌。他认为确定性仅与"现象"即"被理解为我的感知的感知"②有关,而现象作为能够被人类在客观世界中感知并觉察的东西,不断地呈现于人类意识世界中,对其的认知也取决于人类自身。

胡塞尔创立的现象学标志着西方哲学的现代转折,引发了人类思想史的现象学转向。虽然他同笛卡尔一样明确地区分了现实与意识,但其现象学思想显然更为重视对意识体验、意象活动等意识方面的细致分析。在他看来,外部世界由人类意识决定,世界仅存在于人类对客观世界所怀有的信念等意识经验之中,只有基于一种不容争辩的"纯粹意识",才可能认识与理解不同的对象,把握与建构各类事物。胡塞尔并未明确地区分心理的确定性与客观的确定性③,且他从人类意识生活中寻找确定性的方法也遭遇了"唯我论"难题,无法留下真正具有"明见性"的知识,但是其现象

①　章忠民:《确定性的寻求与本质主义的兴衰》,《哲学研究》2013年第1期。

②　胡塞尔:《现象学的观念》,倪梁康译,北京:人民出版社2007年版,第37页。

③　Kolakowski, L. *Husserl and the Search for Certitude*. South Bend:St. Augustine's Press, 2001, p. 26.

学思想代表了西方传统哲学典型的理性思维方式,为确定性的追求提供了新思路,也成为传统哲学与反对形而上学的后现代思想之间的重要过渡。

杜威对确定性的寻求同样没有延续近代哲学的老路。他批判了传统哲学主张的只有在"纯认知活动"中才能够实现"完全确定性的寻求"①这一观点,认为这种纯心理的方法将"知识与行动""理论与实践"②完全分隔开来。因此,他认为,寻求确定性的传统哲学方式不仅无助于确定性的获取,反而会在精神上麻痹人。当然,他并未完全消解确定性,而是提出了一种"主动调节条件"③的方法,在人类实践活动中寻求确定性。在杜威那里,知识来源于人类生活各类不同的情境,具有强大的实践意义,人类的生存、思维、认知与理解能力也只能在众多实践活动中得以提高。因此,"知"与"行"在实践活动而非纯理智活动中逐渐达成统一,确保了确定性的实现,实践显著的活动性也决定了这种确定性并非绝对不变。

然而杜威对确定性的寻求在科学哲学家波普尔看来则是一个无法实现的美好理想。他认为,自笛卡尔、洛克以来的常识知识论往往把知识看得过于主观和可靠,而这种杜威式的对确定性的探求是虚无缥缈的。他还指出,始于柏拉图的那种追求本质的方法将一切过分绝对化,存在严重的错误。唯理论和经验论均承认知识的基础恒定不变,波普尔却主张人们难以获得具有绝对确定性的知识。在他看来,始终可能存在一个"更可靠"的确定性,因此完全的确定性并不具有"最大值或极限"④。值得注意的是,虽然波普尔并非挣脱束缚、崇尚自由的后现代主义思想家,但他同样反对语言的精确性,认为不断追求语词确定性只会导致徒劳无功的言语论辩与自欺欺人的文字游戏。认识论的中心问题对波普尔而言始终是"知识增长",即便是关于"语言的用法或语言系统"⑤的研究也无法代替对知识增长的考察。实际上,波普尔哲学思想中颇为缺憾的一点就在于贯穿其一生的不和语词、意义等语言问题纠缠不清的原则。

虽然20世纪的胡塞尔、杜威、波普尔均对确定性问题的传统思路进行

---

① 杜威:《确定性的寻求——关于知行关系的研究》,傅统先译,上海:上海人民出版社2004年版,第6页。

② 杜威:《确定性的寻求——关于知行关系的研究》,傅统先译,上海:上海人民出版社2004年版,第45页。

③ 杜威:《确定性的寻求——关于知行关系的研究》,傅统先译,上海:上海人民出版社2004年版,第292页。

④ 波普尔:《客观知识》,舒炜光等译,上海:上海译文出版社2005年版,第90页。

⑤ 波普尔:《科学发现的逻辑》,查汝强、邱仁宗译,北京:科学出版社1986年版,第x页。

了改造甚至批判,提供了深刻的洞见,但不难看出,由于未能正视语言的关键作用,确定性问题在他们那里依然没有得到有效解决。

第二节　确定性问题的语言转向

学界普遍将西方哲学从古希腊到 20 世纪的发展概括为"本体论—认识论—语言"三阶段模式,①其实人们对确定性的追求也体现了与哲学发展相似的路径。19 世纪末 20 世纪初,哲学家们逐渐发现形而上学理论的混乱,于是开始反思形而上学,拒斥心理主义。这些活跃的哲学思考打破了传统形而上学哲学框架对人们思想的束缚,尊重科学,鼓励创新,促进了自然科学的发展与科学技术的进步。科技发展又反过来重塑了人们对世界的认识,并为解决哲学问题提供了新的思路。以弗雷格、罗素为首的哲学家提出了数理逻辑的具体方案,创立了现代形式逻辑,以一种趋近自然科学的方法来考察语言,为哲学发展的第三个重要阶段——"语言转向"奠定了坚实的基础,而当时蓬勃发展的数理逻辑也进一步促成了"语言转向"的实现。

自罗蒂主编出版《语言转向——哲学方法论文集》②一书之后,"语言转向"(linguistic turn)这一经典表述开始广为人知。从广义上说,"语言转向"是作为一股学术思潮席卷西方学界的,它对哲学产生了尤为重大的影响,也在文学、历史学以及社会学等诸多领域有众多不同的表现。从狭义上看,它是哲学继"认识论转向"之后的一个重大变革,使语言成为哲学研究的中心。语言对哲学的重要性不言而喻,一方面,语言是哲学形成的原始起点,无语言亦无哲学;另一方面,语言是哲学发展的外在基础与根本前提,是哲学讨论与精神反思的基本工具,也为众多哲学问题提供了新型的解决方案。人们日益意识到语言的重要作用和语言的复杂性,逐渐将语言视为思维的载体而非工具,希望通过语言这种手段更好地认识自我与外部世界,并开始从语言意义出发解决存在、思维与心灵等问题。这一"地壳深处的震动"③促使人们深入思考语言、思想与世界之间的关系,观念和意识等传统哲学的关键问题也相应地被对知识表达的意义考察取而代之。

---

①　徐友渔等:《语言与哲学——当代英美与德法传统比较研究》,北京:三联书店 1996 年版,第 37 页。本体论阶段从古希腊延续至 16 世纪,认识论阶段为 16 世纪至 19 世纪,语言转向则发生在 19 世纪末至 20 世纪 60 年代。

②　Rorty,R.M.(ed.). *The Linguistic Turn:Essays in Philosophical Method*.Chicago:The University of Chicago Press,1967.

③　徐友渔:《二十世纪哲学中的语言转向》,《读书》1996 年第 12 期。

西方哲学界曾于 20 世纪末就"语言转向"这场哲学上的"哥白尼式革命"是否结束展开热烈讨论。威廉姆森(Timothy Williamson)承认"语言转向"对哲学的巨大贡献,但认为这一转向如今已经不复存在。[①] 哈克则强调了"语言转向"的重要性,指出它并未遭到抛弃,还号召人们继续投身于这一"革命"。[②] 在我们看来,与其说"语言转向"将哲学问题浓缩为语言,在一定程度上改变了哲学的性质,深刻地转变了哲学研究的主题,毋宁说语言已经成为哲学探索的最重要视角。因此,"语言转向"绝不意味着哲学不再需要本体论和认识论,也不意味着哲学出于对语言研究的兴趣只关心语言问题,而是强调了语言之于哲学的重要意义,说明了人类能够"通过理解语言来理解世界"[③],可以借助现代的语言研究进入世界,解答古老的哲学问题。

20 世纪初,人们逐渐意识到,仅凭纯理智活动来考察人类的认识问题无法有效地保障确定性的获取。于是,由理性和意识出发寻求知识确定性的基础主义进路在 20 世纪中期基本宣告失败。正如洛克所言,语言文字的双重功用在于"记载思想"(recording of our own thought)与"将思想传达于他人"(communicating of our thoughts to others)[④]。要获得确定性,就必须深入了解人类思想,而思想恰恰借助语言手段显示出来,意识或理性等东西绝非思想的载体。因此,获取确定性的关键在于充分理解与其密切相关的语言。确定性问题究其根本而言,依然属于认识论范畴,只不过解决这一问题的重要途径已经转变为语言。知识离不开语言的表达,只有对语言进行重新审视和哲学反思,才能真正获得认识、知识的确定性。在"语言转向"背景下,"确定性"从关于认识、知识等方面的认识论范畴逐渐转变为有关意义、理解的确定性问题。

事实上,对语言的思考始终贯穿于哲学发展的各个历史阶段,采取语言视角以获取确定性也并非直至哲学的"语言转向"之后才出现。盛行本体论的古希腊哲学不仅探索世界本原,也关注语言的本质,出现了"自然论"(naturalism)与"约定论"(conventionalism)之争。柏拉图认为言语对哲学必不可少,他主张语言与实在同构,视语言为思想的媒介,并指出理解过程是

---

① Williamson, T. *The Philosophy of Philosophy*. Oxford: Blackwell, 2007.

② Hacker, P. M. S. A Philosopher of Philosophy. *The Philosophical Quarterly*, 2009, 59(235), pp. 337–348.

③ 陈嘉映:《说理》,上海:上海文艺出版社 2020 年版,第 102 页。

④ 洛克:《人类理解论》(下册),关文运译,北京:商务印书馆 2012 年版,第 498 页。

一种"思维之本质的灵魂与自身的内心的对话"①的语言现象。同柏拉图一样，亚里士多德也对语言进行了较为系统的论述与分析，并将语言视为工具。语词的使用与意义问题在柏拉图、亚里士多德以及中世纪的奥古斯丁等人的相关作品②中也早有论及，它们均表达了对语词意义确定性的渴望与追求。盛行人文主义的文艺复兴时期，人们开始审视自身价值，在古典文学遗产研究中继续探索语言的秘密，寻求普遍语言。

近代哲学的认识论阶段出现了关于知识来源的"经验主义"（empiricism）与"唯理主义"（rationalism）之争。洛克作为经验主义开创者，将知识的确定性定义为逻辑和认知两方面均有效的知识。在他看来，逻辑方面有效的知识由语言表达出来，如果未能预先考察语言的意义，便无法获得确定的知识。因此，在洛克那里，哲学的主要论题是对意义的理解，语言而非理解力成为他考察的对象，其秉持的经验主义语言观聚焦观念的表达。值得注意的是，洛克在《人类理解论》中首次系统阐述了语言与理解的关系，尤其在第三卷中专门阐述了语言文字的功能、字眼的意义以及文字的缺陷与滥用等，试图基于对语言的思考建立起一种经验主义的认识论框架。休谟也执着地追求一种无比坚实的确定性，但他注意到自然语言的模糊性，认为"改进道德科学或形而上学"的主要障碍在于"观念的模糊和语词的歧义"，并希望通过确定诸如"能"（energe）、"力"（force）、"能力"（power）等"最模糊"的观念名词的"精确意义"来排除其中"暧昧不清的部分"③。

可见，在哲学发展的历史长河中，对语言的思考从未缺席。本体论时期盛行的哲学理论就已涉及语言与哲学的关系，这一阶段提出的"唯名论与唯实论""殊相与共相论""普遍思辨语法"④等思想为考察语言提供了重要启示，哲学认识论时期的两大主流思想——经验论与唯理论所主张的"语言具有模糊性""天赋说与模仿说""普遍性唯理语法"⑤等理论同样深刻地影响了语言研究。然而直到哲学发生"语言转向"，语言才真正成为哲学研究的关键问题。

---

① 伽达默尔：《诠释学Ⅱ：真理与方法》，洪汉鼎译，北京：商务印书馆2010年版，第230页。
② 具体见柏拉图的《克拉底鲁篇》、亚里士多德的《解释篇》以及奥古斯丁的《忏悔篇》等。某些学者认为《克拉底鲁篇》是西方哲学史上首部专论语言的著作，因而将柏拉图视为西方语言哲学的开创者。
③ 休谟：《人类理智研究》，吕大吉译，北京：商务印书馆1999年版，第53页。
④ 王寅：《语言哲学研究——21世纪中国后语言哲学沉思录》，北京：北京大学出版社2014年版，第53页。
⑤ 王寅：《语言哲学研究——21世纪中国后语言哲学沉思录》，北京：北京大学出版社2014年版，第70—71页。

　　一方面,哲学的"语言转向"拓宽了确定性问题的研究思路,也为西方哲学于 20 世纪中后期兴起的后现代思潮提供了思想前提。自"语言转向"之后,胡塞尔逐渐放弃了其前期主要通过意识而非语言探讨确定性的方法,开始密切关注语言与意义之间的关系,从意向性活动的视角来思考意义的生成机制。他提出的广义上的现象学意义理论,即认为正是人类的意向性活动赋予语词符号意义,帮助人们基于人本主义思考哲学问题,并由语言角度切入哲学问题,不仅为解释学奠定了坚实的语言基础,也在传统哲学与后现代哲学之间起到了承上启下的作用。

　　海德格尔受到了胡塞尔现象学的重大影响。虽然他赞同现象学研究意义的方法,但却质疑胡塞尔作为知识确定性的基础——"纯粹的先验自我"过于理想化,并认为胡塞尔的意向性概念恰恰证明了哲学的不确定性。后期海德格尔不再聚焦"此在"(Dasein),即本体论意义上人的客观存在,而是逐渐转向对语言的思考,开始关注"存在"(Sein),即人们日常交流的意义所在。他的存在主义意义观主张语言直接与"存在"相关,是人类存在的家园,人与语言一同诞生,在语言中发现自己,存在问题也将人们"最内在地牵引到语言问题中去"①。海德格尔对语言和"存在"关系的深入思考促使其后期哲学也发生了一种"语言转向",这种由语言出发对世界展开的探索和对现象学的改造为确定性的追求提供了新的途径。此外,德里达、伽达默尔、哈贝马斯等其他欧陆后现代哲学家对语言的考察同样为确定性问题带来深刻启示。②

　　另一方面,哲学的"语言转向"在根本上更新了哲学概念,改变了哲学研究的方法,使西方哲学的发展建立在其语言基础之上。虽然哲学家和语言学家关注语言的方式不尽相同,如前者聚焦"语词和句子怎样体现着我们对世界的理解",后者则将语言当做"对象(事质)"③进行研究,但不可否认,两者均借助语言分析方式,共同致力于解开人类的语言与心灵之谜,在哲学与语言学这两个传统学科之间建立起更加紧密的联系。最重要的是,"语言转向"催生了西方语言哲学。可以说,语言哲学是"语言转向"的直接产物,也是"语言转向"的主要内容与关键所在。它始于 20 世纪初兴起的英美分析哲学,经历了 40 年代日常语言学派的发展,于 50 年代之后繁荣

---

① 徐友渔等:《语言与哲学——当代英美与德法传统比较研究》,北京:三联书店 1996 年版,第 154 页。

② 本书第七章第二节将会进行具体阐述。

③ 陈嘉映:《说理》,上海:上海文艺出版社 2020 年版,第 103 页。

起来。①

　　语言哲学始终视语言为研究对象,语言意义为核心议题,以语言分析为研究方法,讨论语言的意义、指称、理解等重要的哲学问题,试图借助理解语言来把握世界,揭示语言、人与世界之间的密切关系。它的产生和发展大大加强了哲学与语言学之间的联系,为语言学理论奠定了牢固的哲学基础,推进了现代语言学的飞速发展,催生了索绪尔结构主义语言学等重要语言学理论,并促使语义学与语用学被纳入语言学的研究视野。

　　如果说欧陆哲学家大多聚焦语言的存在本质与普遍意义,从存在、交往等视角考察语言,那么英美分析哲学家则试图用语言代替认识的中心地位,侧重探讨语言与世界的关系。弗雷格、罗素与维特根斯坦②等人当属"语言转向"的发动者与领军人物,也有学者指出,"语言转向"在维特根斯坦那里得以"最终完成"③。但值得注意的是,维氏后期不再如其前期一般,与弗雷格、罗素共同追求语言与世界的精确对应,而是抛弃了弗雷格等人对自然语言所持的不信任态度,转而关注语言的实际使用。从这个意义上说,英美分析哲学更贴近认识论,"语言转向"背景下的英美分析哲学是对认识论的进一步继承和发扬。然而无论是欧洲大陆哲学还是英美分析哲学,均关注人类的语言与理解,而人类正是通过语言与理解,真正达成认识的确定性。因此,语言视角不仅为传统哲学整体也为人们长期关注的确定性问题提供了有益的思路。

　　维特根斯坦指出,哲学家的工作是为了某种特定目的"采集回忆"(as-

---

①　有学者以英美分析哲学与语言哲学具有不同的研究重点(如前者重分析,后者重语言)为理由,认为两者分属 20 世纪西方哲学的不同流派,也有学者将语言哲学视为英美分析哲学的主体。我们认为,英美分析哲学是语言哲学发展的前提与基础,而语言哲学是英美分析哲学发展到一定阶段的产物,从某种意义上说,语言哲学的主要进展正体现在分析哲学的发展变化之中。因此,我们将语言哲学视为一个广义概念,把英美分析学派作为主流纳入语言哲学的范畴。此外,以胡塞尔等人为代表的欧洲大陆学派,由于处在从语言哲学到海德格尔、利奥塔、德里达等领军的后现代思潮的过渡阶段,与分析哲学思想有重合之处,因而我们将其同英美分析哲学并列,视作语言哲学的另一分支。

②　维特根斯坦通常被人们归入英美分析学派,江怡等学者则认为维氏在"哲学传统和分析方法"上偏向英美分析学派,但在"哲学气质和思维方式"上更贴近欧洲大陆学派(江怡:《维特根斯坦:一种后哲学的文化》,北京:社会科学文献出版社 2002 年版,第 142 页)。实际上,欧洲大陆学派与英美分析学派只是人们基于不同的研究方法、研究风格、地域等因素对语言哲学作出的历史性区分,虽然两者语言观存在较大差异,但依然存在不少共通之处,淡化两者差异有助于人们把握哲学的整体性特征与发展趋势。维特根斯坦在突出英美分析学派逻辑语言分析视角的同时,也继承了欧洲大陆学派对人的关注,因此我们更愿意将其视为沟通这两大哲学传统作出重大贡献的关键人物。

③　黄敏:《语言学转向为什么是必然的》,《社会科学》2019 年第 5 期。

sembling reminders)①。在语言哲学家那里,哲学问题就是语言问题。维氏的确从语言视角切入哲学问题,但其语言考察方式却与语言学家不甚相同。他提出了不少有关语言的重要概念,却不打算建立任何关乎意义的理论。倘若说笛卡尔、胡塞尔等均采用理性、意识等内部视角来探讨确定性,部分近现代哲学家也仅在阐发自身思想的同时带出语言问题,那么维特根斯坦则明确通过一种外部的语言视角对确定性问题展开直观的思考。可以说,认识的确定性在维氏那里已经完全转化为意义和理解的确定性,他对确定性的思考也紧紧围绕着语言与理解展开。

在我们看来,维特根斯坦的确定性思想之所以极具价值,主要在于他独特的语言视角。可以说,维特根斯坦整体的哲学体系最初沿袭的是笛卡尔、康德等人建立的西方哲学形而上学传统。然而当他发现只有借助语言才能解决形而上学问题时,便把澄清语言的意义当作其语言哲学的首要任务,以帮助人们更为准确地使用与理解语言。在维氏那里,"确定性"并非某种客观存在的研究对象,也不是一种专名,而是一种可以进行语言分析的概念。确切地说,其采用的语言视角主要借助对语词、概念与命题的细致考察与分析,来思考意义的确定性问题。从某种意义上说,维特根斯坦语言哲学关乎具体概念的创造、理解与建构,试图通过概念帮助人们通达哲学的理解。

《逻辑哲学论》时期,维特根斯坦秉承了英美分析哲学中理想语言学派(ideal language philosophy)的形而上学语言观,聚焦命题的真值问题,主张语言与经验事实一一对应,他于这一阶段提出的图像论、语言的界限、逻辑空间等思想是对其前期语言观的最好证明。在维氏那里,事实世界较之具有主观能动性的人类,要可靠、确定得多,因此,仅当语言处于具有"固定的结构"②的世界之中,才可能具有明确的意义。维特根斯坦与其先行者们不同,他并未对语言问题避而不谈,而是直接由语言入手表达了他对确定性的理解,尤其从命题着眼,主张组成命题的诸多要素与命题本身之间存在着确定的关系,任意命题背后都有一幅与之一一对应的确定图像。当时,维氏聚焦语言的本质,希望借助缜密的逻辑分析方法以厘清语言和世界的密切关系,但后来他逐渐意识到,纯粹的逻辑分析无法真正解决一系列关乎语言的复杂问题,仅让语言为形而上学目的服务,也会令语言丧失其本真意义。

《哲学研究》时期,维特根斯坦完全放弃了对理想语言与绝对确定性的

---

① 维特根斯坦:《哲学研究》,陈嘉映译,上海:上海人民出版社 2005 年版,第 59 页第127 节。

② 蒙克:《维特根斯坦传——天才之为责任》,王宇光译,杭州:浙江大学出版社 2011 年版,第132 页。

追求,反对运用传统的数学逻辑分析方法来理解语言,这促成了 20 世纪 40 年代英美分析哲学另一分支——日常语言学派(ordinary language philosophy)的诞生与发展。这一时期,他开始回归自然语言,并向以人为本的欧洲大陆哲学靠拢,其研究兴趣转变为语言的意义和理解,开始聚焦实践活动中日常语言的具体使用。在当时的维特根斯坦看来,语言不再是孤立存在的事实,而是与人类生活实践密不可分的社会现象,语言意义植根于不同的"语言游戏"。于是,他彻底摒弃了经由移情他者而达成理解的唯我论,决定用语法描述取代形而上学解释,帮助人们通过关注语言的实际用法,进而明确人类认识与理解的局限。维特根斯坦在《论确定性》时期则绘制了一幅关于"确定性"的生动形象的"世界图景",这幅并非精确无比的图景充分展现出维氏对确定性问题的深刻思考。

维特根斯坦语言哲学思想的诸多观点与论证,如同在追求确定性这条岔道纵横的道路上矗立的明亮的路灯与醒目的路标,不断为人们指明方向,随时帮助人们扫除以"私人感觉""私人语言"为代表的各类路障。在思考与追求确定性的过程中,维氏渐渐放弃了理想语言幻觉,不再执着于一种无比确定的语言解释系统,而是将探究的目光投向人类生活实践,希望在"语言游戏"中获取确定性,他对语言和确定性的持续思考也源源不断地为哲学和语言学研究带来重要启示。下面让我们从维特根斯坦的代表性文本入手,沿着他指引的确定性之路勇敢前行,用语言驱散确定性的迷雾。

第二章 《逻辑哲学论》:"语言的界限"与确定性

> 我的语言的界限意谓我的世界的界限。
>
> ——TLP §5.6①

《逻辑哲学论》是维特根斯坦生前出版的唯一一部著作,1921 年首次以文章的形式用德语发表在《自然哲学年鉴》杂志上,1922 年由拉姆齐等人合译的德英对照版在伦敦出版。这部作品正式出版 7 年之后,维氏凭借它被授予剑桥大学博士学位。虽然《逻辑哲学论》篇幅不长,但它作为维氏前期哲学思想的代表作,由于其眼界、广度和深度,对以维也纳学派为代表的逻辑实证主义产生了重大影响,被罗素誉为"哲学界的一件大事"②,成为一部流传至今的哲学经典文本。

维特根斯坦本人将《逻辑哲学论》的价值归纳为:第一,"书中表达了一些思想";第二,这本书传达的"思想的真理性"是"无懈可击和确定的"③。他还将该书的整体意义简洁地归纳为:"能够说的事情"(what can be said)均能"说清楚",对"不能谈论的事情"(whereof one cannot speak)则须"保持沉默"④,并在前言中明确指出,《逻辑哲学论》将要为"思想"或"思想的表达方式"划定界限,且这个界限只能在"语言中"划分⑤。如果西方哲学的认识论转向意味着认识为客观事物划界,那么语言转向则促使维特根斯坦以语言作工具为思想划定界限。

《逻辑哲学论》究竟表达了维特根斯坦怎样独特的思想? 他为思想划出的这条界限有何特点? 界限的两端分别是什么? 划界体现了维氏如何与

---

① 维特根斯坦:《逻辑哲学论》,王平复译,北京:中国社会科学出版社 2009 年版,第 132 页第 5.6 节。
② 维特根斯坦:《逻辑哲学论》,王平复译,北京:中国社会科学出版社 2009 年版,第 1 页。
③ 维特根斯坦:《逻辑哲学论》,王平复译,北京:中国社会科学出版社 2009 年版,第 26—27 页。
④ 维特根斯坦:《逻辑哲学论》,王平复译,北京:中国社会科学出版社 2009 年版,第 25 页。
⑤ 维特根斯坦:《逻辑哲学论》,王平复译,北京:中国社会科学出版社 2009 年版,第 25—26 页。

众不同的语言意义观? 这种意义观又展现出他对意义确定性问题的哪些看法? 让我们借助《逻辑哲学论》重点讨论的命题、逻辑、事实等主要概念,围绕着语言、逻辑、世界、哲学等中心论题,看一看维特根斯坦在这一阶段为我们描绘出的语言、思想与世界的具体图像。

第一节 命题、意义与界限①

一、《逻辑哲学论》中的"命题"

维特根斯坦在参加第一次世界大战时依然坚持着哲学思考,他于参战期间所提出的"一个命题的意义就是它所呈现的东西""一个命题必然确定了一个逻辑位置"②等观点,无疑为《逻辑哲学论》对"命题"的讨论奠定了基础。虽然《逻辑哲学论》最先讨论的并非"命题"问题,但"命题"当属这部作品中最重要的一个概念,也是维特根斯坦语言哲学的着眼点。

首先,《逻辑哲学论》的核心思想正是通过"命题"这种"断定句"(assortoric sentence)类型的语言形式呈现出来。命题通常具有判断性、客观性等特征,语句内部也存在复杂的语法关系。以下七个核心命题③集中探讨了"世界—原子事实—思想—命题—真值函项—不可说"等主题,每个断言式命题之下都包含一系列简洁平实并环环相扣的格言式表达与扩展性论证,充分体现了维特根斯坦对世界、事实、思想、命题等基本问题的深入思考:

> 世界是一切发生的事情(the case)。(TLP §1)
> 发生的事情即事实,是原子事实(atomic facts)的存在。(TLP §2)
> 事实的逻辑图像(logical picture)就是思想(thought)。(TLP §3)
> 思想是有意义的命题(significant proposition)。(TLP §4)
> 基本命题(elementary propositions)是其自身的真值函项(truth-functions)。(TLP §5)
> 真值函项的一般形式是:$[\bar{P}, \bar{\xi}, N(\bar{\xi})]$。这是命题的一般形

---

① "界限"与"界线"均可以表述"不同事物的分界",本书取"界限"这一说法。
② 维特根斯坦:《战时笔记(1914—1917)》,韩林合译,北京:商务印书馆 2013 年版,第 31 页第 167 节,第 38 页第 216 节。
③ 《逻辑哲学论》的第 1—7 节,分别见维特根斯坦:《逻辑哲学论》,王平复译,北京:中国社会科学出版社 2009 年版,第 28、29、40、57、92、136、165 页。

式。(TLP §6)

　　不可说的,只可不说。(Whereof one cannot speak,thereof one must be silent.)(TLP §7)

　　在《逻辑哲学论》这盘围棋中,"每个论题都相当于一次落子","每一步棋都是必然的"。①《逻辑哲学论》的微观表层结构,即从第一个命题到第七个命题有机地联系在一起,正如近现代哲学以及确定性思想的宏观演变,均遵循了"本体论—认识论—语言"三阶段的西方哲学发展轨迹。②

　　"世界—原子事实"(命题1至2)阶段阐述了世界、事实、对象与逻辑图像之间的具体对应关系,这显然是以一种本体论的思考方式探讨外部世界的存在,分析客观世界的结构,可以视为《逻辑哲学论》的"本体论内容"(ontological content)③。这种事实性世界观催生了"语言图像论",到了"思想—命题"(命题3至4)阶段,命题被勾画为一种能够描绘世界的"实在的图像"④,显示出世界的本来面目,这说明维特根斯坦在这一阶段依然使用传统认识论的思维模式来感知与理解世界,此时他早期的语言观也显露端倪。在"命题—真值函项—不可说"(命题5至7)阶段,维氏完全从语言入手,借助对语言的细致分析、描述和阐释来认识世界,指出哲学的根本分歧在于语言,只有通过研究语言才能最终解决哲学问题。

　　当然,也有学者主张对《逻辑哲学论》进行"逆向式解读"⑤,认为从第七个命题开始"反向推理"至第一个命题的解读方式有助于理解维特根斯坦的深层思考路径,解释维氏独特而复杂的真实思想。不过,无论是遵循西方哲学历史发展顺序的"正向解读",还是以维氏思考路径来理解其写作顺序的"逆向解读","命题"都是维氏思考哲学问题、开展概念分析的出发点,

---

① 黄敏:《维特根斯坦〈逻辑哲学论〉的入口》,《哲学研究》2008 年第 5 期。
② 对《逻辑哲学论》的结构,学者们的解释略有不同,如江怡将其归纳为"本体论"(命题 1 至 2)—"认识论"(命题 3 至 4)—"语言"(命题 5 至 6)—"实践"(命题 7)四个层次(见江怡:《从〈逻辑哲学论〉看西方哲学的实践转向》,《哲学动态》2011 年第 1 期),强调了命题 7 所体现的西方哲学的实践转向,而王寅则将其归纳为"毕因论(本体论)"(命题 1 至 4)—"认识论"(命题 5 至 6)—"语言论"(命题 7)(见王寅:《语言哲学研究——21 世纪中国后语言哲学沉思录》,北京:北京大学出版社 2014 年版,第 119 页)。
③ Hunnings,G.*The World and Language in Wittgenstein's Philosophy*.Albany:State University of New York Press,1988,p. 1.
④ 维特根斯坦:《逻辑哲学论》,王平复译,北京:中国社会科学出版社 2009 年版,第 59 页第 4.01 节。
⑤ 江怡:《对〈逻辑哲学论〉的逆向式解读及其问题》,《哲学研究》2021 年第 11 期。

也是我们考察维氏思想的落脚点。

其次,《逻辑哲学论》七个核心命题中的三个(命题 4 至命题 6)直接聚焦"命题"问题,围绕着这三个命题展开的讨论除了将命题视为图像,还将命题描述成"我们所设想的实在的模型",认为命题是"对原子事实的描述",指出命题的本质在于"给人传达一种新的意义"①等。其他四个核心命题也花了大量篇幅讨论命题,如命题 3 虽然裹着"思想"的外衣,但具体内容均与命题问题直接相关,指出"只有命题才有意义","命题本身就是一个表达式"②等。

此外,维特根斯坦还根据命题的具体使用,将命题分为三种:其一,因描述事实而具有明晰意义的科学命题,例如"月球本身并不发光""火星上空气稀薄"等;其二,"什么也没有说"的"逻辑命题"(也是"分析命题")③,如"所有的正方形都有四条边""该发生的终究要发生"等"缺乏意义"(lack sense)但并非"没有意义"(not non-sensical)的"重言式"(tautology)和"矛盾式"(contradiction)④命题;其三,缺乏确定意义、关乎人生问题的形而上学命题,如"人具有自由意志"之类的伦理学命题。

可以说,维特根斯坦对哲学问题的语言考察始于命题,他主张所有的日常命题"在逻辑上是完全有秩序的"⑤,坚持将"命题分析"⑥作为实施"语言批判"的基本策略。维特根斯坦的意义观恰恰显示在他对命题的深入探讨中,也只有参照维氏对命题的讨论才能明确他对意义确定性问题的真实想法,从而作出更清晰的阐释。

二、《逻辑哲学论》中的意义观

意义向来是语言哲学的一个核心议题。由于"命题清楚表达思想"(A

---

① 维特根斯坦:《逻辑哲学论》,王平复译,北京:中国社会科学出版社 2009 年版,第 59 页第 4.01 节,第 61 页第 4.023 节,第 63 页第 4.027 节。
② 维特根斯坦:《逻辑哲学论》,王平复译,北京:中国社会科学出版社 2009 年版,第 47 页 3.3 节,第 48 页第 3.31 节。
③ 维特根斯坦:《逻辑哲学论》,王平复译,北京:中国社会科学出版社 2009 年版,第 139 页 6.11 节。
④ 维特根斯坦:《逻辑哲学论》,王平复译,北京:中国社会科学出版社 2009 年版,第 88 页 4.461—4.4611 节。
⑤ 维特根斯坦:《逻辑哲学论》,王平复译,北京:中国社会科学出版社 2009 年版,第 131—132 页第 5.5563 节。
⑥ 李国山:《言说与沉默——维特根斯坦〈逻辑哲学论〉中的命题学说》,天津:南开大学出版社 2004 年版,第 7 页。

proposition is articulate)①,《逻辑哲学论》为思想的划界就意味着为语言的表达划界。因此,要理解这条界限就必须从维特根斯坦前期的意义观入手。

对"何谓意义"这个问题,传统回答有观念论(ideational theory)②与指称论(referential theory)等。观念论代表人物洛克指出,"字眼的原始的或直接的意义(primary or immediate signification),就在于表示利用文字的那人心中的观念(ideas)"③,因此,要正确使用语词就必须参照心中观念与事物本身。这一早期意义理论先后遭到了密尔(J.S.Mill)、弗雷格、赖尔(Gilbert Ryle)、奎因(Willard van Orman Quine)等人的质疑,他们批驳了这种从心理学视角思考意义问题的意义理论,反对将语词意义等同于观念这类主观的东西。指称论聚焦如何确定语词意义,在语言哲学中占据着相当重要的地位。早在古希腊时期,柏拉图就从物体与名称关系出发讨论语词意义,并在《克拉底鲁篇》(Cratylus)中表达了"语言与实在同构"的思想。密尔、弗雷格、罗素等指称论代表人物则进一步主张语词意义即其指称的对象,他们将语词意义与指称物对应起来,认为两者关系密切,语词也正是通过指称外物才具有意义。虽然意义观念论与指称论标志着语言意义研究的开端,然而面对复杂的语言现象,它们均未能作出令人信服的解释。

除了意义理论,意义的单位也是哲学家们长久以来思考的问题。洛克、休谟时代将语词、概念视为意义的基本单位,到了弗雷格时期,意义单位发展为句子或命题,罗素在其提出的逻辑原子论(logical atomism)中也重点考察了命题与专名。赖尔与塞拉斯等人则并未扩展或缩小意义单位,坚持将语词看作意义的基本单位。但在奎因那里,意义的单位已不再是语词和句子,而被扩展为一整个系统。

从《逻辑哲学论》对"命题"的讨论来看,维特根斯坦明显受到了意义指称论的影响,他继承了柏拉图"语言与实在同构"和"语言反映实在"的观念,并赞同弗雷格意义指称论的观点,认为语词仅能指称对象,而命题可以描述事实,因此命题是语词意义的承担者,只有在命题中语词才可能获得意义,两者密不可分。可见,在维氏那里,命题而非语词成为语言意义的基本单位。《逻辑哲学论》明确指出,命题为真表明"事情是怎样的"(how things

---

① 维特根斯坦:《逻辑哲学论》,王平复译,北京:中国社会科学出版社 2009 年版,第 43 页第 3.141 节。

② ideational theory 也有"意象论"的译法。

③ 洛克:《人类理解论》(下册),关文运译,北京:商务印书馆 2012 年版,第 416—417 页。

stand),并说"事情就是这样的"(they do so stand)①。命题的真假,即"与实在一致或不一致"②,决定了其是否有意义。在当时的维特根斯坦看来,一旦明确了命题的真假,就能毫无歧义地表达各类事实。这意味着,意义可以用真值条件进行解释,即有意义的命题才有真值,任何能由经验事物检验为真的命题都是有意义的,要理解命题意义就必须知道其为真时的具体情况。这正是维氏在《逻辑哲学论》阶段秉持的一种理想的语言意义观。

可见,维特根斯坦前期聚焦于意义的形式方面,即语词意义本身,重点关注意义如何产生,并以怎样的形式呈现出来。他在《逻辑哲学论》中追求的是一种准确无误的、脱离日常语境的形式语言,试图通过逻辑分析方法来研究这种语言,厘清语言与世界的关系。维特根斯坦撰写《逻辑哲学论》时,现代语言学奠基人索绪尔已经去世,也没有证据表明维氏曾经读过索氏的《普通语言学教程》,但维氏这一时期的意义观与将语言视为言语活动中"一个十分确定的对象"③并把"分析"作为语言研究方法的索绪尔结构主义语言学有几分相似,两者均对语言展开重新反思,认为语言是理解世界的关键,语言、思想与现实之间存在同构的关系。

维特根斯坦在其后期代表作《哲学研究》开头引用了古罗马思想家奥古斯丁自传体回忆录《忏悔录》卷一第八节的一段话,认为奥氏描述了"人类语言本质的一幅特定图画"④。可见,维氏前期对语言的看法可以追溯到奥古斯丁试图通过实指定义来确定语词意义的思想,这也正是他前期意义观的基本内容:

> 每个词都有一个含义;含义与语词一一对应;含义即语词所代表的对象。(PI §1)⑤

三、《逻辑哲学论》中的"界限"

既然《逻辑哲学论》一再强调,"我的语言的界限意谓着我的世界的界限"(The limits of my language mean the limits of my world),"世界是我的世

① 维特根斯坦:《逻辑哲学论》,王平复译,北京:中国社会科学出版社 2009 年版,第 61 页第 4.022 节。
② 张学广:《维特根斯坦与理解问题》,西安:陕西人民出版社 2003 年版,第 98 页。
③ 索绪尔:《普通语言学教程》,高名凯译,北京:商务印书馆 1983 年版,第 36 页。
④ 维特根斯坦:《哲学研究》,陈嘉映译,上海:上海人民出版社 2005 年版,第 3 页第 1 节。
⑤ 维特根斯坦:《哲学研究》,陈嘉映译,上海:上海人民出版社 2005 年版,第 3 页第 1 节。

界"也正显示于此,①那么维特根斯坦划出的究竟是一条怎样的界线? 它具有哪些显著的特征?

其一,从界限的本体来看,这明显是一条语言的界限。各类不同的命题是语言的重要组成部分,它们不断将"事实的逻辑图像"②——人类思想清晰地表达与传递出去,整个世界也正是由逻辑空间中的众多事实共同建构起来,命题、思想、事实与世界之间的紧密关联正体现于此。语言通过表达思想,精确投影出世界上发生的一切事情,语词意义也相应具备了绝对的确定性。如此看来,世界的界限就是语言的界限。命题不仅是语言的基本单位,也是能够描绘世界的实在语言图像,那些"不能谈论的事情"由于无法构成语言事实,而不存在于这个"可说"的世界中。当然,这既是一条语言的界限,也是逻辑的界限,这个充满逻辑的世界的界限也即"逻辑的界限"③。虽然命题无法将逻辑形式直接表达出来,但这并不意味着两者毫无联系。实际上,逻辑形式可以显示于诸多命题中,并充分展现出语言的本质。

其二,就界限的特征而言,这是一条外部的界限。它不以人的意志为转移,具有客观、确定的标准,也无法被人为任意设定。维特根斯坦指出,人们无法不合逻辑地思考,众多"先天的"东西也被证明为"纯逻辑"④的东西,因此逻辑是"先天的"(a priori)⑤。他认为,逻辑内的一切绝非偶然,逻辑研究是对"一切规律性"(all regularity)⑥的探讨。虽然维氏建议哲学应从"内部"(within)通过"可思考的东西"(the thinkable)为"不可思考的东西"(the unthinkable)⑦划界,但并不足以说明这是一条内部的界限。确切地说,这条界限以独立于人类意志的事实世界为基础,是客观、外部的界限,具

---

① 维特根斯坦:《逻辑哲学论》,王平复译,北京:中国社会科学出版社 2009 年版,第 132—133 页第 5.6 与 5.62 节。
② 维特根斯坦:《逻辑哲学论》,王平复译,北京:中国社会科学出版社 2009 年版,第 40 页第 3 节。
③ 维特根斯坦:《逻辑哲学论》,王平复译,北京:中国社会科学出版社 2009 年版,第 133 页第 5.61 节。
④ 维特根斯坦:《战时笔记(1914—1917)》,韩林合译,北京:商务印书馆 2013 年版,第 64 页第 395 节。
⑤ 维特根斯坦:《逻辑哲学论》,王平复译,北京:中国社会科学出版社 2009 年版,第 114 页第 5.4731 节。
⑥ 维特根斯坦:《逻辑哲学论》,王平复译,北京:中国社会科学出版社 2009 年版,第 152 页第 6.3 节。
⑦ 维特根斯坦:《逻辑哲学论》,王平复译,北京:中国社会科学出版社 2009 年版,第 71 页第 4.114 节。

有明确的语言、逻辑形式。

尽管人类赖以生存的外部世界时刻面临持续的变化,并呈现出无限的时空性,但总体而言,它作为由事实决定的客观物质实体稳定地存在着,并遵循一定的发展规律,无限也往往存在于有限之中,时空其实是有限和无限的辩证统一。为了解开生活的谜团,维特根斯坦还将"可说"与"不可说"①均置于时空的浩瀚视野中,可以说,这也是一条具有时空性的界限。

这条界限与康德划分的理性的界限明显不同,它是由语言、逻辑等界限共同构成的具有"多重性"的复合界限②。维特根斯坦正是借助这条确定、唯一的外部语言界限,明示出认识的有限性,进而对"可说"之物与"不可说"之物作出区分。

第二节 "可说"与"不可说"

维特根斯坦前期的确定性思想正是首先体现于他在"可说"与"不可说"之间作出的"精微而又通常难解"的区分③,因此,理解何谓"可说"与"不可说"对把握其确定性思想具有重要意义。维氏指出,人们无法直接从"日常语言"(colloquial language)中得知"语言逻辑"④。因此,他在《逻辑哲学论》中所说的"语言",既非频繁使用的日常语言,也不是随意创造或纯粹臆想出来的个别语词,而是一种具有完备逻辑性、高度理想化的语言。在维特根斯坦那里,"说"意味着清楚明白地言说,即用符合逻辑的语言表达,是一种脱离日常语境的、命题式的"说"。

一、可以言说之物

《逻辑哲学论》中明确地表达了维特根斯坦对"可说"之物的观点,我们在此将这些可以言说之物归纳为"事实世界"。

维特根斯坦首先区分了"事实"(fact)与"事物"(thing)。"事实"即发生的事情,可以表达出来;"事物"作为处于"一个可能的原子事实空间"⑤

---

① "不可说"也可以被表述为"显示"(showing),本书在这部分论述中采用"不可说",以凸显"可说"与"不可说"的相对关系。
② 徐为民:《西方哲学的界线理论和界线意识》,《哲学研究》2009年第10期。
③ 谢尔兹:《逻辑与罪》,黄敏译,上海:华东师范大学出版社2007年版,第20页。
④ 维特根斯坦:《逻辑哲学论》,王平复译,北京:中国社会科学出版社2009年版,第57页第4.002节。
⑤ 维特根斯坦:《逻辑哲学论》,王平复译,北京:中国社会科学出版社2009年版,第31页第2.013节。

中的"对象"（object），则要简单得多。《逻辑哲学论》前两大核心命题之下有关"世界""事实"（或"原子事实"）"事物"的一系列子命题把世界视为"事实"而非"事物"的"总和"（totality）①，将单个原子事实当作多个"对象"的"结合"（combination）②。这阐明了"世界"与"事实"的关系，即众多原子事实共同建构起现实世界，而世界由所有事实决定。人类之所以能够借助语言描述世界，正是由于世界上切实存在着众多原子事实，它们不仅可以成为言说的对象，还能借助语言的逻辑分析进行表征，为认识和理解世界提供坚实的保障。语言作为"命题的总体"③，无疑为这些原子事实的清晰表达起到了桥梁作用，其重要性不容小觑。

　　《逻辑哲学论》提出的"图像论"将语言（命题）和事实（世界）一一对应，这意味着：其一，命题描写和表述世界上的所有事实，名字代表着确定对象在现实中的客观存在；其二，命题与其图示的实在之所以能够一一对应，说明两者必然共享"相同的逻辑形式"④。维特根斯坦对意义的考察显然采用了一种"投影"（projection）⑤方式。在维氏那里，命题意义如同他所说的"对象"一般持续存在且稳定不变，因此他对确定性的追求在这一阶段具体表现为追求语词的精确意义。"垫子上躺着一只狗""床下有一个球""门后有一把伞"等这类日常生活中耳熟能详的描述性语句，不仅是对事物的准确描述，也是对世界的清晰表征，人们能够以"映射"的方式迅速判断其真假或是否符合事实。如"垫子""狗""床""球""门""伞"等反映原子事实的各类图像正是基于逻辑关系，共同组成事实并建构世界。维氏还借助唱片、乐思、乐谱、声波⑥等隐喻说明图像的意义，认为它们共有的逻辑结构将语言与世界相连，基于"图式逻辑"（logical of representation）⑦的内在关系也

---

①　维特根斯坦：《逻辑哲学论》，王平复译，北京：中国社会科学出版社 2009 年版，第 28 页第 1.1 节。

②　维特根斯坦：《逻辑哲学论》，王平复译，北京：中国社会科学出版社 2009 年版，第 29 页第 2.01 节。

③　维特根斯坦：《逻辑哲学论》，王平复译，北京：中国社会科学出版社 2009 年版，第 57 页第 4.001 节。

④　李国山：《言说与沉默——维特根斯坦〈逻辑哲学论〉中的命题学说》，天津：南开大学出版社 2004 年版，第 95 页。

⑤　维特根斯坦：《逻辑哲学论》，王平复译，北京：中国社会科学出版社 2009 年版，第 42 页第 3.11 节。

⑥　维特根斯坦：《逻辑哲学论》，王平复译，北京：中国社会科学出版社 2009 年版，第 60 页第 4.014 节。

⑦　维特根斯坦：《逻辑哲学论》，王平复译，北京：中国社会科学出版社 2009 年版，第 60 页第 4.015 节。

决定了"形象语言"（imagery of our language）的可能性。世界关乎人类经验，涉及现实生活的所有事实，完全能够通过语言表达出来，因而是一种重要的"可说"之物。

维特根斯坦在《逻辑哲学论》末尾指出，哲学的"唯一严格正确"（only strictly correct）的方法在于，除却如"自然科学命题"[1]这类与哲学无关但可以说出的东西，什么也不说。

这直接强调了与哲学无关的东西，如自然科学命题等作为陈述了偶然事实的表象性命题，是对事实世界的言说，也只有关乎事实的东西才能用命题来表述，才可以言说，才是有意义的。自然科学在研究对象、研究目的和研究手段等方面同崇尚思辨的哲学等人文学科有着天壤之别，它们采用的典型的实证方法似乎赋予其强大的可证实性与确定性，并总在提醒人们，自然科学能够为人类感官直接把握，属于外显的事实世界，与其相关的命题也具有确定的意义。因此，在维特根斯坦那里，自然科学及其相关命题可以言说，也能够为人理解。

维特根斯坦在大学时曾主修机械工程，后来转向数学基础研究，这些专业背景[2]造就了他对自然科学的独到见解，并促使他在《逻辑哲学论》中专门阐发了自然科学与哲学的特殊关系。然而维氏并未将自然科学凌驾于哲学之上，他对自然科学的这种"偏爱"只是为了澄清哲学的任务，摆脱哲学日益自然科学化的研究趋势。其毕生也并不关注光速、重力等自然科学的研究对象，而是致力于思考和解决意义、理解等哲学问题。后期维特根斯坦逐渐意识到以纯逻辑的说明与分析为代表的自然科学研究方法在哲学领域根本行不通，便展开了对哲学研究的新尝试。

二、不可言说之物

维特根斯坦认为，那些不可言说之物无法像"可说"之物一样，借助符合逻辑的语言表达出来，也无法通过规则判断或进行语言分析，那么它们究竟是什么？ 学界对这些"神秘之物"也众说纷纭，有将其区分为"积极的"不

---

① 维特根斯坦：《逻辑哲学论》，王平复译，北京：中国社会科学出版社 2009 年版，第 164 页第 6.53 节。

② 维特根斯坦于 1906 年至 1908 年在德国柏林夏洛滕堡工业大学学习工程技术，1908 年秋天成为曼彻斯特大学工程系研究生，从事航空学研究，开始设计制造发动机、推进器，此时他的兴趣转向数学和数学基础。1903 年问世的罗素的《数学原则》大大影响了维特根斯坦的发展，使他决心放弃研究工程学，并于 1911 年去剑桥求学于罗素。（参见冯·赖特：《传略》，载马尔科姆：《回忆维特根斯坦》，李步楼、贺绍甲译，北京：商务印书馆 2012 年版）

可说者、"消极的"不可说者和逻辑三大类别①，有将其归纳为"语言、世界与自我""上帝与人生的目的"②等几个方面，还有学者把"语言和世界共有的逻辑形式"③排除在"不可说"之外。在我们看来，恰尔德对不可言说之物作出的分类，即将其明确分为"语言和世界的逻辑属性""价值、人生意义与神秘之域"和"哲学"④，为理解"不可说"捋清了思路。他对上述三大领域进行了详尽的探讨，认为它们均超出了可理解的语言的范畴，因此不可言说。在恰尔德的启示下，我们尝试将维特根斯坦所说的不可言说之物分为如下几类。

（一）哲学之不可言说

《逻辑哲学论》对哲学的讨论集中于第4.111至4.115节。维特根斯坦指出，哲学并非一种与自然科学相"并列"的学说，而是位于自然科学"之上或之下"⑤的活动。《逻辑哲学论》第6.53节强调的自然科学命题的"可说"性将哲学和自然科学截然区分开来，说明哲学与自然科学恰恰相反，是无法用语言表述的。这意味着，如哲学、关乎哲学之物等与自然科学迥然不同甚至毫不相干的东西，由于超越了这条语言的界限而无法言表。从某种角度看，维特根斯坦所说的哲学之"不可说"更多地指的是先验范畴意义上的。

哲学包括人类一切知识概念，它作为重要的思维事件，综合了人类对自身与世界的反思，因此无法用更高一层的概念来定义这种有关先验认识的概念。罗素认为哲学的首要目的是"获得知识"，他在讨论哲学的"真实且明显的不确定性"时指出，"现在还提不出确定答案的问题，便仍构成为叫作哲学的这门学问的残存部分"，当一门科学的知识确定下来，它便脱离哲学范畴成为"独立的科学"。⑥ 维特根斯坦甚至将大多数哲学命题和问题看

---

① 这三类包括：以物自身为典型的消极的不可说者、以伦理为典型的积极的不可说者以及一类特殊的不可说而只能显示自身的东西——逻辑（见李红、韩东晖：《究竟什么是"不可说"的——对维特根斯坦〈逻辑哲学论〉的扩展性解读》，《哲学研究》2005年第8期）。

② 饭田隆：《维特根斯坦——语言的界限》，石家庄：河北教育出版社2001年版，第83—95页。

③ 宋宽锋：《维特根斯坦的〈逻辑哲学论〉到底说什么》，《陕西师范大学学报（哲学社会科学版）》2004年第1期。

④ 恰尔德：《维特根斯坦》，陈常燊译，北京：华夏出版社2012年版，第74—87页。

⑤ 维特根斯坦：《逻辑哲学论》，王平复译，北京：中国社会科学出版社2009年版，第69页第4.111节。

⑥ 罗素：《哲学问题》，何兆武译，北京：商务印书馆2015年版，第128页。

作"无意义的"(nonsensical)①,认为许多哲学观点什么也没说,因此毫无意义。在维氏那里,哲学并非一种理论体系或一种学说,而是一种"旨在从逻辑上澄清思想"的"活动"(activity)②。他将所有哲学视为"语言批判"(critique of language)③,把澄清意义当作哲学的首要任务,引导人们借助逻辑分析来认识语言、理解世界。

(二) 世界本原与逻辑属性之不可言说

1. 世界本原之不可言说

在我们看来,世界本原也是维特根斯坦所说的不可言说之物,对其的"不可说"相当于"不可言是"。"是非"中的"是"凸显了与"非"(错误)对立的正确,"天将降大任于是人"中"是"作为带有判断意味的代词,含有"这"的意思,"大海是蔚蓝的"这一命题中的"是"则表达出对"大海"的"蔚蓝"属性的肯定与接纳。实际上,"不可言是"中的"是"囊括了上述几个"是"的含义。"是"不仅外在地指向世界的本原,代表着万物生长的规律与世界运行的法则,而且内在地反映了人类对自身赖以生存的世界之本原的判断、确认乃至无条件接纳。人们无法为"世界有何本原"之类的问题提供直接答案,即不能言其"是"。

此处的"是"其实与海德格尔的"此在"④有相似的地方。早期海德格尔在世界中建构"此在"——人的存在,他从人类于外部世界的存在出发,通过思考人类理解世界的实践活动来研究"此在"。"是"同样有世界本原之意,蕴含着一种人类由外部世界把握万物本质的期待。伽达默尔将海德格尔的"此在"改造为"同在"(Dabeisein),即一种存在论意义上的理解者的存在方式,认为世界事先对"同在"作出规定,"同在"则反过来参与世界的建构。因此,"是""此在""同在"均涉及世界的存在、世界的本原以及人类的存在问题。不过,"此在"和"同在"更关注人作为认识主体在同一世界内不同形式的存在。在维特根斯坦看来,这些"存在"能够借助语言进行表达。我们所谓的"是",即"不可言是"的"是",显然更接近存在论意义上的世界本质,只能通过人对自身与周遭事物的把握进行领会,因此在维氏那里

---

① 维特根斯坦:《逻辑哲学论》,王平复译,北京:中国社会科学出版社2009年版,第58页第4.003节。

② 维特根斯坦:《逻辑哲学论》,王平复译,北京:中国社会科学出版社2009年版,第69页第4.112节。

③ 维特根斯坦:《逻辑哲学论》,王平复译,北京:中国社会科学出版社2009年版,第58页第4.0031节。

④ "此在"(Dasein)也可翻译为"是""在""存在"等,可见"此在"与"是"的意义十分相似。

无法言说。

2. 逻辑属性之不可言说

除"命题"之外,"逻辑"也是维特根斯坦前期聚焦的一个关键概念。维氏对"逻辑"的考察由来已久,早在 1913 年,他首次的公开发表——对科菲所著《逻辑科学》一书的简短书评①就已经充分展现出对逻辑的深入思考,他在参加一战期间作出的"逻辑必须照料自身"②"一个命题必然确定了一个逻辑位置"③等关于逻辑问题的深刻见解也一直延续到后来出版的《逻辑哲学论》中,这些看法为理解逻辑、理解《逻辑哲学论》提供了重要背景。

《逻辑哲学论》认为,尽管命题可以如实地呈现所有客观实在,却对逻辑形式的有效表达无能为力。这意味着,人们无法通过语言表达内在的逻辑形式或事物本质。逻辑作为命题为"表现实在"而"必须和实在"④共有之物,其自身显示于诸多命题之中,而语言恰恰无法表述"自己反映在语言中的东西"(that which mirrors itself in language)⑤。正如维特根斯坦所言,逻辑不可能存在任何"含混"(vagueness)⑥,它是"先验的"(transcendental),是对世界的"映像"(mirror-image)⑦。

维特根斯坦在《逻辑哲学论》中对逻辑进行的一系列表述,如逻辑是"描述世界""展现世界"的"脚手架"(scaffolding)⑧等,足见其对逻辑的重视。在他眼里,人们不能想"不合逻辑"的东西,也不能说"非逻辑的"世界的样子,语言中也不可能表现出任何"违反逻辑"的东西⑨。可见,逻辑是一

---

① Wittgenstein, L. Review of P. Coffey, *The Science of Logic. Cambridge Review*, 1913, XXXIV, p. 351.

② 维特根斯坦:《战时笔记(1914—1917)》,韩林合译,北京:商务印书馆 2013 年版,第 3 页第 1 节。(同样的表达也出现在《逻辑哲学论》第 5. 473 节)

③ 维特根斯坦:《战时笔记(1914—1917)》,韩林合译,北京:商务印书馆 2013 年版,第 38 页第 216 节。

④ 维特根斯坦:《逻辑哲学论》,王平复译,北京:中国社会科学出版社 2009 年版,第 71 页第 4. 12 节。

⑤ 维特根斯坦:《逻辑哲学论》,王平复译,北京:中国社会科学出版社 2009 年版,第 71 页第 4. 121 节。

⑥ 维特根斯坦:《哲学研究》,陈嘉映译,上海:上海人民出版社 2005 年版,第 53 页第 101 节。

⑦ 维特根斯坦:《逻辑哲学论》,王平复译,北京:中国社会科学出版社 2009 年版,第 148 页第 6. 13 节。

⑧ 维特根斯坦:《逻辑哲学论》,王平复译,北京:中国社会科学出版社 2009 年版,第 145 页第 6. 124 节。

⑨ 维特根斯坦:《逻辑哲学论》,王平复译,北京:中国社会科学出版社 2009 年版,第 41 页第 3. 03、3. 031、3. 032 节。

切命题、事实不可或缺的重要基础,对人类社会生活具有普遍的规范作用。它作为哲学研究的基本内容与重要工具,既是世界本质的主要组成部分,也是各种语言描述世界的共同规则。逻辑思维也在人类繁衍后代、适应环境与改造自然的过程中起重要作用。"命题即事实"这一观点将语言与世界连接起来,语言成为逻辑的载体,而语言与世界的形式均由逻辑显示出来,逻辑也时时刻刻在语言与世界中显示自身。任何关乎逻辑的语言表达均离不开逻辑,无论逻辑如何细致严密,它作为无法言说的显示,亦无法证明自身。从这个角度看,逻辑的不可言说也意味着语言的不可言说。总而言之,逻辑形式自身无法言表,只能显示于命题之中,而那些无法由其表达出来的东西,就是不可言说的。

语言学家韩礼德(M.A.K.Halliday)认为所有语法范畴由于未能在人类对事物的有意识表达中找到对应物,因而具有"不可言说性"(ineffability),他以"主语"这一语法范畴为例,指出人们无法说清"主语"的意义,并把"不可言说"的原因归结为"自然语言的丰富性"(the very richness of natural language)①。虽然语法范畴不完全等同于逻辑,但语法范畴必须建立在逻辑基础之上,从哲学视角来看待语言,语法也是逻辑必不可少的组成部分。与逻辑一样,语法自身既是描述语法范畴的工具,又是被描述的对象,用语言来表达语法范畴也就自然成为一项不可能完成的任务。从这个意义上说,韩礼德与维特根斯坦在"不可说"的问题上产生了某种交集。我们无法确定韩礼德是否直接受到维氏"不可说"思想的影响,但是维氏的"逻辑之不可说"的确有助于解释韩礼德的"语法范畴之不可言说",因此,韩礼德的这一观点也可以说是维氏"不可说"思想在语言研究领域的一个具体表现。

综上所述,"不可言是"的"是"不仅可以指世界本原,还代表着逻辑属性。后期海德格尔从语言的角度出发理解人与世界的存在,而"是"的逻辑属性含义也同属语言的考查范围。对于某个语言命题的逻辑属性,人们无法简单地用"是"或"不是"来回答,因此,"是"是不可言说的。客观世界的本质属性和语言命题的逻辑属性并非事先设定好的电脑程序,人类无法借助形式化的语言对其进行描述和说明,导致它们只能在语言中显示出来,人们也"不可言是"。

(三) 神秘之域之不可言说

维特根斯坦明确指出,"神秘"(the mystical)是"不能表述出来"(inex-

---

① Halliday,M.A.K.*On Grammar*.(ed.).J.Webster.London:Continuum,2002,p. 309.

pressible)①的东西。它们不像事实一样切实摆在人们面前,也与语言不同构,因此人们无法运用语言分析它们。那么如何理解这些无法言说的神秘之域呢?

　　首先,神秘之域之不可言说代表了伦理价值的不可言说。

　　维特根斯坦对"伦理"(ethics)有明确的表述,比如"伦理"是"先验""无法表达"②的东西,"意志"(will)作为"伦理主体"(subject of the ethical)③无法言说等,并认为"世界的意义"处于"世界"之外,"一切发生的和既存的东西"(all happenings and being-so)均为"偶然"(accidental)④。如果说人类往往通过语词或命题等具体的语言形式表述偶然事实,而世界的意义却又被排除于事实范畴之外,那么有关世界意义的伦理价值问题便无法用语词说清楚。在维氏那里,"时空中生活之谜"(riddle of life in time and space)的解决办法存在于"时空之外"⑤,"人生问题"的解决办法也仅当"问题消失"⑥之后才能找到。也就是说,类似于人生的价值、存在的意义等内容无法言表。当然,维特根斯坦所谓的"伦理价值"范畴不仅包括人生意义,还涉及道德、美、宗教等内容。它们均属于形而上学意义上的神秘之域,被用以规范人类生活。因此,伦理价值之不可说意味着人生意义、生命价值等之不可说,类似"生命的意义在于存在""做人最重要的就是开心"等价值语句由于无法描述世界,也自然没有意义。

　　从某个角度看,伦理价值之不可说意味着"不可言道"。实际上,中国古代著名思想家老子对"道"这一中国传统思想文化关键概念的深刻思考,同样代表了对确定性的追求。《道德经》的第一句话"道可道,非常'道'"⑦表达出"道"作为万物本原的基本含义,"道者万物之奥"⑧则体现了"道"的

---

① 维特根斯坦:《逻辑哲学论》,王平复译,北京:中国社会科学出版社2009年版,第164页第6.522节。

② 维特根斯坦:《逻辑哲学论》,王平复译,北京:中国社会科学出版社2009年版,第160页第6.421节。

③ 维特根斯坦:《逻辑哲学论》,王平复译,北京:中国社会科学出版社2009年版,第161页第6.423节。

④ 维特根斯坦:《逻辑哲学论》,王平复译,北京:中国社会科学出版社2009年版,第159—160页第6.41节。

⑤ 维特根斯坦:《逻辑哲学论》,王平复译,北京:中国社会科学出版社2009年版,第162页第6.4312节。

⑥ 维特根斯坦:《逻辑哲学论》,王平复译,北京:中国社会科学出版社2009年版,第164页第6.521节。

⑦ 老子《道德经》第一章,见陈鼓应:《老子注译及评介》,北京:中华书局2009年版,第53页。

⑧ 老子《道德经》第六十二章,见陈鼓应:《老子注译及评介》,北京:中华书局2009年版,第290页。

基本属性,即"道"是万物的主宰。可见,"道"与上文提到的"是"不乏相通之处,均涉及世界的根源、万物的普遍规律等,代表了世界运行的法则、真理等难以用语言表达的东西。

但值得注意的是,"道"作为老子思想的核心,其含义远不止西方哲学所追问的宇宙本质与客观规律等。老子的"为学日益,为道日损"①将"为学"与"为道"视为两类不同的认知活动,前者指人通过不断积累经验向外寻求知识,后者则指人向内地体悟事物发展的规律。在老子那里,"为道"之所以应当减少主观意识,就在于与"道"相关的情感、认知等主观因素会妨碍人们达成人生的最高境界——"无为而无不为"。较之于"是","道"更明显地显示于精神本体,存在于人对自身价值与人生意义的认知之中,引导人们在实践中理解自我与把握世界。此种意义上的"道"时刻存在着,但它既不能通过感官加以体验,更无法使用语言进行表达,说不明道不清。人们往往使用明喻、隐喻、类比等抽象的概念工具来意指"道",如"水善利万物而不争……故几于道"②"大道泛兮,其可左右"③就以河水喻"道",凸显了"道"的存在方式。

可见,"道"既非某种客观物质实体,也非一类主观精神主体,它不仅思考世界根基,关注万物本源,还聚焦现象本体,关切人生价值。"道"不是一种虚无缥缈的"虚空",而是实的,当然这既不是"呆板地实像自然律与东西"的实,也并非"流动地实像情感与时间"④的实,而是巧妙地将"天道"(宇宙本原、自然秩序等)与"人道"(人对自身与世界的基本认识、价值判断等)紧密联系起来,面向具体实践与现实人生,蕴含着一种叩问人性的生命化思考。"不可言道"意味着,生命的意义、有关善恶等的道德价值与伦理观念是无法用语言直接表达出来的,但不可否认,它们在世界的存在与人类的实践中显示着自身。

其次,不可言说的神秘之域也与神秘的体验等紧密地联系在一起。

虽然有关生命价值、人生意义等问题无法言说,但人们从未停止思考这些问题。神秘之域正是在人类对这些问题的无尽探索中与人不断地相遇,并在由这些思考和探索引发的神秘体验中显示出自身的存在。无论是庆祝

---

① 老子《道德经》第四十八章,见陈鼓应:《老子注译及评介》,北京:中华书局2009年版,第243页。

② 老子《道德经》第八章,见陈鼓应:《老子注译及评介》,北京:中华书局2009年版,第86页。

③ 老子《道德经》第三十四章,见陈鼓应:《老子注译及评介》,北京:中华书局2009年版,第194页。

④ 金岳霖:《论道》,北京:北京理工大学出版社2019年版,第16页。

各类文化风俗节日,还是参与祭祀、祈雨、祈福等传统仪式,抑或只是在一个香雾缭绕的寺庙中呢喃祷告,均可能唤起人们对生活方式、人生价值甚至对生与死等生命本质问题的思考与领悟,并在此基础上激发出神秘的美学乃至宗教体验。实际上,人们根本无法通过理性的论证,如提供充分翔实的依据等,为这些长期困扰着人类的问题指明确切的答案。正如维特根斯坦所指出的,"神秘的东西不是世界是怎样,而是世界存在"。① "说"无法完全通达甚至替代体验本身,若希望通过语言精确地解释这些问题或表达这些神秘体验,必将破坏其震撼性力量,存在于这些神秘体验之上的神秘之域也将随之丧失其神秘性。

此外,神秘体验具有的典型的个体性,也决定了不同个体在某一瞬间会有与他者不同的独特体验,而语言却无法承担起确切表达这些体验的重任。从这个角度看,处于事实世界之外的神秘之域其实现身于人,人类在不断钻研伦理价值等问题的过程中产生的神秘体验决定了他们与神秘之物总会不期而遇。因此,神秘之域也可以用"不可言传"来表示,与"不可言道"相比,"不可言传"侧重从理解的主体——人出发,体现了神秘之域的不可言说。

那么维特根斯坦所指的"神秘"是否代表了一种神秘主义思想?如果说人们只能借助"与神融为一体"的诸多主观、内在的验证方式来理解这些"神秘之域",主张维氏的"不可说"思想是神秘主义的典型代表,甚至认为维氏是在故弄玄虚,那就完全曲解了其写作《逻辑哲学论》的初衷。在神秘主义者那里,虚幻的表象世界之下隐秘地存在着仅能通过冥想、静观等神秘主义方式而非逻辑理性方法体会到的统一体。他们怀揣着神秘主义的"终极秘密"(ultimate secret),即"任何东西都是秘密的"②,对显而易见的事物嗤之以鼻,而对秘而不宣的东西兴致盎然。然而一旦真正接近这些无法表述的神秘之物,他们又往往陷入不可知论的陷阱。其实维特根斯坦的"不可说"与充斥着怀疑的神秘主义截然不同,维氏并未否认"不可说"之物无法使用语言中的概念或命题进行恰当的描述和解释,但在他看来,它们完全可以借助语言之外的其他方式展现在人们面前,因此,这些"不可说"之物依然可能得到认识与理解。

可见,哲学、万物之源、逻辑属性、伦理价值等神秘之域在维特根斯坦看来,均无法用形式化的逻辑语言直接、清晰地表达出来,是不可言说的。

---

① 维特根斯坦:《逻辑哲学论》,王平复译,北京:中国社会科学出版社2009年版,第163页第6.44节。

② 艾柯等:《诠释与过度诠释》,王宇根译,北京:三联书店2005年版,第34页。

　　叔本华在其重要著作《作为意志和表象的世界》中区分了"意志世界"(the world as will)与"表象世界"(the world as representation)。实际上,深受叔本华影响的维特根斯坦对"不可说"与"可说"同样作出了"两个世界"的区分。在他那里,"意志世界"是关乎主观意志、精神和伦理的世界,不可言说,而"表象世界"是独立于人们意志之外、关乎事实的日常世界,可以用逻辑语言表达出来,是可说的。可见,一条语言、逻辑的界限将"可说"之物与"不可说"之物相分隔,能否借助语言、逻辑进行表达成为区分两者的基本标准。

　　罗素在《逻辑哲学论》的导言中承认了这部作品的重要价值,但同时也表达了某种"理智上的不舒服"(intellectual discomfort)①,即对维特根斯坦"不可说"思想表示不满。他指出,虽然维氏强调逻辑、哲学、伦理学等领域的"不可表达性",但归根到底还是说出了如伦理学观点等"一堆不能说的东西"②。部分哲学家也提出过类似的质疑,认为维特根斯坦花了太多功夫在"说不可说"上,指出他在聚焦众多"可说"之物的同时,却一反常态地借助语言来表达《逻辑哲学论》中所强调的这些无法言表的"不可说"之物。还有观点承认《逻辑哲学论》聚焦的是"可说"之物,但认为维氏对它们的讨论旨在表达对"不可说"之物的"态度"③。

　　那么维特根斯坦对"不可说"的处理方式与《逻辑哲学论》的基本主张是否如上述学者认为的那样互相矛盾? 这部作品关注的究竟是可以言说之物还是不可言说之物? 在我们看来,学界之所以对"不可说"之物具有如此浓厚的兴趣,并产生众多解读,主要在于维氏其实对处于语言界限另一端的"不可说"之物无法也并未尝试展开直接、深入的描述,使其被蒙上了一层神秘的面纱。把握"可说"之物无疑对理解"不可说"具有重要作用,《逻辑哲学论》也的确详尽描述了事实世界、自然科学等"可说"之物的具体特征,"不可说"这一概念仅仅明确出现在全书末尾——"不可说的,只可不说"。从这个意义上说,维特根斯坦对"不可说"之物并未"说多少"。

　　我们认为,《逻辑哲学论》重点探讨的依旧是"什么是可说的",旨在区分"可说"与"不可说",并厘清"可说"之物的具体内容。实际上,维特根斯坦对"不可说"之物的"神秘之处"并无兴趣,因此,他对"不可说"始终保持"不说"的沉默态度,先把"不可说"之物排除在言说范围之外,再对"可说"

---

① 维特根斯坦:《逻辑哲学论》,王平复译,北京:中国社会科学出版社2009年版,第20页。
② 维特根斯坦:《逻辑哲学论》,王平复译,北京:中国社会科学出版社2009年版,第20页。
③ 宋宽锋:《维特根斯坦的〈逻辑哲学论〉到底说什么》,《陕西师范大学学报(哲学社会科学版)》2004年第1期。

之物有所言说。"我只和诚信的人合作"这一表述已经事先排除了那些背信弃义的人,虽然在肯定诚信者的同时也表达了对不守信用者的鄙视态度,但其强调的并非是对背信弃义者的道德谴责,而是对诚信者的道德认可。维特根斯坦对"可说"之物的深刻思考如出一辙,他聚焦的依旧是"可说",也并不打算弄清"不可说"之物的具体内容,因此对其采取了一种"浅尝辄止"的论述方式。

可见,《逻辑哲学论》主要处理了"可说"之物的问题,对"不可说"依然停留在"提出问题"阶段,对"不可说"并未"说"太多。当然这并不意味着"不可说"之物是无足轻重的。维特根斯坦主张,事实仅能"提出问题",而无法"解决问题"①,不过问题一旦提出也就"可以解决"②。当然,他也承认了以下事实,并将其归纳为《逻辑哲学论》的第二点价值,即人们在解决问题之后往往发现"做的事情是多么少"(how little has been done)③。在某种程度上看,所有的哲学问题在维特根斯坦那里或许根本就算不上"问题",因此也无法得到解答,即便有答案也不能用"实验"来证明其"真确性"④。可以说,"不可说"在一定意义上揭示了"西方当代实践哲学的精髓",而当代实践哲学正是在"理解了我们人类目前生存状态"的情况下展开的。⑤ 这意味着,"不可说"需要以"可说"为基础,需要通过"不可说"显示出来,"可说"之物的确定性正是彰显于"不可说"之中。

第三节　"可说""不可说"与确定性

如果说维特根斯坦通过这条语言的界限对"可说"与"不可说"作出的划分,充分体现了他在事实与概念之间的区分,那么这是否意味着他也明确地区分了"确定性"与"不确定性",把可以言说之物视为无比稳定、固定不变的,而将不可言说之物看作变动不居、模糊不清的呢?

一、"可说"与确定性

近现代西方哲学的认识论致力于解决"人类如何认识"(how do we

① 维特根斯坦:《逻辑哲学论》,王平复译,北京:中国社会科学出版社2009年版,第163页第6.4321节。
② 维特根斯坦:《逻辑哲学论》,王平复译,北京:中国社会科学出版社2009年版,第163页第6.5节。
③ 维特根斯坦:《逻辑哲学论》,王平复译,北京:中国社会科学出版社2009年版,第27页。
④ 罗素:《哲学问题》,何兆武译,北京:商务印书馆2015年版,第129页。
⑤ 江怡:《从〈逻辑哲学论〉看西方哲学的实践转向》,《哲学动态》2011年第1期。

know)这一问题,想知道人们能够认识哪些事物以及认识如何达成,这就需要对世界的本原、认识的起源与知识的本质等有所了解。但是维特根斯坦对"可说"与"不可说"作出的明确区分却说明,如世界本原等一系列被传统认识论纳入"可说"范畴的东西,其实无法言说。传统认识论,即"知识论"在维氏那里是"心理学的哲学"(philosophy of psychology)①,而哲学与心理学的关系也不如人们想象得那样密切。尽管心理学在一定程度上"终结"了传统认识论,但同时也为认识论提供了心理层面的反思,这导致维特根斯坦在以"何谓可说"为代表的一系列哲学问题上与认识论产生矛盾,语言而非心理才是其思考认识问题的出发点。

维特根斯坦主张,人们完全可以"清楚地思考"那些可思考的东西,也可以"清楚地说出"那些可说的东西②,这意味着那些可以为人明晰地思考并明确表达出来的东西是确定的。要理解这些"可说"之物与确定性的关系,我们不妨从维氏归纳的"可说"之物——"事实世界"和"自然科学"入手。

现实世界可以分解为一系列客观存在的事实,这些事实由各类"实体"(entities)与"事物"(things)③结合而成,切实决定着世界的客观存在,并共同建构起整个事实世界。维特根斯坦将这些以实体、事物为代表的组成事实的对象等同于那些持续存在的稳定之物,在他看来,事实是确定、稳定的。人们在黄昏时分到海边观看落日时所见到的海洋、船舶、夕阳等景物共同构成一幅引人入胜的"风景画",确定地将其存在展现出来。"图像"即"事实",是用以澄清命题与其他表现形式之间相似性的"范式"与"模型"④。"图像"的各要素代表着"对象",而"图像"正是由诸多要素以"特定的方式"关联而成⑤。可见,"事实世界"的确定性在维氏那里首先呈现为外部世界存在的一种客观的确定性,它确保了"花""草""天"等客观事实的存在,并使诸如"花是红的""草是绿的""天是蓝的"等命题由于严格对应于具体事实,从而获得确定的含义。这正是语词形而上学用法的来源。

---

① 维特根斯坦:《逻辑哲学论》,王平复译,北京:中国社会科学出版社2009年版,第70页第4.1121节。

② 维特根斯坦:《逻辑哲学论》,王平复译,北京:中国社会科学出版社2009年版,第71页第4.116节。

③ 维特根斯坦:《逻辑哲学论》,王平复译,北京:中国社会科学出版社2009年版,第29页第2.01节。

④ Stern,D.G.*Wittgenstein on Mind and Language*.New York:Oxford University Press,1995,p.36.

⑤ 维特根斯坦:《逻辑哲学论》,王平复译,北京:中国社会科学出版社2009年版,第36页第2.131、2.14节。

如果世界上存在的各类对象具有毋庸置疑的确定性,那么人类日常实践是否也存在着类似确定的事实?其实,无论是一部史诗级的战争电影,还是一幅毕加索创作的旷世名画,抑或是一首贝多芬谱写的钢琴协奏曲等"事实",均可被视为客观、确定的世界实在。达·芬奇在约五百年前创作完成的著名肖像画《蒙娜丽莎的微笑》就是这样一种稳定的事实。然而在达·芬奇绘制这部作品的整整四年间,组成画作的各种配色、风格等不断地发生改变,使整幅画作充满了动态性。画作一旦完成,其背景、形式与内容便逐渐趋于静止。这幅作品被永久收藏在卢浮宫内,几百年来,人们对作品中这个神秘莫测的微笑作出了不同视角的众多解读,但总是莫衷一是。然而无论后人如何评价这部作品,也不论它发生了多么细微的变化,这幅世界名画本身毫无疑问地作为一个基本事实确定、切实地存在于世界中。

世界由事实构成,只要把握住各类事实,人们就可以描述世界,言说事实。因此,在维特根斯坦那里,尽管事实产生的过程中依然可能存在不确定因素,但以对象为成分的事实一旦形成,便完全能够使用语言进行明确的表述,也相应地具备了绝对的确定性。

"自然科学"是维特根斯坦专门列出的一类"可说"之物。它与人文社会学科不同,考察的是一系列"事实"。从某种意义上说,自然科学从研究对象——自然界与自然现象,到以观察、实验、统计等为代表的研究手段都具有显著的确定性。气象学家在综合雷达、卫星云图观测结果的基础上建立气候物理模型来预测天气,昆虫学家通过观察与追踪各类昆虫的觅食活动、劳动分工与交流行为来了解其生活习性、竞争协作与种群关系,微生物学家则借助化学分解、DNA 纯化等方法提取人体染色体进行基因测序以预测患病概率。在维特根斯坦眼中,"自然科学"这一聚焦"事实"的特定领域之所以是绝对确定的,就在于它完全能够借助语言与逻辑形式进行明晰的表达。当然,维氏也指出哲学为自然科学中"存在争论的范围"(the disputable sphere)①划出界限,这说明自然科学依然存在争议。

达尔文进化论大大挑战了传统观点,对生物学产生了革命性的影响,然而达尔文本人并不希望进化论被视为绝对真理。在他看来,科学具有暂时性,永恒不变的绝对真理并不存在,他甚至认为当更先进的理论出现时,人们就应当彻底抛弃进化论。虽然不断有人指出达尔文进化论是谎言,是错误的信仰,但实际上,分子遗传学领域的最新研究成果反而强化了进化论,

---

①   维特根斯坦:《逻辑哲学论》,王平复译,北京:中国社会科学出版社 2009 年版,第 70 页第 4.113 节。

进化论依然是目前解释人类起源的最合适的理论。当然,将来也许会出现新的理论取代这一目前的最佳解释,因此,进化论也未必是亘古不变的真理。

同一时代的自然科学探索者由于自身知识储备、社会文化、生活方式以及思维模式等方面的差异,可能对同一种现象各执一词。爱因斯坦将物质世界视为无比确定,而缺乏因果性的量子力学在他看来缺乏确定性,由此导致爱因斯坦理论与量子力学的激烈冲突。随着历史的变迁、科技的崛起和认识水平的提高,不同时代对同一自然科学议题可能产生截然相反的见解,个体的思想也可能发生天翻地覆的变化。1971年,著名物理学家霍金提出"黑洞面积定理",到了1976年,他指出黑洞在形成过程中不断向外辐射能量、丧失质量,并吞噬一切。然而在2004年7月第17届国际广义相对论和万有引力大会上,霍金推翻了之前提出的理论,主张黑洞无法吞噬一切物质,它在终结众多物质的同时,也会慢慢释放出以前被吸入黑洞的部分物质。2014年1月,霍金在《自然》杂志撰文指出,黑洞并非以人们之前认识的形态存在于宇宙中。虽然这位伟大的物理学家已于2018年3月与世长辞,但围绕着黑洞的各类理论探讨与发现依然层出不穷。全球多地的科研人员历时十余年,通过搜集全球各地观测点的视觉证据,于北京时间2019年4月10日同步公布了人类历史上首张黑洞照片,该发现有望证实爱因斯坦的广义相对论在极端条件下依然可能成立。这恰恰说明了,随着科学的飞速发展,诸多事实不断呈现出前所未有的变化,争论与不确定性在作为"可说"之物的自然科学中同样不可避免。

既然事实世界与自然科学等"可说"之物均具备高度的客观确定性,而这种确定性依然存在着某些不确定因素。那么人们究竟如何认识这个包罗万象的世界呢?《逻辑哲学论》对确定性的探讨表明,人们能够借助命题等语言形式、使用逻辑分析的科学方法清晰地描述事实,通过语言对这些客观存在的事实最终达成认识上的确定性。我们认为,维特根斯坦所说的这种确定性主要包括以下两方面内容。

第一,"名称"(names)作为命题中使用的"简单标记"(simple signs)①,在命题中代表对象,也是命题的重要组成部分,名称与命题两者之间严格对应。"月球表面凹凸不平"这一命题清晰地描述了月球表面的基本状态,"小明这几天没来上学"表达了小明最近未出现在学校的客观事实,而"云

---

① 维特根斯坦:《逻辑哲学论》,王平复译,北京:中国社会科学出版社2009年版,第45页第3.202节。

是白的"与相关事态(云朵的颜色是雪白的)之间共有的逻辑结构使"白云"这一客观事实通过语言得到明确的描述。命题基于各种逻辑关系的排列组合,不断形成肯定或否定的陈述,确定、清晰地表达事实、描述事态。语言符号之间存在着的确定的、非主观的逻辑关系,使语言与世界之间通过逻辑结构建立了"对应的同构关系",于是世界由语言建构出来,保障了语言的意义。①

第二,原子事实的对象之间如"同一条锁链"(the links of a chain)一样相互连接,以"某种确定的方式"(a determinate relation)相连。② 伽利略为推翻亚里士多德的落体理论即物体下落速度与其重量成正比,进行了著名的比萨斜塔实验③,假设将两个不同重量的铁球用锁链捆住从高处扔下。亚里士多德主张重的物体下落得更快,那么被锁链捆在一起的两个铁球由于总重量更大,其下落速度必定比一个重球快。如果从反面角度来思考亚氏主张即轻的物体下落速度更慢,那么与轻的铁球相连的那个重球必定要受到轻球的牵拉,导致两个铁球的下落速度比单个重球慢。基于同一落体理论的假设却得出自相矛盾的结果,使亚里士多德的权威遭到挑战,而伽利略最终也证明两个铁球其实是同时落地的。锁链这一坚固、确定的物质实体将不同的客观对象紧密相连,并在它们之间建立起稳固、可靠的确定连接,使它们共同构成难以分隔的有机整体。同时,也正是锁链这一确定实体产生的强大牵拉作用,决定了这些对象之间存在着的相互牵制关系。

可见,事实世界、自然科学等可以言说之物就其本身而言,的确具有很高程度的外部客观确定性。当然,在我们看来,维特根斯坦在《逻辑哲学论》中追求的确定性并非仅限于事实世界这类客观存在所具有的外部确定性,而应当是如下这种确定性:它不仅由客观事实与名称之间的外部确定关系决定,还大大受制于各类事实对象之间的内部确定联系,并通过名称、命题等语言形式帮助人们通达以事实世界等为代表的"可说"之物。因此,这是一种认识上的绝对的确定性,这些不同的语言形式也具有逻辑上的完备性与确定的意义。当然,这些"可说"之物依然可能存在变化,它们身上的不确定性也无法得到完全消解。不过维特根斯坦前期对这些变化与不确定

① 王寅:《语言哲学研究——21世纪中国后语言哲学沉思录》,北京:北京大学出版社2014年版,第124页。

② 维特根斯坦:《逻辑哲学论》,王平复译,北京:中国社会科学出版社2009年版,第34页第2.03、2.031节。

③ 有传说伽利略比萨斜塔实验发生在1590年,但对于这一实验的真假依然存在争论,不过对伽利略推翻亚里士多德观点采用的反证法并不存在异议。

性不以为然，他将事实和命题严格对应，借助逻辑分析来揭示事实本质，踏上了追求"绝对的"确定性的漫漫征途。

二、"不可说"与确定性

如果维特根斯坦的"可说"之物具有确定性，那么他意谓的"不可说"之物是否与不确定性相对应？

让我们从哲学谈起。"哲学"与"自然科学"被维特根斯坦明确置于语言界限的两端，前者不可言说，后者可以言说。人们也倾向于认为，自然科学具有的确定性要远远高于哲学。但即便对于具有很高程度确定性的自然科学，争议和质疑也无法避免，科学对未知的探索决定了科学研究过程依然存在不确定性。同样地，哲学也无法将确定性完全排除出去。罗素在谈论哲学时，认为哲学的价值大部分须在它那"极其不确定性"中去追求，但也承认哲学的用处在于能够指点出"人们所不怀疑的各种可能性"①。在胡塞尔那里，哲学并不具备科学的确定性，因此其现象学思想旨在寻求哲学的确定性，试图通过正确、可靠的科学方法将哲学建构成一门严格的科学，主张应当面向具有确定性的事物、事实本身。因此，虽然在哲学中人们往往纠结于语词或命题的使用，想弄清语言使用的具体理由，但就哲学本身即其本体和结构而言，依然可能具有某种程度的确定性。

那么不可言说的逻辑是否对应着不确定性？维特根斯坦主张，"逻辑必须照顾自己"（Logic must take care of itself）②，这意味着，逻辑可以自行显示，而无须依赖其他中介。他以数学为例指出，数学是一种"逻辑方法"，而以"等式"（equations）为形式的数学命题均是"伪命题"（pseudo-propositions）③，因此并不表达思想。在他看来，"逻辑"意味着每个命题都是其"自身的证明"（its own proof）④，也就是说，它们只能在实际应用中显示自身。然而缺少了语言的协助，我们又如何确知其内涵？无法借助语言进行表达这一点固然从表面上为不确定性提供了充分理由，但这是否意味着逻辑的确定性并不存在呢？维特根斯坦指出，逻辑之外皆为"偶然"（accident），逻

---

① 罗素：《哲学问题》，何兆武译，北京：商务印书馆 2015 年版，第 130 页。
② 维特根斯坦：《逻辑哲学论》，王平复译，北京：中国社会科学出版社 2009 年版，第 114 页第 5.473 节。
③ 维特根斯坦：《逻辑哲学论》，王平复译，北京：中国社会科学出版社 2009 年版，第 149 页第 6.2 节。
④ 维特根斯坦：《逻辑哲学论》，王平复译，北京：中国社会科学出版社 2009 年版，第 148 页第 6.1265 节。

辑研究是对具有极高确定性的"一切规律性"（all regularity）①的探讨。让我们再看看维氏所说的数学。数学的逻辑与任意一种作为必然存在的逻辑一样，均具有强大的规定性与极高程度的确定性。人们在日常生活实践中正是以显示自身的逻辑形式为框架，建构并创造出众多基本的语言单位和语言形式。倘若缺乏对这些"自己照顾自己"的逻辑形式的深明大义，要想不断地创建出新的语词、命题、句子并保证其有效性，恐怕是天方夜谭。

最后，让我们把目光投向不可言说的"神秘之域"。人类的伦理价值、审美体验、道德感悟、情感体悟、宗教信仰等，在维特根斯坦眼中显然是不可言传的。这些"神秘之域"不仅具有显著的个体特征，还可能同时具有强大的瞬时性与空间性，令语言难以承担起表达的重任。即便它们被语言勉强地表达出来，也可能会因为交流双方大相径庭的社会身份、知识储备与文化传统等背景而导致众多不确定的认知与理解。当然，"不可说"的"不可言传"绝不意味着无法理解。虽然"不可说"之物无法用语言直接表达或传递出来，但完全可能借助语言等手段得到"意会"。即便缺少了语言这一利器的帮助，它们依然可能得到人们的理解。"语言的说出"固然重要，语言作为认识世界的重要方式，也的确能够绘制出关乎世界的清晰、确定的图像，帮助人们更好地理解世界，然而它绝非确定性的唯一保障。

在我们看来，维特根斯坦在"可说"与"不可说"之间划出的这条语言界限明确地强调了"可说"之物的确定性，尤其是语言作为世界的图像所反映出来的命题意义的绝对确定性，但他对"不可说"之物及其与确定性之间的关系并未多加考察。值得注意的是，与维氏所谓的"可说"之物相比，那些"不可说"之物虽然无法清晰地用确定无误的逻辑语言表达出来，却依然能够通过其他方式显示出来，这些显示出来的"不可说"之物表面上没有确定的意义，似乎说不清道不明，但实际上可能比那些能够直接用语言表达出来的"可说"之物更具确定性。不过，维特根斯坦前期对绝对确定性的追求将这些问题蒙上了面纱，直到其后期才重拾对它们的思考。

三、"不可说"与"无意义"

在维特根斯坦那里，那些描述了偶然事实或事态的命题，如自然科学命题等是有意义的，而其他命题则都是纯属胡说的伪命题。维氏在《逻辑哲学论》的前言中明确指出，"处于界限另一面的东西就完全是无意义的［胡

---

① 维特根斯坦：《逻辑哲学论》，王平复译，北京：中国社会科学出版社2009年版，第152页第6.3节。

话](nonsense)。"①这部作品中有关"无意义"的论述还有:

> 历来对于哲学问题所写的大多数命题和问题,不是假的,而是无意义(senseless)的。因此,这类问题根本就不能得到回答,我们只能确定它们的无意义性(nonsensical)。(TLP §4.003)
> 当他(即理解我的人)用[我的]这些命题作为阶梯,并爬越它们的时候,最后会认识到它们是无意义的(nonsensical)。(TLP §6.54)②

维特根斯坦哲学的"标准阐释"派在其研究的第一阶段,即"形而上学"阶段仅涉及以《逻辑哲学论》为代表的维氏前期哲学。"标准阐释"代表人物安斯康姆强调用维氏有关语言与世界的观点来解读《逻辑哲学论》,认为这部作品区分了"命题和事实的世界"与"超验世界"(如逻辑、伦理等)这两个"可说"与"不可说"的世界,认为"处于界限另一面"的"无意义"的世界(即超验世界)是一个包含着重要内容的"不可说"的世界。③ 在"标准阐释"派看来,《逻辑哲学论》第6.54小节代表着维特根斯坦对这部作品所有命题意义的态度——所有命题均无意义,也正是由于命题的不可说,导致了神秘之物的存在。美国新维特根斯坦学派则驳斥了"标准阐释"派的观点,认为命题之下并不存在着某种"不可说"的形而上学真理。他们的"新式"读法除了强调维氏前后期哲学之间具有高度一致性、主张对维氏后期哲学进行"治疗性"解读之外,一个重要特征恰恰是以维氏的"命题无意义"为根据,对"无意义"作出字面上的"果断解读"(resolute reading)④,即认为这些命题在字面上是无意义的,也并不存在更深的含义。他们坚称,《逻辑哲学论》并未发展出任何关于语言或逻辑等东西的理论,也未提出有关"意义"或"无意义"的理论,因此没有必要对其中的命题作过度解读。恰尔德表达了对这种"新式"读法的反对意见,认为维特根斯坦对"不可说"之物持有一种"绝对严肃的态度"⑤,并基于《逻辑哲学论》的文本证据,指出维氏并非自始至终都未提出关于语言、逻辑的一套理论。

---

① 维特根斯坦:《逻辑哲学论》,王平复译,北京:中国社会科学出版社2009年版,第26页。
② 维特根斯坦:《逻辑哲学论》,王平复译,北京:中国社会科学出版社2009年版,第58页第4.003节,第165页第6.54节。
③ Anscombe,G.E.M.*An Introduction to Wittgenstein's Tractatus*.London:Hutchinson & Co.Ltd.,1963.
④ "resolute reading"也被译作"果决"或"决断"解读。
⑤ 恰尔德:《维特根斯坦》,陈常燊译,北京:华夏出版社2012年版,第86页。

　　上述对维特根斯坦哲学思想的多样化解读充分展现了维氏思想的重要价值与丰富内涵，无论哪一种解读方式，都是对维氏语言哲学深刻洞见的进一步挖掘与探索。不过，我们认为，维氏语言哲学的意旨往往体现在其哲学论证分析过程之中，而并非凝结在其最终达成的某条发人深省的结论之上，因此把握维氏哲学研究的具体思考过程比了解其结果更为重要。

　　新维特根斯坦学派代表人物戴梦德和柯南特是"果断解读"的主要倡导者。他们采用了一种与传统解读不同的思路，主张应该充分关注并严肃看待维特根斯坦所说的"命题无意义"。在他们看来，"无意义"无法用语言表达出来，那些"无意义"的命题，如与哲学相关的那些命题由于没能指谓任何对象而无法表达真理。在解读"无意义"时，他们提醒读者第 6.54 节有关"无意义"内容的理解重心，认为维氏并不意在让读者注意到有关"无意义"的表述或让读者去理解这些句子，而是要让读者共同参与一项将"无意义"句子视为"有意义"句子的想象活动，并逐步意识到形而上学话语的"无意义"，从"无意义"入手理解"不可说"，得以走出形而上学的哲学幻象。① 戴梦德和柯南特对《逻辑哲学论》中"无意义"的分析，其实参照了维氏后期哲学的态度与观点，即哲学是一种语言批判，是一项治疗活动。虽然这种"阐明式或治疗式"（elucidatory or therapeutic）的"果断解读"否定了维氏前期试图提出任何哲学理论，因而具有一定道理，但它过度强调了维氏哲学消极意义上的治疗性质，在某种程度上阻碍了人们超越这些命题的字面意义来理解维氏真实思想的积极作用。

　　事实上，维特根斯坦恰恰希望借助这些"无意义"的命题进行阐释与澄清活动，作出严格的界定与划分，帮助人们为脑海中混乱的思想理清头绪。一方面，命题如同建筑物的基本零件，需要借助一种"逻辑的框架"（logical scaffolding）来建造"世界"②这栋庞大的楼房，只有按照某种方式使用命题这些"砖块"（bricks）③，也只有使用它们才能建造出这座大厦；另一方面，这些命题也如《逻辑哲学论》末尾提到的"梯子"（ladder）一般，在人们达成深刻认识过程中起重要作用，帮助人们清晰地看见事实和世界。然而人们借助这些命题构建的梯子登上高处后，必须将其丢弃，因为只有"超越"

---

① Crary, A & Read, R. (eds.). *The New Wittgenstein*. London: Routledge, 2000, pp. 150-160.

② 维特根斯坦:《逻辑哲学论》, 王平复译, 北京: 中国社会科学出版社 2009 年版, 第 62 页第 4.023 节。

③ 维特根斯坦:《逻辑哲学论》, 王平复译, 北京: 中国社会科学出版社 2009 年版, 第 154 页第 6.341 节。

(surmount)①它们,才能真正领悟到不可言说之物的奥秘,才可以正确地理解自身所处的世界。《庄子·外物》提到的"得鱼而忘荃""得兔而忘蹄""得意而忘言"在某种程度上也表达了类似含义,即意欲传递的体验一旦得到领悟,蕴含的精神力量得到意会,言语等作为工具的作用也就没那么重要了。

那么是否可以认为,"可说"与"不可说"之分同样意味着,维特根斯坦将这条界限视为"有意义"与"无意义"的标准,处于界限内的"可说"有意义,而界限外的"不可说"无意义?他所说的"无意义"究竟有何含义?倘若《逻辑哲学论》中的命题真的毫无意义,他又为何要写出这部作品呢?如果基于维特根斯坦对事实、世界、逻辑、命题等关键概念的讨论思路来考察语言和理解世界,我们不难发现,"无意义"其实恰恰建立在其对语言、逻辑等世界重要组件的一系列正面阐述的基础之上。

首先,维特根斯坦在"可说"与"不可说"之间划定的界限在某种程度上也是"有意义"与"无意义"的界限,处于界限之内的那些可说之物就是有意义的,而界限以外难以名状的东西则是无意义的。"可说"之物关乎事实,能在语言界限允许的范围内活动,因此是有意义的、可以说出、能够理解的。逻辑属性、人生价值、万物之源、哲学等,无法通过逻辑语言表达出来,不可言说,因此处于这条语言的界限外,导致了"意义"的"缺席"与"不在场",在维氏看来是无意义的,甚至根本不可理解。比如哲学之"无意义"实际上指的就是,哲学问题没有确切的答案,判定任何一个哲学问题的答案正确或错误均有道理,无法说清哪个答案正确或哪个答案错误,因此,哲学问题无所谓真假,说其对错没有任何意义。

其次,"无意义"的提出旨在强调这条外部语言界限的存在,而并非仅仅表明一种命题意义的"缺席"。实际上,那些无法言表之物同样可能具有"意义",其"意义"甚至并不亚于"可说"之物,只不过它们的"意义"主要通过语言之外的方式显示出来。缺少了语言的中介作用,这些命题在维特根斯坦那里就成了"无意义"的"胡说"。说"不可说"之物无意义,主要在于它们不是实在的事态,不能描述世界,无法形成图像来表征世界。

最后,在我们看来,"命题无意义"中的"无意义"蕴含如下几层含义:一方面,"无意义"代表着这些命题无法也不能说出任何东西,即没有通过语言符号从字面上传达任何内容;另一方面,当人们以这些命题为工具(做梯

---

① 维特根斯坦:《逻辑哲学论》,王平复译,北京:中国社会科学出版社 2009 年版,第 165 页第 6.54 节。

子)最终触碰到语言的界限,认识到"可说"与"不可说"之分时,这些命题也就丧失了其存在的价值。此外,由于其哲学的治疗性质,维特根斯坦并不打算让读者注意并理解这些命题,因而认为要专门表达、交流这些仅仅作为工具的命题没有价值,任何想说出这些命题的尝试也只能导致无意义。

当然,"命题无意义"绝不是我们理解《逻辑哲学论》的基础。虽然维特根斯坦指出《逻辑哲学论》里具有"无意义"的命题,其本身也不可言说,但在他看来,那些"无意义"的命题虽因无关经验而无关意义,却完全能够显示出一些不可说之物,而那些无法用语言、逻辑表达出来的"不可说"之物也并非毫无意义,均具有自身独特的价值。如维氏举出的重言式命题例子"当我知道或者天在下雨或者不下雨的时候,关于天气,我就是毫无所知"虽然"什么也没有说",但由于它们是"符号系统"(symbolism),因此并非没有意义①。再以不可言说的伦理为例,虽然伦理学主要关乎人生意义与生命价值等,不像自然科学那样能够直接为人们提供有关世界知识并能够客观陈述事实,人们既无法用严格的语言与逻辑来界定其意义,也不能直接利用自然科学为这些关乎生命意义的问题提供解答,但从古至今,人类出于理解世界与人生的基本需要,从未停止对这些问题展开孜孜不倦的思考,这些探索直接影响着人类的生活行为方式和对世界的基本态度。因此,从这个角度看,逻辑、世界本原、神秘之域、伦理等不可言说之物并非没有意义或无关紧要,只不过它们的意义处于维氏所说的事实世界之外,其意义甚至比事实世界更为重要。从《逻辑哲学论》的诸多命题中,我们也能感受到这部作品的伦理性质与某种伦理学目标。其实维特根斯坦依然视伦理学为"人类思想中一种倾向的纪实",虽然伦理学在他那里属于无法言说的范畴,但他个人对其"深表敬重",绝不会对它"妄加奚落"②。

《逻辑哲学论》用语言的界限划分了"可说"与"不可说",也将"有意义"与"无意义"分别放在界限内外。实际上,维特根斯坦所谓的"无意义"是相对于"有意义"而言的,"无意义"强调界限的本体,聚焦语言界限内外的不同之处,"可说"与"不可说"的明确区分也正是以"无意义"的存在为基础。因此,我们认为,《逻辑哲学论》强调的并非"不可说"之"无意义",而是旨在"可说"与"不可说"之间划出一条清晰的语言、逻辑的外部界限,表明人类认识的局限性。同时,维特根斯坦提出"不可说"的观点,意在与

---

① 维特根斯坦:《逻辑哲学论》,王平复译,北京:中国社会科学出版社 2009 年版,第 88 页第 4.461—4.4611 节。

② 维特根斯坦:《维特根斯坦的伦理学演讲》,万俊人译,《世界哲学》1987 年第 4 期。

关乎这些问题的肤浅看法划清界限,希望人们能够摒弃那些空洞、轻率的讨论,将关注点放到事物本身。如果坚持"说不可说",就会产生语言上的混乱,导致"无意义"的"胡说",哲学的问题正出于此。

第四节　从《逻辑哲学论》看维特根斯坦对确定性的追求

维特根斯坦在《逻辑哲学论》中为人们建构出一个有限的、静止的充满了语言与逻辑的"逻辑空间"(logical space),以一种照相式的方法描述了语言与现实世界的对应关系。在他看来,世界由逻辑形式构建,并通过语言表达出来,而命题是意义的最基本单位,代表了人们表达出来的思想。因此,只有科学地进行命题分析才能澄清人们对逻辑、语言与世界的误解,才能最终达成哲学的目的——"对思想的逻辑澄清"[1],这正是维特根斯坦透过语言视角处理哲学问题的基本思路。维氏的独特的语言视角是其语言哲学思想超越传统认识论而取得的一大进步,他对确定性的追求与思考恰恰深藏于语言这片沃土之中。

第一,《逻辑哲学论》提出的图像论主张命题(语言)与实在(世界)一一对应,命题(语言)与其所图示或表征的实在(世界)共有逻辑形式,因此语言是世界的实在图像,可以通过两者共有的逻辑结构来摹画世界。这部作品中提出的另一个重要理论——"真值函项理论"与图像论一样,均聚焦语词或命题之间的关系,它归纳了真值函项的一般形式,并协助此前由事实通过图像转换而成的语词或命题共同构建较为完备的语言体系。由此,语言的"意义"在维氏前期那里表现为"语言命题的信息内容",意义理解的衡量标准则是"语言的逻辑形式"[2]。这种意义受制于命题和事实,即语言与世界之间的关系,既无关文本意图,也无涉人类意向,因而是一种较低层次上的"客观意义"[3],具有显著的确定性。

第二,《逻辑哲学论》通过一条"存在论和语义学"[4]的双重界限区分了"可说"与"不可说",提出了这部作品继图像论、真值函项论的"第三个主要

---

[1] 维特根斯坦:《逻辑哲学论》,王平复译,北京:中国社会科学出版社 2009 年版,第 69 页第 4.112 节。

[2] 阿佩尔:《哲学的改造》,孙周兴、陆兴华译,上海:上海译文出版社 2005 年版,第 5、10 页。

[3] 江怡:《维特根斯坦:一种后哲学的文化》,北京:社会科学文献出版社 2002 年版,第 15 页。

[4] 李红、韩东晖:《究竟什么是"不可说"的——对维特根斯坦〈逻辑哲学论〉的扩展性解读》,《哲学研究》2005 年第 8 期。

内容"——一种"不能说出只能显示的东西"①的学说。"事实世界"与"自然科学"等那些被维特根斯坦归类为能够通过语言表达的事物,借助语言的描述与说明,显示出强大的确定性。"凡是能够说的事情,都能够说清楚"②说明了,通过语言批判就能够将"可说"之事说清楚。

如果要像维特根斯坦的"图像论"那样,为《逻辑哲学论》这部作品赋予一幅客观实在的图像,我们便可以发现维氏实际上对"说"与"不可说"、事实与价值等进行了截然二分,图示如下:

	"可说"	"不可说"(显示)
内容	事实世界(偶然性)	"是"、"道"、"哲学"……(伦理性、价值性)
特征	可以说清楚	无法说清楚
	确定性	表面无确定意义(但可能比"可说"之物更具确定性)
	有意义	无意义

维特根斯坦在《逻辑哲学论》中提出的"图像论"与对"可说"之物的考察,淋漓尽致地体现了他对一种"绝对的"确定性的追求。这种确定性由语言与世界的一一对应关系决定,即"一个真正的名称必定清楚地指称一个确定的对象,一个真正的命题必定完全地描画一个惟一的事态或事实"③,代表了语言意义的绝对确定性。这可以被视为维氏对传统哲学的形而上学思想的一种继承,也是近现代西方哲学历史对绝对确定性的不懈追求的一种延续。有观点认为,《逻辑哲学论》体现了"逻辑分析、认识论与本体论的统一"④,这不无道理。这部作品对主要哲学议题的探讨正是以本体论为出发点,随后借助认识论的处理,最后停留在语言上。此外,虽然维特根斯坦前期已经转向语言的逻辑结构分析,与聚焦物质与意识、主体与客体关系的西方传统认识论之间逐渐拉开距离,并与其在"不可说"问题上产生分歧,但其实两者都受到了世界、思想与语言的"本质之惑",因而均试图追求一种绝对的确定性。

《逻辑哲学论》从命题入手,运用逻辑分析方法进行一种"作为存在论

① 马尔科姆:《回忆维特根斯坦》,李步楼、贺绍甲译,北京:商务印书馆 2012 年版,第 12 页。
② 维特根斯坦:《逻辑哲学论》,王平复译,北京:中国社会科学出版社 2009 年版,第 25 页。
③ 韩林合:《维特根斯坦〈哲学研究〉解读》,北京:商务印书馆 2010 年版,第 1162 页。
④ 张学广:《维特根斯坦与理解问题》,西安:陕西人民出版社 2003 年版,第 90 页。

方法的语言分析"①,生动地体现了哲学的"语言转向"。虽然这部作品最先聚焦世界和事实而非语言,但它充分借助诸多短小精悍、非体系化的格言式语句,层层深入,围绕着思想、命题、逻辑等与语言密切相关的论题展开思考与论证,逐步将哲学问题自然而然地建立在语言分析的基础上。

《逻辑哲学论》开始聚焦语言,然而维特根斯坦考察的依然是一种人工的、理想的语言的形而上学用法。无论是首次发表的对科菲《逻辑科学》的书评,一战时作的哲学笔记,还是第一次出版的《逻辑哲学论》,维氏始终将逻辑视为一种有秩序的、处于根基地位、无比坚固的本质之物,并预设了"思想、语言和世界所共有的一个单独的'逻辑形式'",而这也被蒙克视为《逻辑哲学论》中"最主要的错误"②。因此可以说,维氏前期所追求的这种确定性建立在一种无懈可击的逻辑必然性之上,是一种基于事物本体的绝对确定性,不容许存在任何模糊状态。

《逻辑哲学论》最后一个命题"不可说的,只可不说"与莎士比亚笔下的哈姆雷特说的最后一句话——"唯余沉默"(The rest is silence)遥相呼应,虽然在表面上呈现了对不可言说之物保持沉默的态度,但绝不意味着维特根斯坦放弃了对这些"不可说"的思考。恰恰相反,它预示着维氏始终没有忽视这些显示于可以言说之物之中的"不可说"之物,并给予它们极大的关注,将其视为至关重要的东西。他在《哲学研究》中以奥古斯丁《忏悔录》卷十一第十四节提到的"时间"为例指出,那些"别人不问时我们明白"而一旦"要我们解释"就"不明白"的事情,恰恰是我们必须却不易"留心思索的东西"(something that has to be called to mind)③。对不可说的东西毋庸多言,沉默静思有助于更为深入地体验、理解与把握它们。维特根斯坦在其后期对"不可说"之物的深入探讨中,逐渐脱离了传统认识论,不再执着于追求一种基于逻辑必然性的无比明晰的"绝对的"确定性,《哲学研究》便充分体现了他在一种全新的语言观指导下对确定性的思考。

---

① 饭田隆:《维特根斯坦——语言的界限》,石家庄:河北教育出版社2001年版,第78页。
② 蒙克:《如何阅读维特根斯坦》,徐斌译,杭州:浙江大学出版社2021年版,第61—62页。
③ 维特根斯坦:《哲学研究》,陈嘉映译,上海:上海人民出版社2005年版,第49页第89节。

第三章 《哲学研究》:意义、理解与确定性

我要对语言(词、句等等)有所说,我就必须说日常语言。

——PI § 120①

1929 年初,维特根斯坦重返剑桥,并于半年之内完成了他最后一篇正式发表的作品——《对逻辑形式的若干评论》②,继续就《逻辑哲学论》中的一些问题展开新的哲学讨论。然而维氏在这篇论文中对原子命题概念的改造尝试,却导致《逻辑哲学论》中的逻辑体系乃至"逻辑形式"这一维氏早期思想的基本概念土崩瓦解,这也预示着他从根本上改变处理哲学问题与思考语言逻辑方式的开端。此后几年,维特根斯坦继续致力于为哲学问题提供新的视角,他在剑桥 1933 至 1935 学年陆续向学生口述的《蓝皮书》讲义中重点考察了"意义"等重要问题,提醒人们"一个词并不被一种好像独立于我们的力量赋予意义"③,并引入"语言游戏"等关键概念,这可被视为其后期代表作《哲学研究》的前奏。

以《哲学研究》为代表的维特根斯坦后期彻底推翻了其前期《逻辑哲学论》主张的逻辑原子论与图像论,这是学界达成的普遍共识。但必须承认,《逻辑哲学论》不仅促进了现代逻辑学的诞生,还体现了哲学的"语言转向",它对语言的考察为《哲学研究》等作品奠定了坚实基础,也成为其后期思想产生的依据。这两部作品都主张通过"语言批判"来处理哲学问题,持续关注意义问题,提倡一种"治疗式"的哲学,因而在"基本精神"④上是一致的。值得注意的是,维氏在《哲学研究》"序言"中承认《逻辑哲学论》里的思想包含"严重的错误",但也认为只有以旧思想为"背景"并将新旧思想"相对照"⑤,才能准确地把握《哲学研究》所要传递的新思想。因此,虽然

---

① 维特根斯坦:《哲学研究》,陈嘉映译,上海:上海人民出版社 2005 年版,第 57 页第 120 节。

② Wittgenstein, L. Some Remarks on Logical Form. *Proceedings of the Aristotelian Society*, 1929, IX, pp. 162-171.

③ 维特根斯坦:《蓝皮书和棕皮书》,楼巍译,上海:上海人民出版社 2021 年版,第 32 页。

④ 江怡:《维特根斯坦:一种后哲学的文化》,北京:社会科学文献出版社 2002 年版,第 14 页。

⑤ 维特根斯坦:《哲学研究》,陈嘉映译,上海:上海人民出版社 2005 年版,第 2 页。

维特根斯坦前后期思想存在明显差异,但那种"两个维特根斯坦"的明确区分实际上曲解了维氏前后期作品,夸大了其前后期思想的区别甚至将两者完全对立起来,片面否定了两者的联系,导致一种相当重要的"根本上的连续性"①被掩盖起来。在我们看来,维氏后期语言哲学思想的重大价值并不仅限于对其前期语言意义观的否定,而在于一种全新语言视角的转换,其后期抛弃了那种高度理论化的理想语言假设,转而关注日常语言,强调语言用法的多样性,而非聚焦语言单一的描述功能。借助语言分析拨开语言的迷雾,以澄清哲学困惑,不仅是西方语言哲学的基本趋势,也是维特根斯坦考察确定性问题的根本思路。

鉴于维特根斯坦后期思想对哲学与文化的"解构",众多后现代主义者奉其为后现代主义思想的先驱,并经常借用《哲学研究》的观点来反对确定性。利奥塔多次以该书提出的"语言游戏"②等概念来解构现代哲学的宏大叙事,为其瓦解意义的基础进行辩护。他指出,日常生活中的众多语言游戏体现了"各种成分的多相性"③,后现代世界也处在维氏考察"语言游戏"时所勾勒出的一种"不以性能为基础的合法化视野"④中。我们认为,这是对维氏后期思想的极大误解,实际上,《哲学研究》依然坚持着对确定性而非不确定性的探索。

如果说《逻辑哲学论》对一种语言意义的"绝对的"确定性的追求拉开了通过语言视角考察确定性的序幕,维特根斯坦前期对命题、思想、逻辑、世界等概念发人深省的思考也旨在一劳永逸地解决哲学问题,充满了理想主义情怀,那么《哲学研究》则借助形形色色的语言游戏,通过舒展流畅的语言表达,批判了维氏前期哲学的理想主义,令他对确定性的重新思考带有现实主义色彩。维特根斯坦逐渐回归日常生活,直面丰富多彩的人类生活世界,脚踏实地地从对日常语言的使用中考察确定性。可以说,维特根斯坦对意义确定性问题的考察也逐渐从其早期对意义的产生、语言外在逻辑形式的关注,过渡到对意义的表达、使用与理解及其发生的语境等非形式因素的思考。

---

① 谢尔兹:《逻辑与罪》,黄敏译,上海:华东师范大学出版社 2007 年版,第 14 页。
② 维特根斯坦在《哲学研究》第 7 节将"语言游戏"描述为"语言和活动——那些和语言编织成一片的活动——所组成的整体"。(维特根斯坦:《哲学研究》,陈嘉映译,上海:上海人民出版社 2005 年版,第 7 页)
③ 利奥塔:《后现代状况》,载塞德曼:《后现代转向——社会理论的新视角》,吴世雄、陈维振等译,沈阳:辽宁教育出版社 2001 年版,第 35—36 页。
④ 利奥塔:《后现代状态》,车槿山译,南京:南京大学出版社 2011 年版,第 142—143 页。

第一节　意义与确定性

一、维特根斯坦意义观的发展

众所周知,维特根斯坦的意义观经历了显著的发展变化过程。维氏前期意义观类似于胡塞尔在《逻辑研究》中阐发的对意义的理解,两者均将意义看作无须依赖人类表达与理解的一种理想统一体,具有永恒不变的客观性,并认为人们能够借助逻辑分析获取意义的标准。《逻辑哲学论》提出的图像论对命题意义采用的"投影"方式突出了意义的客观性、稳定性与确定性,认定一个语言表达式必然具有完备的逻辑形式,并封闭于一个自足的逻辑系统之中,有完全确定的所指和意义。意义独立于事实,需要依赖对指称的把握,总是处于一种精确无误的状态,因此语词、命题绝对确定的意义成为当时维氏关注的焦点与追求的目标。

虽然维特根斯坦前期提出命题的真值函项理论,借助逻辑构建起与世界严格对应的精密语言体系,但他在这一时期其实尝试过把意义和使用联系起来。《逻辑哲学论》承认在哲学中人们对语词使用往往持有不同的见解,并指出只有在"有意义的使用"(significant use)中观察一个符号,才能借助它"分辨一个标记"①。那么上述观点是否等同于维氏后期提出的"意义即使用"观,即"一个词的含义是它在语言中的用法"②? 从表面上看,这些观点提到了命题意义在于其使用,但其实它们对意义和使用的关系并未多加考察,依然崇尚意义的纯粹性,追求意义的客观标准,也未能完全摆脱利用真值条件解释意义的思考路径,因而与"意义即使用"观的核心理念并不一致。

1929 年至 1930 年间,维特根斯坦秉持着"一个命题的意义是它的证实方法"③的观点,回归命题真值论,即主张命题意义不再取决于《逻辑哲学论》所说的"决定其为真或为假的条件",而在于"表明它为真或为假的东西"④。但到了 1932 年之后,新的意义观逐渐开始形成。《哲学语法》指出,

---

① 维特根斯坦:《逻辑哲学论》,王平复译,北京:中国社会科学出版社 2009 年版,第 52 页第 3.326 节。

② 维特根斯坦:《哲学研究》,陈嘉映译,上海:上海人民出版社 2005 年版,第 25—26 页第 43 节。

③ 维特根斯坦:《维特根斯坦剑桥演讲录(1930—1935)》,周晓亮、江怡译,杭州:浙江大学出版社 2010 年版,第 68 页。

④ 恰尔德:《维特根斯坦》,陈常燊译,北京:华夏出版社 2012 年版,第 115 页。

"意义的解释"解释出语词用法，语词在"语言中的用法"①即其意义。维氏还以"何谓一个词的意义"开启《蓝皮书》的哲学思考，认为通过找到一个语词"所有应用中的共同元素"来搞清其意义这一做法"阻碍了哲学研究"②等，他还在《棕皮书》中以丰富的例子展示不同的语言游戏。《蓝皮书和棕皮书》的这些观点呈现了维氏后期意义观的雏形，成为《哲学研究》的初级版本。《哲学研究》时期，维特根斯坦彻底摒弃了对精确语言的假设，命题成为受规则支配的规范表达，意义也被正式定义为"语言中的用法"。

事实上，维特根斯坦后期对意义理论的批判始于对奥古斯丁传统语言观的批判。《哲学研究》开头引用了奥古斯丁对学习语言过程的描述，指出人们要称谓、转向并指向某个对象时，就"发出声音"，通过声音来"指称它"③，正如《棕皮书》开头即阐明的，"他［奥古斯丁］是通过学习事物的名称而学习说话的"④。随后，维氏以"五个红苹果"为例，指出人们在和语词打交道时，根本不是在"谈什么含义"，而是在讨论"五"这一语词"是怎样使用的"⑤。这是《哲学研究》中首次出现有关意义与使用的观点，也为"意义即使用"观的正式提出作了铺垫。

奥古斯丁的确描述了一种交流系统，但这一基于本质主义语言观的理想语言系统将语言与人类社会完全割裂，因而并非真实存在于生活实践中。维特根斯坦后期意义观就像伦特利（Michael Luntley）所认为的那样，将语言视为一个有意义的统一体，而并非一种仅仅由无生命的物理符号以及使其具备意义的规则这两部分简单相加而成的事物。⑥ 维氏在批判奥古斯丁对意义的解释时，认为这一解释忽略了符号使用的各类特征，并指出"使用是语言的关键方面"⑦。在他那里，意义无需通过某种特定方式进行描述或解释，对意义的理解也并非人类独有的心理行为。他要强调的是，当言语表达一旦出现在"语言游戏"中，其意义和理解便固定下来，具备了一定的确定性。罗蒂认为，维特根斯坦后期不再打算为"语言描述的可能性"寻找"非经验性的条件"，而是与"一个句子的意义取决于另一个句子是否为真"的看法作出调和，而另一个句子聚焦的恰恰是人们"使用构成前一个句子

---

① 维特根斯坦：《哲学语法》，韩林合译，北京：商务印书馆 2012 年版，第 31 页第 96 节。
② 维特根斯坦：《蓝皮书和棕皮书》，楼巍译，上海：上海人民出版社 2021 年版，第 23 页。
③ 维特根斯坦：《哲学研究》，陈嘉映译，上海：上海人民出版社 2005 年版，第 3 页第 1 节。
④ 维特根斯坦：《蓝皮书和棕皮书》，楼巍译，上海：上海人民出版社 2021 年版，第 85 页。
⑤ 维特根斯坦：《哲学研究》，陈嘉映译，上海：上海人民出版社 2005 年版，第 4 页第 1 节。
⑥ Luntley, M. Wittgenstein: Meaning and Judgement. Oxford: Blackwell, 2003.
⑦ 卡茨：《意义的形而上学》，苏德超、张离海译，上海：上海译文出版社 2010 年版，第 48 页。

的诸符号和声音"①的社会实践。可见,维氏后期意义观开始聚焦日常实践,主张在人类实践中确定语词意义。

那么维特根斯坦后期是否也在"有意义"与"无意义"之间划定了一条泾渭分明的界限? 谢尔兹强调了维氏前后期思想的连贯性,认为这两个时期对"可说"与"不可说"的态度一致,并明确反对如下看法,即"有意义"与"无意义"的性质在《哲学研究》时期已经发生变化。在他看来,虽然《逻辑哲学论》为"有意义"与"无意义"划定的那条界限到了《哲学研究》阶段已经扩展为多条,但它们其实"一样严格"②。谢尔兹的观点固然有一定道理,但这两个阶段的"有意义"与"无意义"依然差异明显。③ 维特根斯坦前期的"无意义"强调因"无法言说"而"难以把握"的状态,而其后期区分意义的标准则在于语词与命题的实际使用,也就是说,只要能够使用,命题就是有意义的。可见,"我知道我有大脑""我知道我有一个身体"这类"胡说"之所以在维氏后期被归纳为"无意义"的,关键在于人们无法在日常实践中使用它们。

《哲学研究》对"界限"作出了以下表述:

> 我可以照这样给"数"这个概念划出固定的界限(rigid boundaries),即用"数"这个词来标示一个具有固定界限的概念(a rigidly bounded concept);但我也可以这样使用它:这个概念的范围并不被一条界限封闭(not closed by a boundary)……(PI§68)
> 假如有人划出一条明确的界限(draw a sharp boundary),我不能承认它原是我也始终想划的或是我在心里已经划出的界限……(PI§76)
> 我不在固定的含义上(without a fixed meaning)使用名称"N"……(PI§79)④

那么这是否意味着概念对维特根斯坦后期而言并不存在一条客观的界限,或者说其后期已经完全放弃了对意义与理解的确定性的追求,进而主张

---

① 罗蒂:《实用主义哲学》,林南译,上海:上海译文出版社 2009 年版,第 203 页。
② 谢尔兹:《逻辑与罪》,黄敏译,上海:华东师范大学出版社 2007 年版,第 45 页。
③ 不过维特根斯坦在这两个阶段都并未致力于探究并论证其"有意义"或"无意义"的原因,而只是斩钉截铁地在"有意义"与"无意义"之间作出一种直接明了的判断。
④ 维特根斯坦:《哲学研究》,陈嘉映译,上海:上海人民出版社 2005 年版,第 38 页第 68 节,第 42 页第 76 节,第 44 页第 79 节。原译文将"boundary"译为"界线",此处译为"界限"。

语词的意义无法确定？上述看法其实是对维氏观点的断章取义，它仅片面地看到了这些表述的前半部分内容，却忽略了这些表述后面的阐述，殊不知紧随其后的论点才是关键。维特根斯坦要说明的是，虽然语词的使用并非时刻受制于规则，也不总是建立在固定含义的基础上，但这种做法并不会"削弱它的用途"（impair its use）①，规则也依然切实地存在于各类语言游戏中，不以人们的意志为转移。尽管每个人所持的概念存在差异，其中的"亲缘相似性"（affinity）②却同样不可否认。上述观点的确从字面上表达出语言使用的活动性与意义可能存在的多样性，然而那些作用于语词使用实践、显示于"规则"与"亲缘相似性"之中的确定性才是维氏关注的焦点，这意味着语词意义在一定语境下的使用由规则限定，依然具有确定性，人们无法脱离语境来确定语词的意义。

其实在《哲学研究》中，划界这一主题并未缺席。值得注意的是，《哲学研究》中的界限会随着时空的变迁产生一系列难以察觉的微妙变化，并在语言的实际使用过程中具备了更大的灵活性，因此，较之《逻辑哲学论》的界限，它显然要隐秘得多。虽然这条界限不像维氏前期那么严格，但它依然存在，只不过由于早已"消融"于多样的生活实践中而无法直接为人察觉。罗蒂指出，维特根斯坦后期与以下观念进行了调和：

> 哲学就像语言一样，只是一系列可以无限扩展的社会实践，而不是一个其外围可被"显明"的有界限的整体。③

尽管《哲学研究》中的界限灵活多变，但它并非永久地处于无尽的变化之中，也无法由个体进行随心所欲的界定。正如谢尔兹所言，《哲学研究》中意义的边界是"稳固不变的标记"，是"习俗""生活形式"和"人类行为的网络"④。可见，在维特根斯坦那里，真正的边界即意义的边界并非充满了不确定性，或者完全不可预知，恰恰相反，它们在人们使用语言的日常实践中呈现出一定的确定性、稳固性和可预测性。从这个角度看，意义确立于语言的实际使用中，固定于人们共同参与的语言游戏的各类规则中。马尔科姆指出，《哲学研究》中的部分内容被维特根斯坦的学生"不适当地领会"为在自身思维中可以不要求"准确性和彻底性"，但对维氏而言，这种误解最

① 维特根斯坦：《哲学研究》，陈嘉映译，上海：上海人民出版社2005年版，第44页第79节。
② 维特根斯坦：《哲学研究》，陈嘉映译，上海：上海人民出版社2005年版，第42页第76节。
③ 罗蒂：《实用主义哲学》，林南译，上海：上海译文出版社2009年版，第203页。
④ 谢尔兹：《逻辑与罪》，黄敏译，上海：华东师范大学出版社2007年版，第45页。

终只会导致"轻率马虎的哲学工作"①。

二、维特根斯坦对"使用"的考察

维特根斯坦对建构一种理想、完美的定义并无多大兴趣,因此无论是《逻辑哲学论》还是《哲学研究》,都难觅关乎"意义"的精确、标准的定义。"不要问意义,要问使用"作为《哲学研究》的一个中心思想,也在某种程度上体现了一种"温和的反本质主义"②或"非本质主义"。

据维特根斯坦的学生韦弗尔(B.B.Wavell)回忆,他于1935年在一次课上向维氏请教"词语用法"(use of a word)的含义,维氏却以"这是一个好问题"(That's a good question)一句话搪塞过去,对"使用"的含义闭口不谈。③虽然维特根斯坦未对"使用"作出具体解释,但不可否认,他引导人们开始关注语词用法,将意义视为"语言中的用法",而"语义事实"呈现为"关于使用的事实"④,语言使用活动成为人类行为的重要组成部分。

维特根斯坦所说的"使用"并非一种抽象的实体,而是日常生活中的具体活动。语言的"使用",具体而言,就是人类借助语词、句子等主要语言形式展开的表达、描述、解释、说明与理解等一系列日常交流活动。有观点认为,《哲学研究》第一节末尾引入"使用"仅仅旨在为"批判奥古斯丁的理论"提供基础。⑤不可否认,《哲学研究》首先呈现了奥古斯丁的意义观,并紧接着展开对它的批判。但我们认为,维氏对"使用"的诉诸不仅仅是为了批判他人理论,他对语言使用活动的具体考察其实始终贯穿于其后期的思考之中。

赖尔曾经对语词与语句作出区分,即前者是"我们用来说的东西",后者是"我们所说的东西"⑥。我们往往说"使用语词",却很少讲"使用句子"。陈嘉映也对"用、使用、有用、利用、用法"⑦等一组相似的词语进行了简短考察,以便更细致地把握维特根斯坦的"意义即使用"观。虽然这些围绕着"使用"的语词之间仍存在差异,但无论是"用""使用"还是"用法",其实均具有典型的工具性特征,共同服务于某一特定的目的。

---

① 马尔科姆:《回忆维特根斯坦》,李步楼、贺绍甲译,北京:商务印书馆2012年版,第73页。该书译者将Malcolm翻译为"马尔康姆",但本书采用"马尔科姆"这种译法。

② 卡弘:《哲学的终结》,冯克利译,南京:江苏人民出版社2001年版,第26页。

③ Wavell,B.B.Wittgenstein's Doctrine of Use. *Synthese*,1983,56(3),p.257.

④ 卡茨:《意义的形而上学》,苏德超、张离海译,上海:上海译文出版社2010年版,第48页。

⑤ 卡茨:《意义的形而上学》,苏德超、张离海译,上海:上海译文出版社2010年版,第50页。

⑥ 陈嘉映:《语言哲学》,北京:北京大学出版社2003年版,第197页。

⑦ 陈嘉映:《语言哲学》,北京:北京大学出版社2003年版,第168页。

　　或许凭借着其强大的机械工程学背景，维特根斯坦在《哲学研究》第十一至十二节提到了大量的工具，如"螺丝刀、尺子、胶水盆、胶、钉子、螺丝"等工具箱里的工具，以及机车驾驶室里曲轴、离合器、刹车闸与气泵的各种手柄。① 工具的用法各异，语词的功能也不尽相同。在维特根斯坦那里，语词如工具，"使用"语词就像使用工具一样，均为了实现某种特定目的。正如钉子用来固定物体，手柄用来调节阀门开启的大小，语词也有具体的功用，比如可以用来命名、指物。可见，维氏的"使用"概念主要关注语词的工具性，通过将工具的不同功用与语言表达式的不同功用相联系，凸显了"语言的实际用法""语言之嵌入更广的活动"以及"关于某一技法的训练与掌握的观念"②。语言作为一种基本工具，只有在实际社会生活中才能发挥功用，并有效地帮助人们顺利达成认识上的确定性。

　　"使用"的工具性也体现了其日常性，人们常常借助各类工具来处理日常事务，对其功能想必也都耳熟能详。按照罗蒂的看法，塞拉斯和维特根斯坦并未使用奎因使用的"'理念'观念"（the idea idea），而是共同认为"具有一个概念"意味着熟悉"一种语言表达的用法"③。工具箱中的工具与日常生活息息相关，人们通过熟练地使用这些工具来解决问题，语言也切实地存在于人们的日常生活实践中，对语言的熟练使用为人类说明世界、理解世界并达成相互理解提供了极大的便利。

　　此外，"使用"中的"用"还含有用处、效用的意思。语言的使用对人类的有用性不言而喻，语词不仅可以用来描述现实世界，表达人类对现实的看法，还有助于与人交流、取得共识。那么意义理解的关键是否在于把握其效用？日常生活为我们提供了许多论据，数字的意义在计数的过程中为人理解，而"尺子""锯子""扫帚"等日常用品语词的意义则分别在其测量长度、切割木头与清洁地板的过程中为人所知。虽然语词不像工具箱中的工具能够直接改变世界，但是作为一种特殊的工具，其效用在于能够描述现实并帮助人们理解世界。无论是表示日常用品的语词，还是代表数字的语词，均为人类世界的重要组成部分，对它们的使用也体现了人类在现实世界中的实践活动。可见，维特根斯坦所说的"使用"并不意在凸显某种有用性或效用，而在于彰显语词使用的实践特征，说明这些活动与人类密切相关。

---

① 维特根斯坦：《哲学研究》，陈嘉映译，上海：上海人民出版社2005年版，第8—9页第11—12节。

② 麦金：《维特根斯坦与〈哲学研究〉》，李国山译，桂林：广西师范大学出版社2007年版，第55页。

③ 罗蒂：《实用主义哲学》，林南译，上海：上海译文出版社2009年版，第28页。

　　值得注意的是,语词使用活动还可能由于语词自身意义的变化而有所变动,因此,除了上文提到的日常性、工具性等特征,"使用"还具有多样性的特点。维特根斯坦主张,人们应当把语词从"形而上学"(metaphysical)的用法重新带回到"日常用法"(everyday use)①。那么维氏对语词"日常用法"的关注是否意味着他对"使用"的多样性更感兴趣? 部分学者对这一问题持肯定观点,并据此视维氏为多元论者。但我们认为,这种看法对维特根斯坦意义上的"日常用法"产生了一定的理解偏差。

　　其一,"日常"二字的确明显地体现出这些用法与人类生活的密切联系,说明这些用法显而易见,人们也已对它们习以为常,但这并不代表语词的这些用法或意义在日常生活中始终保持很高的使用频率,或具备极高程度的普遍性。

　　其二,"日常"固然具有普遍、多样与丰富之意,但维特根斯坦语言哲学研究的目标并不在于将所有语词的诸多日常用法说清楚。在他看来,哲学是"与理智疾病进行的战斗",哲学工作的性质在于"治疗理智疾病",哲学家的工作是"整理语言使用方法"②。因此,维氏对"日常用法"的强调只是旨在让人们留意构成这些用法的"诸要素之间的联系"③,并帮助人们意识到,虽然语言的日常用法要比语言的形而上学用法复杂得多,但就其自身功能而言是有章可循的。语词意义虽然无法被穷尽,也无法避免杂乱含混,但它们总是在日常生活的使用中具有"确定的方面",或朝着某些"确定的方向"发展,这些方面或方向构成了变化着的语词意义的"稳定结构"④。只要按照既存视域在实践生活中使用语词,考察语词的日常用法,便能发现植根其中的一些较为稳定的标准,随着标准的统一,语词意义也会逐渐清晰起来。其实维特根斯坦从未放弃对明晰性的追求,这也充分体现在《哲学研究》的"既口语化,又煞费苦心地精确"⑤的独特语言风格之中。

　　此外,维特根斯坦并不打算从语词的日常用法中挖掘语言本质,也无意揭开如宗教体验、审美情感、意识形态等隐藏于日常用法后面的"不可说"之物的神秘面纱。他批判了那种试图从表面现象入手挖掘本质的做法,并

---

① 维特根斯坦:《哲学研究》,陈嘉映译,上海:上海人民出版社 2005 年版,第 56 页第 116 节。
② 江怡:《论维特根斯坦后期思想在当代哲学发展中的位置》,《武汉大学学报(人文科学版)》2016 年第 3 期。
③ 韩林合:《维特根斯坦的"哥白尼式革命"》,《云南大学学报(社会科学版)》2010 年第 2 期。
④ 陈维振、吴世雄:《范畴与模糊语义研究》,福州:福建人民出版社 2002 年版,第 120 页。
⑤ 蒙克:《维特根斯坦传——天才之为责任》,王宇光译,杭州:浙江大学出版社 2011 年版,第 418 页。

明确表明自己的态度:"既然一切都公开摆在那里,也就没什么要解释的"。① 可见,维氏并非要为"意义是什么""语言是什么"等问题提供一劳永逸的答案,而是试图将一种日常语言景观直接呈现于人们面前,提醒人们留意观察这幅景观中语言作为日常工具的平凡一面,进而澄清语词用法,并最终在与他者互动过程中达成理解。

维特根斯坦常常把人们"使用"语词比作下棋,比如他指出,正像棋手在头脑中拥有"国际象棋的全部规则",人们也能够在头脑中拥有"一个词的应用的诸多可能性"②。棋类游戏的规则十分严格,棋子的"使用"也相对稳定,比如在中国象棋游戏中,执红棋的一方先走,象不能过河,而国际象棋则是白棋先行,象可以斜着走。对阵双方的每一步不仅决定了自己的下一步,也同样制约着对手的下一步。棋类游戏的目的是取胜,因此,双方的每一步棋都必定受到棋类规则的规范,这也意味着每一个步骤都可能事先得到确定。在维氏那里,"诸词类之间的区别"如同"国际象棋中诸棋子之间的区别"③,语词使用与下棋的相似性便源于此。与对棋子的"使用"一样,语言的"使用"也具有一定限度,依然有规则等确定因素作用其中,帮助人们相互沟通。可见,语词的"日常用法"强调的并非语词的多样性,维特根斯坦借助这一说法关注的其实是一种脱离形而上学方法的意义观以及对其中确定因素的思考。

谢尔兹将维特根斯坦的"使用"理解为"展示、保留、表现意义"④,这一看法集中展现了语词使用的正当性。还有学者将"使用"看作一种"本身就合理化了从而具有意义"⑤的行为。实际上,语词使用是一种重要的人类实践活动。它既非任意的行为,也非旨在达成目的的特殊手段,它没有事先设定永恒不变的规则或标准将语词或句子的意义加以固定,也并未借助描述语词用法来判断句子含义。正是在文化传统、规章制度、公共信条等人们共享的诸多因素的共同作用下,语词在各类使用场景中的意义才得以确定,也正是通过严格遵守各类使用规则,人们才能正确把握语词的意义。

因此,维特根斯坦并不是要用"使用"来规定意义,而是将"使用"看作

---

① 维特根斯坦:《哲学研究》,陈嘉映译,上海:上海人民出版社 2005 年版,第 59 页第 126 节。
② 维特根斯坦:《哲学语法》,韩林合译,北京:商务印书馆 2012 年版,第 17 页第 49 节。
③ 维特根斯坦:《哲学语法》,韩林合译,北京:商务印书馆 2012 年版,第 30 页第 89 节。
④ 谢尔兹:《逻辑与罪》,黄敏译,上海:华东师范大学出版社 2007 年版,第 163—164 页。
⑤ 黄敏:《维特根斯坦〈逻辑哲学论〉的入口》,《哲学研究》2008 年第 5 期。其中"与意义分离的行为"属于非行为主义者的行为。

理解意义的主要方式,人们需要通过把握语词的用法来理解随语言环境而变化的意义,弄清了语词在实际生活中的使用,也就明晰了语词的意义。从这个意义上说,语词的意义在于人们如何使用它,离开了这种取决于生活的使用,语言的意义也不可理喻。如果说维氏在《逻辑哲学论》时期直接通过语词所指来解释意义,将意义搁置于日常生活之外,聚焦语言与世界的关系,那么他在《哲学研究》中对"使用"的考察则体现了对人、语言与现实世界的关注。

三、"意义即使用"观与确定性

(一)"意义即使用"观的重大影响

维特根斯坦并未将"意义即使用"观视为一种意义的"使用理论"(use theory),也未对"意义"作出特殊解释、具体说明或给出精确定义,但是以这一具有革命性意义的动态意义观为代表的维氏后期思想的确大大影响了后现代主义。后现代主义代表人物利奥塔以《哲学研究》中的"语言游戏"为依据来消解确定性,认为社会主体本身在"语言游戏的扩散中瓦解",因此后现代科学通过关注"不可确定的现象"与"不完全信息的冲突"等,将自身发展变为一种关于"不确定性、不可精确性、灾变和悖论"的理论。①

同时,以日常语言哲学牛津学派创始人赖尔以及塞拉斯、奥斯汀、塞尔等为代表的语言哲学家也在"意义即使用"观的启发下,开始从语言视角或日常言语行为出发研究哲学问题或语词意义,将语言的使用视为实践。罗素等人坚持反对将"不合逻辑"的日常语言作为研究对象,而二战后达到鼎盛时期的日常语言学派则批判了逻辑实证主义,认为他们不仅忽略了语词日常使用中的不同用法与丰富的意义,还试图将某种逻辑形式强加于日常语言之上。日常语言学派主张,只有通过分析日常语言,才能消解因语言使用混乱而导致的哲学问题。

在赖尔那里,意义理解的关键在于把握语词在不同语句中的具体用法,而语词的误用会导致身心二元论。塞拉斯强调语词与其使用环境之间的密切关系,主张意义取决于语词在具体使用中受规则规范而发挥的功能性作用,认为语言的各类组成元素均存在于日常言语活动中。从某种意义上说,塞拉斯的意义理论是对"意义即使用"观的进一步发展。它更有效地解释了"语言的本质与意义的来源",弥补了"意义即使用"观的不足,并再次凸

---

① 利奥塔:《后现代状态》,车槿山译,南京:南京大学出版社 2011 年版,第 141、204 页。

显了语言意义的"社会实践根源"①。奥斯汀和塞尔认为人们能够运用语言做许多事情,他们提出并发展的言语行为理论②主张将语言活动与日常生活场景结合起来,探究存在于言语行为中的语言意义,对语言哲学作出了重要贡献。格莱斯(H.P.Grice)则从对意义的分类入手,陆续提出非自然意义理论、合作原则和会话含义理论,拓展了对日常语言使用的考察。上述语言哲学家在维特根斯坦后期意义观深刻影响下提出的不同版本的"意义即使用"观,均突破了逻辑实证主义的局限,不仅对意义的生成与理解作出了更清晰的阐释,也为澄清日常语言使用的混乱贡献了自己的力量。

西方语言哲学继观念论、指称论之后,还出现了诸多意义理论。1923年,英国学者奥登(C.K.Ogden)与理查兹(I.A.Richards)在《意义之意义》(The Meaning of Meaning)中提出的"语义三角"(semantic triangle)以"符号"(symbol)、"所指示的实物"(referent)与"思维或指称"(thought or reference)③为三个顶点,通过勾勒三者之间的对应展现出语言与现实的复杂关系,这与维特根斯坦前期有关语言、思想与世界三者的论述不谋而合。美国结构主义语言学家布龙菲尔德(Leonard Bloomfield)在借鉴行为主义心理学研究方法基础上提出行为主义论(behaviorist theory),将语言视为一连串刺激与反应的行为而非关乎身心的表达活动,丰富了人们对意义的理解,却忽略了人类思维的复杂性,过度简化了人类生产与理解语言的过程。美国哲学家戴维森(D.H.Davidson)基于弗雷格的真值条件论,于 20 世纪 60 年代逐渐发展出真值条件论(truth conditional theory)④,为自然语言的意义理论开创先河,但它对"真"与"意义"进行的结合未能如实反映出人类交流的实际场景,也无法对个体语言现象作出合理解释。

在我们看来,维特根斯坦后期提出的"意义即使用"观依然是影响最为深远的一种意义观念。它摒弃了将意义对象化的前期尝试,为意义问题提供了全新思路,改变了哲学研究的路径,对日常语言学派等语言哲学理论产生了重大影响。同时,它也为语用学和话语分析等当代语言学流派奠定了哲学基础并开启了全新研究视角,帮助语言学家从真实的语言使用信息中

---

① 韩东晖、王鹏:《推理游戏意义论:以塞拉斯为中心的探讨》,《中国人民大学学报》2012 年第 1 期。

② 具体见 Austin,J.*How to Do Things with Words*.Oxford:Oxford University Press,1962. Searle,J.*Expressions and Meaning:Studies in the Theory of Speech Acts*.Cambridge:Cambridge University Press,1979.

③ Ogden,C.K.& Richards,I.A.*The Meaning of Meaning:A Study of the Influence of Language upon Thought and of the Science of Symbolism*.London:Routledge & Kegan Paul,1923,p. 11.

④ 戴维森的"真值条件论"也可称为"语义论"(semantic theory)。

探索语言运作机制与语言发展规律,对现代语言学的发展起到积极作用。

"意义即使用"观聚焦语言在人类日常生活中发挥的重要作用,凭借其对复杂语言现象与丰富交际场景强大的解释力,在诸多语言学理论中得到了直接或间接的回应。英国现代语言学之父弗斯(J.R.Firth)在 1954 年教授普通语言学课程一段开场白的末尾,就曾以第三人称的口吻提及自己与维特根斯坦的意义观十分相似——"Firth bracketed with Wittgenstein"①。弗斯将"实际使用中的语言"(language in actual use)视为语言研究对象,提出"情境语境"(context of situation)理论,强调意义的"情境依赖性"(context-dependent nature of meaning),这与"意义即使用"观的核心思想基本一致。韩礼德进一步发展了弗斯的"情境语境"理论,并在此基础上形成"语域"(register)②理论,主张意义的动态性,聚焦具体语境中的语言意义,认为使用决定意义,意义实现于具体的言语行为之中。

在某种意义上,"意义即使用"观也使以莱考夫(George Lakoff)等为代表的当代认知语言学家意识到人类生活体验与意义生成的密切关系,开始反思语言与认知。他们不像开启语言研究认知转向的乔姆斯基(N.Chomsky)那样强调"语言习得机制"保障了语言表达的无限产出,或把语义置于语言研究的次要位置,也并未与乔氏一样将心智视为先天的原始结构,而是主张一种将生活情境与人类知觉紧密结合起来的"具身心智"(embodied mind)。他们提出"心智的体验性"(The mind is inherently embodied)、"认知的无意识性"(Thought is mostly unconscious)与"思维的隐喻性"(Abstract concepts are largely metaphorical)③等观念,帮助人们不再沉湎于语言对概念系统的构建,而从认知体验活动出发,在环境、身体与大脑的密切互动中感受世界、认知概念、解释语言与理解意义。此外,"意义即使用"观还间接促进了 21 世纪以认知语言学与功能语言学理论为基础的"基于用法"(usage-based)语言理论体系的形成,这种理论突破了结构主义与生成语言学的语言观,将语言建立于认知基础上,强调意义的优先性与语言的动态共性,聚焦自然语言在语境中的使用,并将这种使用视为语言结构的核心,认为语言使用者通过频繁体验语言表达来获取语言知识。

---

① Rebori,V.The Legacy of J.R.Firth:A Report on Recent Research.*Historiographia Linguistica*,2002,XXIX:1/2.,p.171.

② 具体见 Halliday,M.A.K.*An Introduction to Functional Grammar*.London:Edward Arnold,1994。

③ Lakoff,G.& Johnson,M.*Philosophy in the Flesh:The Embodied Mind and Its Challenge to Western Thought*.New York:Basic Books,1999,p.3.

（二） 对"意义即使用"观的澄清

在学界对"意义即使用"观产生浓厚兴趣的背景下,众多学者也各抒己见。一类观点将该意义观视为语用学的关键理论基础,认为它促进了语用学的诞生。有学者列出"意义即使用""引入语言游戏""反对内外二分""将语法看作现实的镜像"等九条论据以证明维特根斯坦是"第一个现代语用学家"(first modern pragmatician)①。也有观点主张这一意义观明确体现了维氏后期的语用学转向,认为它对语境的密切关注深刻地影响了语用学和语义学研究。还有观点在此基础上进一步阐明,维氏后期聚焦自然语言的不确定性,关注语言使用中的歧义现象与语词意义的多样性,并试图探索这些现象得以产生和长期存在的根源。上述观点的共同之处在于认为维氏后期关注语境、语用,强调语言意义的不确定性。

在我们看来,"意义即使用"观代表着维特根斯坦语言哲学思考的重心已经从一种严格精确的理想语言转向自然粗糙的日常语言,但是如果像部分后现代主义者那样以"语言游戏"为依据极力反对确定性,或像部分语言学者那样,将维氏看作一个主张意义随着语境的变化而不断变化的语用学家,强调意义的不确定性,则是对"意义即使用"观乃至维氏后期思想的极大误解。

首先,虽然后现代主义通过对人与世界、人与人之间关系的反思,开拓出一种开放多元的思维方式,帮助人们将知识与意义统一在语言中,但是部分后现代主义者却过于片面地理解了"语言游戏"这一概念的基本含义。不可否认,在《哲学研究》中,大量语言游戏被维特根斯坦用以展示意义,充分呈现出语词意义的多样性与丰富度②。在维氏那里,"种类多到无数"的"符号""语词""句子"等均具有"无数种不同的用法"(countless different kinds of use),现实生活中不仅会产生新的语言类型和语言游戏,也存在着一些"变得陈旧,被人遗忘"(become obsolete and get forgotten)的游戏③。其实每个语言游戏都相当于一个上下文或语境,是一个明显的"自指"(self-reference)系统。虽然语言游戏种类繁多,内容丰富,但是这些游戏作为一个整体对语言内诸要素依然具有限制作用。同一群体背景之下的人们在语言游戏得以开展的现实生活中,早已在价值取向、共享规则、知识结构

---

① Kopytko,R.Philosophy and Pragmatics:A Language-game with Ludwig Wittgenstein. *Journal of Pragmatics*,2007,39(5),p.807.

② 维特根斯坦在《哲学研究》第23节列举了语言游戏多样性的例子。(维特根斯坦:《哲学研究》,陈嘉映译,上海:上海人民出版社2005年版,第15页)

③ 维特根斯坦:《哲学研究》,陈嘉映译,上海:上海人民出版社2005年版,第15页第23节。

等确定因素的基础上达成某种程度上的一致。正如维特根斯坦所言,"语言游戏的原始形式"是"确定性"而非"不确定性",因为"不确定性无法导向行动"。① 可见,仅仅凭借"语言游戏"来否定确定性是行不通的。

其次,我们并不否认语用学等学科的思想基础与理论价值,"意义即使用"观由于聚焦语词与其使用的关系,也在一定程度上具有语用学的面相,为语用学提供了重要的理论支撑,但如果据此认为维特根斯坦追求意义的不确定性则过于武断。

第一,维特根斯坦对语言学意义上的语用学理论和语境论思想并不怀有很高的兴致。维氏后期的确借助一长串各具特色的语言游戏清单,批判了那种脱离语词日常使用的意义理论,并"细致入微"地注意到"用语和语境联系",但在我们看来,这并非其提出"意义即使用"观的主要目的。实际上,维氏透过这些"几乎貌似琐碎的细节"考察的并非变幻莫测的语境问题,而是"高度形式化的规范问题"②。"意义即使用"观并不旨在对各类具体语境下的意义或用法作出一种语言学语用学意义上的细致分析,而是直接考察语言使用者在参与各类语言游戏过程中,在融入语言游戏的具体语境中对语言的切实使用与理解。当语用学家分析一个发话者说出的"热"时,可能会以受话者的回答或其开窗、开风扇等后续行动为依据来探索其言外之意,而维特根斯坦则对这一语言表达的语用含义漠不关心,他可能列举出的种种语言使用实例也仅意在展示"热"这一语词如何于不同使用中得到理解,以证明"意义在于使用"这一理论意义上的结论。因此,"意义即使用"观的语用学面向应该是哲学意义上而非语言学意义上的。

第二,这种观点过分放大了语境在意义生成过程中的作用。一个语词的确可能具有不同的意义,并在不同语境中具有不同的用法,语言也必须在发展中不断进行创造性的更新,不可能总以固定不变的形式传递下去,但在日常生活中,意义的模糊性或多样性并没有人们想象得那么大。语言中存在的"保守主义",即一种能够抵挡"时间的消解性和破坏性"的"稳定性和经久性",保障了其主要任务——"信息交流"③的完成。部分语词由于具备了十分清晰的意义边界而易于把握,而对于另一些意义边界模糊的语词

① Wittgenstein, L.*Philosophical Occasions*;1912-1951.(eds.) J.C.Klagge & A.Nordmann.Hackett Publishing Company, Inc., 1992, p. 281.转引自陈嘉映:《维特根斯坦读本》,上海:上海人民出版社 2015 年版,第 80 页。
② 徐友渔等:《语言与哲学——当代英美与德法传统比较研究》,北京:三联书店 1996 年版,第 289 页。
③ 卡西尔:《人论》,甘阳译,上海:上海译文出版社 2004 年版,第 309 页。

来说,其众多意义往往是在某些稳定的核心含义基础上发散衍生而来。

在奥斯汀看来,语言事实之所以难以确定,主要在于人们"设想的情境"常常把同一情境下的不同说法"大而化之"①,夸大了语言分析的困难。一旦他们通过细节的补充将自己起初"设想的情境"进一步具体化时,便会发现自己最初设想的情境与实际情境之间存在很大差别,而大家在特定情境下也往往会采用极其相似甚至高度一致的说法。实际上,语境的多样性预设了不确定性与确定性共存的可能性。一方面,语境由于可能产生的变化而对意义具有灵活的调节功能,令意义随其流变;另一方面,语境对意义施加的强大限定作用也对意义产生了一定的制约,使意义在某个阶段总是保持相对平衡的状态。赫兰德(John Holland)于 1995 年提出的"复杂自适应系统理论"(Complex Adaptive System)也在语言领域为我们带来了启示:在语言这个复杂的自适应系统中,系统自身的语词、语法等各个组成部分进行了相互作用、组合、影响和建构活动,这个自我适应与调节的过程为维持整个语言系统的平衡提供了坚实的保障。

第三,这种开放的意义观的确容易使人产生错觉,似乎维特根斯坦后期将理解语词意义视为难以完成的任务。这种观点其实将"多样性"与"不确定性"混为一谈,对习俗、规则等语境内外确定意义的重要因素视而不见,也未能发现生活形式等因素可能包含的一致性,误将意义在语言使用中呈现出的表面多样性或变化完全等同于语言的不确定性。亚里士多德在《范畴篇》第十五章中曾经详细阐述了"有"(having)一词的众多用法,指出"有"可以用来表示"状态"(state and condition)、"性质"(quality)、"数量"(quantity)、"衣着"(things on the body)、"身体部位"(part)或"拥有物"(possession)②等。但正是在"我穿了一件长袍""我有一双手或两只脚"或"我有一栋房子"等具体语句中,"有"才分别具备了用来说"衣着""身体部位"或"拥有物"的确定意义。实际上,语词意义除了要受到语言环境与上下文的影响,还可能受制于历史发展形成的相对稳定的文化、传统与规范等因素。人类对意义的理解从来就不取决于某种私人概念,而往往需要依赖实践中那些具备公共性与客观性的语境。

不可否认,"意义即使用"观完全颠覆了维特根斯坦前期对"一种完全精确的状态"与"唯一一种充分解析的形式"③的追求。《哲学研究》中一些

---

① 陈嘉映:《语言哲学》,北京:北京大学出版社 2003 年版,第 205 页。

② Aristotle. *Categories and De Interpretatione.* (trans.) J. L. Ackrill. New York: Oxford University Press, 1963, p. 42.

③ 维特根斯坦:《哲学研究》,陈嘉映译,上海:上海人民出版社 2005 年版,第 50 页第 91 节。

较为含混的表达也具有很强的迷惑性,如维氏指出,人们并不需要采用全新的方式来"改进或完善"(refine or complete)关乎语词用法的"规则系统"①,"你差不多就站在这儿!"的解释是"充分有效的"(work perfectly)②等。这类表述常使人们将维特根斯坦后期意义观与不确定性联系起来,但实际上,表面含混模糊的句子并不必定为非法或不合理的,这类句子表面呈现出来的含混不完全等同于混乱或不确定。人们总是对确定性充满了憧憬与渴望,但在日常生活中却未必对语词意义怀有一种完美的确定性要求。在维氏看来,"那些看起来模糊而不精确的东西常常恰好是合适的"。③ 他将"一种完满的秩序"视为意义的必要条件,认为"即使含混的句子也有完满的秩序"④。这意味着:即使是模糊、含混的句子也具有一定的规则,同样体现了严格的语法规范等,凡是存在意义的地方,均可能存在着完美的秩序、确定的东西。

事实上,虽然语言具有无限的生成能力,在现实生活中呈现出多样性,等待着人们的发现与解释,人们也可能会出于对某个语词意义的不同理解而导致误会,但是"话语秩序的稳定性"也会通过限制"某些联系"来限制这种生成力⑤。美国语言学家斯瓦迪士(Morris Swadesh)于 20 世纪 50 年代提出的"斯瓦迪士核心词列表"(Swadesh list),就归纳出所有语言中均包含的200 多个相对稳定的核心词汇。自然语言作为人们"由之出发的最初之言"⑥,不断地得到补充和改善,语词的意义也可能五花八门,但人们却无法随心所欲地使用这些语词。语言的一词多义等现象在日常生活的不同场景中呈现出来的语词的多样性,也不意味着它们的混乱不清,使人无从下手、无法理解。语词用法、意义的多样性在某种程度上的确妨碍了人们对语词意义达成迅速的一致理解,但必须承认,意义判定的标准或规范依然存在,只有参照这些规范作用下的语境,在言语实践中切实把握语词使用的具体情况,才能确定语词的含义,达成对其意义的合理理解。那些表面含混、模糊的语词之所以可能变得清晰、明确,就在于它们的实际使用往往要依靠某种充满细节的具体情境。

---

① 维特根斯坦:《哲学研究》,陈嘉映译,上海:上海人民出版社 2005 年版,第 60 页第133 节。
② 维特根斯坦:《哲学研究》,陈嘉映译,上海:上海人民出版社 2005 年版,第 48 页第 88 节。
③ 谢尔兹:《逻辑与罪》,黄敏译,上海:华东师范大学出版社 2007 年版,第 39 页。
④ 维特根斯坦:《哲学研究》,陈嘉映译,上海:上海人民出版社 2005 年版,第 52 页第 98 节。
⑤ 辛斌:《语义的相对性和批评的反思性》,《山东外语教学》2017 年第 1 期。
⑥ 陈嘉映:《语言哲学》,北京:北京大学出版社 2003 年版,第 205 页。

可见，对维特根斯坦"意义即使用"观的各类误解仅聚焦一种由语词与对象关系决定的语言表层形式的客观意义，却忽略了"意义即使用"观所呈现的在日常生活各类语言游戏之下起作用的规范、生活形式等确定因素，因此误认为维氏后期开始追求语词意义的不确定性。实际上，坚持语词意义的多样性并对语词意义的确定性持谨慎态度，并不必然意味着全盘否定确定性，而"意义即使用"观的提出也绝非为了揭示"不确定性"的奥秘。

（三）"意义即使用"观蕴含的确定性

当然，"意义即使用"观也遭到部分学者的质疑。在语言学家利奇（Geoffrey Leech）看来，这种抽象的意义观根本无法为具体的语言问题提供行之有效的分析工具与验证手段，因此过于空洞，等于什么也没说。① 但对我们来说，它并非过于宽泛、空洞无物，因为对语言的任何"使用"均非空中楼阁，而必须普遍、切实地存在于日常生活实践中。

维特根斯坦的"意义即使用"观并不旨在对具体语言进行细致的考察，而在于引导人们转换研究视角，以一种崭新的思路来探索语言，为思考自我与理解世界提供更为广阔的想象空间。维氏对"意义"与"使用"的考察启示我们，无论是形而上学意义上还是日常生活的语言使用中，均有诸多确定因素潜移默化地作用其中，帮助人们共同确定语词的意义，"意义"与"使用"的共享逻辑正体现于此。

正如谢尔兹所言，意义本身就是"仪式性"的，它建立在"判断上和生活形式上的神秘一致性"②的基础之上。语词的使用同样具有一种类似的"仪式性"，它所涉及的逻辑语法与各类世俗活动一样，均表达出共同的虔诚、感恩之情。

仪式（rituals）在人类历史的发展过程中逐渐成形，受到文化传统的深刻影响与支配，是人们社会生活中的重要形式，也是呈现意义的重要媒介。它作为一套特定的行为方式，通常深富意义，并可能呈现出多种多样的表面形态。然而无论是成人礼、婚礼、葬礼等世俗仪式还是宗教活动等非世俗活动，均适用于特定人群，面向特殊场合，其整体流程与礼仪规则也往往较为稳定，具有特定的象征意义，共同体现了人们对现实的参与、态度或期许。

基督徒在星期日举办的礼拜活动就包含祈祷、唱诗、讲道等固定程序，中国传统的祭祀、祈福等基本宗教仪式也通常具有点香、跪拜、请愿、上香等高度组织化的外在表现形式。无论历届奥运会开幕式的圣火点燃仪式如何

---

① 利奇：《语义学》，上海：上海外语教育出版社1987年版，第95—97页。
② 谢尔兹：《逻辑与罪》，黄敏译，上海：华东师范大学出版社2007年版，第171页。

别出心裁,是大胆如 1992 年的"射箭点火",新颖如 2000 年的"水中燃火",抑或是激动如 2008 年的"空中点火",这一环节均必不可少。迎接外国元首的迎宾仪式等国家层面上的礼节性行动也具有相当严格、规范的鸣礼炮、升国旗、奏国歌等固定流程,高校学位授予仪式也必备拨流苏这一固定环节。

实际上,人们参与各类仪式并不意在达成某种特定的目的,或寻求某种令人满意的解释,他们在仪式中使用的语言也并非对世界的精确描述。仪式得以通过一种富有意义的方式开展起来,一方面在于仪式本身,作为群体行为的仪式通常以欢聚、展演等形态呈现出来,充满了丰富的表演内容与生动的象征意义,因而被视为表达或满足人们个体或共同愿望的有效方式;另一方面在于人们的参与,在参与仪式这一共同性活动的过程中,人们处于同一共同体中,均遵循并执行了相当严格的固定流程与礼仪规范,并与其他共同体成员共享氛围、信念与情感,对仪式的无条件服从也淋漓尽致地体现了人们对仪式的尊重、敬畏甚至感激之情。

此外,仪式也满足了人类交往的基本需求。人们在日常生活中不断地参与各类仪式活动,同样不可避免地要与语言打交道。因此,意义与使用的"仪式性"也充分表明,语言并不旨在描述外部世界或刻画事实,它的意义在于对其的实际使用活动之中,只有亲历各类语言游戏,人们才能真正理解语词的意义。可见,维特根斯坦所关注的并不是那些含混不清、飘忽不定的东西,而是某些既支持着人们又被强加在人们身上的确定的、根本性的东西,它们明确地体现在日常生活里,并时刻作用于日常语言游戏中。

从表面上看,"意义即使用"观仿佛是一种语用的考察,实则提醒人们在注意意义多样性的同时,还应留心那些切实存在于多样性之下的不容争辩的、具有确定性的东西。在凸显语词实际使用对意义的调节作用的同时,这一意义观也强化了语境对意义的制约功能。事实上,人们完全可以在共同生活实践中,通过共享的语言规则、生活背景、常识、规范等来判断语词意义,并可能在语词的某次具体使用中达成对其意义的一致理解。在"语言游戏""生活形式"等因素的内在作用下,这些确定的东西逐渐成为人们生活实践的基础,最终达成对语词、命题、语篇等不同语言形式的理解的确定性。

里斯指出,语词从其"应用"与"大量的使用"中成为"有意义的东西"并获得其"确切的含义",进入人类生活各个领域的诸多语词也使它们在新情况中具备了"说服力和明晰性"①。这一观点清晰地阐明了"意义即使

---

①　里斯:《"能有私人语言吗"》,鲁旭东译,《哲学译丛》1994 年第 5 期。

用"观的核心要义。在我们看来，"意义即使用"观传递出以下信息：与其说语词意义在使用之前就已经确定下来，不如说这些意义是在使用过程中生成的，是"语词在被使用的过程中所发挥的功能"①。因此，我们应当通过语词的实际用法来确定其意义，而不应该把语言与其用法分隔开来。一方面，语词意义即其用法，切实体现在人类日常的语词使用活动之中，不考虑语词用法，就无法把握其意义；另一方面，某些共享的确定之物在对语词的不同使用过程中，成为意义形成的基础，为达成意义的一致与有效交流提供了基本条件，从而使意义具备某种确定性。这意味着，在规则、传统、生活形式等这些前人经验结晶的共同作用下，语词的意义得以固定，从而在语词使用的特定语境中获得确定性，这种确定性与人们的实践行为融合起来，显示于日常生活中人们共同使用语言的过程中。

《逻辑哲学论》对理想语言、逻辑原子论与图像论的推崇，说明维特根斯坦前期在"对语言、句子、思想的本质的追问"②中寻求一种"特定""完全精确"（complete exactness）③的状态，追求一种语词意义的"绝对的"确定性。在《哲学研究》阶段，维氏依然坚持对确定性的思考，聚焦语词意义的动态、相对的确定性，更确切地说，这是一种处于日常生活语言使用情境下的意义的"合宜的"确定性。可见，"意义即使用"观为人们对确定性的考察设置了背景，成为维特根斯坦后期确定性思想的一个重要组成部分。

第二节　规则与确定性

规则在人类日常生活中扮演着不可或缺的角色，这些由群体经验共同认定并最终被群体所有成员接纳并遵守的行为标准，往往具有显著的客观性、普遍性与广泛的应用性，对群体所有成员起重要作用。无论是严格细致的交通法规与游戏规则，还是约定俗成的日常规范与社交礼仪，均深刻地影响着人类行为，支配着人类生活。无规则不游戏。在维特根斯坦那里，"言语表达出现在语言游戏中"这一事实对其意义起决定性作用，是"公共游戏规则"④而非某种特殊的理论说明将这些表达的意义和理解固定下来。因此，"意义"与"规则"概念之间存在着一种对应关系，在各类规则的共同作用下，人们通过重新审视语词描述的具体情境，在语言的实际使用过程中逐

---

① 李国山：《后期维特根斯坦批判形而上学之策略与路径》，《社会科学》2013年第11期。
② 维特根斯坦：《哲学研究》，陈嘉映译，上海：上海人民出版社2005年版，第50页第92节。
③ 维特根斯坦：《哲学研究》，陈嘉映译，上海：上海人民出版社2005年版，第50页第91节。
④ 阿佩尔：《哲学的改造》，孙周兴、陆兴华译，上海：上海译文出版社2005年版，第34页。

步达成确定的理解,获得语词、语句意义的确定性。

一、维特根斯坦规则观的发展

早在《逻辑哲学论》时期,维特根斯坦就留意到规则的重要作用。当时他对规则的讨论主要围绕着逻辑形式展开,希望借助逻辑句法规则等基于科学理性推理的基础性标准来设立规则。在他看来,只需知道标记通过何种方式来"标示事物","逻辑句法规则"(the rules of logical syntax)就肯定不言而喻,即"自明"(go without saying)①。他还指出,如果按照逻辑句法规则,那些可以在符号中进行标示的东西便属于此类符号所"共有"(common)②之物,并能相互替代。此外,维氏还在"规则"的视角下将"定义"(definition)定义为"将一种语言翻译为另一种语言"的规则,并认为这种翻译规则是翻译的根本标准,代表着"所有正确的符号语言"(every correct symbolism)所"共有的"③东西,在翻译过程中起决定作用。同时,他以音乐家从乐谱中读出交响乐这一"翻译"过程为例,说明规则是两种语言之间的"投影法则"(law of projection),体现了两者的"内在相似性"(internal similarity)④。可见,规则在维特根斯坦前期被视为人类共有的一类无比精确、固定、清晰的东西,并且能够自行显示出来。

1932年至1935年间,维特根斯坦进一步对规则进行了探讨。他在《哲学语法》中提到,人们在考察语词用法的过程中用"某种较为固定的东西",即固定的规则来对抗"用法"这种"波动的东西"⑤。而《蓝皮书》作为《哲学研究》的前奏,也涉及规则问题,指出"规则参与到了理解、遵从等活动之中"⑥等。

到了《哲学研究》时期,维特根斯坦对规则作出了以下思考:

规则可以是教人玩游戏的一种辅助(aid)……或者它是游戏本身

---

① 维特根斯坦:《逻辑哲学论》,王平复译,北京:中国社会科学出版社2009年版,第54页第3.334节。
② 维特根斯坦:《逻辑哲学论》,王平复译,北京:中国社会科学出版社2009年版,第55页第3.344节。
③ 维特根斯坦:《逻辑哲学论》,王平复译,北京:中国社会科学出版社2009年版,第55页第3.343节。
④ 维特根斯坦:《逻辑哲学论》,王平复译,北京:中国社会科学出版社2009年版,第60页第4.0141节。
⑤ 维特根斯坦:《哲学语法》,韩林合译,北京:商务印书馆2012年版,第52页第149节。
⑥ 维特根斯坦:《蓝皮书和棕皮书》,楼巍译,上海:上海人民出版社2021年版,第16页。

的一种工具。(PI§54)

　　我把什么称作"他依之行事的规则"(the rule according to which he proceeds)?——也许是一种假设——这种假设满意地描述了我们所观察到的他如何使用语词的情况?(PI§82)①

　　从《哲学研究》对"语言游戏"等概念的强调,以及将规则与"语言""游戏"紧密相连可以看出,维特根斯坦后期对传统意义上的那些对实践具有决定性作用的抽象的逻辑规则不再感兴趣。他已经从那些诉诸内部表征、强调逻辑形式之不可错的逻辑规则中抽身出来,将"语言的逻辑形式",即"可描述世界的逻辑形式"消解为"基础的规则"②,而这些规则恰恰构成了语言游戏无限的多样性。同时,他开始关注日常生活中人们进行语言游戏时应用的那些规则,而这些规则通常形成于生活实践中,受到社会文化传统的影响。他指出,要让人们感觉规则事先产生出其"所有后果"(all its consequences),它就必须"不言自明"(a matter of course)③。在维特根斯坦那里,"相关的语言使用规则"是他为人们收集并提供的一种特殊"纪念品"④。这些规则关乎言语表达诸多有意义的使用情况,决定了语词在语言游戏中发挥的各类作用,使人们认识到语词的混乱是哲学问题的根源,进而通过澄清此类混乱来消解哲学问题。

　　奥斯汀和塞尔同样重视规则,但他们的工作重点与维特根斯坦有所不同。他们为规则规定了一系列条件,希望弄清人们为了能够"以言行事"必须遵守怎样的规则。可以说,奥斯汀和塞尔对规则采用了一种"用外部规则约束内部规则"⑤的思路,认为一条规则之所以被称为规则,主要在于它本身就是一条规定、规范或条例。这导致他们忽视了自身提出并发展的"言语行为"理论,未能意识到言语的日常使用同样是实践中的言语行为。部分言语行为在规则系统内部的确能够做到"以言行事",但在日常

---

① 维特根斯坦:《哲学研究》,陈嘉映译,上海:上海人民出版社2005年版,第32页第54节,第45页第82节。

② 阿佩尔:《哲学的改造》,孙周兴、陆兴华译,上海:上海译文出版社2005年版,第48页。阿佩尔认为,"语言的逻辑形式"同时也是"可描述世界的逻辑形式"。

③ 维特根斯坦:《哲学研究》,陈嘉映译,上海:上海人民出版社2005年版,第102页第238节。

④ 韩林合:《维特根斯坦的"哥白尼式革命"》,《云南大学学报(社会科学版)》2010年第2期。

⑤ 徐景亮:《语言与人生——沿着维特根斯坦之路》,济南:山东大学出版社2011年版,第158页。

实践中却未必能够严守规则。那些为了成为规则而形成的规则于维特根斯坦后期而言,并非真正意义上的规则。因此,维氏并不极力追求一种无比完美的规则判定系统,而是将规则视为共同生活形式下逐渐形成的一种人类集体性行为方式,主张在日常语言游戏与共享公共语法中考察规则。

二、维特根斯坦对"规则"的考察

(一) 规则与不确定性

一提到规则,我们往往会联想起一些稳定存在着的规章或制度,持久地对人类日常生活施以影响。当然,对于蕴藏于规则之中的各类变化,我们也无法视而不见。可以说,规则不仅并非永恒不变,而且在某种意义上甚至是易变的。黑格尔曾经指出"传统"与"规则"两者均具有膨胀的属性,这意味着,"传统"与"规则"既需要为大众共同遵守,也完全可能随着历史变迁与社会变革不断调整。

科技进步推动了社会发展,人类的生活形式、思维方式与文化习俗等也相应发生变化,这一切同样影响着规则的形式与内容。虽然有不少规则依然长久地存续着,比如数学运算规则、地区治理法规、交通规则等,但也有一些不适应社会发展的旧规则逐渐被社会淘汰,永久地退出了历史舞台,新规则应运而生,将旧规则取而代之。"斑马线"的变迁就是规则变化的明证之一。古罗马时期,马车是主要的交通工具,人们为解决交通堵塞问题,砌起突出地面的石头以示意马车减速,让行人过街。19 世纪开始,汽车逐渐取代马车成为人们出行的首选工具,但这些凸起的石头大大影响了汽车的顺利通行,于是人们铲除了这些"跳石",在原有区域标识出洁白、醒目的人行横道线,方便行人通行。

许多流传至今的规则虽未经历大刀阔斧的改革,但始终不断地进行调整和完善,其具体内容也在不同时期发生了微妙的变化。乒乓球比赛规则自 1922 年诞生以来便经历了多次修改。国际乒乓球联合会于 1987 年修改了发球高度的规则,规定抛球高度必须达到 16 厘米以上,2000 年又修改了乒乓球尺寸,将用球直径增大到 40 毫米。到了 2002 年,国际乒联将乒乓球比赛每局分数从实行了近百年的 21 分调整为 11 分。规则的一系列修改不仅加快了比赛节奏,也增加了比赛的观赏性,使乒乓球运动的魅力日益彰显出来。语言规则在日常使用中也会产生变化。1998 年,英美加学者在对"英语的最近变化"的持续讨论中发现,英语语法方面出现了"宾语结合"

(object - incorporating),英语语音方面出现了元音下移与中元音化(midding)①等一系列规则的变化。近二十年来,英语各个方面的规则也持续不断地出现新的变化,而当年的那些规则要么被人们沿用至今,或经过改造后继续使用,要么逐渐消失于时间的长河中。

规则的具体内容在人们日常生活实践中均可能产生变化,甚至具有一定的随意性,可以根据实际需要不断调整,而"不必询问语言之外的意义客体"②。在日常生活中,路牌的位置或高度经常不断地调整,以便大多数人能够更清晰地看见它们,并在其具体指引下明确自己前进的方向。在撑竿跳比赛中,横杆也不会始终处于同一高度,它可能随着参赛者一次次顺利通杆而不断升高。

让我们以《哲学研究》的如下论述为例,进一步考察维特根斯坦后期规则观。

> 我问他在"N"的名下所理解的是什么,他就给了我一个解释,但他又随时准备撤回或修改它的解释。(PI § 82)
>
> 我们可以设想一群人以这样的方式来打球娱乐:他们开始时玩的是各式各样现有的游戏,但有些游戏却不进行到底,而是在中间把球漫无目标地扔到空中,笑着闹着拿球扔这个砸那个,等等。(PI § 83)③

维特根斯坦常常将语词的使用与具有固定规则的游戏进行比较。他所说的"撤回或修改"(withdraw and alter)表明,人类依之行事的规则依然可能发生或大或小的变化。原有规则 R 可能会在游戏过程中被修改为 R1、R2 或 R3,甚至完全为规则 S 所取代,但 R 仍旧具有卷土重来的可能性。《哲学研究》明确提到了维氏前期对语言的误解,即"说出一句话并且意谓这句话或理解这句话"是"按照确定的规则进行演算"④。维氏逐渐意识到,虽然人们在日常语言交流中对语词的使用必须遵守一些规则,但并非在任何情况下均要受到规则的严格限制。维特根斯坦提醒人们,日常语言游

---

① 胡壮麟:《英语的最近变化》,《山东外语教学》1998 年第 4 期。

② 王寅:《语言哲学研究——21 世纪中国后语言哲学沉思录》,北京:北京大学出版社 2014 年版,第 132 页。

③ 维特根斯坦:《哲学研究》,陈嘉映译,上海:上海人民出版社 2005 年版,第 45 页第 82—83 节。

④ 维特根斯坦:《哲学研究》,陈嘉映译,上海:上海人民出版社 2005 年版,第 45 页第 81 节。

戏中极有可能存在着"边玩边制定规则"或"边玩边修改规则"①的情况,而一种"不容任何怀疑可乘之隙"(never let a doubt creep in)②的游戏规则是难以想象的,一种精确、完美的规则系统也并不存在于现实之中。那么这是否意味着维氏这一阶段已经完全否认了规则的确定性呢?

（二）规则与确定性

1. 规则的语言性

人之所以是遵守规则的动物,就在于拥有语言。塞尔认为,语言是"人成为人的基本和根本维度"③,也是"制度性实在的根本构成因素"④,而"人类制度"的结构就是"构成性规则"⑤的结构。在贝克与哈克那里,一个星球、一只蚂蚁或一台计算机由于缺乏正确解读"规则"的重要条件——"人类能力"(human abilities)⑥,根本无法遵守规则。语言在为人类交往提供公共化基础的同时,也为规则提供了基本保障。语言对规则的重要性不言而喻。

其一,人们完全可以使用语言详尽地描述规则、说明规则与解释规则,甚至为"规则"这一重要概念下定义,揭示出其基本内涵。对不同语言系统中语词、短语、句子等语言单位结构规律的说明与解释,离不开语言的大力参与,这也使规则表达具有描述性意义。事实上,日常生活中许多规则由语言表达出来,因此可以说,规则存在于语言之中,由语言行为创造。一方面,语言是规则构成的重要手段;另一方面,语言本身也能够借助规则进行说明或描述,成为规则的表征系统。

其二,语言对遵守规则的判定起决定性作用,帮助人们在日常生活中通过遵守规则处身于世。从某种意义上说,遵守规则是人类立身处世的重要前提。一个人在博物馆"禁拍区"按下相机快门时,可能会由于立即接到"不许拍照"的言语提醒,或转头瞥见自己先前忽视的"禁止拍照"标识,而意识到自己的行为违反了规则,最终收起手中的相机。口头或书面语言对规则这种制度性实在的结构进行了描述,以自然语言、财产、婚姻等为代表

---

① 维特根斯坦:《哲学研究》,陈嘉映译,上海:上海人民出版社 2005 年版,第 46 页第 83 节。

② 维特根斯坦:《哲学研究》,陈嘉映译,上海:上海人民出版社 2005 年版,第 46 页第 84 节。

③ 韦森:《语言与制序:经济学的语言与制度的语言之维》,北京:商务印书馆 2014 年版,第 59 页。

④ 塞尔:《社会实在的建构》,李步楼译,上海:上海人民出版社 2021 年版,第 56 页。

⑤ 塞尔:《社会实在的建构》,李步楼译,上海:上海人民出版社 2021 年版,第 119 页。

⑥ Baker, G. P. & Hacker, P. M. S. *Wittgenstein: Rules, Grammar and Necessity*. 2nd edition. Oxford: Blackwell, 2009, p. 140.

的部分制度性事实常常被编成文件甚至形成法律,使规则本身蕴含了语言的强大力量。尽管一些规则并不具备表面的语言形式,但依然可能以一种内化的语言形式存在着,尤其显示于人类遵守规则的实践行为之中。无论是规则本身还是对规则的应用,是循规蹈矩还是违反规则,均体现了以语言为载体或手段的人类生活方式。

语言通过对规则施加的约束性为规则披上了确定的外衣,因此,规则的语言性实际上体现了规则的确定性。一方面,语言为规则形成提供了基本保障,是规则存在的先决条件,遵守规则的根本也在于语言。语言有力地保障了规则的存续,使它们具备确定的形式,缺少了语言,规则也无从谈起。另一方面,规则必须以语言为载体,确定于语言之中,由语言手段确定、切实地呈现出来,规则的表达通常具备"严格的标准""清晰的表述"等特征,具有规范性意义,一条具有明确语言表述的规则通常具有相对确定的意义,对人类日常生活施加直接的影响。此外,语言"自由度"的前提也在于"基本的规则性"①。

2. 规则的实体性

维特根斯坦在《哲学研究》中将规则比作路标:

> 一条规则立在那里,就像一个路标(sign-post)。(PI § 85)②

"路标之喻"充分展现了规则的重要性,规则如路标一般,为人们提供清晰直观并易于理解的指示信息,对人们的日常生活、行为活动起到指导与规范的作用。一方面,规则能够满足人们的基本需求,人们能诉诸规则为自己的行为提供参考,路标可以满足人们安全、便利出行的要求,帮助人们事先了解路线,安全平稳地度过一些危险路段,规则也能保障人们各类活动的顺利开展;另一方面,规则能够辅助人们对行为的合理性进行判定,并以之为标准调整自己或他人的行为。可见,无论规则具备如何多样的外在形式,是口耳相传的原始传递形式,是碑文镌刻等传统传播媒介,还是文字印刷等现代传播方式;无论规则的具体内容是简是繁,是同"石头剪刀布"游戏规则一样简洁明了,是如法律条文、规章制度般繁杂琐细,还是像各类语法规则那样错综复杂;也不论人们怎样对待规则,是遵守规则还是违反规则,这些规则都像路标一样笔挺地矗立在路口,为人们提供出行参考。《哲学研

---

① 刘宓庆:《中西翻译思想研究》,北京:中译出版社 2019 年版,第 330 页。
② 维特根斯坦:《哲学研究》,陈嘉映译,上海:上海人民出版社 2005 年版,第 46 页第 85 节。

究》中还出现了有关路标的以下表达:

> 如果一个路标在正常的情况下(under normal circumstances)能起
> 到它的作用,它就是合适的(in order)。(PI § 87)
> 唯当存在着一种稳定的用法,一种习俗,才说得上一个人依照路标
> 走。(PI § 198)①

无论是上文提到的"稳定的用法"(established usage)还是"习俗"(cus-
tom),均代表着对路标符合规则的使用。因此,如果一条规则能够顺利地
作用于人类日常生活,并得到正确的应用,那么它就实现了自身的目的,于
人类而言也相当合适。

《哲学研究》里还有一个生动的"铁轨之喻":

> 一个系列的开头部分仿佛是一条铁轨的可见部分,而铁轨一直延
> 伸,渐不可见直到无限? 好,我们可以不想规则而想想铁轨。无限长的
> 铁轨相当于规则的无限应用。(PI § 218)②

不论这条铁轨具有怎样的外在形态,人们均能够借助五官来感知这一
物质实体的客观存在,比如听到车辆与铁轨摩擦碰撞发出的哐当声,看到铁
轨的长短宽窄并确定其轨迹与走向等。这条铁轨一直被铺设至漫无边际的
远方,因此,铁轨的尽头远非目光可及之处。但不难想象,无限延伸的轨道
里可能铺设有各具形态的枕木,也可能暗藏有零碎细小的石块。虽然这些
枕木、碎石可能产生一些不易察觉或难以预见的细微变化,比如发生位移或
者改变形态,但是我们无法对它们的存在视而不见。人们也依然沿循着同
一条铁轨,在其指引下不停前进。

无论是"路标",还是"铁轨",都作为一个确定的实体稳定地矗立或铺
陈于某个地方,人们以"路标"与"铁轨"为方向前行,规则的"确定性"也体
现于此。

3. 规则的精确性与任意性

赫拉克利特提出的"人不可能两次踏入同一条河流"意在指出,万物皆

---

① 维特根斯坦:《哲学研究》,陈嘉映译,上海:上海人民出版社 2005 年版,第 48 页第 87 节,
　第 93 页第 198 节。
② 维特根斯坦:《哲学研究》,陈嘉映译,上海:上海人民出版社 2005 年版,第 98 页第218 节。

流,世间一切均处于变化之中,人类思想必须如实反映世界的各种变化。在科学主义与人文主义的论战中,主张通过澄清语言来解决哲学问题的科学主义批评人本主义缺乏基本逻辑且语言使用混乱,而人本主义代表人物海德格尔则回应以"模糊性是智慧固有的美德",这一观点与维特根斯坦前期的"不可说"思想颇为相似。同时,维氏后期也并未否认规则可能存在的"含混"或模糊性。可见,海德格尔和维特根斯坦对待那些不甚精确之物的态度基本一致。实际使用中的规则不可避免地会发生变化,如果过分强调规则绝对的确定性,反而会过犹不及。但我们也必须意识到,无论铁轨的另一端如何延伸,或延伸至何处,均要以铁轨为基础,借助轨道内的枕木与碎石来缓和列车的冲击,保障轨道与列车的安全。在实际生活中,规则的变化往往发生在一定范围之内,人们在生活形式等诸多因素的共同作用之下,也基本上能对各类规则形成较为明确的认知,并基于自己所处的特定情境进一步应用它们。

在维特根斯坦看来,人们从未预先规定"准确性的唯一理想"(single ideal of exactness)①。他在《哲学研究》第 88 节以日常生活为例指出,"精确"在人们心中往往能比"不精确"更完美地达成目的,因此通常被视为"褒奖"(praise),而"不精确"则被看作"责难"(reproach)②。同时,他也质疑了"精确"这一概念。

究竟何谓"不精确"? 何谓"准确"? 假如人类进餐、工作、休息的时间均依照天文台确定时间的标准,这是否足够精确? 而那些未精确到一米的距离,未准确到秒的时间,或未精确到千分之一厘米的宽度,就真的谈不上"准确性"了吗? 事实并非如此。这就好比当人们从新闻中得知"2021 年第一季度国内生产总值高达 24. 93 万亿元,同比增长 18. 3%"③时,并不会对这些经济数据本身的精确性产生怀疑。而当一个每天忙于柴米油盐的家庭主妇为了几角甚至几分钱与商贩讨价还价时,人们也早已司空见惯。虽然国内生产总值的数据没有精细到角甚至分,增长率的百分比也并未精确到小数点后第三、四位数,但是这些数值在人们看来恰恰是合适的,符合人们在该特殊情境下的认知与理解需求,具有一种合适的准确性。因此,规则的"确定性"其实具有一定的适用范围,并非是一种绝对的东西。

如果规则的内容不需要无比精确,那这是否意味着规则是完全任意的

---

① 维特根斯坦:《哲学研究》,陈嘉映译,上海:上海人民出版社 2005 年版,第 48 页第 88 节。

② 维特根斯坦:《哲学研究》,陈嘉映译,上海:上海人民出版社 2005 年版,第 48 页第 88 节。

③ 腾讯网:"2021 年第一季度国内生产总值高达 24. 93 万亿元,同比增长 18. 3%"[EB/OL],https://xw.qq.com/amphtml/20210424A00CCV00. 2021-04-24。

呢? 福斯特(M.N.Forster)认为,维特根斯坦的哲学语法包括"任意性"与
"非任意性"两个层面,而维氏强调的是"任意性"。维氏的确在其作品中多
次谈及"任意性",然而这些论述多见于其前期思想,如他指出符号的任意
性——"符号当然是任意的"①,或语法的任意性——"我们的语法……可
是任意的! ——肯定的"②等。

随着其后期思想重心的转移,维特根斯坦虽然继续提到"可以把语法
规则称作'任意的'"③,并在一定程度上将"任意性"视为一种给定的语法
本质属性,但其实更多强调了施加于"任意性"上的限制,提醒人们不仅关
注语法规则无从选择的任意性,还应留意基于语言使用和语言共享形式之
上的语法与规则的"非任意性"。福斯特将维特根斯坦遵守规则的论题在
本质上视为社会实践的产物④,并指出维氏哲学语法的"非任意性"受制于
"人类本性"(human nature)与"社会实践与传统"(social practices and tradi-
tions)⑤两个方面。也有学者认为,维氏哲学语法并非"关乎选择"(matters
of choice)⑥。

维特根斯坦在 1930 年至 1932 年的剑桥演讲中说过,"我们任意或非任
意地使用一个规则","如果你问为什么我们采用这个规则,它是否是任意
的,回答要视情况而定"。⑦ 他以"烹饪"和"语言"⑧为例说明,"烹饪"概念
由烹饪的目的得到定义,而"语言"概念并非由语言的目的所定义,因此烹
饪规则在他看来是非任意的,而语法规则是任意的。他还举了国际象棋游
戏的例子,认为如果国际象棋游戏满足了人们追求快乐的目的,那么其规则
就不是任意的,而恰恰相反,"游戏"概念并非由"游戏应当在我们这里引起
的结果"⑨来定义,因此语言游戏具有任意性。

---

①　维特根斯坦:《逻辑哲学论》,王平复译,北京:中国社会科学出版社 2009 年版,第 50 页第
　　3.322 节。

②　维特根斯坦:《哲学语法》,韩林合译,北京:商务印书馆 2012 年版,第 117 页第 318 节。

③　维特根斯坦:《哲学研究》,陈嘉映译,上海:上海人民出版社 2005 年版,第 164 页第
　　497 节。

④　Forster, M.N. *Wittgenstein on the Arbitrariness of Grammar*. Princeton; Princeton University Press,
　　2004, p. 73.

⑤　Forster, M.N. *Wittgenstein on the Arbitrariness of Grammar*. Princeton; Princeton University Press,
　　2004, pp. 67-68.

⑥　Hanfling, O. *Wittgenstein and the Human Form of Life*. London & New York; Routledge, 2002,
　　pp. 63-64.

⑦　维特根斯坦:《维特根斯坦剑桥演讲录(1930—1935)》,周晓亮、江怡译,杭州:浙江大学出
　　版社 2010 年版,第 85 页。

⑧　维特根斯坦:《哲学语法》,韩林合译,北京:商务印书馆 2012 年版,第 191 页第 546 节。

⑨　维特根斯坦:《哲学语法》,韩林合译,北京:商务印书馆 2012 年版,第 201 页第 576 节。

值得注意的是,维特根斯坦在论及表达长度的计量单位时指出,虽然这个单位与上述的语法规则、语言游戏在类似意义上同为"任意的",但在另一种意义上,其选择"受到限制",是"被决定"①的。因此,维氏所谓的"任意性"并不如这一概念表面看上去的那样草率鲁莽、不负责任与随心所欲。在他眼中,语法使用规则并非漂浮不定、毫无依据,它其实具有一种有限度的相对"任意性",且在很大程度上受到某些公共的、可共享因素的约束。

虽然道路交通规则"允许并且阻止"驾驶员或行人的某些行动,但它们并不打算借助规则引导其"全部的移动"②。规则可能在日常实践不同的范围与目标下发生变化,并呈现出一定的活动性。在话语日常使用的诸多语言游戏中,有些游戏规则甚至"允许并鼓励"陈述的"最大灵活性"③。但这绝不意味着规则表达可以模棱两可,或规则内容可以肆意改变。规则由实践决定并受制于实践,必然会受到现实生活中传统习俗、生活形式以及教育背景等诸多要素的影响与支配。有趣的是,较之丰富多变的规则内容,规则的形式反而相当有限与稳定。

可见,规则虽然是以语言为媒介与手段的实体,人们在日常生活中通常都要遵守它们,但其"精确性"与"任意性"均非绝对,而是有一定限度的,都要以日常生活的基本需要为核心。

4. 规则的一致性与共享性

《哲学研究》还对规则作出以下表达:

> "一致"这个词和"规则"这个词同出一族,它们是堂兄弟。(PI §224)
>
> 人们所说的内容有对有错,就所用的语言来说,人们是一致的。这不是意见的一致,而是生活形式的一致。(PI §241)④

可见,在维特根斯坦眼中,规则与一致性紧密相连,规则这一概念本身便预设了人们对规则的使用,以及使用规则中的一致性。人们可能对语言

---

① 维特根斯坦:《哲学语法》,韩林合译,北京:商务印书馆 2012 年版,第 201 页第 577 节。
② 维特根斯坦:《哲学语法》,韩林合译,北京:商务印书馆 2012 年版,第 217 页第 619 节。
③ 利奥塔:《后现代状态》,车槿山译,南京:南京大学出版社 2011 年版,第 65 页。
④ 维特根斯坦:《哲学研究》,陈嘉映译,上海:上海人民出版社 2005 年版,第 99 页第 224 节,第 102 页第 241 节。

表达的内容争论不休,但"在对待语言使用规则上却具有较高的一致性"①。如果两个人使用同一种语言交流,那么他们极有可能共享一致的生活形式,拥有统一的文化传统,并遵循同一套语法规则,而这种一致性恰恰是其参与语言游戏、理解世界与他者的基础。具有相同生活形式的人们对既定规则所达成的共识,如"规则如是,因此我们应当遵守这些规则,如此行事"等,便充分展现了这种"一致性"。一方面,规则对人类言行起规范与限制作用,在现实生活中显示出强大的确定性;另一方面,规则由实践决定,日常生活的正常运转离不开人们对规则的一致遵守。如果缺少统一明确的交通规则,开车者与行人各行其是,道路的拥堵与混乱可想而知;倘若失去严格确定的游戏规则,游戏参与者各自为政,任何游戏都难以开展起来;要是没有一致的语法原则,交流双方自说自话,一切理解活动都是不可能的。

同时,维特根斯坦还指出,"规则"和"同样"(same)这两个词的用法"交织"(interwoven)②在一起。当人们谈到"命题"时,往往会联想到"真"(true),而论及"规则"时,则常常会将"相同""一致"等语词与之相联系。在维氏的上述表达中,规则的共享性昭然若揭。一方面,"共享"意味着规则具有普遍适用性,它总是在一定的范围内得到应用,适用于其中的特定人群,规则的具体内容对这些个体而言也不存在很大差异;另一方面,规则就像大众共有的公有财产,人们对其有维护、保持与遵守等责任与义务。可见,规则的"共享性"还体现在人们对规则的共同遵守,只有人人都遵守共享的规则,才能保证各类语言游戏顺利进行,任何违反规则的破坏性行为都势必妨碍其共享性的实现。

因此,规则的确定性还体现在其一致性与共享性中。人们首先对规则产生认同,达成共识,进而一致并共同地遵守规则,与此同时也受到来自规则的"强大约束力"的限制,从这个意义上说,人们对规则的共同遵守体现了规则的"一致性"与"共享性",规则的确定性也体现于此。

规则处于异彩纷呈的人类实践之中,是人类赖以生存的一种重要事实,在日常生活中扮演重要角色,对人类特有的语言使用活动更是具有不可估量的作用。规则也难免发生动态变化,人类出于对现存规则的不满,既可能重构出符合需要的新规则,或使原本僵化的规则变得灵活起来,也可能将原来变动不居的规则设定为严格的行为规范。同时,没有一条规则是天衣无

---

① 王寅:《语言哲学研究——21 世纪中国后语言哲学沉思录》,北京:北京大学出版社 2014 年版,第 132 页。

② 维特根斯坦:《哲学研究》,陈嘉映译,上海:上海人民出版社 2005 年版,第 100 页第 225 节。

缝或无比精确的,各种规则或多或少地存在着缝隙或活动性,人们可能根据适用范围与应用领域,选择遵循不同的规则。

当然,这并不是说,既然规则会变化,也可能不精确,我们就不必老老实实地遵守它,甚至可以任意地改变它。实际上,规则自身的不完备性,及其可能产生的变化,均不必然导致不确定性,这些变化仍然要受到生活形式等因素的限制。变化中的规则也一样能为人类实践提供确定的应用,因此其核心可能依然明确,具有强大的规范性。维特根斯坦呈现出规则的"不确定性",并非意在彻底否认它们可能存在的确定性,而是旨在与其以前追求的绝对确定性划清界限。他并未将语言游戏规则看得如数学计算规则那般精确,也承认语言游戏、生活形式在实践中的多样性与变化,但研究这些多样性与变化的形成过程绝非其考察规则的目的。

在维特根斯坦那里,规则既非完全静止,也不具有绝对确定的标准。对秉承不同生活形式、具备不同知识结构、参与各类语言游戏的人而言,规则的形式不尽相同,内容有所差异,标准也并非统一,但这些规则永远无法摆脱实践的制约。首先,规则的语言性、实体性、精确性与任意性充分体现了规则自身具有的一种并非纯粹完美、非"不容侵犯"的确定性。这是一种外在的确定性,为规则本身所具有,它并非绝对精确,而是"以真实需要为轴心"(on the pivot of our real need)①,以"发挥语言的正常交际效用"②为最终目的。可见,这种确定性类似于"意义即使用"观凸显的确定性,充分呈现出规则在人类实践中"发挥作用的方式"③,故同为一种"合宜的"外在确定性。这意味着,我们可以用一种外在的视角看待规则,即把其视为客观实体,对规则的具体内容与形式作出确定的语言性描述。

此外,规则的"一致性"与"共享性"则体现了一种"内在的"确定性。人们往往需要通过现存的游戏规则,才能合理理解并主动参与语言游戏,而这种"内在的"确定性恰恰体现在规则于语言用法、生活形式和情境世界结构这三种要素之间构筑的"固定关系"④之中。规则固定于实践中,是明确或不明确地存在于游戏者之间的"契约"⑤,是帮助人们在日常实践中达成意义与理解确定性的有效途径,一致的"生活形式"为这种确定性提供了基

---

① 维特根斯坦:《哲学研究》,陈嘉映译,上海:上海人民出版社 2005 年版,第 54 页第 108 节。
② 王寅:《语言哲学研究——21 世纪中国后语言哲学沉思录》,北京:北京大学出版社 2014 年版,第 132 页。
③ 陈锐:《论维特根斯坦后期哲学对哈特法哲学的影响》,《比较法研究》2012 年第 1 期。
④ 阿佩尔:《哲学的改造》,孙周兴、陆兴华译,上海:上海译文出版社 2005 年版,第 49 页。
⑤ 利奥塔:《后现代状态》,车槿山译,南京:南京大学出版社 2011 年版,第 65 页。

本保障。维特根斯坦关于"遵守规则"的讨论关注了这种"内在的"确定性。

三、"遵守规则悖论"与确定性

(一)规则与"遵守规则"

"遵守规则"较之规则本体而言,凸显了人的因素。无论规则以何种形式出现,是条例,是文件,是法律还是习惯性说法,均被看作如天、地、云、海等客观事实的图像性的确定存在。"遵守规则"被维特根斯坦视为"语言游戏的基础之处"①,也比规则本身增加了一个相当复杂的关键主体——人。人类个体作为具备意志与理性的独立主体,与其他人类共同体成员一起,始终在各类语言实践中主使着遵守或违反规则的决定,不断操作着基于规则并对规则施与的一切行为。从表面上看,遵守规则似乎要比规则本身要不确定得多。这种倾向其实与维氏前期思想如出一辙,正如一种"真空"中的理想语言必定有一幅严格与之对应的清晰图像,那些被视为客观实在的规则本身也必定与某幅图画一一对应,因而具有高度确定性。遵守规则这种人类特定的经验性认知活动由于必定涉及人,其确定性不免大打折扣。然而在维特根斯坦后期看来,虽然遵守规则将人的参与视为关键因素,但遵守规则的正确性必须独立于遵规者,因此其确定性未必弱于规则。

规则本身并无对错之分。我们通常不会说"车辆、行人应当按照交通信号通行"是一条正确的规则,规则本身并不会因为人们说其正确就岿然不动、永恒不变。同时,我们也不会说"车辆必须靠左行驶"是一条错误的规则,规则也不会由于人们说其错误而自行调整。然而遵守规则却有对错之分。如果一个人说"6+8=14"或"7-4=3",我们往往会认为这个人"正确地遵守"了加减法规则,而对一个主张"6+8=48"或"7-4=2"的人,我们则会认为他"错误地遵守"了数学运算规则,却通常不说他们遵守了"正确"或"错误"的规则。日常生活中,人们往往将规则置于实践中加以观察,并可能以正确或错误的方式来遵守规则。

维特根斯坦指出,国际象棋游戏的所有规则与"咱们来下盘棋"(Let's play a game of chess)这句话的意义之间具有密切的联系。在他看来,这种联系既可能存在于国际象棋游戏的"规则表"里,也可能来自老师悉心指导的"棋艺课"上,抑或形成于下国际象棋的"日常实践"中②。在"咱们来下

---

① 维特根斯坦:《数学基础研究》,韩林合译,北京:商务印书馆 2013 年版,第 342 页第 144 节。

② 维特根斯坦:《哲学研究》,陈嘉映译,上海:上海人民出版社 2005 年版,第 92 页第 197 节。

盘棋"这句话中,"棋"(chess)明确指代国际象棋,而非如围棋、军旗、跳棋等其他棋类游戏,具有公共的固定用法。此外,这一建议不仅意味着对话双方共同参与的国际象棋游戏可能即将展开,也预示着游戏规则行将生效,遵守规则的行为随即发生。可见,规则的意义呈现于遵守规则实践中,而国际象棋规则的意义则体现在下棋过程中,通过这种棋类游戏显示出来。

因此,一条规则与遵守这条规则之间的关系是一种"内在的""语法的"关系,而非一种"经验的""因果的"关系,规则的意义恰恰在于让人们知悉应该以"如此这般的方式"①行动,从而给予他们一种稳定的预期。事实上,规则与遵守规则之间的关系与维特根斯坦在"意义即使用"观中所表达的意义与使用的关系如出一辙,缺乏对语词的使用,其意义就无法确定下来。相应地,如果毫无规则意识,无所谓规则的存在,遵守规则也就成了纸上谈兵。

(二)"遵守规则悖论"的提出

维特根斯坦著名的"遵守规则悖论"(以下简称"规则悖论",rule-following paradox)指出:

一条规则不能确定任何行动方式,因为我们可以使任何一种行动方式和这条规则相符合。(PI § 201)②

规则悖论与大多数悖论一样,均从看似正确的命题出发,借助严格的逻辑推理方式,得出两个表面上均能自圆其说的结论,同时使人们陷入自相矛盾的境地,也激发出人们对规则问题的深刻思考。在这个悖论中,人们不仅可以用与某条规则相符来解释生活中像维特根斯坦所说的"行为方式"(course of action),让任何行为均服从于它,也可以无视规则的存在,不服从于任何规则。用维特根斯坦的话来说,"无所谓符合也无所谓矛盾"(neither accord neither conflict)③,即无所谓遵守规则还是违反规则。目前回应"规则悖论"的常用方法至少有以下三种④:一是克里普克倡导且后来

① 韩林合:《维特根斯坦〈哲学研究〉解读》,北京:商务印书馆 2010 年版,第 1183 页。韩林合还指出规则意义的另一种说法,即也可以说"以如此这般的方式行动构成了遵守规则这点构成了规则的意义"。

② 维特根斯坦:《哲学研究》,陈嘉映译,上海:上海人民出版社 2005 年版,第 94 页第201 节。

③ 维特根斯坦:《哲学研究》,陈嘉映译,上海:上海人民出版社 2005 年版,第 94 页第201 节。

④ Sebok,A.J.Finding Wittgenstein at the Core of the Rule of Recognition.*Southern Methodist University Law Review*,1999,52(75),pp. 92~93.

被众多学者效仿的怀疑主义解决方案;二是美国法学家富勒(Lon Luvois Fuller)①的方法,主张规则意义预先决定于规则在"一个先验规则模式"(a transcendental scheme of norms)中所处的位置;三是维特根斯坦采用的既非怀疑主义也非唯心主义的方法,把规则的应用看作一种实践或生活形式。

"克里普克解读的维特根斯坦"(Kripke's Wittgenstein)对维特根斯坦哲学研究具有重要意义。克里普克认为,"规则悖论"是《哲学研究》的核心问题,也是一种新型"哲学怀疑论"(philosophical scepticism)②。这种"怀疑主义悖论"(sceptical paradox)在他那里具体表现为,"我"之所以无法论证"68+57"这一问题的答案的正当性,主要在于有关"我"的任何事实均不足以识别"我"说"加"时是意指一个"明确的函数"还是"什么都不意指"③。当然,克里普克也对始终困扰着人们的"何谓遵守规则的标准"这一问题提供了自己的答案,即对遵守规则的判定必须经受共同体的检验,需要建立在个体与共同体之间达成一致的基础上。

虽然克里普克的解读为解决"规则悖论"提供了富有启发性的见解,但部分学者也对其提出了质疑与批评,认为这一草率的解读曲解了维特根斯坦的真实想法,也并未有效地解决"规则悖论"。马尔科姆、贝克、哈克等人均认为克里普克的解读是对《哲学研究》重要思想的严重误读。麦金则指出,克里普克清除了"语法研究"的观念,将一种"异质结构"强加于维特根斯坦身上,致使其建构的论证结构与维氏关于"哲学方法"及"哲学如何同日常实践相关联"的构想相去甚远④。

实际上,克里普克对维特根斯坦的误解主要源自两者对"规则"的不同看法。克里普克将规则视为一种指令,认为必须事先确认指令,明确规则内容,才可能根据规则指令采取行动。在他那里,"遵守规则"的关键在于使自身行为符合规则的要求,有关规则的正确记忆也是人类遵守规则行为的最重要环节之一。但实际上,对规则的某种"完美"记忆并非遵守规则的必要条件,况且人类的记忆也无法保障永不出错。即便一个人对特定规则的

---

① 由于富勒的"先验规则模式"涉及法律领域的一些理论与实践,偏离了本书的语言哲学主旨,并且带有唯心主义色彩,与维特根斯坦思想背道而驰,因此第二种方式在这里不予展开。

② Kripke, S. *Wittgenstein on Rules and Private Language*. Cambridge: Harvard University Press, 1982, p. 7.

③ Kripke, S. *Wittgenstein on Rules and Private Language*. Cambridge: Harvard University Press, 1982, p. 21.

④ 麦金:《维特根斯坦与〈哲学研究〉》,李国山译,桂林:广西师范大学出版社2007年版,第96—97页。

具体内容早已烂熟于心，我们也无法确保他真正掌握了这条规则，并切实遵照规则行事。有些人熟知河流的航线却无法描述出河流航线的具体走向，能够顺畅自如地使用语言进行交流却无法说清其语法规则，而那些可以准确描述航线走向、细致说明语法规则的人也未必能在河流中自如地航行，在日常生活中畅所欲言。可见，日常实践才是人类正确行事的主要途径。

与克里普克不同，维特根斯坦并不关注对规则的表述，或对规则的某种正确记忆。在他那里，规则更像一种用法，遵守规则意味着知道如何使用规则，是语言游戏之可能的必要条件。克里普克的反对派也主张，规则实现于遵守规则的实践之中。维特根斯坦认为，遵守规则并非对某些特定行为的简单模仿，也不存在着一个事先明确规则指令而后遵守规则行事的行为循环过程，而意味着在掌握规则之后知道"如何继续下去"（how to go on）①。他提醒人们，人类能够如此使用语言，并非由于他们从规则的概念出发来遵守"如此这般的特定规则"（such and such specific rules）②。他显然更留意人们在遵守规则过程中"做什么"，而非克里普克所关注的"怎么做"。要掌握"怀疑""减法""规则"等语词的用法，无需事先对这些用法进行细致入微的描述、说明和解释，而要将其置于日常实践之中。人们之所以能够"怀疑减法规则"，就在于他们在一致确信这三个语词用法规则的基础上，通过类推建立"基于共相的模型"③，进而得以正确地使用语词，顺利地在实践中开展语言游戏。

实际上，克里普克将"规则悖论"视为维特根斯坦就"规则"概念引出的某种"怀疑论危机"④，试图通过反驳一个假想的怀疑论者的怀疑性断言无法回答，以达到一种怀疑论的解决办法，而这种解读显然否认了维氏"事先确定"的一种毫不怀疑。人类的任何行为都无法避免错误，然而错误同样表明"相应规则得到确认"⑤，遵守规则行为也不例外。遵守规则的方式各不相同，但即便是某种错误遵守规则的行为也需要建立在确认并接纳某些"适当"规则标准的基础之上。

---

① 维特根斯坦：《哲学研究》，陈嘉映译，上海：上海人民出版社 2005 年版，第 84 页第179 节。

② Macarthur, D. Wittgenstein's Un-Ruley Solution to the Problem of Philosophy. In S. Hetherington. (ed). *What Makes a Philosopher Great? Thirteen Arguments for Twelve Philosophers*. Oxford：Routledge, 2018, p. 252.

③ 陈保亚、陈樾：《意义即用法，规则即类推——从维特根斯坦的语言观和数学观说起》，《北京大学学报（哲学社会科学版）》2015 年第 1 期。

④ 麦金：《维特根斯坦与〈哲学研究〉》，李国山译，桂林：广西师范大学出版社 2007 年版，第 122 页。

⑤ 谢尔兹：《逻辑与罪》，黄敏译，上海：华东师范大学出版社 2007 年版，第 101 页。

（三）"遵守规则悖论"的解决

麦金认为,克里普克的怀疑主义方案与维特根斯坦的哲学目标相冲突,未能触及维氏回应有关规则、意义等问题的"根本性哲学偏见"的"真实本性"①。那么维特根斯坦如何论证与解决其提出的规则悖论?

1. 遵守规则的"非私人性"

"语言游戏"是维特根斯坦后期哲学思想的核心之一。人们进行的任何语言游戏均由规则决定,而非游戏材料决定。规则是游戏的功能性说明,也是语言游戏的必备条件,缺少规则,语言游戏也就不复存在。如果承认"人能够私自遵守规则",就相当于把遵守规则视为一种私人行为,以一种随心所欲的态度看待并遵守规则。因此,维氏论证"规则悖论"时主要聚焦对"私人规则"的批判,试图通过破除这一观念建立起对"规则"与"遵守规则"的新认识。

首先,维特根斯坦主张,"遵从一条规则"并非一个人一生中只能做一次的事情,"以为[自己]在遵从规则"也不等于"遵从规则"②。他通过事先预设私人规则的存在,指出鉴于人类行事方式可能存在的变化,个体以往行为无法为预测或判断其未来行为方式提供稳固的保障,孤立地考察个体对某一特定规则的遵守也没有多大意义。一个人在当下可能遵守"汽车靠右行驶"的交通规则,但这并不能保证他永远都会这么做,或许在不久的将来,他开始学会"靠左行驶"。因此,维氏通过批驳"私人规则",强调了遵守规则的"非私人性",即"不可能'私自'(privately)遵从规则"③。

一条规则之所以被称为规则并得以在现实生活中为人遵守,单靠个体的承认远远不够。即便一个人提供了一条专属于自己的规则,也必然基于它与"人们交往之中叫作'规则'的东西"④的相似性而称其为规则,并进一步遵守它。人们通过言说语词与他人顺利交流,恰恰说明他们正确地遵守了这些语词的使用规则。一个提着空桶却依然坚持桶是"满"的人并未恰当地理解"满"的意义,一个举着一杯咖啡却称其颜色为"白"的人,也没能遵守"白"这一语词的公共使用规则。当有人进入一间无比敞亮的房间却依然抱怨房间太暗时,他或许在"私自"遵守着自己独创的有关"暗"和

---

① 麦金:《维特根斯坦与〈哲学研究〉》,李国山译,桂林:广西师范大学出版社 2007 年版,第 96—97 页。

② 维特根斯坦:《哲学研究》,陈嘉映译,上海:上海人民出版社 2005 年版,第 94 页第202 节。

③ 维特根斯坦:《哲学研究》,陈嘉映译,上海:上海人民出版社 2005 年版,第 94 页第202 节。

④ 维特根斯坦:《数学基础研究》,韩林合译,北京:商务印书馆 2013 年版,第 355 页第222 节。

"亮"这对语词的使用规则。这种对规则的"私自"遵守完全脱离了现实生活,导致他对"暗"的理解不再符合人们对"暗"这一语词意义的普遍认知,大大偏离了业已形成的语词使用规范。因此,对语词使用规则的遵守必定是一种公共的遵守,建立在为团体、社会普遍承认与接纳的基础上,符合大多数人的理解。人们在某种交流共同体中对语词的具体用法达成一致,承认其普遍性与共享性,并在公共意义上使用语词,正确地遵守其使用规则,最终达成理解。

在日常生活中,人们往往不会基于个体是否承认规则以判断规则的存在。即便有人坚持认为,中国象棋游戏中的"将"(帅)不必被限制在九宫之内横平竖直地一步一步行棋,而可以如围棋的棋子那般自由移动,那么这只能说是他自创的新型规则,甚至连"规则"都谈不上。如果这个人坚持要在下中国象棋时奉行此种规则,恐怕无人愿意与之对垒。个体对某条规则的否认也无法证实规则之不存在,规则的存在及其普遍意义通常在共同体成员一致的遵守规则行为中显现出来,而从某种意义上说,违规行为也需要建立在确认规则的基础之上。可见,规则不会由于个体的否认或违反而失去效力,其存在不以个体意志为转移。规则也不可能被某人占为己有,或为个人独享,人们对规则的遵守往往具有普遍性,因此,遵守规则是一种"非私人"的公共社会行为。

以麦克坚(Colin McGinn)为代表的自然主义者既倡导自然物是唯一真实存在物,也承认心灵具有独立存在地位。麦克坚主张,人类只有依赖关于自身的"事实"才能形成个体离开他人时"掌握和遵循概念"[1]的思想,进而真正理解各类概念。因此,在他那里,以下过程合情合理:一个与世隔绝的人发明了一种私人记号来命名事物,并在使用这些特殊记号的过程中设立具体的规则指导自身实践。但是值得注意的是,任何个体对规则的掌握与遵守并非孤立的私人行为,一个人不仅无法顺利地获得专属自己的某一规则的"私有"意义,也无法独自地学会遵守规则。只有在他人的共同参与和相互配合下,在生活实践与语言游戏中,而不单是在对规则的详尽说明中,人们才能真正把握规则的意义,知道如何正确地遵守规则。麦克坚恰恰由于混淆了"遵守规则"与"认为自己在遵守规则",在一定程度上承认了"私人规则"的可能性。在维特根斯坦那里,实际生活中绝不可能存在着"一个人一次性给出规则并仅一次性地遵守它"的情况。

---

① McGinn,C.*Wittgenstein on Meaning:An Interpretation and Evaluation*.Oxford:Blackwell,1984, pp. 191,108.

其次,维特根斯坦将遵守规则纳入语言共同体框架内进行考察,那种认为"遵守规则是个体行为"的观点成为规则悖论产生的基本条件,也是维氏极力反对的。虽然小说《鲁滨逊漂流记》的主人公鲁滨逊与世隔绝于荒岛之中,但在维特根斯坦和乔姆斯基看来,他依然是一个遵守规则者。出身富裕商人之家的鲁滨逊怀着冒险精神进行了数次海上航行,而他沦落荒岛之前的所有生活与航海经历均决定了其作为一个心智正常的成年人的社会属性,表明其言说的语言与过往的生活均遵从了其所处人类社群的规则。尽管鲁滨逊流落荒岛数年孤身生活,相对封闭恶劣的荒岛生存环境也与人类社会现实环境大相径庭,但是人类特有经历留给他的深刻的语言、规则、思维与行为的印记依然存在。这些人类生活留下的印记或许会随着时间的推移而有所缺损,鲁滨逊也可能开始遵守一套全新的荒岛生存法则,但他依然无法在荒岛上私自地遵守规则。

对一个独自待在房间里自言自语的人,或一个在心中默念某一语词而不出声的人来说,他们自言自语或心中默念的东西均为具体语言的实体性或概念性音响形象,是人类共同体的共享之物。无论这些表达的逻辑是否清晰,意义是否明确,也不论"言说者"周边是否有"听众",共享语言的使用说明他们依然在一定程度上受制于作用在人类生活中的共同语言使用规则。从这个意义上说,遵守规则无法完全脱离外界环境的作用与影响,而成为某种代表个人意愿的个体行为。它必须建立在共同体成员的集体约定或一致认识的基础上,以共同语言、生活形式和文化传统等因素为前提。也正是在遵守规则的过程中,人们得以首次接触到或更好地融入某一共同体,从而促进群体身份的建立与群体文化的形成。

维特根斯坦从共同体角度对"遵守规则"进行了生动的描述:

> 遵从一条规则,作一个报告,下一个命令,下一盘棋,这些都是习惯(风俗、建制)。……理解一种语言就是说:掌握一种技术。(PI§199)①。

韩林合在分析技术、习惯、习俗等概念的关联时指出,"有了特定的规则,便会有如何遵守它们的技术",遵守规则的活动是"一种一再进行的有规则的活动",因此,它们必定构成了"其所属的语言游戏和生活形式中重

---

① 　维特根斯坦:《哲学研究》,陈嘉映译,上海:上海人民出版社 2005 年版,第 92 页第199 节。

要的习惯和习俗"。① 实际上,分别对应着"习惯""用法""建制"的德语集体名词 gepflogenheiten②、gebrauche 与 institutionen,较其英语译名 habit、usage 与 institution,更具一种"社会性"或"共同体"的"强烈倾向"③,并非单独的个体所能承担。因此,在维特根斯坦那里,规则极具社会性,遵守规则也预设了"共同体内达成的一致与协调"(agreement and coordination in a community)④,具有强大的共同体性质。人们只有身处共同体之中,才能对共同体成员是否遵守规则加以判断。当我们说某人正在遵守规则时,这个人就已经通过了我们对他的"遵守规则测试"。一旦这一测试结果得到共同体内大多数成员的认同,此人就会被纳入同一共同体内,其今后的行为也会以这一共同体的标准进行评价。因此,规则成为连接个体、共同体以及社会的重要媒介。

当然,虽然共同体在维特根斯坦那里占据了重要位置,但他并不认为共同体能够决定规则的意义,也不希望在共同体内找到遵守规则的一致标准。规则的标准并非维氏关注的焦点,他之所以反驳"私人规则",其实意在提醒人们应当在共同体背景之下来判断一个人是否遵守规则。

2. 遵守规则的"不选择性"与"盲目性"

维特根斯坦还通过反对"意图行为"(act of intending)与"被意图之物"(the thing intended)之间的"超固定联系"(super-rigid connection)⑤,来解决其提出的"规则悖论"。这种联系与传统认识论一样,主张"规则引领着人们",认定人们一旦收到规则指令便会明确执行,同时也像"图像论"聚焦事实与心理关系那样,强调现实世界与人类精神世界的紧密联系。

人们习惯将规则视作与图像类似的、自身具有强大确定性的东西,因此在听到某一规则时往往处于一种相当确定的理想状态,并随即在规则的"引领"下相应采取遵守规则的行为。维特根斯坦将这种状态与机器的运转相提并论:

　　机器——我首先可以说——似乎从一开始就在自身中包含着它的

---

① 韩林合:《维特根斯坦〈哲学研究〉解读》,北京:商务印书馆 2010 年版,第 1172 页。
② "惯例"一词对应的德语词 gepflogenheiten 含有"共享的习惯"(shared habit)而非"个人习惯"(individual habit)之意,强调了"惯例"的共享性,而英语译名 habit 则没有这一层含义。
③ 恰尔德:《维特根斯坦》,陈常燊译,北京:华夏出版社 2012 年版,第 174—175 页。
④ Sillari, G. Rule-following as Coordination:A Game-theoretic Approach. *Synthese*, 2013, 190(5), p. 888.
⑤ 维特根斯坦:《哲学研究》,陈嘉映译,上海:上海人民出版社 2005 年版,第 92 页第197 节。

作用方式。(PI§193)①

这种运转不仅从"经验上预先确定"(empirically predetermined),还必须在一种"神秘"的意义上已经真正出现,而"机器未来运转"的确定性则通常被视为那些"已经放好在抽屉里"而"现在要取出来"的东西具备的确定性②。由于这种"已经完全设定好"(already completely determined)③的运转将各个机器零部件产生的断裂、弯曲、熔毁等情况完全排除在外,它只可能是一种空转。这种空转如同维氏前期极力追求的理想语言,是一种完美到不含任何杂质的晶体,只可能存在于人们的想象之中。

传统认识论聚焦人类精神世界中意识与感觉的密切关系,认为人们需要诉诸直觉、感悟等精神活动才能正确地遵守规则。维特根斯坦前期也将规则视为无比确定之物,不过在其后期对规则的重新考察中,他以"阅读"(reading)即大声朗读写下或印刷出来的东西这一行为为例,与基于其前期思想的规则观划清了界限。人们常常将"阅读"视为人类心灵的一种"特殊自觉活动"(distinctive conscious mental activity),并认为自己在阅读的过程中也总是"有意地让字母带领着自己"(deliberately let ourselves be guided by the letters)④,但事实果真如此吗?

实际上,"被规则带领"充分体现了一种对灵感、领悟等人类精神活动的过度关注。按照这种观点,人类遵守规则的行为在规则的指引之下具备了意向性,因此,人们并非盲目地遵守规则,而是从自身主观意识出发来遵守规则。可见,这类观点尚未完全脱离由精神层面认识世界的传统认识论,试图从知觉、意识等方面入手解释遵守规则的行为,却忽略了规则的实际使用,因而成为维特根斯坦在《哲学研究》中要驳斥与摒弃的观念。

在借助"不可私自遵守规则"的论证反驳"私人规则"的同时,维特根斯坦还指出,人们遵守规则时"不选择"(do not choose),是在"盲目地"(blindly)⑤遵守规则。那么这类行为是否像"不选择""盲目"这两个语词表面所表达的那样,处于一种对事物认识不清、毫无目的的茫然状态,或者涉及一种无意识的心理过程?还是类似动物的印刻现象,像初生的小鸡小鸭那样,

①　维特根斯坦:《哲学研究》,陈嘉映译,上海:上海人民出版社2005年版,第89页第193节。
②　维特根斯坦:《哲学研究》,陈嘉映译,上海:上海人民出版社2005年版,第90页第193节。
③　维特根斯坦:《哲学研究》,陈嘉映译,上海:上海人民出版社2005年版,第89页第193节。
④　维特根斯坦:《哲学研究》,陈嘉映译,上海:上海人民出版社2005年版,第72页第156节,第80页第170节。
⑤　维特根斯坦:《哲学研究》,陈嘉映译,上海:上海人民出版社2005年版,第99页第219节。

出于动物本能对第一眼看到的移动物体产生盲目的依恋? 假如将这类"盲目"行为理解为人们随意遵守规则,在生活中恣意妄为,那岂不是与维氏极力反对的"私自遵守规则"不谋而合,又如何作为论据用以反驳"私人规则"? 如果对"不选择"与"盲目"多加思考,我们便会发现它们其实强烈地否定了"规则引领人们"之类的观点。

第一,遵守规则和规则引领下的那类"等待指示"(await direction)①的"遵从灵感"活动有所差异。如果说遵从灵感活动是具有强烈意识的心理活动,涉及复杂的人类精神状态,根本无法真正教授遵从规则的技术,那么遵守规则则完全不同。它类似于"服从一道命令"(obeying an order)②,以一种特定的方式回应命令。人们从实践中了解规则,掌握规则的应用,并通过语言游戏学会遵守规则。说其"盲目",实则强调一种遵守规则的行为并不代表个体的精神状态,未涉及人类内在的意识活动,其行为标准也不是心理方面的。

第二,遵守规则行为的"盲目性"与"盲目地服从规则"(blindly subservient to the rules)③完全不同。维特根斯坦所说的"盲目遵守规则"代表了一种顺其自然的认同与接纳,如同人类长久以来形成的习惯,而非"盲目服从规则"那种被动、机械化的服从。人类无法自由选择或决定自己的祖先、出身与生活形式,但会逐步在成长过程中自然而然地接受这些事实,并达成无条件的认同。《哲学研究》的"铁轨之喻"其实也体现了这种"盲目性"与"不选择"。无论规则这条真切存在的确定轨道延伸至何处,人们都会毫不犹豫、不加选择地以它为指导,在人生的道路上不断前行。一些人即便对当前的规则多有怨言,对理想规则充满向往,却依然会在现实中无条件地遵守着现有规则。与其说"盲目遵守规则"体现了人类对规则的敬畏,展现了规则强大的约束性,不如说这种行为是一种习惯使然。人们在熟练掌握规则之后,完全明白该怎么做,无需对规则加以细致考察就能知道何为"适当的行为"。④ 虽然路标"提示"人们如何行走,帮助人们确定前进的方向,但它之所以成为规则,主要在于人们"径直遵守它"⑤。

---

① 维特根斯坦:《哲学研究》,陈嘉映译,上海:上海人民出版社 2005 年版,第 101 页第 232 节。
② 维特根斯坦:《哲学研究》,陈嘉映译,上海:上海人民出版社 2005 年版,第 95 页第 206 节。
③ Sharrock,W & Dennis,A.That We Obey Rules Blindly Does Not Mean That We Are Blindly Subservient to Rules.*Theory,Culture & Society*,2008,25(2),p. 37.
④ 塞尔:《社会实在的建构》,李步楼译,上海:上海人民出版社 2021 年版,第 129 页。
⑤ 维特根斯坦:《数学基础研究》,韩林合译,北京:商务印书馆 2013 年版,第 368 页第 284 节。

　　第三,遵守规则之"不选择性"与"盲目性"并不意味着肆意遵守规则,或对遵守规则行为犹豫不决,也不是对规则的一种无意识的遵守。在现实生活的许多情况下,人们无需事先对规则进行审慎判断与反复确认,再精心选择合适的规则来应付当前的问题,而是对规则早已了然于心,知道下一步该做什么,该怎么做,自然而然地遵守规则。因此,这种"不选择"与"盲目"恰恰说明,遵守规则是一种自然的人类日常行为。无论是学习使用"十进制中的两数乘法"来分配坚果,还是学习"计算技术"为建房购置足够材料,人们往往不会研究规则为何如此或事情何以发生,而"只是这样做而已"①。

　　规则的确无处不在,人们也必须在日常生活中遵守各类规则,但其实没有人会时时刻刻为自己是否遵守规则而饱受困扰。很难想象,一个人下班回家进门的第一件事是通过判断室内陈设来确认自己的住所。每个汽车驾驶员也不可能随身携带交通规则手册或汽车驾驶说明书,在严格对照手册判断道路交通状况,并根据驾驶说明书确定驾驶规范之后,再决定是否或如何遵守规则。人们在遵守规则的日常行动过程中往往无需深思熟虑再付诸行动,而是对在具体应用场景中的规则要求作出一种直接的反应。对遵守规则的人而言,某些符合规则的语言表达其实是不假思索地脱口而出的,遵照交通规则安全行车也通常不涉及一个漫长的理智思考过程。虽然世间所有规则无法被穷尽,规则也不能对自身作出解释,但它始终告诉人们同样的东西。人们也并非总得等到规则"面授机宜"(prompt)②才能采取行动,只需按照规则的要求去做即可。

　　维特根斯坦就这种对规则的"内在遵守"作出了进一步说明。他指出,如果认为"上午进屋时认出自己的书桌"这种行为是一种"复认"(recognition)③,那就大错特错了。现实生活中,也几乎没有什么人会在进入房间之前再三确认那些自己已看过成千上万遍的东西。人们对自身早已习以为常的日常物品、生活习俗与行为规范等,并不需要"反复确认"或"重新认出"。人们也可以自然而然地确定判断出"Banana the eat monkey"或"竹子吃熊猫"两句话明显违反了语言使用规则,却不会对其中的语法规则刨根问底,而只是直接把它们接受下来,并在日常语言使用中切实遵照它们遣词造句。儿童对语言用法有所疑惑请教师长时,常常会得到"这是固定搭配"之类的

---

① 维特根斯坦:《数学基础研究》,韩林合译,北京:商务印书馆2013年版,第298页第143节。
② 维特根斯坦:《哲学研究》,陈嘉映译,上海:上海人民出版社2005年版,第99页第223节。
③ 维特根斯坦:《哲学研究》,陈嘉映译,上海:上海人民出版社2005年版,第187页第602—603节。

解释,以语言规则为代表的诸多规则正是通过这种方式代代相传。

乔姆斯基和维特根斯坦均主张,人类身体或大脑中存在着某种先天的一致性。乔姆斯基将语言视为进化适应的结果,强调语言的生物性与语法的先天性,认为人类大脑的客观生物性结构是由遗传基因决定的、人类与生俱来的先天条件。在他那里,一种名为"普遍语法"(universal grammar)的先天机制决定了人们能够习得或无法习得何种语言,于是,语法规则成为人类大脑而非语言的属性。人们在学习语言的同时,不知不觉地学会如何遵守语言规则,对这些规则的遵守也往往是深层无意识的,即在运用这些先天掌握的规则时未必意识到自己在遵守它们。在维特根斯坦那里,语言规则往往在语言日常使用过程中自行显示出来,并切实指导着一切当下以及即将发生的语言游戏。虽然塞尔对"人们无意识地遵守规则"这一观点表示怀疑,但不可否认,遵守规则的行为均基于人类经验或先天本能,需要建立在类似维特根斯坦的"先验秩序"或乔姆斯基的"先天语言官能"所主张的某种一致性基础上,因此从这个意义上说,遵守规则是没有理由的"盲目"行为。

虽然人类记忆在一定程度上能够保存以往所见之物的图画,但当人们在遵守一条规则时,却不必从"记忆"这种"进行比较"的"媒介"(agent)①中寻找上次遵守规则情形的"记忆图像"②,无需将遵守规则的"现实图像"与"记忆图像"相比较之后再采取下一步行动。可见,遵守规则的"盲目性"还蕴含了以下情况,即人们在遵守规则之前,已经事先承认规则的客观存在,将其视为无法任意改变的确定之物,并逐渐学会无条件接纳其内容,不排斥规则的管束。因此,在考察遵守规则时,我们必须把那些毫无规则意识甚至肆意践踏规则的人排除在外。"随时准备罢工的工人"不会"培养孩子去尊重秩序"③。当然,一个人从自觉地、有意识地遵守规则到后来不自觉地、"盲目"遵守规则仍需一个循序渐进的过程。

谢尔兹将"'盲目'遵守规则"理解为,规则以一种"直接"且"毫不考虑其他可能的运用或解释"④的方式得到遵守。这意味着,人们在遵守某一条

---

① 维特根斯坦:《哲学研究》,陈嘉映译,上海:上海人民出版社 2005 年版,第 187 页第 604 节。

② 维特根斯坦:《哲学语法》,韩林合译,北京:商务印书馆 2012 年版,第 74 页第 204 节。

③ 维特根斯坦:《文化和价值》(修订本),许志强译,杭州:浙江大学出版社 2020 年版,第 142 页。该书是对其早期中译本(维特根斯坦:《维特根斯坦笔记》,许志强译,上海:复旦大学出版社 2008 年版)的修订。

④ 谢尔兹:《逻辑与罪》,黄敏译,上海:华东师范大学出版社 2007 年版,第 78 页。

规则时,通常无需在脑子里将规则条文重现一遍,经过反复思考后再决定是否要遵守它,而是毫不犹豫地采取行动。他们早已将这些规则视为自身语言"据以起作用"的"构架"(scaffolding)①,并无条件地服从它们。要求一个人时刻严格地遵守某条规则是不切实际的,每个人都需要基于自身经验与生活形式来判断并实施对规则的遵守。而与"不可私自遵守规则"相比,"遵守规则"的"不选择性"与"盲目性"更强调生活形式等共享因素在人们遵守规则时起到的背景作用。与其说它是一种规则,毋宁说它是一种"制度性的习惯"②,是人类生活必不可少的一部分。

3. 遵守规则的"实践性"

遵守规则的"不选择性"与"盲目性"在强调生活形式背景作用的同时,也凸显出遵守规则的"实践性"。维特根斯坦把"遵守规则"看作一种"实践"(practice)③,认为对规则的接受、服从与遵守源于实践。这也充分体现了他在解决"规则悖论"过程中破除"私人规则"观念之后的"立"。

在有关"遵守规则"的讨论中,维特根斯坦列出了"作一个报告"(a report was made)、"下达或理解一个命令等等"(an order given or understood and so on)④活动,此处的"等等"通过指代人们可能采取的一系列行动,呈现出多样的实践形式与具体的实践内容。恰尔德指出,维特根斯坦所说的"实践"至少包含两方面因素:一是行动的"规则性"或"重复性"模式;二是人们以特定方式对规则等东西的使用。⑤ 贝克与哈克则留意到维氏对"规则性"(regularity)的强调,认为维氏"实践"概念关注的并非由遵规者组成的共同体开展的"社会实践",而是规则的前提——循环、重复的人类行为方式。因此,在他们看来,维特根斯坦把遵守规则建立在一种重复、循环的"规则性"而非一致性的基础之上,维氏意义上的"遵守规则"也并非"同处一个共同体内的人们对是否遵守规则具有一致性"⑥。

我们认为,以上两种观点共同强调的"规则性"的确是遵守规则的一个重要基础。这意味着,当我们判断某人行为是否遵守规则时,可以基于以下考虑:其一,此人的行为是对规则的有规律遵守,像作报告、下命令等活动一

①　维特根斯坦:《哲学研究》,陈嘉映译,上海:上海人民出版社 2005 年版,第 102 页第 240 节。

②　阿佩尔:《哲学的改造》,孙周兴、陆兴华译,上海:上海译文出版社 2005 年版,第 34 页。

③　维特根斯坦:《哲学研究》,陈嘉映译,上海:上海人民出版社 2005 年版,第 94 页第202 节。

④　维特根斯坦:《哲学研究》,陈嘉映译,上海:上海人民出版社 2005 年版,第 93 页第199 节。

⑤　恰尔德:《维特根斯坦》,陈常燊译,北京:华夏出版社 2012 年版,第 169 页。

⑥　马尔科姆:《维特根斯坦论语言和规则》,翟玉章译,《哲学译丛》1994 年第 5 期。

样具有可重复性;其二,当此人听到或看到规则表达时通常会采用某种特定的行为模式,即把规则与某种相同的行为方式相关联,或通过某种特定方式来使用规则。只要存在规则,就少不了以各类模式遵守规则的种种实践。

首先从规则的形成来看。规则的形式多种多样,既包括书面形式的成文条例,也含有耳熟能详的不成文规定,但我们不能仅凭其形式就称其为规则。实际上,只有那些切实在人类实践中起作用,得到无条件接纳与共同遵守的规则才称得上真正的规则。从人类社会的角度来看,规则是人类在长期生活中逐渐养成的习惯,无论是那些约定俗成的习俗礼仪,还是流传已久的家规家训,绝不是人们脑袋一时发热随意创造出来的。语言规则是作用于人类实践的最关键规则之一,世界上既存在着规定人们应该如何说话的"规定性规则"(prescriptive rule),也存在着描述人们如何说话的"描述性规则"(descriptive rule)①。语言学家并非语言规则的制定者,他们仅负责对语言进行科学的整理与归纳以及详尽的说明与阐释。语言规则也并非由某些人创造出来之后再如颁布命令似地公之于众,并强制大众执行。事实上,现有的语法规则是不知不觉地、缓慢地自我建立起来的,最初由语言使用者在"自发的语言交流中"形成习惯用法,然后逐步上升为"显性的或规范的"规则。② 可见,语言规则形成并确立于语言使用实践中,人们完全可能对其达成一致。

接着让我们把目光转向人们掌握规则并遵守规则的具体过程。一种看法认为,每一种遵守规则的行为都提供了一种对规则的解释,因此,人们很可能由于某些规则不能进行解释,而无法进一步理解并遵守它。维特根斯坦则表达了不同意见,在他看来,规则背后并不存在着深厚的"理论"或精确的"定义"。利用各种手段对规则作出解释固然能在一定程度上消除不必要的误解,但它们仅能在很短的时间内满足人们的需求,过了一阵人们又会要求对规则进行更为深入的解释。值得注意的是,规则的解释工作大多借助语言这一公共手段完成,然而用以解释规则的某些术语表达本身可能还须补充说明,这导致人们陷入一种"解释之下还有解释"的循环怪圈,无法把握规则的真实含义。因此,在维特根斯坦看来,解释规则毫无必要,对规则的解释是一种形式大于内容的东西,如同建筑学上要求的并未承载任何东西的"房檐装饰"③。他提到的那种既无法说它"一米长"也不能说其

---

① 平克:《语言本能》,欧阳明亮译,杭州:浙江人民出版社 2015 年版,第 391 页。
② 韦森:《语言与制序:经济学的语言与制度的语言之维》,北京:商务印书馆 2014 年版,第 67—68 页。其引用的是亚当·斯密(Adam Smith)的观点。
③ 维特根斯坦:《哲学研究》,陈嘉映译,上海:上海人民出版社 2005 年版,第 98 页第217 节。

"不是一米长"的"巴黎标准米"（standard metre in Paris）①，以"米"这一表示重要长度测量标准的语词难以得到证实为论据，来证明某一系统内的一些基本规则不容易得到确证。那么这是否意味着规则根本无法或难以为人把握呢？

维特根斯坦在坦承人们能够掌握规则的基础上，生动地展现出掌握规则的具体过程。在他看来，对规则的掌握表现在"遵从规则"和"违反规则"的情况中②，而无需对规则进行解释说明。也就是说，对规则的解说不是掌握规则的必要条件，人们并非借助他者对规则的无尽解释，才真正理解、接纳、掌握与遵守规则，这一系列涉及规则的活动与每一种遵守或违反规则的行为相关，而规则的意义很多时候恰恰显示在人们违反规则的情况下。规则本身并不充分，也无法自行解释，因此必须由"规则以外的东西"③来决定其用法。这些东西体现在规则的一例例实际应用中，显示于人类特有的实践活动中，既帮助确定了规则的具体使用，也为人们把握规则的方式提供基础。从这个意义上说，规则构成了日常实践的基础，也规定了人们对意义的理解。同时，日常实践也决定了人们能够基于实际需要确立新的规则，或者对旧有规则进行修改与替换。

维特根斯坦在讨论"递归证明"时曾经指出，人们并非事先必备"命题"的概念，才能对"数学命题"作出正确判断，并认识到"其他种类"的数学命题④。规则亦是如此，虽然规则既无法决定自身用法，也难以证实，但它们往往作为人类行为的根据在实践中得到具体应用。人们也不用事先学会"一致性"一词的具体用法，继而以其为基础来遵守规则。通常情况下，"一致性"的用法是在学会遵守规则后才进一步了解到的。我们在语言学习与日常交往中通常需要遵守一些对群体表达方式起支配作用的语言规则，而"一致性"等语词的用法恰恰自然地显示于遵照这些规则开展语言游戏的过程之中。无论是学习一种语言，言说一门语言，还是理解一种语言，甚至创造一门语言，均离不开对语言规则的遵守。因此，学习与使用语言的过程，就是学会遵守规则的过程。

可见，遵守规则的行为只可能存在于以生活形式为背景开展的语言游戏实践之中。其一，规则产自实践，各类规则的制定、遵守与修改始终会受

---

① 维特根斯坦：《哲学研究》，陈嘉映译，上海：上海人民出版社 2005 年版，第 30 页第 50 节。
② 维特根斯坦：《哲学研究》，陈嘉映译，上海：上海人民出版社 2005 年版，第 94 页第201 节。
③ 谢尔兹：《逻辑与罪》，黄敏译，上海：华东师范大学出版社 2007 年版，第 130 页。
④ 维特根斯坦：《数学基础研究》，韩林合译，北京：商务印书馆 2013 年版，第 142 页第 336 节。

到实践的决定性影响,而那些脱离实践的规则也难以被人理解;其二,只有在实践中讨论与思考规则,遵守规则才有意义,也才会产生一系列遵守规则的行为。换而言之,这些丰富的生活实践就是人们赖以生存的环境。一个人是否遵守规则,遵守怎样的规则,或选择怎样的方式遵守规则,均取决于周边环境。

对任何棋类规则或语言用法一窍不通的人,可能会在其教练或老师的"我始终是这样做的"(I always do the same thing)①的提醒之下,通过旁观他人下棋落子的游戏过程,或聆听他人的言语交流来了解其中的规则,并开始在参与棋类游戏或言语交流的同时,逐步学会按照规则所说的去做。不过恐怕很少会有棋类爱好者一边下棋一边拿着棋类规则表逐条对照,而交谈双方一面参考语言使用手册一面畅所欲言的情形也甚为少见。人们显然并非借助规则表的一条条说明,或通过他者作出的规则解释来掌握规则,而是在参与游戏的实践过程中通过遵守规则的具体活动,进一步领悟与理解规则,与其他游戏参与者就这些规则的确定性达成一致,最终确保游戏的顺利开展。

对于那些不停追问"如何能遵守规则"或要求解释"如此遵从规则的道理何在"的人,维特根斯坦被逼得亮出自己的底牌:"反正我就这么做"(This is simply what I do)。② 在维氏那里,紧紧抓住关于规则"怎么做"和"为什么"这两个问题毫不放手毫无意义,任何详尽的解释都徒劳无益,这并非由于维氏穷尽了其中所有的道理,而在于问题的答案已经显示于实践中,明摆在那里供人们参考。这些一再追问"为什么"的人也未必真正想知道其所以然,而只是为了追求解释的形式,他们如同那些"站在建筑物前阅读旅游指南的游客",光顾着了解这栋房子的建造历史,却妨碍了自己对它的"参观"(seeing)③。

人们通过实践不断深化对规则的理解,对规则的掌握与遵守也在人类遵守规则和违反规则行为的循环往复中得到持续强化,并形成了如下的良性循环:要掌握并遵守规则,关键在于理解规则,尤其要知道它们如何在现实生活中得到应用;实践活动中的诸多遵守规则行为则作为规则实际应用的典范,为真正理解与掌握规则做好充分准备。在说同一门语言的文化群体中,群体成员凭借相同的生活方式,在共同人类活动中遵守着熟稔于心的

---

① 维特根斯坦:《哲学研究》,陈嘉映译,上海:上海人民出版社 2005 年版,第 99 页第223 节。
② 维特根斯坦:《哲学研究》,陈嘉映译,上海:上海人民出版社 2005 年版,第 98 页第217 节。
③ 维特根斯坦:《文化和价值》(修订本),许志强译,杭州:浙江大学出版社 2020 年版,第92 页。

规则,以一种自然、恰当的方式行事,因此,要理解他们如何遵守同一规则并不困难。那么那些刚刚移居异国并对当地语言知之甚少的人呢? 他们如何做到入乡随俗? 维特根斯坦认为,一个陌生国度里的人也可能像我们一样,正常地开展既"容易理解"(intelligible)也"合乎逻辑"(logical)的"通常的人类活动"(usual human activities)①。即便他们谈话的内容、发出的声音与其行动之间缺乏"合乎规则的联系"(regular connection),学习其语言也殊非易事,但"共同的人类行为方式"(shared human behavior)始终是人们借以向自己解释一种未知语言的"参照系"(system of reference)②。诸多规则也植根于这些人类共同行为方式,切实作用于人类实践。对汉语一无所知的美国人完全可能借助中美之间共存的众多人类行为方式,通过聆听中国人的日常交谈,观察中国人的现实生活,来理解、掌握与遵守作用于其中的一系列规则。

"规则悖论"在语言层面为我们提出了如下问题:究竟是语言规则在先还是语言实践在先? 重返剑桥之后,维特根斯坦在 1931 年伦特学期的一次演讲中针对"根据语法规则使用语言"作出了以下解读:

> 它[根据语法规则使用语言]不是指我们使用语言时语法规则在我们的头脑里闪过。此时不需要重复语法规则。但是必须有规则,因为语言必须是系统的。③

人们在使用语言的过程中既能够利用语言规则指导日常交流,也可以在语言实践中理解、掌握规则并学会遵守语言规则。英语初学者可以根据老师教授的 SVO("主谓宾"句法结构)等语法规则造出"A dog bites a man"之类的句子,而那些没能接受正规教育的人则可能通过留心观察和聆听这类句子的频繁使用,自然而然地习得这一规则。日常语言活动中难免会出现违反语法规则的现象,词形任意变化、语序肆意颠倒与句子成分随意省略等情况随处可见,但为何这些"偏离正轨"的语言行为并未构成日常交流的巨大障碍?

一方面,语言实践提供了区分语言行为的正误标准,协助人们对各类语

---

① 维特根斯坦:《哲学研究》,陈嘉映译,上海:上海人民出版社 2005 年版,第 95 页第207 节。

② 维特根斯坦:《哲学研究》,陈嘉映译,上海:上海人民出版社 2005 年版,第 95 页第 206—207 节。

③ 维特根斯坦:《维特根斯坦剑桥演讲录(1930—1935)》,周晓亮、江怡译,杭州:浙江大学出版社 2010 年版,第 52 页。

言表达式作出合理判断。无论是条理清晰、逻辑严谨的语言表达,还是意义混乱、不合语法的语词使用,均可以在具体的语言实践中得到检验,加以确定或纠正。另一方面,原本被认定为违反语法规则的部分语词或表达式,可能随着历史的变迁与社会的发展逐渐得到人们的接受,某些新型语言规则也在语言于现实生活的频繁使用与广泛传播中逐步形成,并可能持续地传递下去。"他很绅士""她很淑女"这类如今人们已习以为常的语言表达明显违反了"副词后面不加名词"的传统汉语语法规则,而"杀"与"赞"这两个原本分别表示"消灭"和"称颂"的传统动词也随着新媒体时代角色扮演游戏与即时社交媒体的兴起,发生了巨大的语义演变。"杀"被运用在"剧本杀""回忆杀"等新式的名、动词形结构中,"赞"被添上"好"的形容词含义,人们也开始习惯甚至热衷在日常生活中使用"某某很赞"的新型表达。除汉语外,各类语言中类似的例子也比比皆是。可见,人们在使用语词的诸多情形下,并非从固有的语法规则出发,而是通过语言是否符合日常实践来判断其合理性。

从这个角度看,实践也具有"仪式性"的特征。任何实践均像仪式一样,代表了某种特定的生活形式。人们并不是相信仪式活动具有任何工具性的价值才去参加某种仪式,而仅是按照其自身去做而已。人们参与任何实践也均不是从实践的用处或效果出发,而是在一个"由仪式活动"[1]构成的庞大网络的支撑下,将这些活动视为当然之物,并自然而然地遵从它们。可见,将"遵守规则"视为一种"实践"意味着,处于生活实践这一宏大背景中的遵守规则等行为具有明显的社会性,它们虽然颇为复杂,但均由于与特定的生活形式等确定背景紧密相关,因而可以为人切实把握。遵守某个规则是特定生活形式中一种特定的实践活动,人们在这类实践中不仅能够感受到其丰富性与多样性,还能深刻地体会到由相似的生活形式、文化传统与人类共享行为方式等元素共同固定下来的一种确定性。

规则的主要判断标准并非来自某种"外部的柏拉图式真理的领域",也不在于其精确与否,而是依赖人们自身,由某种"习俗""使用"或"实践需要"[2]提供。在实际生活中,以厘米作单位测量高度未必会比用毫米更精确,但人们在日常生活中通常以厘米而非毫米为单位测量自己的身高。因此,我们应当在实践中检验规则的功用。只有在规则得以起作用的人类所

---

① 谢尔兹:《逻辑与罪》,黄敏译,上海:华东师范大学出版社2007年版,第166页。
② 蒙克:《维特根斯坦传——天才之为责任》,王宇光译,杭州:浙江大学出版社2011年版,第386页。

处身的具体环境下,我们才能判断一个人是否遵守规则,也只有在日常生活中才能对这些判断进行检验。虽然置身于日常实践之中的规则可能随实践的社会历史流变产生变动,但这不意味着规则的核心含糊不清。即便规则外在地显示出开放性与活动性,它们依然源于人类共享行为方式与生活形式,需要依赖各类语言游戏,一种存在于实践中的确定性正体现于此。

（四）"遵守规则悖论"蕴含的确定性

在解决并论证"规则悖论"的过程中,维特根斯坦通过一"破"一"立",即反驳"私人规则""被规则带领"与"超固定联系"等观念,来确立"遵守规则"的非私人性、不可选择性与实践性等特征,从而构建出其后期规则观以及确定性思想。可见,维氏对其规则悖论的解决方案既不是唯心论式的,也不完全是怀疑主义式的,而是在实践中诉诸人类生活共同体与人类一致的生活形式,认为共同遵守规则的行为同样代表了生活形式的一致性。

维特根斯坦对规则与遵守规则的讨论实际上是其"意义即使用"观的延伸。在他看来,规则之于遵守规则类似意义之于语词使用,对规则意义的把握关键并不在于具体的解释说明,而在于对规则的使用。这意味着,遵守规则的实践中,要确定语词的意义就必须遵守语词的实际使用规则。语词意义确定于对其的具体使用情境之中,而遵守规则的标准也仅存在于实际使用规则(遵守规则或违反规则)的活动里。虽然维氏并未直接解答"什么是规则""规则的标准是什么""如何遵守规则"等问题,但正如他所言,"事情就在我们面前,没有蒙上面纱"(Things are right before our eyes, not covered by any veil)①,若想要竭力揭开规则的面纱,那就大错特错了。

"规则悖论"向人们传递出以下信息:规则、"规则的规则"乃至遵守规则行为,并非由其他更高级、更深层的规则或行为所决定,它们只可能存在且固定于人类社会生活实践中,也只有亲身参与丰富多彩的语言游戏,在社会实践中切实展开认识世界与理解他者的行动,才能解决规则悖论。此外,共同遵守规则行为自身也为规则悖论提供了直接的解决途径。规则只有通过语言游戏才得以形成,只有在生活实践中才能言说规则,理解规则,也才谈得上遵守规则甚至违反规则。如果将规则硬生生地抽离出实践,使话语脱离实际应用场景,人们便会陷入悖论。

维特根斯坦借助对规则、遵守规则与"规则悖论"的讨论,否定了一种试图以个体解释来代替规则本身的尝试,凸显了规则自带的典型的"规则

---

① 维特根斯坦:《文化和价值》(修订本),许志强译,杭州:浙江大学出版社 2020 年版,第 16 页。

性"、实践性与社会属性。同时,他也反驳了其前期对逻辑必然性的重视与对理想语言的向往,提醒人们语言与事实并非一一对应,一种绝对的确定性已不再是他追求的目标。如果说维氏围绕着规则的阐述主要体现了规则自身的一种足够满足需要的"合宜的"外在确定性,那么他对遵守规则及其"规则悖论"进行的讨论,则凸显了他对一种"内在的"确定性的追求。可以说,这种"内在的"确定性为外在确定性奠定了基础。说其"内在"并非意指人类具有的某种先天机能,也不代表对精神主体与意识世界的诉诸,其实它关注的是人们在丰富多彩、灵活多变的实践场景下对人类生活方式等毫不怀疑的态度。这种"内在的"确定性是一种基础的确定性,只有在规则上达成默契才谈得上共同遵守规则,而这种默契也对人们的言行具有重要价值。

实际上,"盲目"、无条件遵守规则的行为也充分体现,甚至其本身就是这种"内在的"确定性。它是一种植根于生活形式,不选择、盲目的人类自然行为,不断地帮助人们形成问题、证实猜想或消除疑问。"生活形式"这一概念的核心在于人类的"规则性的活动或行动",即"规则性的生活事实"①。日常语言使用也属于并植根于这些生活事实,以日常言语行为为代表的遵守各类语法、语用规则的人类语言行为,充分展现了在语言游戏中起关键作用的生活形式的一致性。人们在日常生活中视规则为行为指南,自觉地以生活形式的一致性为行动依据,并将其作为评价他人言行的标准。

虽然贝克与哈克同维特根斯坦一样,均主张一个人无法单独一次地遵守规则,但在马尔科姆看来,他们割裂了规则与实践的一致性,未能将规则切实置于实践中进行考察,导致对维氏后期规则观产生严重误读。维特根斯坦认为,"规则只有在一种默契的基础上才能决定某些东西",而贝克与哈克恰恰忽视了这种"行为上的一致性或趋同性",因而认为人们无法借此解释"正确性"②。在我们看来,"默契"作为理解日常语言的一种复杂的基础,代表了这种"内在的"确定性,凸显出遵守规则行为的自觉性、趋同性以及一种毫不怀疑的态度。倘若缺乏这种"默契",表述规则的语词将变得毫无意义,规则本身也将丧失其路标功能,毫无依据可言,也无法决定任何东西。

如果说克里普克用"归纳"(induction)③的方式来解决规则悖论,那么

---

① 韩林合:《维特根斯坦〈哲学研究〉解读》,北京:商务印书馆 2010 年版,第 156 页。

② 马尔科姆:《维特根斯坦论语言和规则》,翟玉章译,《哲学译丛》1994 年第 5 期。

③ Croom, A. M. Wittgenstein, Kripke and the Rule Following Paradox. *Dialogue*, 2010, 52(3), p. 107.

维特根斯坦的解决方案则采取了一种"预设"(presupposition)的方式,即一种基于一致生活形式的"没有理由的行动方式"(ungrounded way of acting)①。人们命名某样东西时,就已经为其预设了语言情境所处的整个系统。这一全新的名字往往在这一系统里具有稳固和确定的意义,然而一旦将它置于其他系统之中,意义就可能发生变化。维特根斯坦对遵守规则的讨论看似展现出规则的多样与多变,实则强调了这种内在的确定性,即一种"显示",一种"不可说"——规则不是事先储存于人类大脑之中的东西,而是切实存在于对规则的现实使用中,不言自明。它们也并非完全外在于语言游戏,而是在承认与遵守规则的实践中,尤其是日常交往的各类语言游戏中自行显示出来。它们静静地处于实践之中,没有蒙上任何面纱,但人们却常常对其熟视无睹。因此,当我们为规则表达的外在确定性所吸引时,也应当注意到人类个体理解规则意义、接纳规则并遵守规则的内在过程,不能对蕴含于这一过程中的内在确定性视而不见。

围绕着规则、遵守规则与规则悖论的讨论,非但没有削弱维特根斯坦对确定性的思考,反而凸显出维氏后期所关注的"确定性"达成的媒介与途径,成为维氏后期确定性思想的重要组成部分。规则在实践中显示自身,确定性也同样显示在人类遵守规则的具体实践中,体现在人们一致的生活形式中。正是在规则的规范与调解下,在遵守规则的过程中,人们确定了语言表达出来的规则意义。

第三节　理解与确定性

如果说"意义即使用"观将人们的注意力从语言意义本身转向语言意义的实际使用,那么维特根斯坦有关"规则悖论"的讨论则在继续关注语言"非形式"的一方面——"使用"的同时,引出了规则与理解的关系,开始思考"非形式"的另一方面——"理解"。对规则的理解决定了对规则的正确应用,遵守一条规则就意味着把握、理解这条规则的意义,理解语词意义就必须遵循语言使用规则,规则也正是在理解的过程中不断地得到遵守、违反或修正。可见,在《哲学研究》中,理解与意义、使用、规则等概念紧密地交织在一起,相互作用。

---

①　维特根斯坦:《论确实性》,张金言译,桂林:广西师范大学出版社2002年版,第20页第110节。

一、维特根斯坦理解观的发展

与近现代英美分析哲学家、欧陆解释学家一样,维特根斯坦抛弃了近代哲学家的理解观,即那种把理解视为人类理解能力的观点。他既不像以往语言哲学家那样仅关心语言的逻辑、语法等理解的内容,也不旨在弄清人们究竟是在什么意义上或是在什么情况下使用"理解"这一概念。他关注的是理解的过程,比如"我理解了"这一表述究竟意味着什么,人们可以在什么意义上或什么情况下说自己或某人理解了书上的某句话或他人说的一句话。

"理解"在维特根斯坦那里是一个"模糊的概念"①。维氏承认理解过程不可避免地伴随着心灵过程,如某种精神状态或心理活动,也的确存在着一些"标识出理解的特征的过程",但他明确指出,理解不是一个"心灵过程"(mental process)②,因此人类总想把握理解的心灵过程的种种尝试均宣告失败。实际上,理解并非隐藏在"那些比较粗糙因而落入了我们眼帘"的"伴随现象"(concomitant phenomena)③后面,也没有任何东西在理解过程中被隐藏起来。可见,维特根斯坦完全摒弃了笛卡尔的"意义的心理主义"(psychologism of meaning),即那种认为语词由内在过程赋予意义、语言意义在于其意谓的内在状态或过程的观点。在他那里,为内在过程描绘的那幅似乎"毫无歧义地确定了意义"(fix the sense unambiguously)④的图画以及伴随而来的各种想法妨碍了人们"如其所是"(as it is)⑤地看到语词用法,令人们无法弄清这些语词在生活实践中发挥的实际作用,也无法真正理解习得与使用这些语词的具体过程。虽然我们在初学语言时需要实指定义,但要进一步理解语词意义则必须通过具体语言游戏中对语词的实际使用。

《哲学研究》开篇便展示出奥古斯丁的语言理解观。奥古斯丁不仅将"含义"("语词所代表的对象")与语词"一一对应",还指出人类通过符号来"表达自己的愿望"⑥,而前者正是维特根斯坦后期所极力反对的。维氏在反驳"私人语言"时认为,如果将"激动""疼痛""害怕"等一系列可以描

---

① 维特根斯坦:《数学基础研究》,韩林合译,北京:商务印书馆2013年版,第329页第68节。
② 维特根斯坦:《哲学研究》,陈嘉映译,上海:上海人民出版社2005年版,第71页第154节。
③ 维特根斯坦:《哲学研究》,陈嘉映译,上海:上海人民出版社2005年版,第70页第153节。
④ 维特根斯坦:《哲学研究》,陈嘉映译,上海:上海人民出版社2005年版,第149页第426节。
⑤ 维特根斯坦:《哲学研究》,陈嘉映译,上海:上海人民出版社2005年版,第120页第305节。
⑥ 维特根斯坦:《哲学研究》,陈嘉映译,上海:上海人民出版社2005年版,第3页第1节。

述并指涉感觉的语词直接等同于人类产生激动、疼痛或害怕等感觉时内在心理发生的变化,就容易导致以下误解:这类表征心理过程的感觉语词仅能被感觉所有者私自地拥有并理解,因此理解与心灵过程是一回事,世界上也切实存在着某种他人无法领会的"私人感觉"。

从语言层面上看,这种"私人理解"把语言与实在逐一对应,于是伴随理解过程的各类标识物直接被当作理解本身,而描述感觉的语词也相应地被等同于对应的精神状态。实际上,要达成理解的确定性,绝不能从"隐秘"的内心世界寻找答案,对人类主观心理状态的细致剖析无助于切实把握理解过程。我们应该将目光投向丰富的生活实践,也只有在实践中才能培养理解所需的判断力。

维特根斯坦对"理解"问题的考察聚焦理解过程本身。为了更合理地解释理解这一复杂的交互过程,他以语词的具体使用或信息发布主体传递信息的过程为背景,关注信息接收方对意义或信息的接受程度与解码情况。此外,维氏还关注人们对理解行为的最终判断。对他来说,要判断理解的确定性的达成,比如是否理解某个语词或某一句话,的确需要也切实存在着一些外部评判标准。伴随理解过程的各类外在行为直接或间接地呈现出这一过程的诸多组成要素,尤其是理解活动发生的背景,比如共同生活形式赋予人类的相似的感知与理解能力,或人们在语言游戏中共同遵守的规则等。同时,这些行为还在一定程度上集中展示出伴随着理解过程的微妙心理变化,为判断理解提供了有效可信的评价标准。

如果说理解的外部标准可能是达成理解后长出的一口气,或无法理解时紧锁的眉头,那么其内部过程可能呈现为类似于"为何说他理解了"的内部逻辑要求。因此,理解的过程其实也存在内外之分。第一,外在行为以不同方式展现出理解活动开展的环境;第二,这种内部逻辑要求同样在人类借助外在行为判断理解的过程中起关键作用。不过在维特根斯坦那里,理解的内部心理过程与其外在行为标志并非各自独立或截然二分,理解活动也不是两者的简单相加,而是两者的自然融合。实际上,维氏并未将外在行为判断标准视作理解活动的外部标志,因为他很清楚,如果这么做,就等于再次接纳了自己已摒弃的那种主张主客二分、追求事物本质的传统哲学形而上学思想。

让我们以判断一个人是否理解某一事物为例。一方面,我们需要十分注意地"听",如某人大喊的一声"Eureka"或"我终于明白了"。另一方面,我们还需要注意"看"。一个人拍了一下脑袋,眼睛突然一亮等"灵光乍现"的外在表现都明显提示我们他"恍然大悟"了。即便出现了"愣住""惊奇"

与"理解中的不能继续"①,也依然说明理解继续进行。我们通常不会事先假定一个人"顿悟"时会呈现出怎样的面部表情,手脚位置会发生怎样的移动,或呼吸节奏会产生怎样的变化,然而一旦将注意力集中到这些变化上便会有所察觉。即便他只是假装明白,也是想以这些外在行为作掩护达到自身的目的,即让人认为他真的理解了。可见,"恍然大悟"等心理或感觉语词的意义并非因人而异,它们在人类语言概念系统中通常呈现出某种人们耳熟能详的公共含义。

因此,在维特根斯坦那里,理解既非人际交往中产生于人类心灵或大脑中的东西,也不是某种特殊的经历或事件,而是一种与使用语言参与公共生活的能力密不可分的实践行为。

二、维特根斯坦对"疼痛"的解析

(一)"私人语言"观念

当人们被困在"理解"这座错综复杂的概念迷宫时,往往容易产生一种错觉,即唯有心灵才能带领自己走出困境。于是,他们怀揣着心灵带来的"慰藉",十分自然地将"理解"纳入意识范畴并视其为私有的心灵过程,把"理解"与表达心理感受的词汇同视为一种心理过程,这也导致了"私人语言"观念的产生。

"私人语言"与"私人规则"这两个概念紧密相连,对"私人语言"的批判其实是批判"私人规则"的结果。在克里普克那里,"私人语言"是"私人规则"的一种特殊情况。里斯则认为,"私人语言"问题关注"语词怎样才具有意义",与"语言的规则是什么"②大致相同。维特根斯坦在论及"定义""判断"以及"生活形式"的"一致"(agreement)③之后,开始从反驳"私人规则"转向对"私人语言"的批判,他对"私人规则"的反驳也为其进行的"私人语言论证"奠定了基础。

许多学者与维特根斯坦一样,主张"私人语言"并不存在。虽然杜威重视"心灵",但他认为心灵不存在于个体意识而处于与外界的交互作用之中,同理,语词并非意义观念论所说的人类大脑里的观念,语言活动也不是个体的孤立行为,而是至少两个人参与的集体行为,具有显著的行为性和人

---

① 伽达默尔:《诠释学Ⅱ:真理与方法》,洪汉鼎译,北京:商务印书馆2010年版,第232页。
② 里斯:《"能有私人语言吗"》,鲁旭东译,《哲学译丛》1994年第5期。
③ 维特根斯坦:《哲学研究》,陈嘉映译,上海:上海人民出版社2005年版,第102—103页第241—242节。

际特征。因此,杜威坚决否认存在"私人语言"。奎因同样借助批判意义观念论来反对"私人语言",他认为观念具有极大的主观性,无法代表语词的意义,因此,语言研究无需观念,更不存在以观念为主导的"私人语言"①。马尔科姆主张,仅当语言处于由"按习惯方式使用记号"②的言说者构成的共同体内,才能得到正确使用。他还通过凸显使用记号方式的"独立性"而非"私人性"来驳斥"私人语言"。戴维森则将意义视为人、语句与语境之间的关系,通过强调语言对交际双方的共有属性来否定"私人语言"③。

维特根斯坦反驳"私人语言"的方式颇为独特。首先,他对某种"一致性"(agreement)与"稳定性"(constancy)作出细致的阐述:

> 通过语言进行交流不仅包括定义上的一致,而且也包括判断上的一致。……描述度量方法是一回事,获得并陈述度量的结果是另一回事。但我们叫做"度量"的,也是由度量结果的某种稳定性来确定的。(PI §242)④

随后,维特根斯坦正式引入"私人语言"概念。这种语言的语词仅指涉说话者才知道的"直接的、私有的感觉"(immediate private sensations)⑤,因此他人无法理解。"私人语言"支持者通常认为,主体能够内在地指向他们的感觉,并为这些感觉创造出有意义的私有名称,这种意义也仅能通过"内在的指向"(inner pointing)⑥建立起来。对"私人语言"有众多解读,如艾耶尔把"私人语言"的范围从描述个人心理体验的感觉语言拓展为那种仅个人或"某个人数有限的团体"才可以理解的语言,还重点谈到了"私人指号"的情况⑦,还有学者将"私人语言"分成"私人记号"(自己发明、使用并用于

---

① 贝克与哈克认为杜威与奎因对维特根斯坦的解读与维氏反驳的"私人语言"在某种意义上是相似的,陈嘉映则认为杜威与奎因的思考远未达到维氏的"那种深度"(参见陈嘉映:《语言哲学》,北京:北京大学出版社 2003 年版,第 185 页)。

② 马尔科姆:《维特根斯坦论语言和规则》,翟玉章译,《哲学译丛》1994 年第 5 期。

③ 戴维斯所谓的"私人语言"并不像维特根斯坦一样,仅限于"我疼"之类的表述感觉或心理状态的语言表达,而是泛指一般的、范围更广的语言表达。

④ 维特根斯坦:《哲学研究》,陈嘉映译,上海:上海人民出版社 2005 年版,第 103 页第 242 节。

⑤ 维特根斯坦:《哲学研究》,陈嘉映译,上海:上海人民出版社 2005 年版,第 103 页第 243 节。

⑥ Luntley, M. Wittgenstein: Opening Investigations. London: Wiley-Blackwell, 2015, p. 160. Luntley 认为这种"内在的指向"希望通达私人感觉,因此这一通路在本质上"不可分享"(not-sharable)。

⑦ 艾耶尔:《"能有私人语言吗"》,鲁旭东译,《哲学译丛》1994 年第 5 期。

某一目的的记号）与"描述个人内心经验的日常语言"两种类型①。

实际上，"私人语言"不同于个人的"自言自语"或"内心独白"。它并非只被某人而是只能被一个人理解和使用的语言，同时，它还涉及说话人的"私人感觉"并由说话人用仅自己知道的语词表达出来，因而无法为人理解。"自言自语"或"内心独白"则与生活实践紧密相关。如果我们仔细观察并耐心倾听那些"一边做事一边自言自语"的人，便有可能通过"翻译"他们的语言来"正确预言"其行动②。

私有经验的本质在维特根斯坦眼中，并不在于每个人都拥有专属的经验"样本"（specimen），而在于"没有人知道别人有的也是这个，还是别的什么"③。维氏认为，"私人语言"也具有类似的本质，于是他从分析"疼痛"（pain）这一语词开始，在《哲学研究》第 243 至 315 节展开了其著名的"私人语言论证"。

（二）"疼痛"之解析

维特根斯坦主要由"私人感觉"出发考察"私人语言"，尤其从解析"疼痛"这种源于人类自身的"感觉词汇"（words of sensation）入手来反对"私人语言"。"疼痛"不仅是能够通过观察等方式进行事实考察的对象，还涉及人类如何使用语言来表达"疼痛"，因此容易造成混淆。卡维尔就将"疼痛"视为《哲学研究》的中心议题④，维氏对"疼痛"的"语法性"（grammatical）考察，即面对疼痛现象的"可能性"，探究人们关于疼痛现象所做的"陈述的方式"（kinds of statements）⑤，则成为"私人语言论证"的主要方式。

第一，维特根斯坦既未否认语词能够"指涉感觉"（refer to sensations），也未否认"内在生活"（inner life）的存在，并承认的确存在着"不是某种东西，但也并非乌有（nothing）"⑥的心理现象，认为人们在说有意义的东西时

---

① 徐为民：《维特根斯坦论语言的否定性原则——兼论私人语言的不可能性》，《自然辩证法通讯》2002 年第 1 期。

② 维特根斯坦：《哲学研究》，陈嘉映译，上海：上海人民出版社 2005 年版，第 103 页第 243 节。

③ 维特根斯坦：《哲学研究》，陈嘉映译，上海：上海人民出版社 2005 年版，第 111 页第 272 节。

④ Cavell, S. Comments on Veena Das's Essay "Language and Body: Transactions in the Construction of Pain". In A. Kleinman, V. Das & M. Lock. (eds.). *Social Suffering*. Berkeley: University of California Press, 1997, p. 95.

⑤ 维特根斯坦：《哲学研究》，陈嘉映译，上海：上海人民出版社 2005 年版，第 49 页第 90 节。

⑥ 维特根斯坦：《哲学研究》，陈嘉映译，上海：上海人民出版社 2005 年版，第 119 页第 304 节。

会产生特定的心理过程。1950 年 9 月 16 日,维氏在剑桥与哲学家鲍斯玛(O. K. Bouwsma)的谈话中指出,疼痛是一种与声音、视觉类似的"感觉"(sensation)①。感觉是人类天天都在谈论与称谓的东西,感觉本身也并非凭空捏造。然而在他看来,心理现象并不在语言内起作用,日常语言无法准确地表达与描述心理现象持续的状态与过程。人们往往赋予某一心理现象的名称与现象本身之间看似可靠的一一对应关系,但这并无助于解释人们理解并使用这一名称的具体过程。因此,他提醒人们应该重视"学会感觉名称的含义"②的过程,而非某种涉及内在过程的心理概念。正如施耐德(H. J. Schneider)所指出的,"私人语言论证"的核心问题在于,在语言习得过程中,"疼痛"这类词语能否通过为疼痛者"建立起某种关联来获得意义"③。以下是维特根斯坦描述的儿童学习"疼痛"意义的具体过程:

> 语词和感觉的原始、自然表达联系在一起,取代了后者。孩子受了伤哭起来,这时大人对他说话,教给他呼叫,后来又教给他句子。他们是在教给孩子新的疼痛举止。……疼的语言表达代替了哭喊而不是描述哭喊。(PI § 244)④

疼痛语言习得过程也被某些学者比作"园艺学中的嫁接"(grafting in horticulture)⑤:

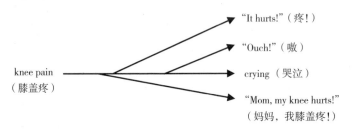

① Bouwsma, O. K. *Wittgenstein*: *Conversations*, *1949 – 1951*. Indianapolis: Hackett Publishing Company, 1986, p. 63.
② 维特根斯坦:《哲学研究》,陈嘉映译,上海:上海人民出版社 2005 年版,第 103 页第 244 节。
③ 汉斯·J. 施耐德:《维特根斯坦心理学哲学中否定了什么》,季文娜译,《哲学分析》2019 年第 6 期。
④ 维特根斯坦:《哲学研究》,陈嘉映译,上海:上海人民出版社 2005 年版,第 103 页第 243 节。
⑤ Tang, H. Wittgenstein and Dualism of the Inner and the Outer. *Synthese*, 2014, 191 (14), pp. 3186–3187.

哭泣是人类情绪的自然流露,也是一种最原始、最简单的疼痛表达方式,随着疼痛词汇习得的深入,越来越多的疼痛词汇与句子表达被增添(嫁接)到哭泣之上,疼痛表达逐渐发展出更多、更复杂的形式。在帮助孩子学习疼痛语词的过程中,成人不单通过语义、语法的指导,还在生活中通过多样、复杂的重复、训练、纠错等活动,帮助孩子们在内在的疼痛感知与外在的疼痛行为之间建立联系,教会他们发出疼痛感叹、表达疼痛,并学会在生活中主动使用这一语词。维特根斯坦指出,人们并不是通过"猜出这个词汇被用于何种内部的过程"①来学会使用疼痛语词。在习得疼痛的过程中,人们无需事先学会判断自己身体的内部感受,他们通常在学会了疼痛反应或疼痛行为的"语言形式"(linguistic form)②后,就能正确地使用它,因此这些反应和行为是具有语言学意义的。孩子们学会的疼痛表达也在某种程度上塑造了他们的疼痛感受,加深了他们对疼痛的理解。

第二,维特根斯坦探讨了"疼痛"的"同一性标准"(criteria of identity)③。人们对物理对象与人类感受往往持有不同的态度,比如总是倾向认为,物理对象往往具有确定和直观的外在判断标准,因此判断两朵花、两支笔是否相同并不困难,但对"我俩的疼痛是否相同"之类的问题却一筹莫展。实际上,当有人抱怨他者无法拥有自己的"这个"(this)疼痛时,主要意在强调这种标准是"通行的"(conversant)④,而并不打算定义任何同一性标准⑤。

维特根斯坦还将"记忆"视作"私人语言"的"意义标准"⑥,用一个与记忆有关的例子来反驳私人语言。一个人发明了一种他人难以理解的符号E,写在日记中用以表示自己身上反复出现的某种特殊感觉,希望未来这一符号能够帮助自己"正确"地回忆起符号与感觉之间的微妙联系,从而复现出当时那种特殊的感觉。但对维氏而言,这个人根本不具备"正确的标准"

① 维特根斯坦:《心理学哲学研究》,张励耕编译,北京:商务印书馆 2019 年版,第 89 页第 305 节。
② Coulter, J. *Mind in Action*. Cambridge: Polity Press, 1989, p. 92.
③ 维特根斯坦:《哲学研究》,陈嘉映译,上海:上海人民出版社 2005 年版,第 105 页第 253 节。
④ 维特根斯坦:《哲学研究》,陈嘉映译,上海:上海人民出版社 2005 年版,第 106 页第 253 节。
⑤ 由于类似于体验、印象、疼痛等感觉属于维特根斯坦意谓的"不可说"之物,具有很大的瞬间性与活动性,因此,为"同一性标准"下定义十分困难,判断一个人是否正确地运用其"私人语言"的标准也常常十分模糊甚至毫无标准可言。
⑥ 黄敏:《作为先验论证的私人语言论证》,《哲学研究》2004 年第 2 期。

（criterion of correctness）①。他指出，感觉之所以常常被视为一种"与其所是不同的东西"（something other than what it is）②，主要在于，倘若感觉表达缺席于正常的语言游戏，人们便需要一种识别感觉的同一性标准。那么我们是否能永久地确保这一标准的正确性？几年前用符号 E 记下的当时的感觉，与再次用 E 标注的当下的"同样"的感觉是否一模一样？人类的记忆力通常会随着年龄的增长而逐步下降，记忆内容的信息量也相应减少，对某种感觉原本深刻的记忆可能逐渐淡忘、混乱甚至出错。即便当时与当下的这两种感觉无比相似，然而一旦涉及记忆的内容，也许只能用"似曾相识"来描述，而这种虚无缥缈的"似乎""好像"也绝不可能成为明确的判断标准。因此，记忆尤其是个体记忆的不可靠性导致了正确记忆标准的缺失。

当现实生活不断出现这种唤起所谓正确记忆的熟悉感时，倘若还需要反复回想以前的感觉 E，仔细对比前后两种感觉，却又无法确保此种回忆的正确性时，感觉 E 恐怕就无法保持不变，有可能变成与之相似的 E1、E2 或 En，甚至转变为与 E 大相径庭的 A、B 甚至 C。这意味着，E 这类感觉语词意义的连贯性根本无法得到保障。在维特根斯坦那里，语词意义不涉及一种特殊的心理过程，因此，"记忆"这一概念的意义无法依靠诉诸过去的感觉来把握。如果将记忆认定为一种内在状态并将其作为判定私人语言的使用标准，那么某种自以为正确的标准根本就谈不上正确。独立于记忆的客观标准的缺失，及其所导致的私人感觉符号 E 指称的不确定性，都预示着私人语言的不可能。

即便对感觉的判断依然存在一定标准，但在判定"我当时和当下具有同样感觉"过程中起关键作用的所谓"标准"恐怕只剩下孤零零的符号 E。正是由于这个人每次都用 E 来表示反复出现的感觉，他才能在未对这种感觉进行回忆与判断的情况下，理所当然地认为 E 指涉某种一模一样的感觉。那么符号 E 是否明确地指代这个人所"具有"而他者无法感知的"某种东西"呢？维特根斯坦解释道，此处的"具有"（has）和"某种东西"（something）均属于人们的"共同语言"（common language），"感觉"（sensation）也不例外，其使用需要所有人都理解的"理由"（justification）③。因此，这些语

---

① 维特根斯坦：《哲学研究》，陈嘉映译，上海：上海人民出版社 2005 年版，第 108 页第 258 节。

② 维特根斯坦：《哲学研究》，陈嘉映译，上海：上海人民出版社 2005 年版，第 115 页第 288 节。

③ 维特根斯坦：《哲学研究》，陈嘉映译，上海：上海人民出版社 2005 年版，第 108 页第 261 节。

词均处于人类公共语言系统中,并非某一特定个体才能理解,这也决定了 E 只是一个披着"私人"外衣的公共符号。

再让我们看看维特根斯坦在《字条集》第 612 节中举出的"笔记"(jot-tings)①例子。一个人试图凭借他对我口述内容记下的笔记,来复述我向他口述的文字,他对我口述内容的记忆就外显于这些能够用肉眼观察到的笔记中。可见,在维氏那里,记忆与他所说的"理解"一样,必须将那种将其视为隐藏着的内在心灵过程的心理主义解读排除在外。但值得注意的是,记忆不是人类神经系统中遗留下来的一条"印记、印象或后果"②。它不贮存信息,不存在信息提取过程,也不包含经验内容,更不存在任何独立于记忆的客观评判标准。因此,我们应当把记忆理解为一种具有实践性的规范行为,可以显现于各类语言与行为活动之中,能够被人观察到。"疼痛"亦是如此。

感觉词汇的特殊之处在于,与词汇名称密切相关的"对象"通常不是物质实体,而是抽象的心理过程。因此,人们倾向于将"疼痛"对应于某个神秘的内在事物,并由此认为在判断"他疼"时,判断标准来源于自身内部的感觉经验,与某种内在的心理过程密切相关,即基于自身先前的心理体验推断出他者相似的心理状态,从自己体验过的疼痛经历推理出他人正在经历的疼痛。实际上,"以自己的疼痛为范本(model)来想象他人的疼痛殊非易事"③,自身感觉经验也并非判断"某某疼"的基本依据。当我们目睹一个人表情痛苦地大喊"我疼"的场景时,是否需要事先在脑海中搜索自身疼痛经历的相关记忆,再把想起来的那些自身疼痛感受嫁接到那个人身上,才能对他是否疼痛做出合理的判断?事实上,从自身感觉经验出发判断他者的疼痛等感受,往往是一种无法确证的猜测,我们在现实生活中也并非依靠"我疼"的内在体验去推知他者相应的心理过程。此外,"我与你有同感"虽然无法确保我俩之间达成完全一致的感受,但是这种评价意味着我与你的感受均能在某一方面达成契合,并以某种方式相互沟通,因此不可能是"私有"的。

疼痛作为人类生活中的一类常见的个体化不适体验,其私人之处恐怕

---

① Wittgenstein, L. *Zettel*. (eds.). G. E. M. Anscombe & G. H. von Wright. (trans.). G. E. M. Anscombe. Oxford:Blackwell,1981,p. 107,§ 612.

② 维特根斯坦:《心理学哲学研究》,张励耕编译,北京:商务印书馆 2019 年版,第 66 页第 220 节。

③ 维特根斯坦:《哲学研究》,陈嘉映译,上海:上海人民出版社 2005 年版,第 119 页第 302 节。

仅在于,疼痛观察者未能与疼痛者共同经历其此刻遭受到的某种疼痛。但如果就此认为只有从自身疼痛经历才能理解"疼痛"的含义,便剥夺了判断疼痛的标准,"割裂了疼痛概念与疼痛行为的联系"(sever the conceptual connection between the concept of pain and pain-behavior)。① 尽管他人无法亲身感受我的疼痛,但他依然"知道我在疼痛",可见"内在状态原则上也是可以交流的"。②

第三,维特根斯坦还提到了感觉的无对象性与其归属问题。他抨击了语言表达的"图像化使用"观点,即认为语言是实在的图像,任何语词也由于这幅图像存在着的与之严格对应的物体而具有确定的意义。在维氏看来,感觉虽然涉及心理过程,但并无对象,并不存在着与"疼痛"或"害怕"等感觉本身一一对应的神秘的"内部物体",对"疼痛"的语言分析恰恰在语词的使用层面揭示出这个"内部物体"的根源。维氏强调的是,这些感觉与其特定的表现或行为紧密相连,并处于身体的某一位置。若是没有呼吸急促、满脸通红、满头大汗等外在表现,疼痛、紧张、害怕等感觉根本就不存在。也许有人会好奇,"我头疼"中"疼"的对象究竟是什么?维氏回应道,为何疼痛在这里要有一个"承受者"(bearer)?③ 实际上,人们对那些具有疼痛的事物早已心中有数,即认为诸如罐子、布娃娃、石头等无生命之物会疼的情况仅会出现在杜撰出来的童话故事中,只有谈到活生生的人或者那些与活人具有类似行动方式、像人一样行动的生物时,才能判断并表达出他(们)或它(们)是否有感觉、视觉、听觉或意识④,才会说他(们)或它(们)"有疼痛"⑤。因此,疼痛等感受必定具有一些外在表现,也正是通过这些外在表现表达出来并为人理解。

如何判断一个人处于疼痛之中?毫无疑问,疼痛主体能够确定地指认其疼痛感受,作为旁观者的我们却无法潜入疼痛者的意识去了解他的疼痛,然而值得注意的是,大多数情况下,我们依然能够借由外部事物的验证作出判断。奥古斯丁指出,"姿态"等"所有种族的自然语言"展现出"欲求某

---

① Hacker, P. Wittgenstein's Legacy: The Principles of the Private Language Arguments. *Philosophical Investigations*, 2018, 41(2), p. 133.

② 斯鲁格:《维特根斯坦》,张学广译,北京:北京出版社 2015 年版,第 245 页。

③ 维特根斯坦:《哲学研究》,陈嘉映译,上海:上海人民出版社 2005 年版,第 114 页第 283 节。

④ 维特根斯坦:《哲学研究》,陈嘉映译,上海:上海人民出版社 2005 年版,第 113 页第 281 节。

⑤ 维特根斯坦:《哲学研究》,陈嘉映译,上海:上海人民出版社 2005 年版,第 114 页第 283 节。

物""守护某物""拒绝某事"或"逃避某事"等"心灵"的种种感受,当人们通过声音指向某一对象时,旁人可以借助说话者的眼神、面部表情、肢体动作与说话声调等"姿态"①进行理解。维特根斯坦指出,"一个'内在的过程'(inner process)需要外在的标准(outward criteria)"②,而奥古斯丁在讨论用语言指称对象时提到的诸多"姿态"同样可以作为人类判定疼痛等感觉的外部标准。

克里普克考察"私人语言论证"时也特别提及"标准"③,但他认为并非每种感觉都能像维特根斯坦所说的那样具有相应的外在标准。显然,克里普克将自身经历某种感觉与观察他人经历某种感觉这两种情况混为一谈。对疼痛者来说,疼痛无疑是最容易确定的事实,判断自身疼痛无需任何外在标准,而对观察者而言,疼痛却难以确定。维特根斯坦就是从观察者视角出发,聚焦对他人感觉的判断。在维氏那里,这种标准并非某个严格的意义规则,他仅想说明,我们要对感受等所谓"主观""内在"的东西有所判断,就必须依赖外在行为。人们虽然无法直接看见疼痛者的疼痛,但是可以通过发现某些"警示特征"(warning properties)或"警报信号"(alarm signal)④,达成一种间接的疼痛感知,而这些特征正显示在人们感觉的自然外观,即那些通常以可见的公共物理形式呈现的人类外部行为之中。愤怒这类情绪不在人类的精神或思想里,而可能从"惨白或泛紫的面颊""充血的双目"及"嘶吼的嗓音"浮现出来,与"姿势、言语及身体"无法分割。⑤ 从这个意义上看,疼痛与愤怒类似。不可否认,一些与疼痛相关的个体行为未必能够帮助人们准确地锁定疼痛感觉,如"紧闭双唇""直冒冷汗""眉头紧锁"等行为未必与疼痛直接相关,然而人们在观察面部表情、身体活动等外部行为过程中所采用的类推,并非寻求某种"因果性说明",而是"阅读他人的意义表达"。⑥

毋庸置疑,外部行为是人类理解感觉表达的重要依据,"疼痛""害怕"

---

① 维特根斯坦:《哲学研究》,陈嘉映译,上海:上海人民出版社 2005 年版,第 3 页第 1 节。

② 维特根斯坦:《哲学研究》,陈嘉映译,上海:上海人民出版社 2005 年版,第 182 页第 580 节。

③ Kripke, S. *Wittgenstein on Rules and Private Language*. Cambridge: Harvard University Press, 1982, pp. 98–102.

④ de Vignemont, F. Can I See Your Pain. In J. Corns. (ed.). *The Routledge Handbook of Philosophy of Pain*. London & New York: Routledge, 2017, p. 263.

⑤ 梅洛-庞蒂:《知觉的世界:论哲学、文学与艺术》,王士盛、周子悦译,南京:江苏人民出版社 2019 年版,第 60—61 页。

⑥ 费多益:《他心感知如何可能?》,《哲学研究》2015 年第 1 期。

"激动"等感觉或心理语词与人类感觉的自然外观——外部行为也具有密切的联系。实际上,外部行为既包括最常见的可以从听觉上感受到的语言行为,如"Ouch""Ow""My hand hurts"等语词或句子,还包括表情、眼神、肢体动作、体态等可以从视觉上感受到的行为,如皱眉、身体扭曲等。在医院的疼痛门诊,医生通常会向患者展示以下这张脸谱图①:

这张视觉图生动地描绘了人们疼痛时面部呈现出的六种表情,患者需要标注出最能反映自身疼痛程度,包括无痛(no hurt)、轻度疼痛(hurts little bit & hurts little more)、中度疼痛(hurts even more)、重度疼痛(hurts whole lot & hurts worst)的表情脸谱。众所周知,人脸作为一种外部刺激,不仅直接呈现了交际双方的面部特征,也为交际双方提供了有关对方身心状态甚至文化背景等诸多信息,有助于双方形象的建构。对人类面孔,如面部表情、眼神交流的感知是对言语信息的有效补充,也是社会交往中一种特殊而重要的方式。心理学家艾克曼(Paul Ekman)基于在各类文化中具有普遍性的基本面部表情,创立了一套面部动作编码系统(Facial Action Coding System,FACS),试图通过辨识人类面部动作的外在表现来推断其内在状态。但在维特根斯坦看来,人们并非从外部之物推论出内部之物的大概存在,事实在于"人类的面孔在一定程度上似乎是透明的",人们是在"它自己的光亮中"而非其"反射的光亮中"②看到它。甚至可以说,某种特定的面部表情是疼痛的一个重要组成部分。正是通过面部表情、躯体姿势、行为表达、语音语调等身体的外在表现,儿童才可能学会疼痛等感觉词汇。从某种意义上说,这些身体的外在表现发挥了规则或传统的作用,"约束并引导"

---

① 这张为疼痛分级的视觉模拟图是国际上通行的 Wong-Banker 面部表情量表(FPS-R),一般说来,0 度(笑脸)表示无痛,1—3 度(面无表情)表示可以忍受的那种轻度疼痛,4—6 度(五官抽搐呈痛苦样)为无法忍受的中度疼痛,7—10 度(哭脸)为难以忍受的重度疼痛。

② 维特根斯坦:《心理学哲学研究》,张励耕编译,北京:商务印书馆 2019 年版,第 329 页第 170 节。

(constrain and direct)①了人们对"疼痛"等语词意义的理解,这也决定了"疼痛"具有非私人性。

(三)"疼痛"的社会性

不可否认,可观察的外部身体行为是理解疼痛的最普遍方式,用语言表达体感疼痛绝非易事。小说家伍尔芙(Virginia Woolf)在《论生病》(On Illness)一文中生动地展示出谈论疼痛的困难性:"当最单纯的女学生陷入热恋时,都有莎士比亚和济慈的诗句为她倾诉衷肠,而让一个病人向医生描述他的头痛时,语言立即变得干巴巴的。"②学者斯卡利(Elaine Scarry)也基于肉体疼痛无实指内容等理由,明确表示疼痛"主动摧毁"(actively destroy)了语言。③

虽然维特根斯坦承认谈论疼痛是最困难的语言活动之一,但他不仅主张由身体表现的外在行为直接通达"他者之痛",还将这些行为置于社会实践的"疼痛"语言游戏中进行综观,凸显了由语言、生活形式与社会实践等组成的社会环境在理解疼痛中的基础作用,拓宽了人们对疼痛概念的理解。其"疼痛"解析提示我们,语言不仅能够传递思想,还具有表达的功能,因此人们不仅可以用行为还可以用语言来表达疼痛。从这个角度看,"我疼"等疼痛语言本身也是外显的疼痛表现。当人们注意并观察疼痛的行为时,会发现这些行为中还有"对一种语言的使用"④。疼痛体验恰恰促使人们诉诸语言,无论具有怎样的教育背景、生活经历与文化传统,人们均试图通过语言寻求帮助。如果说疼痛感受建立在生物有机体的身体之上,那么对于疼痛的表达、认知与理解则建立在社会性身体的层面上。只有在社会互动交流之中才能理解疼痛,缺少社会中他者的在场、参与或协助,任何疼痛都无法得到表达与理解,理解疼痛的前提也在于人们已经在实践中事先对疼痛概念达成了一致理解。

国际疼痛学会(IASP)于 2020 年 7 月 16 日首次对其 1979 年发布的疼痛定义作出修订,扩大了原定义中"感觉与情绪体验"的内涵。值得一提的

---

① Cuffari, E. & Streeck, J. Taking the World by Hand. In C. Meyer, J. Streeck & J. S. Jordan. (eds.). *Intercorporeality: Emerging Socialities in Interaction*. New York: Oxford University Press, 2017, p. 197.

② Woolf, V. *On Being Ill*. Ashfield: Paris Press, 2002, pp. 6—7.

③ Scarry, E. *The Body in Pain: The Making and Unmaking of the World*. New York: Oxford University Press, 1985, p. 4.

④ 维特根斯坦:《心理学哲学研究》,张励耕编译,北京:商务印书馆 2019 年版,第 29 页第 93 节。

是,此次修订对疼痛新定义附加的六条注释强调了疼痛的社会内涵,如第三条注释指出"个人通过生活体验学会疼痛概念的实际意义"(Through their life experiences,individuals learn the concept of pain)①。可见,疼痛并非私人的、不可沟通的,并非笛卡尔所认为的那种私有的主观感觉。它不仅是身体事件,也是社会事件,深具"社会性"(deeply social)②。

　　第一,疼痛词汇具有公共意义,该意义并非由任何"心理联系"(mental association)③决定,也与私人体验格格不入,人们在社会生活的交流互动中对它有较为一致的认知。正如维特根斯坦所言,当人们打算为自身感觉命名时,往往忘记自己早已在语言中做好充分准备,比如"疼痛"一词的语法早已指明"这个新词所驻的岗位"(the post where the new word is stationed),以确保这种"单纯的命名活动"(mere naming)④具有意义。这意味着,人们通常需要在一种人类共同语言系统的基础上,依据具体的语言情景,才能够使用某一特定词汇来命名实物或感觉。维氏所说的那些充分准备正是语法、规则等一系列存在于这个语言系统中的公共、确定的因素,它们既确保了理解的最终达成,也体现出语言的共同体特征。疼痛语言其实是自然疼痛行为的"涵化延伸"(acculturated extensions)⑤,这种语言可以成为他人判断疼痛的标准,甚至其本身就是疼痛表现。

　　可见,人们在现实生活中对"疼痛""害怕"等感觉或心理词汇的使用,不仅未能彰显出这些语词的私人特征,反而蕴含着一种能够为人理解的公共性,通过一个预设的公共语言系统展现出人们熟知的公共意义。虽然"我疼"与"他疼"具有不同的语法使用,如"我疼"更关乎"个人体验"(per-

---

①　2020 年 7 月 16 日,国际疼痛学会在线发表专家组对"疼痛"定义的修改(参见国际疼痛学会官网 https://www.iasp-pain.org/PublicationsNews/NewsDetail.aspx? ItemNumber = 10475 专题报道"IASP Announces Revised Definition of Pain")。国际疼痛学会专家组对疼痛定义的具体修改过程可见 Srinivasa,N.Raja et al.The Revised International Association for the Study of Pain Definition of Pain:Concepts, Challenges, and Compromises. Pain, 2020, 161 (9), pp. 1976-1982。

②　Morris,D.B.The Culture of Pain.Berkeley and Los Angeles:University of California Press,1991, p. 38.

③　Hacker,P.M.S.Wittgenstein and the Autonomy of Humanistic Understanding.In R.Allen & M. Turvey.(eds.).Wittgenstein,Theory and the Arts.Oxon:Routledge,2001,p. 61.

④　维特根斯坦:《哲学研究》,陈嘉映译,上海:上海人民出版社 2005 年版,第 107 页第 257 节。

⑤　Hacker,P.Wittgenstein's Legacy:The Principles of the Private Language Arguments.Philosophical Investigations,2018,41(2):134.

sonal experience),"他疼"多涉及"认知经验"(cognitive experience)①,但两者均取消了私人主体,作为社会实践中的语言游戏,其使用规则必须服从大众认同的公共标准,因此这两种"疼"的意义在日常表达中并无二致。

究其根本,我们对"他者之疼"的感知需要建立在"疼"的公共意义以及"疼痛"事实存在的基础之上。只要留意"疼痛"这一语词的用法与其"通常症状和前提"(usual symptoms and presuppositions)②是否保持一致,我们就能判断对"疼痛"语词的某种使用是否正确,并借助这些"症状和前提"学会"疼痛"的含义③。

第二,疼痛词汇的习得过程是社会性的,其习得无法依靠个人主观标准,必须遵循一定的社会规范。儿童无法天生就会为疼痛命名,他们通常需要在成人的指导下,在社会交流中逐步学会疼痛表达,理解疼痛现象。语言学家埃里希(Konrad Ehlich)区分的三种疼痛表达方式(哭与呻吟、疼痛感叹与疼痛描述)④清晰地概括出儿童学习疼痛词汇的一个循序渐进的过程:①原始阶段,孩子因感到疼痛而自然而然地哭泣或呻吟,这是人体自身生物机能面对疼痛最本能的反应;②中间阶段,儿童在教与学的过程中得到成人的指导、帮助与训练,通过模仿、重复等方式,在与大人的频繁交流中,逐渐学会为疼痛感觉命名,并学会使用啼哭以外的疼痛表达方式,如说出表达疼痛的感叹词;③高级阶段,随着年龄的增长,孩子开始使用"我疼"等完整的句子来描述与表达疼痛,这标志着他们已经成功地学会这一感觉语词的用法,并逐渐能够在社会生活的人际交流中学会判断疼痛与理解疼痛。

第三,人们感受、理解的疼痛与自身所处的社会结构、文化环境息息相关,只有在社会化(socialization)的过程中才能理解疼痛,并进一步理解自己、他人与世界,而"社会化的过程无法由单个人实现"⑤决定了疼痛交流不可能是私人行为。要正确地使用疼痛语词、理解疼痛现象,必须依靠社会中的他者。

尚在牙牙学语的婴儿发出的啼哭,往往代表着他们的一种期待,希望家

① Panda,M.M.& Nath,R.Wittgenstein on Public Language about Personal Experience.*Philosophia*,2020,48(5),p.1958.
② 维特根斯坦:《哲学研究》,陈嘉映译,上海:上海人民出版社2005年版,第111页第271节。
③ Hanfling,O.*Wittgenstein and the Human Form of Life*.London & New York:Routledge,2002,p.24.
④ Ehlich,K.The Language of Pain.*Theoretical Medicine*,1985,6(2),p.180.
⑤ Enfield,N.J.& Sidnell,J.*The Concept of Action*.New York:Cambridge University Press,2017,p.X.

人或保姆能尽快给予他们需要的东西,这里的啼哭类似于成人说出的"我疼"或"我饿",均有一种试图引起他人注意的"意欲的作用"(desired effect)①。一个人不慎从楼梯滚下摔倒在地发出的"我疼"的喊叫就不仅是一种表征自身经历的陈述,它与哭喊一样,是向外界求助的信号。当人们在冰面上滑倒大叫"Oops"时,既表达了自己的痛苦,以便他者确定地了解其所处的疼痛状态,也是在"请求"(making a plea)②附近的人施以援手。屠格涅夫的小说《父与子》第二十七章描述了一名乡下女人找巴扎罗夫看病的场景,她不停地抱怨着一种说不清道不明的"浑身刺痛"③,这种抱怨不仅表达出她对自身疼痛经历的烦躁心情,也体现了一种想从医生那里寻求安慰的渴望。

可见,疼痛的语言表达兼具"面向自我"(self-oriented)与"面向他人"(other-oriented)的"双重功能"(double function)④。无论是疼痛表达的原始形式,如婴儿因疼痛发出的大声哭泣,还是关乎疼痛的高级表达,如成人发出的疼痛喊叫,均不仅表达出疼痛者自身的外在感觉与内在感受,展示出发生在他们身上的确定的疼痛事实,也体现了疼痛者对外界反馈的热切期待,凸显了一种面向外部的交流,希望引起注意、唤起反馈、得到帮助。从某个角度看,疼痛是否得到理解,在于它是否得到了某种形式的回应。

疼痛的社会性充分说明疼痛不可能是私有的,它可以得到公开表达、交流与理解。正如维特根斯坦在《哲学研究》第665至678节中所认为的,精神状态的表述是一种真实经历的语言展示。语言是社会行为的主要资源,一旦引入语言与意义,我们就已经跨越了私人领域,进入"可以共享的公共领域"(public realm of sharing it)⑤。语言是公共的,而精神活动也由于必须开放面对公众的审视而具备非私人性。所谓的私人主观标准不得不让位于公共的客观标准。他人完全能够通过语言或其他外在行为向我们描述他们的疼痛体验,我们也能通过这些表达与展示分享、理解他们真实的疼痛经历。

当然,我们需要留意两种特殊情况。其一,有人虽感疼痛,却闭口不语、

---

① 卡西尔:《人论》,甘阳译,上海:上海译文出版社2004年版,第84页。

② Goffman,E.Response Cries.*Language*,1978,54(4),p.802.

③ 屠格涅夫:《前夜·父与子》,巴金、丽尼译,上海:上海译文出版社2012年版,第402页.

④ Lascaratou,C.*The Language of Pain*. Amsterdam/Philadelphia:John Benjamins publishing Company,2007,p.25.

⑤ Biro,D.*The Language of Pain:Finding Words,Compassion,and Relief*.New York:WW Norton & Company Inc.,2010,p.51.

面不改色,没有流露出任何关乎疼痛的外在表现。缺少了可观察的外在行为,我们是否还能就这个人的"疼痛"作出判断? 实际上,此处的"一言不发"或"面无表情"仍然是一种外在表现方式,它们以一种较为含蓄的方式将疼痛的内在体验呈现出来,同样能为理解他者之痛提供参考。若是对这类"沉默"的表达视而不见,就将导致对他者之痛的"最大漠视"①。其二,有人伪装疼痛,比如明明不疼还要撕心裂肺地大喊"好疼",或满地打滚。这是否说明这些装疼者正在使用一种仅自己知晓的"私人语言"?

在理解人类的过程中,要清晰地区分"真正的和佯装的感情表达"②十分重要,但也相当困难。然而即便是一个装疼者,也必须事先了解"疼痛"的公共含义,懂得何谓疼痛,才会使用"疼痛"语词,并知道如何判断与理解疼痛。实际上,这些疼痛伪装者与其他社会成员一样,始终同处于一个公共语言系统,并普遍认可"疼痛"作为一种"令人不快的感觉与情绪体验"(un-pleasant sensory and emotional experience)③的公共意义。虽然说谎、假装等行为形式各异,但这类行为的施动者必须掌握"说谎"与"假装"这两个语词的公共意义才能有所行动,这也决定了谎言和伪装行为依然具备为人识破的可能性。疼痛或许可以暂时伪装或掩盖起来,但没人能做到长期装疼而不露破绽。因此,无论是缺少外在言行的疼痛,还是伪装疼痛,都无法说明疼痛者正以一种仅自己知晓的"私人语言"与自己交流。

可见,人们日常使用的"疼痛"等感觉语词无法指称"私有"的对象,也不具有"私有"的意义,其公共意义被外在地显于日常实践中供人使用。无论是用以表达疼痛的语词,疼痛的若干外在表现,乃至人类赖以生存的外部环境,均预设了一套公共表达系统,为人们表达、辨识甚至伪装疼痛提供了确定的基础,最终帮助人们达成对疼痛的正确理解甚至误解。缺乏来自外部事物的验证或与公共客观事物的联系,"我疼"自然不可能是一种他人无法理解的"私人语言"。语词之所以无法实指"私人感觉",也主要在于"私人感觉"并不"私人",而并非由于语言无法描述感觉。既然作为"私人语言"产生的基础——"私人感觉"并不私人,隶属于感觉的疼痛也并非私人,那么描述人们内在经验、仅自己能理解的"私人语言"就无法成立,无法参

---

① 涂险峰、陈溪:《感受"他者之痛"——维特根斯坦后期哲学视野中的创伤话语分析》,《武汉大学学报(人文科学版)》2012 年第 2 期。

② 蒙克:《维特根斯坦传——天才之为责任》,王宇光译,杭州:浙江大学出版社 2011 年版,第 553 页。

③ IASP.Pain Terms:A List with Definitions and Notes on Usage:Recommended by the IASP Sub-committee on Taxonomy. *Pain*,1979,6(3),p.249.

与现实交流,在日常生活中也毫无意义。

（四）维特根斯坦与行为主义

既然维特根斯坦强调的外在行为为判断与理解他人的疼痛等感受提供了有效的评价标准,那么这种以外部行为判断内在感觉的方式,是否证明了维特根斯坦是一个行为主义者?

有学者指出,由于维特根斯坦受到赖尔的影响,即主张"研究心灵活动的线索"是"心的活动"而非"外在的智力活动"①,于是把疼痛直接等同于疼痛者的特定行为。他们认为,在维氏那里,"除了人类行为之外,一切全是虚构"②,因此将他视为一个不折不扣的行为主义者。也有学者以"人们看见的是行为而非疼痛"为由,主张"我之所见与他者的精神生活依然存在着一道鸿沟"③,认为维氏有行为主义的嫌疑。维特根斯坦针对这些指责反驳道,若他谈论虚构,谈的是"语法上的虚构"（grammatical fiction）④。那种认为我之所见与疼痛本身存在区别的观点,实际上已将疼痛预设为某种与世隔绝的内在客体,即维氏在《哲学研究》中提到的"盒子里的甲虫":

> 假设每个人都有一个盒子,里面装着我们称之为"甲虫"的东西。谁都不许看别人的盒子;每个人都说,他只是通过看他的甲虫知道什么是甲虫的。（PI §293）⑤

部分学者也表达出对维特根斯坦的充分理解。克里普克认为维氏所说的"外部标准"并非行为主义或证实主义的"前提"⑥。麦金指出,维氏"理解"概念的含义并不在于"判定其应用的行为标准",维氏所说的"理解不是一个心灵过程",也不意味着"理解的标准纯粹是行为上的"⑦,而可能只是

---

① 陈嘉映:《语言哲学》,北京:北京大学出版社 2003 年版,第 199 页。
② 维特根斯坦:《哲学研究》,陈嘉映译,上海:上海人民出版社 2005 年版,第 120 页第 307 节。
③ Rudd, A. *Expressing the World: Skepticism, Wittgenstein and Heidegger*. Chicago: Open Court, 2003, p. 121.
④ 维特根斯坦:《哲学研究》,陈嘉映译,上海:上海人民出版社 2005 年版,第 120 页第 307 节。
⑤ 维特根斯坦:《哲学研究》,陈嘉映译,上海:上海人民出版社 2005 年版,第 117 页第 293 节。
⑥ Kripke, S. *Wittgenstein on Rules and Private Language*. Cambridge: Harvard University Press, 1982, p. 100.
⑦ 麦金:《维特根斯坦与〈哲学研究〉》,李国山译,桂林:广西师范大学出版社 2007 年版,第 110 页。

"关于理解概念之语法"①的一种评论,因此并不代表一种行为主义。戴维森对那种将意义完全还原为行为的行为主义表达了强烈的反对,他主张"行为概念"其实无法显示"心的概念"的定义②,认为行为主义意义理论的"刺激—反应"学说强化了意义生成的因果关系,却忽略了意义生成的证据。蒙克认为,将维氏后期理解为一个坚定的行为主义者相当于犯了把维氏早期视为"逻辑实证主义者"的错误③。

行为主义者所坚持的"我们不能将'疼痛'等感觉概念与那些能够观察到的行为完全割裂开来"这类观点无可厚非,但是他们认为这类概念在这种行为下仅有单一的意义,就容易导致以下谬误:疼痛的指示对象在某种程度上是私人的,成为一种"不可理解的内在体验"(ultimately inscrutable inner experience)④。虽然维特根斯坦强调"内在过程需要外在标准",将外在行为视为人类生活实践必不可少的重要环节,但他认为,那种把内在心灵还原为行为,或将外部行为仅简化为对内部心灵表达的做法,由于缺乏对实践互动过程的关注而对理解疼痛毫无裨益。当维氏谈到理解的标准时,并不局限于"由于理解不是一种心理过程而更像一种能力,因此这样的标准具有行为性"。"我明白了"此类表示理解行为的断言在他看来,既非精神也非行为现象,而是一种"信号"(signal)⑤,标志着发出这类行为的人已经具备了这种能力,而这种能力通常与人们的语词使用能力密切相关。

虽然维特根斯坦在其著名的"私人语言论证"中重点关注语言与人们外在行为之间的联系,看似通过外部身体行为通达理解,其论证方式也貌似强调外在行为标准,体现了某些行为主义表达,但这也仅是一种从行为视角出发的对语言与理解的解读,意在为语言意义与理解提供行动参考。实际上,他并非强调外在行为本身,而是意识到这些充满心灵意义的外在行为在作为证据时对判断、解释与理解疼痛具有重要作用,旨在提高人们对这些外在行为而非"心灵物体"的敏感性。因此,这些行为证据与只关注行为本身、否定内在活动的行为主义是两码事,我们没有充分的理由把维特根斯坦归入行为主义者之列。

---

① 麦金:《维特根斯坦与〈哲学研究〉》,李国山译,桂林:广西师范大学出版社 2007 年版,第 113 页。
② 叶闯:《理解的条件——戴维森的解释理论》,北京:商务印书馆 2006 年版,第 288 页。
③ 蒙克:《如何阅读维特根斯坦》,徐斌译,杭州:浙江大学出版社 2021 年版,第 92 页。
④ Coulter, J. *The Social Construction of Mind*. Totowa, New Jersey: Rowman and Littlefield, 1979, p. 82.
⑤ Coulter, J. *Mind in Action*. Cambridge: Polity Press, 1989, pp. 63–64.

三、"私人语言论证"与确定性

维特根斯坦的"私人语言论证"并不旨在说明"私人语言"是否有意义或是否真正存在,而在探讨"私人语言"究竟是如何产生的。考察"私人语言"观念的几种思想根源不仅有助于厘清"私人语言论证",也为理解维氏后期确定性思想提供了重要线索。

（一）"私人语言"的思想根源

1. "语言与事实一一对应"的意义观

"私人语言"观念体现了将语言与事实一一对应的观点,这也是维特根斯坦前期持有的意义观。语言与事实一一对应,意味着语词的外在形式对应着某种特定的事实对象,于是"疼"等感觉语词就相应地与一种内在体验或心理过程紧密地联系在一起。大众观念中,内在心理体验由于无法被他人看见或直接感受而似乎总是对他人隐藏着,于是人们便倾向于认为与之对应的如"疼痛"等感觉语词也无法被人理解,只有用自己知道的某种语言才能表达这种内在体验,最终导致"私人语言"观念的产生。

归根结底,将语言与事实一一对应的根源在于那种将外部世界与内部世界截然分开的"主客二分"思想。在以"主客二分"思想为核心的传统认识论中,人们在主体与客体、外部世界与内部世界、肉体与精神之间划出明确的界限,坚持客观实在物质世界与人类内部意识世界的严格区分。"主客二分"思想认为,只有将"语词的外在形式与其指示对象一一对应",才能真正认识这个客观实在的外部物理世界。在坚持内外二分的前提下,人们便不自觉地将"语词与事实一一对应"运用于"疼"的语言表达中,即把"疼"这类感觉词汇与一种内在心理状态相对应,将这种心理状态所代表的内部意识世界视为一个完全封闭的世界,并在理解"疼"的意义时排斥任何来自外部的理解。

《哲学研究》中著名的"甲虫之喻"便生动地展现了这种将内外世界截然二分的思想。盒子里的甲虫代表"私人感觉",它们被封闭在盒子里,每天只能与主人为伍,外部世界不仅无法感知它们甚至根本没有意识到它们的存在。但正如维特根斯坦所言,盒子里的东西也许不尽相同,但盒内也极有可能空无一物,因此盒中之物其实可以被"约分"（divide through）掉,也根本不是"语言游戏的一部分"①。这意味着,这些"私人感觉"并未也无法

---

① 维特根斯坦:《哲学研究》,陈嘉映译,上海:上海人民出版社 2005 年版,第 117 页第 293 节。

真正参与语言游戏,甚至根本就不存在。

在我们看来,"私人语言"观念实际上误解了"私人"的真实含义,将"私人"与外部世界完全隔绝开来。"私人"的东西并非那些藏于心间、秘而不宣也无法为人感受的内在之物,恰恰相反,它们与外部世界联系紧密。我们只有在外部世界的语言游戏中以"公共"的东西作参照物,才能说某些东西是私人的。"私人"这一概念也绝不意味着无须依赖他人,对"私人"之物的理解必须建立在社会成员一致认同的公共意义系统之上,离不开与外界的密切联系和与他者的频繁互动。"公共"与"私人"其实同处一个语言系统中,没有"公共",也就无所谓"私人"。若是像维特根斯坦前期那样将语句直接对应事实,最终只能由于过度简化语言原本形形色色的用法,得到一幅单调的语言本质图像。

人类内在世界的心理体验和内在知觉并非总隐匿于充斥着物质事实的外部世界之后,它们借助人类行为进行表达,并早已融注于这些行为中。"那是一把椅子"不仅指明了"椅子"这一物理对象,还涉及人类判断其"椅子"特征的心理过程。"我疼"等表达不仅体现了当事人的心理状态,也成为其疼痛行为的一部分。因此,内外世界其实具有千丝万缕的紧密联系。我们不应该像笛卡尔那样过分依赖自身心灵,在心理世界的内在之物中寻找确定性,也不应该被"软禁"在"私人感觉"和"私人语言"的自我世界之中。那些代表着"私人感觉"的甲虫被封闭在密不透风、阴暗狭小的盒子内部,仅与其主人接触,却断绝了与世界上的其他联系。无论这些甲虫之前如何生龙活虎,一旦被放入盒子里,缺乏生命三大要素——水、空气、阳光的滋养,必定难逃"逐渐消亡"的结局。

意义观念论主张,字眼标记着"说话人心中的观念",说话人只能用这些字眼直接标记"他心中所有的观念"[1],而意义指称论则明确将语词意义视为语词所指的对象。从这个角度看,上述两种理论尤其是意义观念论可以被视为"私人语言"的另一个版本。如果说《逻辑哲学论》提出的"图像论"是意义观念论的一种客观表现,它把意义完全等同于图像、将语句与事实严格对应的基本思想也与意义指称论相差无几,那么维特根斯坦后期提出的"意义即使用"观则坚决否定了意义观念论与指称论。虽然语词的使用可能伴随着心理意象,但是那种坚持意义存在于心理意象之中的观点,比如将"我疼"视为对个体心理体验的明确描述,其实将"疼痛"误认为一种切实存在于人类精神世界的客观对象,使人们对"疼痛"的意义产生极大误

---

① 洛克:《人类理解论》(下册),关文运译,北京:商务印书馆2012年版,第417页。

解。认识到这一点，不仅将有助于人们理解自我，也对理解他者大有神益。从"私人语言"的这一思想根源来看，"私人语言论证"反对的就是维特根斯坦前期追求的那种语词意义的"绝对的"确定性。

2."主—谓逻辑"的诱惑

笛卡尔主义者基于一种预设了"主—谓逻辑"的"五步推理"，得出"我思故我在"。这引诱人们逐渐将疼痛这类意识状态视为他人无法理解的"自我实体的某种私有物"①，进而迸发出创造一种能够准确指涉疼痛等感觉的、仅本人才能理解的"私人语言"的念头。

"主—谓逻辑"同样影响了某些语言。英语、德语等语言在表达最私密的痛觉时，便充分体现了这种"主—谓逻辑"。以英语为例，无论是表达疼痛位置的"I have a pain in my knee"（我有一个膝盖疼）还是表达疼痛程度的"I have a splitting headache"（我有一个撕裂的头疼）②，均将"疼"（"膝盖疼"——pain in the knee 或"头疼"——headache）预设为"有"（have）的宾语，使人们产生"I have them"（我拥有它们）的观念，将"疼痛"看作"我"拥有的对象。德语中也有类似的表达，如"Ich habe Schmerzen"（我有疼）或"Ich habe Zahnschmerzen"（我有一个牙疼）③同样展现了疼痛主体——"我"具有这种疼痛的感觉（Ich habe sie，即英语中的"I have them"）。"我"的某一身体部位恰好为疼痛提供了发生的场所，而疼痛似乎由于出现在这一特殊空间而对其寓身的"我"产生了亲密的依赖，成为从属于"我"的某种"私有"的东西。然而汉语的同类表达却不具备英语或德语这般的主—谓模式，我们在汉语的日常用法中，很难找到"我有一个膝盖疼"或"我有一个撕裂的头疼"之类的体现主体与疼痛之间关系的疼痛表达方式，而往往代之以"我膝盖疼"或"我头很疼"④。

英语与德语中这类痛觉表达方式明确地将"疼痛"客体化，是

---

① 徐英瑾：《从日语角度析维特根斯坦对"感觉私有论"的围剿》，《上海师范大学学报（哲学社会科学版）》2019 年第 6 期。徐英瑾指出，"五步推理"的第一步"任何一个谓述都预设了一个主词的存在"是"主—谓逻辑"所要求的。

② 这里采用直译的方式，以更清晰地表明这类英语结构体现出的"主—谓逻辑"。如果按照汉语习惯用法，这两句通常被译为"我膝盖疼"和"我头疼欲裂"。

③ 这里同样采用直译的方式，以突出这类德语结构体现出的"主—谓逻辑"。这两句如果按照汉语习惯用法，通常被译为"我疼"和"我牙疼"。

④ 从这个角度看，以汉语为母语的人与以英语、德语为母语的人相比，或许更不容易产生"私人语言"观念。考察与对比汉语、英语、德语以外东西方不同语言的疼痛表达方式，同样有助于解开"私人语言"之谜，由于这与本书主题关系不大，此处不予展开。

"'主—谓逻辑'在感觉表述领域中运用的产物"①,这引诱着以英语、德语等语言为母语的人们将"疼"看作疼痛主体私有的东西,并试图诉诸"私人语言"来表达这种"无法述说与沟通"的"私人感觉"。因此,从某种意义上说,"私人语言"观念是人们在受到"主—谓逻辑"的诱惑之后产生的。

3. 第一人称"我"的优先性

"我"的频繁使用所体现的第一人称的优先性,导致人们经常把"疼"看作仅有说出"疼"这一语词的人才明了的内在心理感受,并相应地将"我疼"视为难以沟通、为"我"独有的绝对心理过程,这同样催生了"私人语言"观念。

当然,这里的"我"并非哲学意义上的"本我""自我"与"超我",而是日常生活中广泛使用的一个指称。人们倾向认为,"我疼""我害怕""我很快乐"这类在感觉语词前面加上了"我"的表述,可以直接指代说话者本人而非他者切实感受到的"疼""害怕"或"快乐"。在这种理解方式下,"我"的因素被过分凸现,从中体现的自身感受与看法得到更多的关注,于是一种仅"我"知晓的"私人语言"观念应运而生。通常来说,人们在日常交流中之所以频繁使用"我",主要在于将作为言说者的自己与他人明确区分开来。"我疼""我想"等表述旨在凸显这类感受或看法的持有主体——"我",说明是言说者——"我"而非其他人在"疼"、在"想"。也可以说,他者利用"我"的表达来定位自我、理解他者。当我们说"他疼"时,其实已经把"他"同我们自己以及他人作出了明确区分。当然,我们在日常生活中通常需要借助"他"的外在行为来判断"他"的疼痛,而无法把"他疼"直接对应于他本人的心理意识。因此,以下看法十分普遍:"我疼"关注个体的心理意识活动,而"他疼"聚焦疼痛的外在行为,两者强调的分别是内在和外在的关系。

维特根斯坦却表达出不同的看法。他通过分析指示代词——"我",批判了唯我论所主张的"世间一切均离不开意识""心灵是世间唯一的存在"等观点,认为外部世界与内部世界并非全然隔绝,而是紧密相连,"我……"之类的表达方式也并非直接对应特定的心理感受。实际上,以"我"作主语的第一人称表达既涉及人类的内在精神活动,也与人类外在行为相关,以"他"为主的第三人称表达也不只是对事实行为做出的判断性论述。让我

---

① 徐英瑾:《从日语角度析维特根斯坦对"感觉私有论"的围剿》,《上海师范大学学报(哲学社会科学版)》2019 年第 6 期。

们设想以下场景:路边有个人呼吸急促,直冒冷汗,发出"我疼"的呻吟,此时你指着这个疼痛者对你的朋友说:"看! 他疼!"你之所以能够作出这样的判断,主要在于无论是这个疼痛者说出的"我疼",还是你所判断的"他疼",均与具体的行为等标准密切相关。观察他者的外在行为,相当于理解他者的内在心理活动。可见,"我疼"如同身体姿态、肢体动作、面部表情等,均为对人类意识世界的自然表达。

维特根斯坦并不关心"内在和外在的区别"①,他要表明的是,虽然类似于"我疼"的第一人称表述侧重表达,传递切身感受,"他疼"的第三人称表述侧重描述,作出猜测判断,也不可避免地存在着一种"构成性的不确定性"(constitutional uncertainty)②,但这并不代表前者更为直接而后者是间接的。在维氏那里,这仅仅说明两者采取了不同的通达人类心灵的方式,实际上,它们均取消了私人主体,充分体现出"内在"与"外在"的联系,并均有可能达成较高程度的确定性的理解,因此,将这两者分别视为具有"表面上的确定性"和"表面上的不确定性"③是不正确的。仅将这些表述视为内在心理活动的外在表现显然远远不够,从某种意义上说,它们就是疼痛行为。

那么维特根斯坦意义上的"我"究竟指谁? 这个频繁使用的第一人称代词是否正如大多数人所认为的那样,直接指向"我"这一语词的言说者? 维氏对这一问题并未作出正面回答。他作出了一些反面的陈述,比如"我"并未"命名任何人"(name a person)④,但与名称相关联,当"我"因疼痛而发出"我在疼"(I am in pain)的呻吟时,既未命名任何人,也没有指代某个正在疼的人⑤。人们固然可以借助语言解码"我"的真实身份,却往往对"'我'如何指向了我""我是谁"⑥等问题一头雾水。张三因疼痛发出的"我疼"的哭喊,与他者说出的"张三疼"不尽相同。他者目睹张三疼痛的场景

① 维特根斯坦:《蓝皮书和棕皮书》,楼巍译,上海:上海人民出版社 2021 年版,第 17 页。
② 维特根斯坦:《心理学哲学研究》,张励耕编译,北京:商务印书馆 2019 年版,第 44 页第 141 节。
③ 维特根斯坦:《心理学哲学笔记(1948—1950)》,张励耕编译,北京:商务印书馆 2020 年版,第 171 页第 951 节。
④ 维特根斯坦:《哲学研究》,陈嘉映译,上海:上海人民出版社 2005 年版,第 145 页第 410 节。
⑤ 维特根斯坦:《哲学研究》,陈嘉映译,上海:上海人民出版社 2005 年版,第 144 页第 404 节。
⑥ 苏德超:《"我"是谁——从维特根斯坦的角度看》,《华中科技大学学报(社会科学版)》2009 年第 3 期。

时通常会作出"张三疼"的判断,但张三自己却不这么说,可见,"张三"与"我"具有不同的语法功能。在维特根斯坦眼中,任何一个人都可以把自己称作"我"。因此,"我"并非专属于个人,无法永恒地指代自身名字,也不具备区分"我们"与"他们"的功能。同时,"我"也不指向某一特殊主体,无法指代具体的人或物。

不可否认,"我"与名称的关系相当密切,比如"我"可以用来说明名称。倘若缺少名称的帮助,儿童在自身"客观化过程"中取得的"每一个进步"就始终有"在下一瞬间再度失去的危险"。① 那么"我"在日常生活中是否真的不可或缺?事实上,即便"我"在一个句子中被完全省略,整句话的意义也不受影响。在牙科门诊,患者对医生说出的"我牙疼"或"牙疼"两种表达,均未增加或减少整个句子需要表达的信息,医生也不会根据表述不同而为患者开出不同的处方。如果说英语第一人称现在时"I have a terrible stomachache"表达了说话者此刻感受到的胃部疼痛,那么第一人称过去时"I had a terrible stomachache"依然直指说话者的胃疼,既非任何私有的东西,也不是过去这种疼痛的"记忆图像"。

维特根斯坦曾经在《蓝皮书》中指出人们对"我"一词的两种不同用法:第一种是"作为对象",即客体的用法,如"我额头有个包";第二种是"作为主体"的用法,如"我有牙疼"②。第一种用法涉及对特定的人的识别,第二种用法由于不存在识别他人的问题,因此容易促使人们认为"我"是位于身体之中的某种"无形体的东西",一种"真正的自我"③,进而产生存在"私人感觉"的幻觉。

实际上,维特根斯坦从其前期直到晚年时期都一致地将"我"视为一个无所不在却又无迹可寻的矛盾体,并一直坚持对"我"的考察。在《逻辑哲学论》中,"我"仅作为一个形而上学的价值主体存在于世界之中,不带有任何社会属性。在《哲学研究》中,尽管"我"这一语词可以直指说话者本人,但"我"的日常用法却不尽相同。维氏设想了有关"我"的"书""脚""身体""感觉"等四个问题,并对"我"的不同用法展开探讨,认为每个问题都具有"实践"(practical)而非"哲学"的应用④。这意味着,他已经开始意识到,语词在日常实践中无法具有完全绝对的意义,而是具有诸多不同

---

① 卡西尔:《人论》,甘阳译,上海:上海译文出版社2004年版,第184页。
② 维特根斯坦:《蓝皮书和棕皮书》,楼巍译,上海:上海人民出版社2021年版,第73页。
③ 维特根斯坦:《蓝皮书和棕皮书》,楼巍译,上海:上海人民出版社2021年版,第76页。
④ 维特根斯坦:《哲学研究》,陈嘉映译,上海:上海人民出版社2005年版,第145页第411节。

用法。

虽然"我疼"与"他疼"这两种表达的用法有所区别,但是无论"疼"出现在何处,其使用均必须服从某种公认的意义标准。"李四通过阅读历史书籍了解美国"与"王五通过自助旅行了解美国"虽然描述了不同的情况,展现了两者了解美国的不同方式,但是"美国"在这两个句子中均表达出人们普遍接受的公共意义,因此,两个"美国"具有相同的意义。"我难过""他激动"等关乎心理感受的表达也类似,"难过""激动"等语词并不会由于其所处语句的不同用法,而具备两种不同的意义。认为"我疼"的"疼"不同于"他疼"的"疼",其实过于重视心理过程,以致误用内在感受代替外在行为,而未能意识到这两种"疼"的意义并无区别,最终导致"私人语言"观念的产生。

维特根斯坦通过讨论"我疼",与笛卡尔那种希望在心灵中寻找确定性的思想,以及主张"我们无法证明心灵之外的任何事物"或"我们直接知道自己的心灵"[1]的唯我论观点划清了界限,转向实际生活中寻找理解的确定性。唯我论明确指向个体的感觉、经验和意识,过度强调心灵与意识,主张只有借助"内省"才能把握神秘的心灵活动。它将客观实在与个体意识截然对立的做法,充分体现了在内部意识中寻找确定性的尝试,也为"私人语言"观念提供了坚实的本体论支持。"只有我知道我的疼"的这类"私人语言"从某种意义上说就是以"我"为中心的语言,也是维氏要批驳的唯我论语言,其典型错误在于总把"我"看作我自己,尤其是"我"的意识与心灵,过分夸大了个人内心世界和与他人共享的外部世界的区别。维特根斯坦通过对"我"的详尽考察,强调了"我"的可省略性与非私有性,指出"我"在日常语言中的不同用法,说明"我"并非私有,"疼"具有公共意义,"我疼"也不可能成为他者无法理解的"私人语言"。

4. 对语言精确性的渴求

人们原本希望语言能以一种近乎完美的精确性来描绘世界,尤其渴望用语言将个体独有的内心感受细致地描述出来,但是对这种精确性的渴望却在现实生活中一次又一次地落空,于是他们想到了一种唯我独有的"私人语言"。可见,"私人语言"观念也间接地体现出人们对现实语言的不满态度。

"疼痛""伤心""厌恶"等表达心理感受的语词,涉及人类心理感知与内在意识状态,而"庞大""椭圆""桃红"等表示大小、形状和颜色的词汇

---

① 陈嘉映:《语言哲学》,北京:北京大学出版社 2003 年版,第 183 页。

也常常会给人某种感觉或留下某种印象。因此,在人们的普遍认知中,上述两类词汇与"鱼""树""书""房子"等明确表述世间客观存在的物理对象的语词相比,要模糊、复杂得多。于是,以下想法油然而生:既然这类感觉语词无法精确地表达出深处于人类心灵世界的诸多不同感受,那么一种仅"我"所知、唯"我"所用的"私人语言"岂不恰好能完成这个任务?

维特根斯坦展示了以下两个句子:

> 他深感痛苦,辗转不宁。
> 这三个支架为建筑物提供了稳定性。(PI § 421)①

第一句话既提到了"辗转不宁"这种人类深感不适时表现出的外在行为,也描述了"深感痛苦"这种独特的个体内心状态。虽然有关外在行为与内心状态的描述常常同现于一个句子,但人们往往认为,将"可触"(tangible)的"物质状态"与"不可触"(intangible)的"意识状态"这两者相混杂的表达相当"乖悖"(paradoxical)②。相比之下,第二句中的"三""支架""建筑物"作为"可触"之物,似乎要稳定得多。这几个语词果真比那种"不可触"的"深感痛苦"更为清晰可靠吗? 事实上,这些语词均切实地参与了语言游戏,其意义也都存在于它们在现实生活的具体使用场景之中,能够为人们所把握,因此,我们无法判断哪一句话对现实的描述更为精确。可以说,这两个句子均借助语词展现出特定的内心状态、外在行为与物质对象,完全符合现实交流的需要,也不存在歧义现象。人们在自身"生活形式"的引领下,均可确定地理解这两句话。

再看看下面两个句子:

> 夜空中划过一道闪电。
> 我终于恍然大悟。

这两句话其实并无本质区别。无论是"闪电",还是"恍然大悟",均为一种语词表达,分别描绘了外界的物理对象与个体的内在心理过

---

① 维特根斯坦:《哲学研究》,陈嘉映译,上海:上海人民出版社 2005 年版,第 148 页第 421 节。
② 维特根斯坦:《哲学研究》,陈嘉映译,上海:上海人民出版社 2005 年版,第 148 页第 421 节。

程,前者与后者相比未必更加清晰确定,后者也并不比前者混乱模糊,假如有人坚持要在两者之间作出严格的区分,也不妨碍人们正确地理解这两句话。

有些人眼中容不下一点含混,他们受到语言表层形式的巨大诱惑,总想在语词之间作出"精致的区别"①,认为只要使表达变得精确,误解就不会产生。因不满现实语言而对一种完全精确的绝对确定性产生的这种渴望,同样促进了"私人语言"观念的诞生。然而在维特根斯坦那里,这种做法是极其危险的,他对"理想"这一概念的否定态度充分体现出他对这种确定性的排斥。维氏指出,那些排除含混的规则、追求完善语言游戏的人,其实误解了"理想"(ideal)②在以语言为代表的人类表达方式中扮演的角色。当他们打算从"真正所见"为各类语词或概念下定义时,往往由于被理想迷惑而对眼前直接发生的各类语言游戏视而不见,以至于无法切实把握"游戏"一词的实际用法。人们是否永远也无法理解并使用一个意义含糊、模棱两可的语词或一条"未经提纯""混有杂质"的规则?答案显然是否定的。

《哲学研究》道出了"理想"与"现实"的关系:

> 理想一定藏在现实里,因为我们相信已在现实中看到它了。(PI §101)③

在维特根斯坦那里,即便人们并不知道理想如何出现在现实中,也未必理解"一定"(must)的本质,但现实中"一定"④有理想。不过,理想终究要回归现实,而那些无法脱离理想的人却忽视了这一点。意义与理解的确定性也并非一种不含杂质的理想化确定性,它同样离不开实践。事实上,以"鸟兽鱼虫"为代表的实体词汇未必会比"疼痛""恐惧"等感觉词汇更为精确,要真正把握这两类语词的意义,达成理解的确定性,我们必须将目光投向现实生活。于是,维氏后期放弃了对确定性的理想化追求,彻底回归现实,试图寻找一种现实中的确定性。

总体而言,"私人语言"观念主要具有以下四种思想来源:

---

① 维特根斯坦:《哲学研究》,陈嘉映译,上海:上海人民出版社 2005 年版,第 238 页第50 节。
② 维特根斯坦:《哲学研究》,陈嘉映译,上海:上海人民出版社 2005 年版,第 52 页第100 节。
③ 维特根斯坦:《哲学研究》,陈嘉映译,上海:上海人民出版社 2005 年版,第 53 页第101 节。
④ 维特根斯坦:《哲学研究》,陈嘉映译,上海:上海人民出版社 2005 年版,第 53 页第101 节。

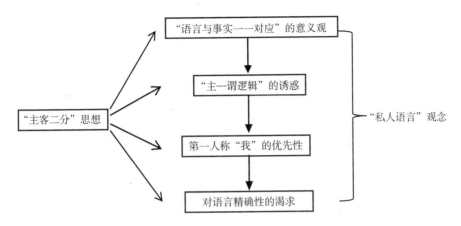

上述四种思想来源均为传统认识论的"主客二分"思想在语言实际使用活动中的具体表现。"主客二分"思想是传统形而上学的核心,它把作为主体的内部世界同作为客体的外部世界严格对立起来,将主观与客观、物质与精神、身体与心灵等截然二分。这种二元对立思想也像维特根斯坦前期那样,希望借助理性来把握客观世界中语言与世界的对应关系,实现对精确的理想语言的不懈追求。这四种思想来源不但紧密相连,还逐步深化。将外部与内部世界截然二分使人们产生"语言与事实一一对应"的坚定信念,语言的使用也因而体现出明显的"主—谓逻辑"与客体化态度,常以第一人称"我"为中心来表达内心世界。然而"我"的频繁使用依然无法满足人类精确表达自我的强烈愿望,人们渴望用更完美的方式(如更"精确"的"私人语言")描述与勾勒内部世界,"私人语言"观念便应运而生。

(二)"私人语言论证"蕴含的确定性

"私人语言论证"从本质上批判了"主客二分"思想,彻底否定了"私人性"与"内省"等观念,证明了"私人语言"是一种"语法幻象"①。这让人们进一步意识到"私人语言"观念潜藏的巨大危险,一旦接受了"私人语言"的存在,那么任何"概念的形成"都会异常困难,语词意义的"教授和习得"②也不可想象。"私人语言"在表达人类无比细腻的思想情绪与内心感受方面,未必会比那些表示客观物质的词汇更为明晰,它们这种并不出色的表现也无法满足人们对语词意义绝对确定性的追求以及对精确语言表达的渴

① Lin,F.Y. Wittgenstein's Private Language Investigations. *Philosophical Investigations*,2017,40(3),p.280.

② 陈维振、吴世雄、张爱珍:《维特根斯坦的"私人语言"悖论及其怀疑论解决方案》,《外语学刊》2008年第1期。

望。即便对言说"私人语言"的人来说,这种语言的真实含义也是说不清道不明的,更别提使用这种语言正常地参与语言游戏了。

事实上,"新奇的感受和逻辑"①必须建立在人类早先对世界的初步认知与基本理解的基础之上,任何概念与语言的形成也均无法摆脱一种业已成形的理解,我们既不能仅凭自身特有的意识经验来重构概念系统,也无法诉诸心灵独自地创造出一种新型语言。人生存在这个世界上,免不了有意或无意地接触到一些特定的想法或理解。伽达默尔提出的"前见"(Voruteil)概念对这些想法与理解作出了合理的诠释,认为正是这些先于判断的东西构成了人们的存在,并为人们开启了"世界的先入之见"②。人类心灵不可能永久地处于"草履虫般的白板状态"③,在尝试认知与理解新事物时也不可能完全摆脱"前见"的影响,因此,诉诸个体心灵经验来"私自"地认识与理解世界只能是一种不切实际的空想。

可见,"私人语言"从其定义到使用都处于公共语言机制的作用之下。要为"私人语言"下定义,离不开对"私人"和"语言"这两个公共语词的理解,如果要用记号 P 表示一种"我现在感受到的疼痛",就必须以"疼痛"这一语词的公共意义为基础。假使真的存在"私人语言",其用法也不可能完全取决于使用者个人,而依然需要借助公共语言,必须依靠某一公认的标准。即使一个人始终坚持自己拥有他人无法理解的"私人语言",认为别人没有资格对它的使用标准指手画脚,也无法否认以下事实:"私人语言"概念由于涉及对"私人"和"语言"的理解,本身就预设了一种公共语言系统的存在,其使用标准也离不开人类赖以生存的现实生活,需要在社会实践中进行检验。因此,一致的"生活形式"早已将"私人语言"排除在人类生活实践之外。

维特根斯坦帮助那些深陷"私人"泥沼的人们再次踏上坚实的地面,让他们重新认识到,意义既非初步形成于人类心灵,也并非最终实现在个人独享的隐秘心理过程之中,而是需要紧紧依赖语言的实际使用活动。这些活动中显示出的不受个体意志左右、由人们共同约定的公共标准充分说明了语言的"非私人性",不仅为语词意义提供了稳定的保障,也成为达成理解的重要条件。

通过"私人语言论证",维特根斯坦不再诉诸精神世界寻求确定性,也不再迷恋于一种毫无杂质的绝对确定性,而是开始关注外部世界与内部世

---

① 陈嘉映:《语言哲学》,北京:北京大学出版社 2003 年版,第 184 页。
② 伽达默尔:《诠释学Ⅱ:真理与方法》,洪汉鼎译,北京:商务印书馆 2010 年版,第 278 页。
③ 陈嘉映:《语言哲学》,北京:北京大学出版社 2003 年版,第 184 页。

界的密切联系,认为内在的心理过程可以被外在地理解。对他而言,语言的意义并不在于对内在对象的准确指称与内在心灵的精致描述,而在于对语言的日常使用与理解。

维特根斯坦的"私人语言论证"充分体现了其后期的理解观,也揭示了其后期确定性思想的基本路径,即诉诸人类实践,尤其是语言在现实生活中的使用与理解来思考确定性。他借助犀利尖锐的表达,将人们对语言与确定性的思考逐步引向司空见惯却又错综复杂的日常生活。在维氏那里,理解"内在过程"的外在标准不仅包含那些直观可见的外在行为,还涉及社会环境。我们无法完全排除被自己亲眼所见蒙蔽的可能性,外在行为的表达也不可避免地存在某种不可穷尽性,进而导致误解的产生。因此,要达成有效、确定的理解,还有赖于人类言行举止所植根的社会环境。虽然人们无法用肉眼直接观察到生活形式等社会环境的重要构成元素,但它们始终在理解活动中起决定性的支配作用。要读懂一部小说,顺利地理解其意义,不仅需要把握文本的逻辑因果联系,还要以人类一致的"生活形式"为理解的前提。在日常交往中,人们也通常需要在自身所属的某一特定共同体内,主动将成员一致遵守的共同体规则、生活形式等当作行为指南,积极互动,达成理解的确定性。

第四节　从《哲学研究》看维特根斯坦对确定性的思考

维特根斯坦在《哲学研究》时期改变了对语言的看法,不再将语言还原为某种本质的东西,或致力于追求语词的意义,也不再拘泥于那种与语言意义的生成和形式密切相关的统一、完备的语言逻辑形式。他突破了前期狭隘的语言观,开始关注语言在生活中的原本面目,聚焦语言在日常实践中的具体使用,并就语言的非形式方面,即意义得以表达、使用并得到理解的过程与语境展开讨论,试图在实践交流中动态地把握意义。维特根斯坦在《哲学研究》时期的语言观具体地表现为:

意义 ←——→ 使用 ←——→ 理解

这一语言观的核心在于,对意义的把握离不开使用,使用为符号注入"生命的气息",甚至可以说"使用就是它[符号]的生命"①。一方面,语言

---

① 维特根斯坦:《哲学研究》,陈嘉映译,上海:上海人民出版社2005年版,第150页第432节。

的使用,而非语言的外部指称决定了意义,因此,意义由语言的使用确定下来,并自然地显示在语言的使用过程中;另一方面,借助语言的使用,人们方可通达理解,理解活动也只有经由对语言的实际使用,才能真正参与到各类语言游戏之中,这不仅促进了意义的生成,也有利于进一步切实把握实践交往活动中语言的动态意义。

维特根斯坦语言观的变化也深刻地影响着维氏对确定性的思考。虽然他在这一阶段没有直接、明确地表达出对确定性的看法,但并未与追求确定性的初衷背道而驰,而是继续以语言为主线,坚持思考意义的确定性问题。在维特根斯坦那里,追求意义已不再是语言的使用和理解的终极目的,使用与理解活动必须服务于实际生活,并能满足人们在日常交流、人际交往方面的需要。此时,一种绝对精致的意义确定性便显得十分不合时宜。于是,维氏在《哲学研究》时期与其前期追求的那种"逻辑的水晶般的纯粹的"①绝对确定性划清了界限,不再将语词与对象一一对应,对一种截然不同的确定性的关注与思考也充分显示在以《哲学研究》为代表的维氏后期作品之中。

利奥塔等人由于未能确切领会维特根斯坦后期基于"语言游戏"和"生活形式"概念提出的以"意义即使用"观为代表的意义观、"遵守规则悖论"所蕴含的规则观以及"私人语言论证"所呈现的理解观,才会误用"语言游戏"等概念来消解确定性。我们认为,维特根斯坦提出的上述重要概念、观点与论证充分体现了他后期对意义确定性的深刻思考,现将其图示如下:

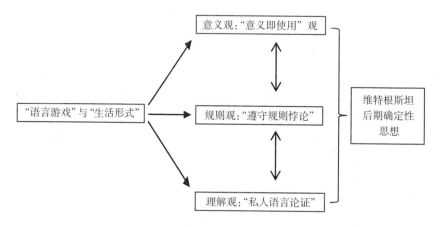

在维特根斯坦建构的《哲学研究》世界中,意义、规则与理解紧密相连,相互作用。他提出的"意义即使用"观、"遵守规则悖论"与"私人语言论

---

① 维特根斯坦:《哲学研究》,陈嘉映译,上海:上海人民出版社 2005 年版,第 54 页第107 节。

证"并非各自独立,而是相互联系,相互融合,互为基础,成为维氏后期确定性思想的重要组件。借助维氏对意义、规则与理解的讨论,我们可以洞悉他对确定性问题的全新思考。虽然《哲学研究》并未对"语言游戏"与"生活形式"等概念多加说明或深入论证,致使维特根斯坦试图为我们构建的世界似乎缺少了一幅较为确定、相对清晰的"世界图景",但不可否认,维氏这一阶段对确定性的思考为意义确定性问题打开了一扇新的窗口。

将语词意义视作其使用的"意义即使用"观贯穿于《哲学研究》乃至维特根斯坦整个后期,是其后期意义观的核心内容。正是在考察意义使用的过程中,维氏进一步阐发出其规则观与理解观,这尤其体现在对规则、遵守规则的讨论以及对"私人语言"观念的反驳中。同时,"遵守规则悖论"与"私人语言论证"又从侧面反映了"意义即使用"观。"意义即使用"观体现了意义确定性达成的背景,说明确定性产生于语词的使用实践,显示在人与外部世界以及人与人之间的各类互动之中。"遵守规则悖论"强调了达成确定性必备的媒介和手段,即确定性主要通过以语词、句子为代表的人类语言体系,借助规则等有效手段,显示于现实生活,并在日常实践中起关键作用。"私人语言论证"否定了"私人语言",在表面上呈现出确定性无法达成的若干情形,实则凸显了达成意义理解的确定性所必备的共同体、实践互动等基本条件。

第一,"意义即使用"观是维特根斯坦后期意义观的缩影。在维氏那里,要理解语词或使自己说出的语词能够为人理解,必须联系语词的实际用法。人类日常生活中的语词使用活动形式多样,内容丰富,语词可能随着具体使用情况的改变而产生意义的漂移,但这种漂移并非一种无序的变化,而是有章可循的。在现实语言游戏中起基础作用的一致生活形式等诸多元素为达成意义的确定性提供了坚实保障,于是,意义便潜在地固定于以语言使用活动为代表的各类实践之中,可能随着人类的交往活动逐渐稳定下来。可见,维氏后期对意义的不确定性显然并不在意,他否定了语词意义具有模糊不清的边界,反复重申语词意义固定于其具体使用中。因此,《哲学研究》描绘的意义图像虽非"惟一精确",但也"相对清楚"[①]。

第二,"意义即使用"观对语言具体使用活动的关注,相当自然地引出维特根斯坦对规则的探讨,他针对"遵守规则悖论"的解决方案也清晰地展示出其后期规则观。维氏不再像其前期一样,主张必然、不变、强制性的逻辑规则将概念与命题固定下来,而是转而认为概念、规则与某种实践、习俗

---

① 韩林合:《维特根斯坦〈哲学研究〉解读》,北京:商务印书馆 2010 年版,第 1168—1169 页。

紧密相连,语言也不再受制于那些精确如数学运算的规则。要使用语言,就必须运用各类语言规则。在维特根斯坦那里,语言使用与棋类游戏的最大相同点就在于两者均少不了规则。作用于不同游戏中的各类规则不像逻辑法则那样精确,可能会发生或快或慢的变化,这意味着,语言无法始终"以单一的方式起作用"(functions in one way),也不可能总为诸如"传达思想"(convey thoughts)①等相同的目的服务。在实际生活中,人们总要在亲身参与的各类语言游戏中,根据自己所处的生活形式,对规则以及遵守规则的过程有所选择。正如维氏所言,无论你为我提供多少规则,我依然会向你提供某条特定的规则,这条规则"辩护了我对你的规则所做的那种运用"②。

因此,遵守规则的判断标准只可能存在于人类整体或不同群体共同参与的实践活动中,若是罔顾实践,便会陷入规则悖论。同时,对规则毫不怀疑的态度以及对规则的敬畏也是人们在日常实践中遵守规则、达成共同理解的重要前提。

第三,"遵守规则悖论"在讨论规则实际使用的同时,引发了对规则与理解关系的思考,维特根斯坦对"私人语言"的反驳也正是以批判"私人感觉"与"私人规则"为基础。他从对"疼"等感觉语词的分析出发,证明了"私人语言"之不可能,进而聚焦"语词怎样才具有意义"③。维氏后期理解观也在"私人语言论证"中得到充分展现,再次明确只有在实践而非心灵状态中才能达成确定的理解。"语言游戏"与"生活形式"对于理解活动具有决定性意义,"私人语言"与"私人理解"正是由于未能切实参与语言游戏、罔顾生活形式的影响而根本不存在。同时,"私人语言论证"充分说明维特根斯坦后期已经彻底摒弃了诉诸意识寻找确定性的传统思路,也不再坚持追求那种"绝对的"确定性,这使人们意识到,真正进行理解、参与体验的是人,而不是人的大脑或心灵,只有在实践中才能达成确定的理解。

可见,分别体现了维特根斯坦后期意义观、规则观与理解观的"意义即使用"观、"遵守规则悖论"与"私人语言论证"共同构筑出维氏后期思考确定性的基本进路。"语言游戏"和"生活形式"既是维氏后期确定性思想的主要依据,也是上述观点与论证的共同基础。无论语言游戏如何多变,也无论语词在不同语言游戏情境下呈现出如何多样的使用,归根结底都要以人们在日常实践中共享的生活形式等为基础,这其实在某种程度上保证了日

---

① 　维特根斯坦:《哲学研究》,陈嘉映译,上海:上海人民出版社 2005 年版,第 119 页第304 节。

② 　里斯:《"能有私人语言吗"》,鲁旭东译,《哲学译丛》1994 年第 5 期。

③ 　里斯:《"能有私人语言吗"》,鲁旭东译,《哲学译丛》1994 年第 5 期。

常语言的语词意义具有较高的确定性与稳定性。人们通过在日常生活中对语言的实际使用与理解,以及对语言规则的遵守,在一定程度上消除了不确定性,进一步确定语词意义与用法,并达成相互理解。从这个角度看,人类的语词使用方式与生活形式密切相关,只有参照一致的生活形式,亲身投入现实生活中丰富多彩的语言游戏,才有可能真正获取意义、理解的确定性。人们在"某些事情",比如"极多的判断"或"行动"而非"实指定义"上达成的"一致"①,呈现了"生活形式"的一致性,它不但使交流得以可能,还对日常语言交流具有关键性作用。

《哲学研究》将人们的注意力从一种精致的理想语言以及一种静态的、确定的语言—世界同构关系,引向一种动态的语言实际使用与理解,不再将语言意义视为一种静止的存在,而是聚焦语言意义如何在实践中被理解。实际上,语词本身并非一种与其意义精确对应的一成不变的实体,语词意义也不是一种独立的存在,它与使用和理解息息相关,因此,对意义的逻辑分析无助于达成意义的确定性。意义、使用与理解的密切关系在于:语言在实际使用和理解活动中获得意义,语词意义产生、确定并显示于语言的不断使用与理解中,并在这些活动中得以澄清与完善,无论是语言的使用还是理解,都含有共享的逻辑与共通的意义基础,是人类实践活动的具体化表现。

可见,虽然维特根斯坦在《哲学研究》时期放弃了那种基于逻辑理性的绝对确定性,但他对确定性的思考依然贯穿这一时期始终。维氏突破了其前期确定性思想的狭隘视域,不再片面地追求那种基于抽象逻辑形式的纯洁精致的确定性,并一再否认语言意义具有与外物严格对应的静态确定性。然而此时,他并未转而聚焦语词意义的不确定性,而是开始在语言游戏实践中思考一种"合宜的"外在确定性。它拿实践生活当背景语境,以实际交往需要为轴心,具有相对性与动态特征。第一,语言游戏的多样性使日常语言呈现出多样性与多元特征,语词意义不再与指称对象严格一一对应,因此语词意义的确定性也不再是绝对确定、准确无误的纯粹之物;第二,虽然这种确定性并非精确无比,却足以满足人们在日常生活的具体情境中达成理解的各类现实需求,是一种足够的确定性。维特根斯坦提醒人们,只有在实践中通过对语言的实际使用才可能达成人对语词意义以及对他人的确定理解。因此,意义恰恰确定并显示于实践中,离不开以语言为主要媒介的交往活动,这也在一定程度上延续了《逻辑哲学论》的"不可说",即"显示"的

---

① 维特根斯坦:《数学基础研究》,韩林合译,北京:商务印书馆2013年版,第354页第212、214节。

思想。

此外,维特根斯坦后期对一种"基础的"内在确定性的思考也值得我们注意。在众多纷繁复杂的语言游戏中,人们之所以仅凭意义或规则显示出的"合宜的"外在确定性,就能较为确定地把握语词意义,或能在交往实践中与他人形成较为统一的理解,主要在于他们在"许多事情"上均达成了一致。这种一致成为诸多语言现象的基础,切实作用于各类言语实践之中。它在理解活动中的一类具体表现便是,交往中的人们均毫不怀疑地遵守某些规则,自觉接纳语词的公共意义。这类一致行为充分体现了一种关乎"生活形式"并隐性地作用于实践的"内在的"确定性。维特根斯坦对规则的一致性、遵守规则活动和"遵守规则悖论"的一系列论述,尤其是对遵守规则的"不选择性"与"盲目性"的强调,便淋漓尽致地呈现出这种确定性。同时,维氏也肯定了这种"内在的"确定性在语言使用与理解过程中发挥的积极作用,人们只有以这种确定性为基础,才能在实践中达成各种理解,进而获取语词意义的"合宜的"外在确定性。如果说维特根斯坦后期对这种"内在的"确定性仅仅浅尝辄止,那么维氏晚年在《论确定性》中对它的考察则要深入细致得多,进一步彰显了确定性对人类的重要价值。

第四章 《论确定性》:维特根斯坦论确定性

怀疑这种游戏本身就预先假定了确定性。

——OC § 115①

《论确定性》写于维特根斯坦逝世前一年半,是未经修改的维氏笔记初稿,其影响力既不如言简意赅、用词精炼的《逻辑哲学论》,也不如观点突出、例证丰富的《哲学研究》。但在我们看来,它在维特根斯坦语言哲学思想中依然占有举足轻重的地位,更是维氏确定性思想的最重要环节。

马尔科姆认为,《论确定性》中出现了维特根斯坦以往作品中不曾出现的思想②,是其思想创新的一个“光辉例证”③。张金言指出,《论确定性》是维氏沿着《哲学研究》的思路”在认识论方面进行的“新探讨”,它取得的“重大进展”④决定了其地位仅次于《逻辑哲学论》和《哲学研究》。陈嘉明将《论确定性》对“确定性”进行的分析视为“开创性的”⑤,夏洛克等学者也同样高度评价了《论确定性》,认为它已经达到理论上的新高度,完全超越了《哲学研究》⑥。

那么这种“超越说”是否正确呢? 马尔科姆记录的 1939 年 5 月 2 日维

---

① 维特根斯坦:《论确实性》,张金言译,桂林:广西师范大学出版社 2002 年版,第 21 页第 115 节。

② Malcolm, N. *Nothing is Hidden:Wittgenstein's Criticism of His Early Thought*.Oxford:Blackwell, 1986, p. 201.

③ 马尔科姆:《回忆维特根斯坦》,李步楼、贺绍甲译,北京:商务印书馆 2012 年版,第 116 页。

④ 维特根斯坦:《论确实性》,张金言译,桂林:广西师范大学出版社 2002 年版,“译者序”第 2—3 页。

⑤ 陈嘉明:《维特根斯坦的“确定性”与“生活形式”》,《哲学研究》1997 年第 1 期。

⑥ Moyal-Sharrock, D. Introduction of Third Wittgenstein Conference. *Philosophia*, 2009, 37 (4), p. 558.

特根斯坦与摩尔就"确定性"问题展开的交锋①恰恰证明,维氏早在1949年写作《论确定性》之前就已经开始思考"确定性"问题,并始终坚持"语词使用即语词意义"的观点。《逻辑哲学论》中的"语言与实在一一对应",以及《哲学研究》中的"意义即使用"观、"遵守规则悖论"与"私人语言论证"等观点与论证也早已展现出维氏对确定性的不懈思考,为《论确定性》对确定性的讨论埋下了伏笔。可见,《论确定性》并非维特根斯坦的一时兴起之作,其写作初衷也并不意在超越某种理论,而是另辟蹊径,继续并深化已有的哲学思考。可见,"超越说"有些言过其实。

部分学者认为维特根斯坦晚年的研究兴趣已经从语言哲学转向心理学哲学,并将以《论确定性》为代表的维氏生命最后几年所写的作品纳入维氏心理学哲学的范畴。但实际上,维特根斯坦在这些被编者冠以"心理学哲学"名头并以其著作形式出版的《心理学哲学研究》《心理学哲学笔记(1948—1950)》等晚年作品中并未明确表现出对心理学浓厚的研究兴趣,也未真正提出并使用过"心理学哲学"这一概念。他只是希望通过对一些心理学概念、现象与词汇的考察,描述人们对心理学语词的误用,以批判当时流行的"试图用科学的理论去说明我们通常对心理学词汇的使用"②的心理学研究方法。因此,《论确定性》并未提出一套真正意义上的心理学哲学理论,而是从概念和命题入手,展开对确定性的细致思考。

《论确定性》其实并未全盘脱离维特根斯坦后期思想的理论框架,它提出的一系列概念与观点并非对维氏先前思想的革命性颠覆,而是延续了《哲学研究》的研究思路与立场,两者存在方法论上的连续性。《哲学研究》聚焦语言的实际使用与理解,《论确定性》则继续从语言视角,试图通过对概念与命题等的分析来澄清哲学问题,主张人们到了一定阶段就必须从"说明"(explanation)走向"单纯的描述"(mere description)③。更重要的是,《论确定性》进一步绵延并深化了《哲学研究》对作为语言使用与理解基础的确定性的思考。它不仅是认识论层面上的对内在认识机制的探讨,更是《哲学研究》语言哲学考察的延续。归根结底,《论确定性》关注的依然是语词的使用问题,试图阐明意义、规则、理解等观念性的东西与怀疑、确定等感

① Wittgenstein,L.,Moore,G.E.& Malcolm,N.A Discussion between Wittgenstein and Moore on *Certainty* (1939):From the Notes of Norman Malcolm.(ed.).G.Citron.*Mind*,2015,124(493),pp.79-82.

② 江怡:《论后期维特根斯坦对常识心理学的态度》,《社会科学战线》2018年第11期。

③ 维特根斯坦:《论确实性》,张金言译,桂林:广西师范大学出版社2002年版,第32页第189节。

性的东西只有经由语言的实际使用才得以形成。

如其书名所示,《论确定性》凝练了比《逻辑哲学论》与《哲学研究》更直接、明确的"确定性"的大量表述,尤其重点考察了《哲学研究》中点到为止的那种"内在的"确定性,集中呈现出维氏晚年的确定性思想。从这个意义上说,《论确定性》不仅不亚于前两部作品,还进一步深化甚至升华了对确定性问题的思考。因此,虽然《论确定性》还谈不上对维氏前后期思想的全新超越,并在很大程度上依然继承与发展了《哲学研究》的基本思想,但我们认为,它至少应当与《逻辑哲学论》《哲学研究》享有同等的地位。

第一节 怀疑与确定性

一、维特根斯坦论"怀疑"

《论确定性》并非立即切入"确定性"论题,而是从反驳摩尔和怀疑主义开始,首先围绕着"怀疑"这一论题展开讨论。1925 年,摩尔在《保卫常识》①一文中提出了"常识哲学",认为哲学不应超越常识。他列举出"我有身体""我的身体从未远离地球表面""除了自己以外还有别人"等诸多无法证明其真假的常识性命题,指出人们总是对这类命题笃信不疑。1939 年,摩尔在《对外部世界的证明》②一文中为反驳怀疑主义者所主张的"人们无法知道外部世界",提出了著名的"一只手"命题,即举起自己的一只手说"我知道这是一只手",打算基于人们对这类常识命题的确信,来证明人类心灵之外存在着外部世界。

在马尔科姆看来,摩尔的错误主要在于误用了"知道",确切地说,就是把"我知道……"视为语言的正确用法,却未能意识到这其实是对"知道"这个动词的"无意义的用法"③。后来,维特根斯坦与马尔科姆共同探讨了摩尔的上述主张,也正是在讨论的过程中,维氏对摩尔反对怀疑论的方式进行了严厉的驳斥,并阐述了自己对"知道""怀疑"等概念的理解,为其后对"确定性"概念的正面详尽考察做好了充分的准备,促进了《论确定性》的诞生。因此,我们也可以将《论确定性》视为维特根斯坦对摩尔 1939 年那篇文章

---

① Moore,G.E. A Defence of Common Sense. In Moore, G. E. *Philosophical Papers*. London: George Unwin,1959,pp. 32-59.

② Moore,G.E.Proof of an External World.In Moore, G.E.*Philosophical Papers*.London: George Unwin,1959,pp. 127-150.

③ 马尔科姆:《回忆维特根斯坦》,李步楼、贺绍甲译,北京:商务印书馆 2012 年版,第 98 页。

的直接回应。

（一）维特根斯坦对摩尔的反驳

《论确定性》开篇便展示了摩尔"这里有一只手"（here is one hand）的命题：

> 如果你确实知道这里有一只手，我们就会同意你另外所说的一切（当人们说不能证明如此这般的一个命题时，这当然并不是说它不能从其他命题推导出来。……）（OC §1）①

在维特根斯坦看来，虽然任何命题均可推导自"其他命题"（other propositions），但这些"其他命题"未必会比那个推导出的命题自身更为确定②。按照上述思路，摩尔用以论证外部世界的根据——"手"这一客观事实的存在，并不比其结论"这是一只手"更为可靠，因而无法真正有效地证明外部世界的存在。正是在分析与反驳摩尔主张的过程中，维氏进一步就"知识"与"确定性"等概念展开了深入探讨。当然，他并未将摩尔一竿子打倒，而是坦承摩尔的重要贡献，认为由于"一切描述语言游戏的东西"（everything descriptive of a language-game）均为"逻辑"的一部分③，摩尔对常识作出的此类辩护称得上是对逻辑的"一种贡献"④。实际上，维特根斯坦与摩尔均一致地反对怀疑论，只不过两者反驳怀疑论的方式迥然不同。维氏对摩尔所要证明的结论并无异议，他质疑的是摩尔反驳怀疑论的方式，认为这种方式无法驳倒怀疑论。

第一，维特根斯坦归纳了摩尔对"知道"的看法，即"知道"与"相信""怀疑"等相关概念均预设了"'我知道……'这一陈述不可能是一种错误"⑤。摩尔坚信"我知道……"这一断言内容永恒的正确性，却未能留意到这种表达在日常生活中的具体使用情况。事实上，"我知道……"真正表

---

① 维特根斯坦：《论确实性》，张金言译，桂林：广西师范大学出版社 2002 年版，第 1 页第 1 节。

② 维特根斯坦：《论确实性》，张金言译，桂林：广西师范大学出版社 2002 年版，第 1 页第 1 节。

③ 维特根斯坦：《论确实性》，张金言译，桂林：广西师范大学出版社 2002 年版，第 11 页第 56 节。

④ 蒙克：《维特根斯坦传——天才之为责任》，王宇光译，杭州：浙江大学出版社 2011 年版，第 567 页。

⑤ 维特根斯坦：《论确实性》，张金言译，桂林：广西师范大学出版社 2002 年版，第 5 页第 21 节。

达出来的往往是"我想我知道……"之意，因此，"我猜想""我确信"等断言内容展现出的言说者的那种确信也无法完全排除出错的可能性。在我们看来，仅凭"我知道……"这类带有主观色彩的断言来反驳怀疑主义的做法，毫无说服力可言。并非每个人都会对这些由第一人称发出的语言承诺深信不疑，并在这种信任的基础上得出"存在外部世界"的结论。有人说"我知道……"时，人们未必要"相信他"。①

维特根斯坦认为，摩尔所说的"我知道……"这类断言全然脱离了日常生活的使用语境，错误地使用"我知道这件事"来反驳"人们无法知道这件事"②。于是，维氏对摩尔的这种错误用法作出了如下的清晰总结：

他[摩尔]把这个["我知道……"]命题当做一个像"我感到疼痛"一样难以怀疑的语句。而且因为从"我知道情况是这样"能够推断出"情况是这样"，所以对后者也不能加以怀疑。（OC §178）③

事实上，怀疑论所谓的"怀疑"并无实质意义。怀疑主义者令一切都无法确定下来，他们不仅否认客观世界的存在，而且否认人类能够真正认识客观世界，然而这种对一切客观事物与客观真理的绝对不信任将具体的情境排除在外，相当于什么都没有怀疑。摩尔正是由于未能意识到这一点，才错误地使用了"怀疑"一词。

可见，维特根斯坦对摩尔的反驳之一便是指出摩尔误解了"知道"与"怀疑"等语词的正确用法，误用了"我知道……"的表述方式，而从某种意义上说，这种误用是一种无意义的胡说。因此，像摩尔那样仅以"我知道……"为依据来反驳怀疑论显然不行。

这当然不是说"我知道……"这种断言在任何情况下都会出错。维特根斯坦设想了两种"我知道……"断言的使用场景：其一，在未发生任何特殊情况的场景下，"毫无道理"且"贸然"（unjustified and presumptuous）地说出"我知道……"，比如"我知道我现在坐在一把椅子上"；其二，虽然言说者自身并不确定其真实性，但会在必要时说出这句"完全有道理"且"相当常

---

① 维特根斯坦：《论确实性》，张金言译，桂林：广西师范大学出版社 2002 年版，第 84 页第 520 节。

② 维特根斯坦：《论确实性》，张金言译，桂林：广西师范大学出版社 2002 年版，第 84 页第 521 节。

③ 维特根斯坦：《论确实性》，张金言译，桂林：广西师范大学出版社 2002 年版，第 31 页第 178 节。

见"（perfectly justified and everyday）的"我知道……"①。

维特根斯坦以"我知道有个病人躺在这里"为例,讨论了现实生活中"我知道……"的细致微妙的用法。他指出,人们往往能够毫不费力地想象适合上述断言的情况,因而很可能将其视为"理所当然"（matter-of-course）或"永远合适"（always in place）的事情②。"我知道那是一棵树"的论断既可能出现在有关这棵树是"幼榉"还是"酸栗"的争论中,也可能出现在判断浓雾中某样东西的讨论中③。"我知道有 12 对神经从大脑分布出去"这句话也可能在讨论解剖学时得到正确的使用④。此外,语言初学者对"我知道那是一朵花"这句话的跟读对他们自身来说并非毫无意义,日常交往中也有不少人习惯使用"我知道……"来强调事实或重申观点。

第二,维特根斯坦将摩尔对"我知道"的误用归结为他将"知道"当作一种心理状态,并生动地解释了其后期极力反对的这种误用:

> 认为与"相信"和"知道"这些词相对应的必然是些不同的心理状态,这就好像人们相信与"我"这个词和"路德维希"这个名字相对应的因概念的不同而必然是不同的人一样。（OC§42）⑤

实际上,《哲学研究》早已存在着大量有关"知道""怀疑"等概念的论述,维特根斯坦的"私人语言论证"就关注过"知道"的用法。对维氏来说,哲学家对"知道"等语词的使用往往脱离了日常生活,目的在于把握事物本质。在现实生活中,主客二分思想也导致人们对心理状态产生了过度依赖,使他们不自觉地把"知道"与"痛苦"等感觉语词视为同类,将"知道"完全等同于经历这种状态的精神过程。其实"知道"和"痛苦"并不相同,"知道"侧重一种瞬时性,而"痛苦"则可能具有时间上的持续性。人们能够明确地表达"痛苦"起始的时间,比如"汤姆从前天起就一直处于痛苦之中",

---

① 维特根斯坦:《论确实性》,张金言译,桂林:广西师范大学出版社 2002 年版,第 89 页第 553 节。

② 维特根斯坦:《论确实性》,张金言译,桂林:广西师范大学出版社 2002 年版,第 3 页第 10 节。

③ 维特根斯坦:《论确实性》,张金言译,桂林:广西师范大学出版社 2002 年版,第 54 页第 349 节。

④ 维特根斯坦:《论确实性》,张金言译,桂林:广西师范大学出版社 2002 年版,第 101 页第 621 节。

⑤ 维特根斯坦:《论确实性》,张金言译,桂林:广西师范大学出版社 2002 年版,第 9 页第 42 节。

却很难确认"知道"的起始时间。其实"知道"并非描述了一种确定的心理状态,这决定了"只有我知道我疼"这类旨在表达某种"私人感觉"的非经验命题具有明显的逻辑漏洞。此外,虽然我们无法完全将某种心灵过程从"知道""理解""掌握"等相似概念中排除出去,但这些概念均体现了某种能力,并存在一些外部的检验标准。

维特根斯坦指出,人们常常认为自己真正知道的并非"外部世界"而是所谓"感觉材料"(sense-data)①领域内发生的事情。在他们眼中,"我知道……"表示我与一个"事实"而非"命题意义"之间的"关系",而事实正是通过这种关系"摄进"我的意识,于是,他们便相应地将"我知道"视为"我看见",主张"知识即知觉"②。正如维氏所言,一种"奇特而又极其重要"的"心理状态"(mental state)③似乎在对"我知道……"的误用中被揭示出来。

让我们想象一下如下场景:我在公园里散步,突然一只猫朝我飞奔而来。我看到这只猫的那一刻,就已经把作为客观事实存在着的这只猫纳入自我意识中,说出"这是一只猫"。但在我看来,上面这种对猫的单纯描述远远不够,似乎只有在这一断言前面加上"我知道"才能更为充分地展现出我与这只猫的关系,细致地勾勒出我在看到这只猫时的心理内部图景。因此,我在"这是一只猫"的事实描述基础上添加了"我知道"这种所谓的心理状态描述。以上正是将"我知道"理解为一种心理状态的具体过程。

再让我们想象两组关于"我知道……"的对话:

> 1.A:那是一只蜘蛛!
>
>   B:我知道那是一只蜘蛛!
>
> 2.A:请跟我读:我知道那是一只蜘蛛!
>
>   B:我知道那是一只蜘蛛!

不难理解,在第一组对话中,"我知道那是一只蜘蛛"再次强调了对事实——"蜘蛛"的确认,而在第二组对话中,这句话则作为语言学习的实例供学生模仿朗读。然而如果在现实生活中将这句话视为对"我"的心理状

---

① 维特根斯坦:《论确实性》,张金言译,桂林:广西师范大学出版社 2002 年版,第 16 页第 90 节。

② 维特根斯坦:《论确实性》,张金言译,桂林:广西师范大学出版社 2002 年版,第 16 页第 90 节。

③ 维特根斯坦:《论确实性》,张金言译,桂林:广西师范大学出版社 2002 年版,第 2 页第 6 节。

态的精确描述,却很难说得通。其一,要判断说话者辨认那只蜘蛛时是否存在着与其他看到这只蜘蛛的人相同的心理状态,缺乏可行的客观标准。其二,心理状态或精神过程无法为人们切实使用,也不可能真正参与语言实践。况且"我真的知道"根本不等于"我以为我知道",那些说"我知道……"的人也未必确实知道他们所说的事情。摩尔利用"我知道……"对怀疑论者进行的反驳,并未真正答复他们对外在世界的怀疑,而仅仅就他们对外在世界的内在怀疑作出回应。

事实上,感觉、心灵或意识并非认识世界与理解他者的唯一手段,当人们说出"知道""确信""怀疑""猜想"等语词时,每个人的心灵中也并不存在着与之确切对应的"知道""怀疑"等特定精神活动。可见,维特根斯坦在《论确定性》中继承并延续了以《哲学研究》为代表的维氏后期理解观,与那种试图从心灵过程中获取理解与确定性的思想渐行渐远。

第三,维特根斯坦批判了摩尔用以化解怀疑论的具体手段——"常识命题"。维氏承认,摩尔所说的"地球是一个球体""在我出生以前地球已经存在了很久""我是一个人"等"常识命题"在人类认知体系中具有相当特殊的地位,他也笃定地认为摩尔对这类命题持有无比确信的态度。但在维氏看来,摩尔对它们的重要性有所误解。摩尔说自己知道某事时,列举了一些无须证明即可肯定的"经验命题"(empirical propositions)①。然而这些已知真理命题之所以令人感兴趣,并不像摩尔所说的那样,在于一种"我知道……"的语言保证,即确切地知道这些命题的真实性或相信自己知道它们,而主要在于它们在人类经验判断体系中均发挥了"类似"的作用②。

这些"常识命题"的特点被维特根斯坦归纳为,"不可能设想有一些情况会使我们主张有证据来反对这些命题"③。他认为,这些"常识命题"既非典型知识,又不可证伪,难以怀疑,"我"也未必"真的知道",因此用"我知道……"加上这类命题为证据来反驳怀疑论显然行不通。

综上所述,摩尔基于"知识即知觉"的理论假设,对"知道"与"怀疑"的真实含义产生误解,导致其误用"我知道"之类的表达来反驳怀疑论。摩尔提到的"常识命题"也并非认识论范畴的知识,无法用以证明外部世界的客观存在。维特根斯坦通过强调"知道"这一概念的"独特逻辑"并非"心理状

① 维特根斯坦:《论确实性》,张金言译,桂林:广西师范大学出版社 2002 年版,第 24 页第 136 节。

② 维特根斯坦:《论确实性》,张金言译,桂林:广西师范大学出版社 2002 年版,第 24 页第 137 节。

③ 马尔科姆:《回忆维特根斯坦》,李步楼、贺绍甲译,北京:商务印书馆 2012 年版,第 103 页。

态逻辑"①,不仅反驳了摩尔,还进一步批判了将心理状态等同于语言本身、脱离日常生活使用语言的行为。那么维特根斯坦自己是如何反驳怀疑论的呢? 他反驳怀疑论的方式与摩尔相比有何区别?

(二) 维特根斯坦对怀疑论的反驳

休谟主张人类认识具有局限性,分析了"先行于一切研究和哲学"和"经过科学和研究以后而来"②的两种怀疑主义。笛卡尔的怀疑主义属于第一种,他使用怀疑方法,通过思考感官的怀疑、梦的论证与骗人的上帝,将外部世界与内部心灵完全分隔开来,开启了哲学的认识论转向。但事实上,笛卡尔并非怀疑一切,他借助这种有限的怀疑旨在获取确定性,目的一旦达到,怀疑便会终止。因此,维特根斯坦批判的怀疑论既非笛卡尔意义上的那种为达成形而上学确定性的怀疑,也非摩尔反驳的那种对外部世界的怀疑,而是一种"怀疑一切"的过度怀疑。这种极端的怀疑论主张一种无限的怀疑,不加区分地怀疑一切外部事实甚至其存在的根据等。在这种怀疑论的语境下,任何事物都处于一种不确定、模糊不清的状态,世间万物也不是确定的。

在反驳怀疑论的过程中,维特根斯坦不像笛卡尔那样,将"我"视为认识的基础,事先确定切实存在着的怀疑者,再借助普遍怀疑的手段来寻找真理,最终获取一种绝对的确定性。同时,他也不像摩尔那样利用"我知道……"之类的断言对外部世界进行直接证明,以批判主张"人类无法真正认识事物"的怀疑主义。维特根斯坦在对"知道"与"怀疑"等概念的细致分析中,揭开了怀疑论的"神秘"面纱。在他看来,怀疑论的"怀疑"不符合人类日常实践,因此并不合法。

维特根斯坦首先批判了"观念论者"(idealist) 。"观念论"倡导从心灵与意识出发认识世界与理解语言,强调了观念作为事物本质的重要性,而怀疑论则主张怀疑世间的一切。洛克在《人类理解论》中对观念的重要性有所言说,他认为仅当人们具备相应观念时,才能假设其相应于"别人心中的概想"并用文字来表达它们,要是缺少了观念,那么"字眼所标记的"便不为人知甚至"毫不存在"③。因此,如果从怀疑论和观念论的基本主张来看,维特根斯坦反驳的"观念论者"似乎与怀疑主义者并无关联。

---

① 维特根斯坦:《最后的哲学笔记(1950—1951)》,刘畅编译,北京:商务印书馆 2019 年版,第 105 页第 497 节。

② 休谟:《人类理智研究》,吕大吉译,北京:商务印书馆 1999 年版,第 138—139 页。

③ 洛克:《人类理解论》(下册),关文运译,北京:商务印书馆 2012 年版,第 417 页。

　　不过如果将观念论与怀疑论同置于维特根斯坦的"知道""怀疑"等概念的背景下,便不难发现两者的相通之处。观念论者往往不会怀疑"我知道……"这类命题,但他们说的并非那种"受到否定"(dismissed)的实际怀疑,而是一种怀疑背后的"进一步怀疑"(a further doubt),维氏视其为一种"幻觉"(illusion)①,认为要对其有所证明就必须借助其他方法。此外,他还设想了观念论者的一些质疑,如"我有什么权利不怀疑我的双手的存在"②等,这类观点显然与维氏所要反驳的怀疑论不谋而合。可见,观念论者在这个意义上与怀疑主义者达成一致,即均主张人们不仅可以怀疑事物的存在与事物的本体,还可以怀疑事物存在的根据与理由,甚至对"怀疑"本身持有怀疑。维特根斯坦则通过《论确定性》一再提醒人们,总有一些东西能够免于怀疑,人们无法肯定也无法否定它们,只是在生活实践中无条件地接纳其成为自身行事的基础,然而观念论者与怀疑主义者却对这一明显的事实视而不见。

　　此外,观念论者的"怀疑"之所以毫无意义,主要在于他们对日常语言的熟视无睹使这种怀疑无法参与现实的语言游戏。与此相似,怀疑论也由于未能意识到,对存在的怀疑只有在"语言游戏"中才能行得通③,导致怀疑主义者的"怀疑"完全脱离现实,成为毫无根据的"空想"或"臆想"。其实在"私人语言论证"中,维特根斯坦就曾经对"怀疑"有所论述,在他看来,我们可以说"别人怀疑我是否疼痛"④,这句话也是有意义的,我们还可以说"我怀疑别人是否疼痛",却不能说"我怀疑我是否疼痛"。当人们借助语言或表情等解释方式帮助一个对"疼痛"一无所知的人理解疼痛时,这个人既可能依然错误地理解或无法理解"疼痛",也可能已经真正掌握或自认为弄清了"疼痛"的含义,却无法确认他此刻拥有的感觉是否"疼痛",而这类关乎怀疑的表达没有意义,也"不属于语言游戏"⑤。

　　观念论和怀疑论至少在以下两个方面表达出相似的观念:其一,忽视语

---

①　维特根斯坦:《论确实性》,张金言译,桂林:广西师范大学出版社2002年版,第4页第19节。

②　维特根斯坦:《论确实性》,张金言译,桂林:广西师范大学出版社2002年版,第5页第24节。

③　维特根斯坦:《论确实性》,张金言译,桂林:广西师范大学出版社2002年版,第5页第24节。

④　维特根斯坦:《哲学研究》,陈嘉映译,上海:上海人民出版社2005年版,第104页246节。

⑤　维特根斯坦:《哲学研究》,陈嘉映译,上海:上海人民出版社2005年版,第115页288节。

言在日常语言游戏中的实际使用；其二，将怀疑建立在"空想"的基础上。在某些情况下，怀疑论甚至可以是观念论的一个组成部分，这应该也是维特根斯坦反驳怀疑论时首先瞄准观念论者的根本原因。维氏在《哲学研究》中提出的"意义即使用"观等观念，恰恰与观念论与怀疑论相对立，因此，他对怀疑论的批驳，实则凸显了"意义即使用"观所表达的语词意义固定在对语言的实际使用中，其晚年确定性思想也日益显露于对怀疑论的逐级批判中。可见，《论确定性》对确定性的考察依然沿循着《哲学研究》的思路。维特根斯坦将"怀疑"置于语言游戏之中，诉诸人类的共同生活形式、共同体寻求确定性。

（三）　维特根斯坦论"合理的"怀疑

在《论确定性》中，维特根斯坦依然多次谈到《哲学研究》提出的"语言游戏"概念。维氏在其批判观念论者的"怀疑"的过程中说明，一种合理"怀疑"的基本前提在于它必须在语言游戏中进行，这意味着那些持有怀疑的人必须事先掌握语言游戏，并能切实参与语言游戏，才可以使自己的怀疑有意义。当有人因一时无法确认"这里是否有一只手"而得到"再仔细看看"的建议时，这种令"自己确信"的"可能性"便属于"语言游戏"，是它的一个"主要特征"①。

"怀疑"本身就是一种语言游戏，然而观念论者与怀疑论者均未能确保其"怀疑"在语言游戏的现实场景中进行，他们对"怀疑"的使用也与日常生活完全脱节。确切地说，一种合理的"怀疑"必定是一类置身于语言游戏之中并真正在现实生活中起作用的语言游戏，这应该也是这种怀疑最基本的特征。倘若它孤立于语言游戏之外，便会成为一种无意义的无效怀疑。

倘若孩子问父母如何得知"地球是圆的"与"月球比地球小"，或请教老师历史上是否真的发生过"焚书坑儒"与"特洛伊战争"时，大人们很可能会以"老师以前教过""这当然是真的"或"大家都这么说"等敷衍了事。虽然语言的学习促进了儿童的全面发展，但儿童依然处于心智尚未健全的发育阶段，还未熟练地掌握问答等语言游戏，因此，孩子发出的这些怀疑对成人来说早已司空见惯，并常常被他们当作童言稚语一笑置之。即便老师们有时也会对产生此类"无意义"疑问的学失去耐心，但他们依然相信，"怀疑"

---

①　维特根斯坦：《论确实性》，张金言译，桂林：广西师范大学出版社 2002 年版，第 1 页第 3 节。

这种语言游戏会逐渐"丧失其意义"①。这意味着,当孩子们在成长过程中掌握了越来越多的语言游戏,他们便不会再对这些事情存有怀疑。

让我们从怀疑的目标、基础、根据、表现等几个方面来考察一下维特根斯坦所说的"合理"怀疑。

1. 怀疑的目标

维特根斯坦曾经在《哲学研究》中批判了下面的怀疑观:

> 我们仿佛得先把可以怀疑的一切都怀疑一遍,然后把所有的这些怀疑都消除掉,才能获得可靠的理解。(PI §87)②

《论确定性》也侧重从反面论述了一种合理"怀疑"的目标:

> 如果你想怀疑一切,你就什么也不能怀疑。(OC §115)
> 一种怀疑一切的怀疑就不成其为怀疑。(OC §450)③

这意味着"怀疑一切"并非达成可靠理解的必要条件,一种合理的"怀疑"既不可能怀疑一切事物,也不是任意的怀疑。维特根斯坦将一个不断怀疑"自然界均一性"(uniformity of nature)④的学生类比为一个反复开关抽屉寻找东西的人,认为两者均由于任意地怀疑一切,才未能学会他人尽力教给他们的某种语言游戏。在维氏看来,这种持续"不合理"怀疑的学习方式只会牢牢地困住这名学生,阻碍他前进的脚步,也无法教会他如何提问,而那个一直重复"打开抽屉——等待——关上抽屉"动作的人也依旧无法学会找东西。

《论确定性》第220节指出,"有理智的人"(the reasonable man)不抱有"某些怀疑"(certain doubts)"⑤。事实上,第221节所说的"随意怀疑"(doubt at will)以及第625节提到的"无限度的怀疑"(doubt without an end)

---

① 维特根斯坦:《论确实性》,张金言译,桂林:广西师范大学出版社2002年版,第11页第56节。

② 维特根斯坦:《哲学研究》,陈嘉映译,上海:上海人民出版社2005年版,第47页第87节。

③ 维特根斯坦:《论确实性》,张金言译,桂林:广西师范大学出版社2002年版,第21页第115节,第72页第450节。

④ 维特根斯坦:《论确实性》,张金言译,桂林:广西师范大学出版社2002年版,第49页315节。

⑤ 维特根斯坦:《论确实性》,张金言译,桂林:广西师范大学出版社2002年版,第36页第220节。

意指的正是理智者所缺乏的"某些怀疑"。对"历史的真实性"乃至"地球在100年前是否存在"①的怀疑也相当空洞,甚至称不上一种真正的怀疑。怀疑主义者持有的这种过度、任意的怀疑远离人类生活,也无法参加语言游戏,既无存在的必要也毫无意义。

因此,任意怀疑一切不具任何效力,它像一张网将人们紧紧缠住令其寸步难行,而一种合理的、有意义的怀疑必定是有目标、有限度的。

2. 怀疑的基础

《论确定性》不仅分析了"怀疑",还探讨了"怀疑"与"不怀疑"行为之间的关系:

> 怀疑行为和不怀疑行为,只有有了第二种行为才会有第一种行为。(OC §354)②

"确定性"正体现在一系列"不怀疑行为"(non-doubting behaviour)之中,这意味着,人们必须从"某个地方"(somewhere)③开始停止怀疑。"怀疑"这种特殊的语言游戏本身就预设了"确定性"④,必须依赖某些"不容怀疑的东西"(what is beyond doubt)⑤。它往往出现在人们长期持有的"信念"(belief)⑥之后,是与信念相对的"认知机能"⑦。

成人教孩子识物时,往往胸有成竹地指着某样实物或某张图片,对着孩子重复"这是熊猫""那是苹果""树下有五只兔子"等,而不是迟疑地说"这也许是香蕉""那可能是猴子""教室里大概有一台电脑"等。孩子们也往往在无条件信任大人的基础上学会指物,懂得表达。这种确信一旦缺席孩子

---

① 维特根斯坦:《论确实性》,张金言译,桂林:广西师范大学出版社2002年版,第48—49页第311—312节。
② 维特根斯坦:《论确实性》,张金言译,桂林:广西师范大学出版社2002年版,第56页第354节。
③ 维特根斯坦:《论确实性》,张金言译,桂林:广西师范大学出版社2002年版,第27页第150节。
④ 维特根斯坦:《论确实性》,张金言译,桂林:广西师范大学出版社2002年版,第21页第115节。
⑤ 维特根斯坦:《论确实性》,张金言译,桂林:广西师范大学出版社2002年版,第83页第519节。
⑥ 维特根斯坦:《论确实性》,张金言译,桂林:广西师范大学出版社2002年版,第28页第160节。
⑦ 郁振华:《怀疑之批判——论波兰尼和维特根斯坦的思想会聚》,《哲学研究》2008年第6期。

的成长过程,孩子们便不可能取得任何进步,最终他们只能像上文提到的不停提问的学生或反复开关抽屉的人那样,受困于自身狭隘的思想空间之中,无法学会任何东西。只有当孩子们毫不怀疑地接纳了外部物体的客观存在,并在实践中将这些前提内化于心,才可能进一步掌握并参与各类语言游戏,并在此基础上提出真正合理的怀疑。

　　怀疑主义者对怀疑中蕴藏着的确定因素视而不见,导致他们的怀疑成为无意义的怀疑。后现代主义者秉承"认识论的怀疑主义",试图大量引用《哲学研究》为否定人类认识与意义的基础作"最有力的辩解",却完全忽视了《论确定性》,更从未注意到其中反复阐述的一种对怀疑深刻的体悟,即"怀疑以某种确定为前提"①。也就是说,怀疑只有建立在确定性基础上,才是合理的、有意义的。

　　倘若一个人始终无法确定"手""口""水""火"等日常用词的基本意义,又怎么可能合理地怀疑它们的客观存在? 试想有人怀疑自己有一个身体,怀疑自己有四肢,怀疑自己有手口耳鼻,甚至怀疑自己用来观察世间万物的眼睛。人们在关乎自身的基本身体经验方面不容易出错,但如果对人类赖以生存的基本事实都持有怀疑,必定会导致对人类实践中各类基本活动的不信任,甚至怀疑"怀疑"行为本身,使这种活动难以为继。对手、眼、口、耳、鼻等基本存在的持续性怀疑,必然会使打字、阅读、交谈、听课、吃饭等以上述客观存在为基本条件的日常活动成为不可能完成的任务。在维特根斯坦那里,始终坚持自己的无限怀疑的人,比如那些因主张"所有计算均不确定""错误总可能存在"而不信赖"任何一次计算"②的人,完全失去了理智,是不折不扣的"白痴"(half-wit)③。对这些人而言,那些如感觉、理解等充满意识色彩的活动无疑就更加虚无缥缈,难以确定了。

　　与怀疑"地球""月亮""太阳"等外部事物的存在相比,怀疑那些与人类日常生活紧密相关的基本事实所带来的破坏力明显要大得多。"水在火上结冰"或许会由于其中存在着某些不为人知的物理原理而饱受质疑,但那种对某一认识多年好友的怀疑则将一切置于怀疑之下④,不但剥夺了人

---

① 徐友渔:《关于后现代哲学的几个问题》,《人文杂志》1996 年第 1 期。
② 维特根斯坦:《论确实性》,张金言译,桂林:广西师范大学出版社 2002 年版,第 36 页第 217 节。
③ 维特根斯坦:《论确实性》,张金言译,桂林:广西师范大学出版社 2002 年版,第 41 页第 257 节。
④ 维特根斯坦:《论确实性》,张金言译,桂林:广西师范大学出版社 2002 年版,第 100 页第 613 节。

们作出判断的基本条件,还会导致极其愚蠢的非理性行为,使人类陷入混乱的境地。怀疑总是要以确定性为基础,假如每个人都疯狂地否定、怀疑一切基本事实的存在,那么人类世界必定会由于丧失其确定性基础而土崩瓦解。只有在无条件确认基础事实的基础上,才可能顺利地完成一项项日常事务,大多数人在日常生活中也是这么想这么做的。那些主张"怀疑一切"的怀疑主义者①也极有可能是言行不一的"两面派",也许他们只敢在理论上叫嚣着要怀疑一切存在,但在日常生活中却与非怀疑主义者们一样正常行事,不会真的因为怀疑自己手脚的存在,而不愿意用筷子、勺子、刀叉吃饭,或者用脚散步、跳跃、跑步。

我们或许可以怀疑任何一个"单独的事实",却无法怀疑"所有这些事实"②。人们做实验时,难免要再三确认实验室的基本环境,以防实验过程中发生危险。在统计数据或学习一门新的语言时,大多数人也可能由于怀疑自己掌握的数学运算公式或语法规则有误,而小心翼翼地向书本或他人主动求证。但可以肯定的是,对这些实验室工作人员、统计员和语言学习者而言,试管烧杯等实验仪器、数学运算符号和那门语言的基本书写符号均确定地存在着,他们必须对此毫不怀疑。当然,这种坚信不疑并非出于自身的"愚蠢""轻信"或某种近似"草率或肤浅"(hastiness or superficiality)③的看法。如果对这些基本事实都存有怀疑,那么要顺利地执行日常生活中的各类任务,保证其圆满完成,均是不可想象的。

因此,在怀疑之前,我们必须事先毫无疑问地确定某些东西,那种不以确定性为基础的怀疑只能使人裹足不前,永远无法帮助人们认识世界、达成理解。怀疑论者往往将知识视为确定性的来源,并将知识基于某些未经验证的信念之上,对由这些信念推断而成的东西持怀疑态度。虽然他们的初衷是出于对确定性的向往,但他们对某种理想认知模型的追求恰恰忽视了这些最基本前提,这决定了其一味寻找证据的努力必定无果,预示着他们的怀疑毫无意义,也正是这种怀疑一切的怀疑主义最容易被驳倒。

3. 怀疑的根据

日常生活中的怀疑行为并非无缘无故地发生,正如维特根斯坦所言,人

---

① 有一类非典型的怀疑主义者只是不完全确信而非无限度地怀疑一些事情,他们在看待事物或立身行事的时候往往带着怀疑的态度,但这并不影响他们的正常生活。

② 维特根斯坦:《论确实性》,张金言译,桂林:广西师范大学出版社2002年版,第37页第232节。

③ 维特根斯坦:《论确实性》,张金言译,桂林:广西师范大学出版社2002年版,第38页第235节,第57页第358节。

们的怀疑往往出于"特殊的理由"（specific grounds）①，任何一个理智的人都会相信"合理的怀疑"（rational doubt）②必须有根据。

怀疑通常有以下三类根据。第一类根据在现实生活中难觅踪影，从某种意义上说，它并不存在。假如有人怀疑一把椅子的存在，那么我们或许可以列出诸条证据来证明"那把椅子即便无人看见也依然在那里"，让这个人意识到所有事实都"支持"且没有事实"反对"③这一观点。无论我们看向哪里，或如何寻找，均无法找到怀疑"椅子存在"的根据。可见，这个人并非基于某些特定的理由来怀疑椅子的存在，因此，他持有的是一种不合理的怀疑。正因为人们找不到怀疑的理由，才无法怀疑某些命题，从而使它们获得了不容争辩的确定性。

第二类根据同样脱离了日常实践，处于人类丰富的想象世界之中，属于想象性的证据。一个英国人可能会因为昨夜梦见自己从梯子下经过，或一只黑猫从自己身旁跑过等西方文化中的不祥之兆，而怀疑自己今天会诸事不顺。梦中的梯子和黑猫固然可以成为这种怀疑的理由，但事实上，它们仅为这个人睡梦中产生的一系列幻觉，并非真实地发生在其日常生活中。这类源于迷信、并非真实的根据决定了这个人的怀疑并非合理，也没有意义。一个人想象自己已在某个远离地球的星球上，或某个与世隔绝的"世外桃源"中生活了很长一段时间，于是便开始怀疑自身所处的城市甚至自己居住的房屋是否存在，然而这种完全脱离人类生活的非现实根据也无法使他的怀疑变得合理起来。与其说这种怀疑是一种"错误"，不如说它是一种"暂时性的精神失常"（transient mental disturbance）④。

同样地，笛卡尔持有的那种普遍怀疑并非基于真实生活。对休谟而言，怀疑的理由仅仅来自比任何事物都"更为自由"的"人类想象"⑤。因此，笛卡尔和休谟等人进行的沉思式怀疑难以为人理解，是"不合理"的怀疑，更确切地说，它们代表了一种空想，最终只会导致虚无主义。

第三类怀疑的根据与前两类证据完全相反，它们主要建立在人类实践

---

① 维特根斯坦：《论确实性》，张金言译，桂林：广西师范大学出版社 2002 年版，第 73 页第 458 节。

② 维特根斯坦：《论确实性》，张金言译，桂林：广西师范大学出版社 2002 年版，第 50 页第 323 节。

③ 维特根斯坦：《论确实性》，张金言译，桂林：广西师范大学出版社 2002 年版，第 21—22 页第 119 节。

④ 维特根斯坦：《论确实性》，张金言译，桂林：广西师范大学出版社 2002 年版，第 13 页第 71 节。

⑤ 休谟：《人类理智研究》，吕大吉译，北京：商务印书馆 1999 年版，第 41 页。

的基本事实之上。让我们想象以下一组对话:

> A:现在阳光明媚,可以去露营了。
> B:别着急做决定! 六月天孩儿面,说变就变。

如果几分钟后,天色突暗,豆大的雨点从天上落下,我们便可以说 B 的怀疑是合理的。不过,即便天气一直保持晴朗,B 的怀疑被证明是杞人忧天,我们依然无法否认其存在确凿的依据——"农历六月的天气变化无常"。无论最终是否下雨,B 的这种怀疑都具有合理的理由,且不难为人理解,因而属于语言游戏的一部分。

维特根斯坦所说的"合理"的怀疑提醒我们,只有那些直接以人类实践事实为基础且可为人知的理由,才足以支撑起一种有效、合理的怀疑。倘若怀疑行为只能像笛卡尔的普遍怀疑那样,一味脱离现实,仅依赖某些想象性的证据,甚至根本无法找到其行为理由,那么这种怀疑便是不合法的。可见,一种合理的怀疑不仅需要建立在某些不容置疑的事物基础之上,还必须具备真实、确凿的理由,且能够为有理智的人所把握。理由对于一种合理的怀疑必不可少,人们在日常生活中也永远无法毫无根据地怀疑一切。

4. 怀疑的表现

怀疑还存在一些特殊的表现。维特根斯坦指出,一个怀疑自己双手存在的人可能会从各种角度端详自己的双手,以证实"这并非镜像"[1]。虽然我们无法确认这个人的行为是否称得上"怀疑",但毋庸置疑,即便其做法类似于怀疑行为,他玩的语言游戏却和我们有着天壤之别。1949 年夏天,马尔科姆与维特根斯坦就摩尔的两篇文章进行了一系列探讨,他对维氏的部分见解进行了准确的记录,如:

> 怀疑、相信、肯定——就像感情、情绪、疼痛等一样——具有特定的面部表情。[2]

肯尼指出,维特根斯坦所说的怀疑必须在人的行为中造成某种不同,一种沉思的而非实践上的怀疑并不算真正的怀疑。[3] 我们既可以通过一个高

---

[1] 维特根斯坦:《论确实性》,张金言译,桂林:广西师范大学出版社 2002 年版,第 41 页第 255 节。

[2] 马尔科姆:《回忆维特根斯坦》,李步楼、贺绍甲译,北京:商务印书馆 2012 年版,第 104 页。

[3] Kenny, A. *Wittgenstein*. Cambridge: Harvard University Press, 1973, p. 205.

喊着"我疼"的人的皱眉、咬牙等面部表情来判断他是否疼,也能够通过其手势、声调、姿态等外在行为表现作出判断。正如维氏所言,存在着一种"怀疑"或"坚信"的"声调"①。我们在日常生活中可以凭借某个人拉低的声调和放缓的语速,借助其严肃冷峻、神色凝重的面部表情,或通过其默不作声、徘徊瞻眺的外在行为,判断他是否在怀疑,在否定,或在确信。

　　如果不以特定的语言游戏作为背景,怀疑这种行为就无法有效地参与实践生活,它自身也无法作为一种语言游戏存在于实践之中。可见,日常语言游戏不仅是合理"怀疑"产生与进行的背景,也为"合理"怀疑成立提供了基本保障。如果怀疑不事先预设某种"确定性"的存在,恐怕连"世界存在"都会遭到怀疑。假如人们在具体实践中始终持有这种怀疑态度,并切实以其为生活方式和行为指南,那么任何原本司空见惯的日常活动都将无法正常进行,人类世界也必将面临停摆的危险境地。没有确定性,就不存在怀疑,如果一个人对一切都持有怀疑,就不能确定任何事实,更无法确知自己使用语词的意义,更别提参与日常生活实践了。因此,只有以确定性为根本基础和基本前提,以语言游戏为重要背景和必要保障,一种合理的怀疑才得以产生。这种怀疑所需的"理由"与"外在表现"及其必备的"不怀疑一切"等特点②,共同构成了其不可或缺的判断标准。

　　事实上,《论确定性》对"怀疑"的探讨同《逻辑哲学论》与《哲学研究》依然有着千丝万缕的联系。一方面,维特根斯坦继续秉承其早期在《逻辑哲学论》中阐发的观点来看待怀疑论。在他看来,"怀疑"只能存在于可以提问之处,怀疑论若要在不可提问之处提出疑问,便"明显没有意义"(palpably senseless)③。另一方面,维氏延续了《哲学研究》的思路,对怀疑论者绘制的这幅"错误的怀疑图景"(false picture of doubt)④进行批判。他在《论确定性》中重申了《哲学研究》提出的"意义即使用"观,认为人们在字词并入语言时所学会的即是对语言的使用⑤,并进一步说明虽然语词的

---

①　马尔科姆:《回忆维特根斯坦》,李步楼、贺绍甲译,北京:商务印书馆2012年版,第105页。

②　还有学者提出"怀疑"具有可消除性、实践性等特点,见曹剑波:《维特根斯坦论有意义的怀疑——〈论确定性〉的怀疑观管窥》,《华东师范大学学报(哲学社会科学版)》2005年第5期。

③　维特根斯坦:《逻辑哲学论》,王平复译,北京:中国社会科学出版社2009年版,第163页第6.51节。

④　维特根斯坦:《论确实性》,张金言译,桂林:广西师范大学出版社2002年版,第40页第249节。

⑤　维特根斯坦:《论确实性》,张金言译,桂林:广西师范大学出版社2002年版,第11页第61节。

意义与用法等依旧存在不确定因素,但它们仍然能够在实践中获得确定性,因此怀疑论的那种怀疑是不合理的。在日常生活中,我们既不能毫无怀疑、批判精神,盲目地相信一切,也不能任意地怀疑一切。虽然怀疑不可避免地伴随着不确定性,但我们无法否认确定性的存在与其达成的可能性。《论确定性》就对确定性展开了具体的考察。

二、维特根斯坦论“确定性”

维特根斯坦在《论确定性》中用许多词汇来描述确定性,如“基础”(foundation)、“信念”、“框架”(framework)、“决定”与“态度”等,也对确定性进行了众多生动的表达。比如,“确定性”并非一个“构造出来的点”(constructed point)①,各类事物或远或近地围绕其运转。此外,确定性之物均“不可动摇”(stand fast)和“确凿不移”(absolutely solid)②,人们就像直接拿起自己的毛巾般对它们不抱怀疑③。

维特根斯坦对确定性作出的“语气”(tone of voice)之喻令人印象尤为深刻:

> 确定性就像是一种语气,人们用这种语气肯定事实情况,但是人们并不是从语气中推导出这样说就有道理。(OC §30)④

首先,“语气之喻”直观地刻画出确定性的不可或缺性。语气是语言系统必不可少的组成部分,在言语交流中起着举足轻重的作用,它不仅有助于人们更清晰地表达自己的所思所想,减少不必要的误解,还在一定程度上奠定了交流的基调,决定了对话将向什么方向发展。然而人们却常常忽略语气的存在,确定性亦是如此。与其说人们在日常生活中忽视了确定性,不如说他们常常透过确定性看待世间万物,并早已将它与自身生活融为一体,不自觉地对其视而不见,以至于要寻找确定性时却忘记它其实就在身边。

其次,“语气之喻”还生动地展示了确定性之“虚”。当老师确认学生做

---

① 维特根斯坦:《论确实性》,张金言译,桂林:广西师范大学出版社2002年版,第11页第56节。

② 维特根斯坦:《论确实性》,张金言译,桂林:广西师范大学出版社2002年版,第27页第151节。

③ 维特根斯坦:《论确实性》,张金言译,桂林:广西师范大学出版社2002年版,第82页第510节。

④ 维特根斯坦:《论确实性》,张金言译,桂林:广西师范大学出版社2002年版,第6页第30节。

的数学题没有错误时,会对学生说:"很好! 你做得很正确!"但这一结论并非从他的"确信状态"(condition of certainty)①推导出来。实际上,确定性是推理行为的基本前提而非实在理由,它为顺利开展推理行为、得出有效结论提供了可能性。因此,确定性并非某种看得见摸得着的客观实在,人们在推理过程中也并未将它作为具体、实在的依据推导出事实情况,但不可否认,确定性切实地作用于人们的日常生活之中,并承载着日常生活中许多"实"的东西。

虽然"语气之喻"并未明确为确定性下定义,但它以一种生动的方式展示了确定性之不可或缺与确定性之"虚",为人们更好地理解确定性提供了启示。那么维特根斯坦眼中的确定性究竟有何特征呢?

(一)"主观"的确定性还是"客观"的确定性

虽然维特根斯坦没有为"确定性"下定义,但他还是明确区分了两种不同的确定性:"主观"的和"客观"的。

"主观"的确定性(subjective certainty)用"确定"一词表示"完全信以为真",并"也想让别人确信"②,这种确定性通常体现在如"我确定/肯定+经验命题"等表达之中,因而主要是心理层面上的。人们在日常生活中常常借助"肯定""保证""坚信"等代表主观确信的动词进行表达,如"我肯定他今天不会来","我坚信你一定能找到工作"等,展示出自己对所说出事实的无比确信,并试图使听话者与自己一样毫不怀疑。一种"主观的"确定性便展现在这种确信无疑的心理状态中。

当然,人们必须基于事实所依据的正当理由,才能够对其不抱怀疑,进而达成这种"主观"的确定性。一个人可以根据燕子低飞或乌云密布等下雨的前兆,说出"我确信快下雨了"。我们作为听话者,既可以根据与说话者相似的理由,如雷声轰鸣、天色阴暗等来相信这一论述,也可以根据自身以往经验,如存在着"密云不雨"或"光打雷不下雨"的情况,对其持有怀疑。

这种"主观"的确定性在维特根斯坦眼中,是一种"仍在努力取得"(still struggling)③的确定性。无论说话者如何言之凿凿地表达自己的确信,听话者既可能深信不疑,也可能将信将疑,甚至根本不信,努力寻找并搜集各类

---

① 维特根斯坦:《论确实性》,张金言译,桂林:广西师范大学出版社 2002 年版,第 6 页第 30 节。

② 维特根斯坦:《论确实性》,张金言译,桂林:广西师范大学出版社 2002 年版,第 33 页第 194 节。

③ 维特根斯坦:《论确实性》,张金言译,桂林:广西师范大学出版社 2002 年版,第 57 页第 357 节。

证据,试图借助获得的证据来证实或证伪说话人的论断。可见,这种"主观"的确定性具有显著的可怀疑性与可否定性。

人们怀揣着这种心理层面上仍在争取获得的"主观"确定性,不断地确认与强化某一事物或事实,试图达成对外部世界的确定认知。当然,这种确定性并非认识事物与达成理解的必备因素,它对认识世界固然重要,但并未在这一过程中起决定性作用。一个人或许对达尔文的进化论了然于心,并对其确信无疑,然而他却未必能意识到自己对进化论的确信态度。

维特根斯坦在提到"客观"的确定性(objective certainty)时主张,仅当某一事物"没有出错"①时,我们才说它在客观上是确定的。"水能够以固体、液体和气体形式存在"与"火能够发光发热"等自然事实,以及"1+2=3""4×5=20"之类的基本运算法则,均具有这种确定性。借助"我知道……"等表达无法充分保证"我不可能弄错",因此,我们对自己无比确信的事情必须从"客观上加以证实"(objectively established)②。一种"客观"的确定性恰恰显示于对确凿事实证据的切实掌握之中,显示在这些"客观的证明"里。

这种"客观"的确定性在维特根斯坦看来是一种"令人安心"(comfortable)③的确定性。它与主观的确定性恰恰相反,既不可错,无法否定,也不可怀疑,人们无法借助证据或运用解释的方式来证实或证伪它。虽然它并不像"主观"的确定性那样,显示于一种主观确信的心理过程之中,但是它具有的上述特点决定了人们不会纠结于某些论断的正误,也并不打算对其作出验证,而是心安理得、毫不犹豫、自然而然地接受它们。

夏洛克认为,维特根斯坦所说的并非一种"主观"的而是"客观"的确定性④,但是这种看法其实并不准确。夏洛克等人将"确定性"完全等同于"知识"⑤,因此,其认知意义上的"客观"确定性即知识的确定性,它不会出错,也难以想象其反面。他们事先将"水与火无法相容""水在0摄氏度以

① 维特根斯坦:《论确实性》,张金言译,桂林:广西师范大学出版社 2002 年版,第 4 页第 15 节。
② 维特根斯坦:《论确实性》,张金言译,桂林:广西师范大学出版社 2002 年版,第 4 页第 15 节。
③ 维特根斯坦:《论确实性》,张金言译,桂林:广西师范大学出版社 2002 年版,第 57 页第 357 节。
④ Moyal‑Sharrock, D. Unravelling Certainty. In D. Moyal‑Sharrock & W. H. Brenner. (eds.). *Readings of Wittgenstein's On Certainty*. New York: Palgrave Macmillan, 2005, p. 76.
⑤ Moyal‑Sharrock, D. *Understanding Wittgenstein's On Certainty*. New York: Palgrave Macmillan, 2004, pp. 13‑32.

下会结冰"等常识命题视为传统知识,于是,这些命题具备的确定性便顺理成章地等于知识的确定性,即维氏意指的那种不会出错的客观意义上的确定性。然而夏洛克等人却未能意识到,对维特根斯坦而言,这些命题就是确定性本身,而非传统意义上的知识。维氏直接描述了"知识"和"确定性"之间的关系,认为"知识"(knowledge)和"确定性"(certainty)属于不同的"范畴"(categories),这两者也并非两种类似于"猜测"(surmising)和"确信"(being sure)的"精神状态"(mental states)。①

在维特根斯坦眼中,"知识"与"确定性"具有显著的区别。知识自身可能会出错,人们也可以怀疑甚至否定知识,但是确定性则不会出错,也无法怀疑与否定。人们通常会将以"太阳从东方升起"为代表的一些命题视为基本常识,并毫不怀疑地接受它们,然而却极少有人愿意千方百计地寻找与搜集证据,以便对这类"知识"或客观真理展开严密的证伪或批判。

对维特根斯坦而言,这种无法被人们怀疑也缺乏怀疑理由的所谓"知识"并非一种真正的知识,而是一种确定性,它并不具备传统知识论所认为的那种知识拥有的客观确定性。事实上,他对某物何时是"客观上确定的"(objectively certain)②这一问题的思考,预示了要达成这种客观确定性需要一定的条件,确定事实必备的"客观的证明"也需要一定的理由。可见,维特根斯坦所说的确定性并非夏洛克意义上的"客观的确定性",而是一种比它更为基础的确定性。

1939年4月21日,摩尔在向剑桥大学道德科学俱乐部(Cambridge University Moral Science Club)宣读的一篇名为"确定性"的文章中,试图证明一个人能够自己有某种感觉(如痛苦等),这一观点引起了维特根斯坦的强烈反对,并直接导致5月2日两者之间的激烈辩论。在维氏看来,知识与确定性概念不适用于个人感觉。③ 那么维特根斯坦所说的确定性究竟是主观的还是客观的呢?

许多人往往把人的参与视为"主观"和"客观"的基本界限,认为所有人类参与的活动均不可避免地带有主观色彩,客观物质世界也要比内在精神

---

① 维特根斯坦:《论确实性》,张金言译,桂林:广西师范大学出版社2002年版,第48页第308节。

② 维特根斯坦:《论确实性》,张金言译,桂林:广西师范大学出版社2002年版,第33页第194节。

③ Wittgesntein,L.,Moore,G.E.& Malcolm,N.A Discussion between Wittgenstein and Moore on *Certainty* (1939):From the Notes of Norman Malcolm.(ed.).G.Citron.*Mind*,2015,124(493),p.79.

世界确定、直观得多。夏洛克等人还将"确定性"视为一种人类特有的能力，认为这种理解心理过程的能力需要在持续不断的实践中训练而成，并为理解主观的确定性提供了有力保障，但正如维特根斯坦后期所主张的，人类的精神过程并非不可知不可理解，它完全能够被外在地展现出来。从表面上看，主观确定性的确不同于客观确定性，理解客观确定性也似乎要比主观确定性容易得多，然而就确定性程度的高低而言，一种客观确定性未必会比那种体现心理确信过程的主观确定性更胜一筹，最终人们也往往能够对这两种确定性达成一种颇为相似的理解。这应该也是维氏对这两种确定性的基本态度。

1931 至 1932 学年，维特根斯坦在剑桥大学讨论布罗德（C.D.Broad）哲学思想时，曾谈到布罗德对"确定性不同等级"的区分，他指出确定性具有"心理学"（经验）和"逻辑"（先天）的含义，强调自己关注"逻辑"和"先天"①的确定性。当维氏在《论确定性》中提到物理游戏与算术游戏一样确定时，同样阐明了他所说的"确定性"并非"心理"（psychological）而是"逻辑"（logical）②意义上的。其一，这种确定性并非伴随着"相信""确信"或"肯定"等特定行为的心理状态或精神过程，不可能具有"我知道……"加上"经验命题"的外在表达形式。其二，这种确定性和知识不同，它不可怀疑，也并非传统知识具有的客观确定性。在我们看来，它既非一种代表着复杂心理过程的主观确定性，无须依赖人们一致的主观意志，也不是一种毋庸置疑的客观确定性，并未凸显客观事物的确定存在。因此，我们无法简单地将维特根斯坦意义上的这种"确定性"判定为主观的或客观的。事实上，维特根斯坦晚年进一步拓宽视野，将确定性置于人类实践的日常语境之中，对其展开前所未有的细致考察。

（二）无根据的确定性

如果在维特根斯坦那里，一种合理的"怀疑"必须具备某种根据，那么作为其基础的"确定性"则正好相反，无需任何根据。首先，当人们面对具备这类确定性的客观事物或事实时，往往怀有一颗平常心，秉持着一种自然接纳的淡然态度，而并不打算费尽心力对它们进行验证或反驳。这些事实早已作为人类生存的基本保障和必要条件，或快或慢地融入人们的生活之

① 维特根斯坦：《维特根斯坦剑桥讲演录（1930—1935）》，周晓亮、江怡译，杭州：浙江大学出版社 2010 年版，第 78 页。

② 维特根斯坦：《论确实性》，张金言译，桂林：广西师范大学出版社 2002 年版，第 71 页第 447 节。

中,逐渐成为人类生活的重要组成部分。其次,即便有些人非得找到确定性的根源、获得若干"客观的证明"不可,也均将以失败告终。"我"在地球诞生之前尚未出生,又如何通过亲眼目睹它从无到有的具体形成过程,或精确计算出它在"我"出生之前存在的时间长短,来证明"地球在我出生之前已经存在了很久"? 实际上,我们根本无法找到足够的直接证据,对这类确定的事实进行有效的证明。

在日常生活中,我们是否需要提供充足的理由来证明"只要我一松手这本书就会掉在地上"? 答案显然是否定的。维特根斯坦指出,"成功"(success)就是最好的理由,可以为这种确信提供最佳辩护①。人们一般不会主动用开水洗手或把手直接放在火上烤,因为他们坚信"开水会烫伤手","火会将手烧伤"。对类似于"你确定吗"或"你为何如此确定"的追问,人们或许会说出无数个理由或依据。

我们把人们可能提供的理由分为以下两类。第一类根据主要是自身或他人以往的相关经历。这属于一类"经验证据",如"我小时候被开水烫伤过好几次""我一个朋友炒菜时一不留意被火烧伤"等。这些依据或理由之所以可靠,主要在于它使事情更可能发生吗? 维特根斯坦显然不这么认为。在他眼中,这相当于说,这一根据符合判定根据可靠性的某种"特定尺度"(particular standard),可是这一尺度却毫无"根据"(grounds)②可言。这种说法似乎从表面上论证了"根据的根据",但其实并未说出任何东西。

虽然这类"经验根据"为判断确定性提供了一些"合理"的理由,但它们无法持续不停地将论证进行到底。一种永无休止、没有终点的论证只是为证明而证明,它正如车辆模型中车轮周而复始的空转活动,没有实质意义,也无法解答"为什么"。维特根斯坦后期曾经指出,"理由之链"(chain of reasons)总有"尽头"(end)③,而"无尽头"的论证谈不上论证④,"无尽头"的行走也无法通向"一个目标"⑤。

---

① 维特根斯坦:《哲学研究》,陈嘉映译,上海:上海人民出版社 2005 年版,第 123—124 页第 324 节。

② 维特根斯坦:《哲学研究》,陈嘉映译,上海:上海人民出版社 2005 年版,第 161 页第 482 节。

③ 维特根斯坦:《哲学研究》,陈嘉映译,上海:上海人民出版社 2005 年版,第 124 页第 326 节。

④ 维特根斯坦:《哲学研究》,陈嘉映译,上海:上海人民出版社 2005 年版,第 161 页第 485 节。

⑤ 维特根斯坦:《数学基础研究》,韩林合译,北京:商务印书馆 2013 年版,第 196 页第 487 节。

　　第二类证据主要是人们自身持有的某些坚定信念,或自己无条件确信的他人观点,如"这显而易见"或"大家都这么说"等。心智成熟的成年人通常基于自身持有的坚定信念,作出前一种表达,而后一种表达通常由孩子给出,他们往往基于对父母、老师与其他成人观点的无条件信任来看待世界。这类证据看似并未进行具体、翔实的论证,然而一旦人们用它们为某些客观事实作辩护,那么无论是对确定事实的论证,还是人们的怀疑均走到了终点。可见,上述回答就是这些疑问的尽头,而这种证据往往最为有效也最具意义。

　　在维特根斯坦看来,"确定的证据"(sure evidence)是那些被人们接纳为确定的东西,也是人们确定不疑的"行事根据"①。上面提到的第二类依据恰恰是维氏意义上的这种"确定证据"。大多数理智的成年人无需任何规则得以施行的理由或依据,便可以相当自然地在生活中以这些基本规则为行事基础,主动根据既定语言规范发言、交谈甚至辩论,自觉按照数学演算规则统计数据,或遵守当地交通规则确保安全行车。

　　假如人们对"上""下""大""小"等常用基本语词的意义都存有怀疑,那么建立在它们基础上的各类表达和语句也就无法确定下来,最终导致各项人类活动无法顺利开展,日常生活难以为继。可见,"确定性"位于解释终止的某个"尽头"②,处在"借助经验进行的论证"的"尽头"③,置身于怀疑终止的那个地方,体现在诸多"不怀疑行为"之中。《论确定性》延续了维特根斯坦后期的思路,对这种"为证据之理由作出的辩护"的"尽头"作出了进一步说明。在维氏那里,这个尽头并非那些直接向人们显明为真的命题,而是作为"语言游戏之根基"的人们的"行动"(action)④。事实上,人们往往未能清醒地认识到,"我们的相信并无理由"(groundlessness of our believ-ing)⑤,因此未必会由于某些命题表面无可辩驳,便放弃寻求其存在的理由。一旦回归日常生活,当人们需要在实践中正常地立身处世时,便会主动停止寻找这些证据。如此看来,维特根斯坦所说的这种"确定性"是一种无

---

① 维特根斯坦:《论确实性》,张金言译,桂林:广西师范大学出版社 2002 年版,第 33 页第 196 节。

② 维特根斯坦:《哲学研究》,陈嘉映,上海:上海人民出版社 2005 年版,第 4 页第1 节。

③ 维特根斯坦:《哲学研究》,陈嘉映译,上海:上海人民出版社 2005 年版,第 161 页第 485 节。

④ 维特根斯坦:《论确实性》,张金言译,桂林:广西师范大学出版社 2002 年版,第 34 页第 204 节。

⑤ 维特根斯坦:《论确实性》,张金言译,桂林:广西师范大学出版社 2002 年版,第 29 页第 166 节。

需任何根据也找不到任何根据的根据,它本身其实就是一种作为判断与言行基础的"确定的证据"。

(三)"不可说"的确定性

确定性是可说的吗?维特根斯坦作出了如下回答:"我在整段时间内都知道某件事情,然而在讲出这种真实情况时却使得这样说没有意义。"①可见,在维氏那里,确定性是不可说的。

"不可说"在《论确定性》中多次出现,维特根斯坦用诸多事例对这种"显示"作出了生动的阐释。人们平时极少会直接说出"我知道这间屋子在第二层楼""门后有很短的平台通向楼梯"②等内容,却往往能够借助每日言行"显示"出自己对这些信息的切实掌握,他人完全可以从这些言行中得知"我"的确具有这些知识。因此,日常生活中确定性是不可说的,这种无须证明的自明之理作为人类言行的指南,自然地显示于日常生活实践之中。

"凡人皆有父母""任何人都有身体""每个人都会死亡"等尽人皆知的诸多客观事实,早已作为统一的人类生活形式融入日常实践,成为人们判断的基础与言行的指南。人们视这些命题毫无疑义,并无条件地承认并接纳它们,这些命题也不言自明地显示于现实生活之中。虽然人类进行的各项活动均要依赖"每个人都有身体"这一根本前提,但若是有人直接说出这一命题,反而显得刻意甚至怪异,实际生活中恐怕也很少人会这么做。不可否认,在某些特定情境中为达成某种特定目的,说出这样的句子是有意义的,比如老师可能在语言教学中通过重复朗读或让学生跟读此类句子,帮助他们进行语言输入,但这种使用并非人们在日常生活中对语言的自然的、正常的使用,偏离了维特根斯坦所强调的这些论断作为基本事实而具有的确定性这一初衷。

如果确定性在日常生活中无法用语言表达出来,那么这是否说明它在哲学上可说?维特根斯坦对此作出了回应。他想象了花园里进行的一场交流:一名哲学家在与我聊天时,指着附近的一棵树不断重复说"我知道那是一棵树",而我对某个碰巧听到这话的路人解释道,说这话的那个哲学家没疯,我们只是正在"讨论哲学"(doing philosophy)。③

---

① 维特根斯坦:《论确实性》,张金言译,桂林:广西师范大学出版社 2002 年版,第 75 页第 466 节。

② 维特根斯坦:《论确实性》,张金言译,桂林:广西师范大学出版社 2002 年版,第 68—69 页第 431 节。

③ 维特根斯坦:《论确实性》,张金言译,桂林:广西师范大学出版社 2002 年版,第 75 页第 467 节。

长久以来,作为人类言行指南的确定性已经逐渐融入社会生活,然而当它得以通过某些命题直接表达出来时,人们却会相当意外,他们或许会认为说出这话的人抱有某种特殊目的,甚至存在精神问题。当那名哲学家不假思索地脱口而出"我知道那是一棵树",并不断重复这句话时,他可能真的自我陶醉于一种深刻的哲学思考过程之中,仅将说出这句话作为其思考与讨论哲学的独特方式,旨在对"我知道……"与"一棵树"等语词表达进行哲学层面上的反复论证与深入反思。可见,在维特根斯坦那里,"确定性"在哲学范围内"可说"的这种说法有一定道理,这种"说出"也可能对哲学论证与研究有一定意义。但值得注意的是,这种"说出"并非处于现实的语言使用活动之中,若是让其完全脱离哲学领域,就会变得毫无意义。维特根斯坦后期恰恰转向日常生活,在实践中重新思考确定性等哲学问题,试图治疗那种由于"闲置"语言而产生的哲学病。因此,对身处日常实践中的普通人而言,哲学层面上的"可说"由于远离现实而毫无意义。

事实上,以《逻辑哲学论》为代表的维特根斯坦前期的"不可说",如哲学、逻辑以及表示人生价值、审美取向、伦理意义的"神秘之域"等诸多难以言表之物,十分类似于《论确定性》中提到的"确定性"。当然,两者之间依然存在区别。维特根斯坦反复提到的"确定性"之"不可说"并不意在强调它根本无法通过逻辑语言的手段进行表达,而是提醒人们,确定性显示于日常实践中,如果要特地用语言将那些早已成为人类生活重要组成部分的确定无疑的东西表达出来毫无必要,也没有意义。此外,《逻辑哲学论》与《论确定性》的"不可说"在其得以"显示"的场地上有所区别:《逻辑哲学论》中,"不可说"的显示被局限在某种"神秘"的存在之中,超越了维氏所创造的理想语言空间,而《论确定性》则沿袭了以《哲学研究》为代表的维氏后期哲学思考路径,把确定性等"不可说"之物坚决从"神秘之域"抽离出去,将其显示场地转移到人类日常生活之中。因此,"不可说"是"确定性"的一个相当重要的特征,《论确定性》也在一定程度上延续了《逻辑哲学论》的"不可说"思想。

谢尔兹与基尔认为,"说"与"显示"之分依然是《论确定性》的一个最根本主题。"不可说"之物在日常生活中扮演着重要的"逻辑角色",体现了"情境的内在性质"[①],不仅自然地融入生活,而且切实地显示于"可说"之物中。"那边有一扇门"在人们开关那扇门的具体行为中显示着自身,"病人躺在床上"也显示于医生与病人家属的交谈,或护士为病人量体温、测血

---

① 谢尔兹:《逻辑与罪》,黄敏译,上海:华东师范大学出版社2007年版,第31页。

压等行为之中。不过我们认为,虽然《逻辑哲学论》与《论确定性》均关注了"不可说",但维特根斯坦语言哲学这几个阶段之间的相似性却不如谢尔兹等人描述的那么大,比如维氏在不同时期对"可说"与"不可说"之间界限的要求就有所不同,《论确定性》与《哲学研究》时期在两者之间划出的界限明显要比《逻辑哲学论》中那条严苛的语言界限松得多。可见,维氏前期聚焦两者的区别,而其后两个时期显然更关注两者之间的密切联系。

维特根斯坦并不打算通过《哲学研究》与《论确定性》,为事物提供意义判断标准,而是希望人们能够意识到意义就是使用。比如《哲学研究》通过举出人用手来指物、抓物、传递物品等大量例子,《论确定性》以人们的众多身体经验为例,提醒人们认识到身体与其实际使用之间的联系,帮助人们看到确定性等东西得以"显示"的场地——日常生活,强调只有在日常实践中才能真正确定地理解语词的意义与理解他人。

（四）与人类密切相关的确定性

维特根斯坦举例说明,当人们说出"我知道这是我的脚"时,他们总是抱着不为怀疑所动的"确信",按照自己的"信念"行事,并否认任何反面的经验证据①。知识与"决定"(decision)②相关,一个人既可能遵照某一决定行动,也可能违背其行事③。他还指出,"完全的确定性"(perfect certainty)仅关乎人们的"态度"(attitude)④。可见,从某种程度上说,确定性与人类的决定和态度有关。因此,除了确定性的显示场地——日常生活与人类关系密切,确定性也与人类自身密切相关,更确切地说,它就是一种来自人类的态度与决定。

"想法"与"情绪"同样与人密不可分。人们在日常实践中,不仅会受到外部环境的影响,还不可避免地受到自身认知结构、知识储备与生活方式等因素的共同作用,并由此产生各种各样的思考结果——"想法",衍生出诸多类型的情感内部体验——"情绪"。他人不经意的一句话或许会让你恍然大悟,而某一突如其来的爆炸性消息也可能会使你措手不及。但"想法"或"情绪","决定"或"态度"这两组概念并不相同。虽然从表面上看,这两

① 维特根斯坦:《论确实性》,张金言译,桂林:广西师范大学出版社 2002 年版,第 57 页第 360 节。

② 维特根斯坦:《论确实性》,张金言译,桂林:广西师范大学出版社 2002 年版,第 57 页第 362 节。

③ 维特根斯坦:《论确实性》,张金言译,桂林:广西师范大学出版社 2002 年版,第 58 页第 368 节。

④ 维特根斯坦:《论确实性》,张金言译,桂林:广西师范大学出版社 2002 年版,第 63 页第 404 节。

组概念均涉及人类心理过程或精神状态，但其实两者依然具有明显差别。"想法"和"情绪"属于短时状态，某个想法或某种情绪可能在一次充足的睡眠或一场酣畅淋漓的宣泄之后便消失殆尽。然而，人们对作决定与表明态度则要谨慎得多，因此，某个决定或某种态度从初步酝酿到最终形成通常需要花费较长时间，它们一旦形成，也会产生比想法或情绪更长远的影响。可见，"决定"和"态度"的状态更为持久。即便有人说，"昨晚我一拍脑瓜就作出了这个决定，表明了这种态度"，那也并非维特根斯坦意义上的"决定"与"态度"，而是类似于那些灵光一现、稍纵即逝的短暂想法和即时情绪。

如果将"决定"与"态度"同日常实践完全割裂开来，人们就很容易将它们孤立地理解为某种心理状态和主观想法，陷入主观主义与唯心主义的陷阱，并通常认为是自己做出了这个决定，表明了这样的态度。然而只要观察人的决策现象，便可以发现"决定"无法由个人自行作出，需要屈从于"传统、责任或明显的压力"①，依赖共同信念系统中某种固有的信念。实际上，"决定"与"态度"并非孤立地存在着，它们均由人类作出，并由人类执行，而维特根斯坦所说的"生活形式"对两者均具有重大影响，那些显示于日常实践中的一致生活形式为"决定"和"态度"的形成与表达奠定了基础。确定性恰恰显示在人们作出"决定"和表明"态度"的实际过程中，需要依赖在其中起决定性作用的生活形式，也离不开人类现实生活。必须明确的是，个体无法随心所欲地取消或随时重新作出维特根斯坦意义上的"决定"，在维氏那里，每个人表明的"态度"也无法随意改变。因此，这种基于生活形式的"决定"和"态度"并非不可认识、难以理解，也不如空中的浮云般变幻莫测、无法把握，而是具有一定的稳定性，无法轻易变更。

维特根斯坦不仅将"确定性"视为人类的"决定"和"态度"，还坦承自己的人生态度，即满足于"接受许多东西"（accept many things）②。他一生正是秉持着这种态度，无条件地承认并主动接纳了许多东西，并将它们视为自身"所有行动的基础"③。维氏的上述见解充分彰显了确定性与人类之间的密切关系。一方面，"承认"与"接受"诸多事情意味着对这些事情毫不怀疑，认为它们本身具备至高无上、不容置疑的确定性；另一方面，这类行为也蕴含了对共享生活形式等在人类日常生活中起关键作用的诸多元素的自然

---

① 弗罗姆：《逃避自由》，刘林海译，上海：上海译文出版社 2015 年版，第 133 页。

② 维特根斯坦：《论确实性》，张金言译，桂林：广西师范大学出版社 2002 年版，第 53 页第 344 节。

③ 维特根斯坦：《论确实性》，张金言译，桂林：广西师范大学出版社 2002 年版，第 65 页第 414 节。

认同。可见,在维特根斯坦那里,确定性与人类的关系充分体现在如下过程之中:人们基于对一系列确信无疑事物的"承认"与"接受",在日常实践中持续地作出决定与表明态度,用以指导自己的一言一行。

在某种程度上,维特根斯坦将确定性等同于生活形式,因此,只有深入人类共享生活形式,直接面向实践生活,才能真正体会到确定性与人类之间的虽看不见、摸不着却又无比紧密的关系。事实上,承认、接受、做决定与表明态度等,与说话、进餐、计算、行走等基本活动一样,同属于人类行动,均要基于一致的生活形式等无比确定之物,这些行动过程中的每一步骤都充分体现出确定性的决定性作用和人的主体地位。

在现实生活中,确定性本身作为人类行动纲领和判断指南,切实指引人们自觉、主动地开展"承认""接纳""做决定""亮明态度"以及基于它们的一系列具体活动,冷静、合理地应对变动不居的经验事实。同时,确定性也不动声色地显示于人们对客观世界的自然反应或日常交往的基本言行之中,体现在人类通过不同形式主动参与或组织的各类实践活动之中,并逐渐与日常生活自然地融为一体,成为人类生活不可分割的一部分,以至于人们忽略了确定性的存在,也未领悟到自己对它毫不怀疑这一事实。

（五）无外在表现的确定性

维特根斯坦曾经指出,"知"不同于具有特定表情与声调的"怀疑"和"坚信",或"情绪"和"疼痛",它并无"特定的面部表情",也不存在某种"知的声调"①。那么这是否意味着,由于确定性在维氏那里不等于知识,它便相应地类似于"怀疑"或"感情",其自身独具某些表情和声调呢?

在我们看来,是否具有外在表现,并不属于知识与确定性之间的区别性特征。也就是说,两者完全可能共享某些非区别性特征,但若要借助两者区别来分析它们的非区别性特征显然说不通。那种认为确定性有外在表现的观点,相当于将怀疑、确信等认知思维行为简单地等同于确定性本身,同样不尽合理。

确定性与确信的相似之处不胜枚举,如两者均代表了相信、确定、肯定的信任态度。因此,不少人自然认为确定性理应像确信一样具有外在表现,却忽视了两者之间存在的差别。不可否认,"确信"可以作为人们达成确定性的一种重要途径。人们通常借助对人类生存基本事实以及对家人朋友、老师长辈等他者的无条件确信,从日常实践中获取确定性。人们在"确信"

① 马尔科姆:《回忆维特根斯坦》,李步楼、贺绍甲译,北京:商务印书馆2012年版,第104—105页。维特根斯坦在这里所说的"知"指"知识"(knowledge),而不是"知道"(know)。

的过程中,可能展现出一些易于为人察觉的特定面部表情或独特外在表现。然而当确定性达成时,那些自身可能出错或人们可以怀疑的东西便逐渐消失。我们完全可以把某个人面部展现出的一本正经、严肃认真的表情视为"确信"的特定表情,或将其言语表达中清晰洪亮的语调看作"确信"的独特声调,判断出这个人十分确信自己表达出来的内容,却往往不会说"它们是确定性的表情和声调"。虽然确信与怀疑均能借助外部表现进行判断,但总体而言,这两种行为是完全相对的。确信将人类与确定性直接相关的一面充分展现出来,并大大促进了其目标与结果——确定性的顺利达成。因此,确定性与确信行为之间存在的显著差异,决定了确定性无法具有相应的表情和声调。

试想一下人们在日常生活中作出各类"决定"和表明各种"态度"的具体过程。无论这一过程持续多久,或如何切实展开,我们都可能从当事人的沉思不语、来回踱步或闭目凝神等外在表现来判断他正处于做决定、表明态度的过程中。当然,这些过程与"决定""态度"这两者本身是两码事。"决定"与"态度"本身不具有面部表情和声调,因此,要获得并把握这些外在表现线索,我们无法仅仅关注"决定"与"态度"本身,而必须将目光投向以它们为指南的实践活动。可见,这些外在表现属于这些具体的实践行为,而不属于"决定"或"态度"本身,确定性也一样。

此外,确定性始终以一种不动声色、悄无声息的形式显示于人类日常实践之中,对人类言行施加着持续重要的影响。确定性与人类生活之间天衣无缝的自然交融,令人们虽置身其中,却往往未能真正地意识到它的存在,更不要指望他人能够直接通过人类的诸多外在表现作出判断。不可否认,那些以确定性为基础的言行具有外在表现,确定性则不同,虽然它与知识属于不同范畴,但两者在不具备任何特定外在表现这一方面是相同的。

第二节 "世界图景"与确定性

维特根斯坦在批判摩尔反驳怀疑主义的过程中提出了"世界图景"(world picture,德语为 Weltbild)这一重要概念。他用命题"摩尔已经贴近地球生活了一辈子"(Moore has spent his whole life in close proximity to the earth)为例,来说明即便把这一命题中的"摩尔"换成"我","我的世界图景"(my picture of the world)中也不存在任何事物能够"支持其反面的说法"(speaks in favour of the oppossite)①。就当时而言,无论个体的记忆、个人的所见所闻还是他人的说法,均无法令人确信曾有人离开过地球。因此,在维氏看来,如果一个人依旧坚信有人曾远离地球,那么我们将很难想象他们这么做的理由与根据,也根本无法理解这种做法。虽然《论确定性》中多次出现"世界图景",但维特根斯坦并未赋予它一个明晰的定义。"世界图景"究竟意味着什么? 它与确定性之间的关系如何?

一、"世界图景"的基础地位

维特根斯坦认为,人们之所以坚信教科书里写的均为切实发生的客观事实,主要在于每个人拥有的"世界图景",人们正是在这些"世界图景"的基础上了解到这些事实已得到过"上百次的确证"②。他还指出,人们并非因为"曾经"或"已经"说服自己确信"世界图景"的"正确性"(correctness)③,才得以获取各自的"世界图景"。那么这是否意味着"世界图景"正确与否无关紧要,人们也无需通过确信"世界图景"来获取它们呢?

事实上,人们之所以确信"世界图景",并非由于其本身永恒为真,或其根据为真。即便"真理"(what is true)有"根据"(ground),这些根据在维特根斯坦那里也是既非真也非假的④。如果有人向我们求证"地球形成于50年前"等代表其世界图景的命题的真假,我们或许可以给出答案,却无法提供任何理由。维氏认为,命题的"真假"表达之所以具有误导性,关键在于人们在未必把握"符合"(tallying)意义的情况下,就将"真假"分别对应于"符合"或"不符合"事实⑤。此外,他们未能意识到,"真假"说法并未说明支持或反对某一命题的基本理由,而仅仅表示存在着赞成或否定的可能性⑥。个体所持"世界图景"的变化也往往取决于一个"说服或皈依"⑦的过程,而不在于"世界图景"背后的某种理由或根据。因此,"世界图景"本身

① 维特根斯坦:《论确实性》,张金言译,桂林:广西师范大学出版社 2002 年版,第 17 页第93节。
② 维特根斯坦:《论确实性》,张金言译,桂林:广西师范大学出版社 2002 年版,第 28—29 页第 162 节。
③ 维特根斯坦:《论确实性》,张金言译,桂林:广西师范大学出版社 2002 年版,第 17 页第 94 节。
④ 维特根斯坦:《论确实性》,张金言译,桂林:广西师范大学出版社 2002 年版,第 34—35 页第 204—205 节。
⑤ 维特根斯坦:《论确实性》,张金言译,桂林:广西师范大学出版社 2002 年版,第 33—34 页第199节。
⑥ 维特根斯坦:《论确实性》,张金言译,桂林:广西师范大学出版社 2002 年版,第 34 页第 200 节。
⑦ 恰尔德:《维特根斯坦》,陈常燊译,北京:华夏出版社 2012 年版,第 254 页。

无所谓真假,但人们会以其为"传统背景"(inherited background)来"分辨真伪"①。这种背景代表了人类对整个世界的概观,通过继承祖辈所持的基本信念而延续至今。

维特根斯坦举例说明,虽然化学家拉瓦锡(Lavoisier)开展的不同物质燃烧实验瞬息万变,但是其研究不言自明且毋庸再言的"基础"并非一种"假说",也不是拉瓦锡本人的一种自我创造,而是他自儿时习得并掌握至今的一幅确定的"世界图景"②。

《论确定性》还指出,"世界图景"是我一切"探讨"(enquiring)和"断言"(asserting)的"基础"(substratum)③,构成了我信念的"起点"(starting-point)④,属于我们思想的"框架"(scaffolding)⑤。"基础""起点""框架""传统背景"等表达充分体现出"世界图景"的基础性特征。众多古老的文化传统依然流传至今,主要是由于人们早已将这些传统的基本信念植根于心底,并将其视为理所当然的东西世代相传。

事实上,"地球是巨大的物体""地球在我出生前很久就存在"等命题早已是尽人皆知的定论,人们不但毫无怀疑它们的根据,反而有许多确证它们的办法。这些定论连同"我和他人均有祖先""关乎上述一切内容的书没有说谎"等命题自成一套"知识体系"(body of knowledge,德语为Wissenskörper)⑥,作为普遍的"世界图景"代代传承。在维特根斯坦那里,这些代表"世界图景"的一系列命题已经超越普通经验命题,成为"描述规范"(descriptive norm)⑦。因此,世界图景作为自成一体且流传已久的"知识体系",与组成它的诸多命题一样,具有一种不可怀疑的确定性。这种确定性处于人们信念的底部,在生活中起基础作用,指导着众多植根于此的新

---

① 维特根斯坦:《论确实性》,张金言译,桂林:广西师范大学出版社2002年版,第17页第94节。

② 维特根斯坦:《论确实性》,张金言译,桂林:广西师范大学出版社2002年版,第29—30页第167节。

③ 维特根斯坦:《论确实性》,张金言译,桂林:广西师范大学出版社2002年版,第29页第162节。

④ 维特根斯坦:《论确实性》,张金言译,桂林:广西师范大学出版社2002年版,第35页第209节。

⑤ 维特根斯坦:《论确实性》,张金言译,桂林:广西师范大学出版社2002年版,第35页第211节。

⑥ 维特根斯坦:《论确实性》,张金言译,桂林:广西师范大学出版社2002年版,第46页第288节。

⑦ 维特根斯坦:《论确实性》,张金言译,桂林:广西师范大学出版社2002年版,第29页第167节。

的命题与信念的产生，并得到人们毫不怀疑的接受与继承。

　　夏洛克、斯特洛尔等人对维特根斯坦所说的"世界图景"持"规则观点"，即认为"世界图景"的语句表达了语言中语词使用的规则①，威廉姆斯（Michael Williams）、莱特（Crispin Wright）等人基于人类与"世界图景"之间的认知关系，采取了一种"命题"的视角，视"世界图景"为深处于人类知识网络体系中的一套经验命题②。大谷弘（Hiroshi Ohtani）则质疑了上述的规则视角与命题视角，认为"世界图景"语句表达的是一幅图画而非规则或经验命题，因此应当从其本身所含有的"图像"（picture）概念进行理解③。"图像"视角的确为思考"世界图景"提供了一种新思路，然而"图像"概念本身依旧缺乏清晰性，且错误的图像往往会让人更为迷惑。要真正理解"图像"与"世界图景"还需借助其他手段。在我们看来，《论确定性》的一系列隐喻表达正好符合这一需求，它们正是借助一些不那么含蓄（less implicit）的日常生活中常见的客观存在，帮助我们进一步澄清了"世界图景"这个含蓄（implicit）的概念。

二、"世界图景"的隐喻表达

　　维特根斯坦虽然并未提出明确的隐喻理论，但其语言哲学思想经常通过具有高度隐喻性的语言表达出来，其隐喻观也恰恰显示于这些隐喻表达之中。无论是《逻辑哲学论》中的"图像论"与《哲学研究》中的"语言游戏""家族相似"等宏观层面上的隐喻表达，还是《逻辑哲学论》中的"梯喻"以及《哲学研究》中的"路标之喻""铁轨之喻""甲虫之喻"等微观的隐喻表达，均高度概括了维氏前后期的语言哲学思想。斯特洛尔指出，较之维氏其他作品，《论确定性》使用了更为频繁、集中的隐喻④。

　　人们对隐喻的作用众说纷纭，如认为隐喻是人类将日常经验进行概念化处理的一种高级认知能力，指出"人类的概念系统（conceptual

---

①　可参见 Moyal-Sharrock, D. *Understanding Wittgenstein's On Certainty*. New York: Palgrave Macmillan, 2004. Stroll, A. *Moore and Wittgenstein on Certainty*. Oxford: Oxford University Press, 1994。

②　可参见 Williams, M. *Unnatural Doubts: Epistemological Realism and the Basis of Scepticism*. Princeton: Princeton University Press, 1996. Wright, C. Wittgensteinian Certainties. In D. McManus (ed.). *Wittgenstein and Scepticism*. London: Routledge, 2004, pp. 22-55。

③　Ohtani, H. World-pictures and Wittgensteinian Certainty. *Metaphilosophy*, 2018, 49 (1-2), pp. 132-133.

④　Stroll, A. Wittgenstein's Foundational Metaphors. In Moyal-Sharrock, D. (ed.). *The Third Wittgenstein: The Post-Investigations Works*. Hampshire: Ashgate Publishing Company, 2004, p. 14.

system)是通过隐喻来构成和界定的"①,隐喻借用"在语言层面上成形的经验"系统地描述了"未成形的经验"②等。戴维森将隐喻视为"语言之梦"(dreamwork)的产物,但认为隐喻并未使用超乎通常话语所依赖的手段之外的"语义手段"(semantic resources)③。对维特根斯坦而言,隐喻是一种颇为独特的语言使用现象,尤其是"一种综观世界的方式和视角"④。因此,考察《论确定性》中由其前后期思想沿用下来的隐喻表达的同时,着重分析《论确定性》中新出现的众多隐喻,从字面意义入手探讨它们在实际语境中的具体使用,同样是我们接近维氏晚年确定性思想、探索其哲学洞见的一种有效手段。

除了上文提到的描述确定性的"语气之喻",《论确定性》还依次通过"神话之喻""河床之喻""光喻""枢轴之喻"以及"墙基之喻"⑤等隐喻表达,用河床、光、枢轴等外物来解释"世界图景",将"世界图景"的特征生动地呈现出来,使人们对"世界图景"等概念以及维特根斯坦晚年确定性思想有更深刻的理解。

(一)"神话之喻"与"河床之喻"

1."神话之喻"

《论确定性》第95节将"描述这幅世界图景"的命题称为一种"神话的一部分",这意味着"世界图景"在维特根斯坦那里被当作一种"神话"(mythology)⑥。神话作为一种产生于人类早期的特定文化现象,是关于世界初始、文明起源的故事。它们承载着众多民族悠久的历史文化传统,表达出浪漫丰富的诗意想象,在世世代代的传承与发展中经久不息。世界上不同民族的历史均始于神话,各类文化也产生出丰富多彩的神话故事并流传至今。诸多神话叙事中,既有"女娲补天""后羿射日""大禹治水""精卫填海""夸父追日"等中国人耳熟能详的故事,也存在着众多以古希腊、古罗马、北欧、阿拉伯、埃及等神话为代表的绚丽多彩的异域传说。

---

① 莱考夫、约翰逊:《我们赖以生存的隐喻》,何文忠译,杭州:浙江大学出版社2015年版,第3页。

② 陈嘉映:《语言哲学》,北京:北京大学出版社2003年版,第338页。

③ Davidson, D. What Metaphors Mean. *Critical Inquiry*, 1978, 5(1), p. 31.

④ 焦卫华:《"综观"与"面相":后期维特根斯坦哲学存在论维度解读》,北京:人民出版社2014年版,第188页。

⑤ 有学者还提到了其中的"石喻"等(见陈常燊:《维特根斯坦的河床——〈论确定性〉中的"哥白尼革命"》,《世界哲学》2012年第5期),此处不予展开。

⑥ 维特根斯坦:《论确实性》,张金言译,桂林:广西师范大学出版社2002年版,第17页第95节。

虽然神话源于人类丰富的想象,因其虚构性而不可避免地带有神秘色彩,但它们作为跨越地域与时代的叙事,往往凝聚着人类共通的朴素情感,呈现出人类对自然世界的原始认识,并帮助人类塑造世界观的雏形,而各类神话中不可缺少的诸神则作为一种共同的理想化象征存在于人类精神世界之中。人们面对"出于人力所能以上"的天地万物诸多现象时,往往"自造众说以解释之"①,而这些解释便成为神话流传下来。虽然世界上各类神话内容包罗万象,神话人物也各具形态,但众多神话均表达出人类探索自然的最初尝试,隐含着人类认识世界与理解他者的共同渴望,反映了各类文化的认同意识。从某种程度上说,维特根斯坦之所以将"世界图景"视为神话,就在于他看到了两者之间的联系,即"世界图景"与"神话"均体现了人们某一时期的普遍认知与共通情感。此外,种族、文化乃至性别差异也可能导致产生不同的"世界图景"和神话传说,因此,两者均具有区域性特征。

2."河床之喻"

维特根斯坦以"神话之喻"为开端,指出这种神话可能消融为河流,重新恢复原有的"流动状态"(a state of flux),逐步引出"河床之喻":

> ……思想的河床可能移动。但是我却分辨出河床上的河流运动与河床本身的移动,虽然两者之间并没有什么明显的界限。(OC § 97)②

在我们看来,"河床之喻"是最能代表"世界图景"的一个隐喻。位于河谷底部的河床是河水经常流动的地方,由土壤、沙砾、岩石等诸多坚硬的物质组成。在维特根斯坦那里,"世界图景"是"思想的河床"(river-bed of thoughts),因此,它成为一个无比坚固结实、稳定可靠的界面,义无反顾地肩负起承载奔流不息的河水这一重任。虽然"世界图景"作为"思想之河"流动的渠道和根基,与河流之间的界限未必明显,可能会由于自身的飘移活动或泥沙的沉积而有所变化,但它却真切地以坚硬的岩石为底,任凭河水在其上方或静静流淌或奔流不息。各类由文化习俗、历史实践或传统建制等积淀而成的命题如河水般,在坚不可摧的"思想河床"根基上生生不息,往复流动。代表着"世界图景"的"地球是圆的""月亮本身不会发光""太阳从东方升起"等命题早已毫无疑问地植根于人们内心,若是缺少"世界图景"

---

① 鲁迅:《中国小说史略》,上海:上海古籍出版社 2006 年版,第 6 页。

② 维特根斯坦:《论确实性》,张金言译,桂林:广西师范大学出版社 2002 年版,第 18 页第 97 节。

这一河床,河水便无法继续流动,信念也无法形成并得到传承。可见,"河床之喻"首先凸显了"世界图景"的基础性。

维特根斯坦认为,河床上的水流活动与河床自身的位移之间并不存在"鲜明的界限"(sharp division)①,那这是否意味着两者难以分辨?事实上,当人们看见一条河流时,不会专门对河床与河水的具体位置作出区分,比如确认水平面下几米是河床,而往往将河床与河水两者视为一体。当然,河水的流动多显露于表面,时而静缓,时而湍急,尤其引人注目。河水自身也会在气候、地形、植被等诸多因素的影响下,随着河流运动发生肉眼可及的各类变化,有时清澈见底,有时却浑浊不清。河床则完全不同,它是一个河流赖以运动的稳固的平台,有力地支持着河水的流动,却难以为肉眼所见,即便产生变化也不易为人所知。可见,人们依然可以基于河流与河床的显著差别,分辨河流运动与河床移动。"河床之喻"在这两者之间作出的区分,也充分体现出"世界图景"的稳定性。

这条"思想之河"的周边还呈现出如下景象:

> 那条河流的岸边一部分是不发生变化或者变化小得令人察觉不到的坚硬的岩石,另一部分是随时随地被水冲走或者淤积下来的泥沙。(OC§99)②

维特根斯坦这段形象的描述既再次凸显了"世界图景"的稳定性,又展现出河水在"世界图景"这一稳定河床上的流动性。一方面,无论是河床和河流本身,还是它们发生的活动,人们均能够加以分辨。那些构成河床或沉积岸边的坚硬岩石或基本保持不变,或仅发生无可察觉的变化,而那些随河流运动而来的泥沙则随波浮沉,既可能被河水冲刷得荡然无存,也可能重新淤积到岸边。另一方面,构成河床的坚固岩石依然可能存在变化。即便这些原本坚不可摧的岩石在很长一段时间内纹丝不动,它们也有可能在几十年、几百年甚至上千年之后,被湍急的洪流完全摧毁,或在水滴或细流日复一日的滴灌或冲击作用下,因遭到磨蚀或击穿而沦为一盘散沙,继续随波逐流,或逐渐沉积于河底。正如维氏所言,一些"未僵化"的"经验命题"以部

---

① 维特根斯坦:《论确实性》,张金言译,桂林:广西师范大学出版社 2002 年版,第 18 页第 97 节。

② 维特根斯坦:《论确实性》,张金言译,桂林:广西师范大学出版社 2002 年版,第 18 页第 99 节。

分"僵化"的命题为"渠道"（channels）①，不断在其中流动。那些随水流四处漂移的泥沙也可能在外力作用下，通过沉积或冷凝等不同形式，逐渐形成坚固的岩石，最终成为河床的一部分。河床处于河流的基底，往往被河水表面的流动所遮蔽，虽然它自身发生的变化微不足道且鲜为人知，却对河流的运动与走向起决定性作用。因此，在关注"世界图景"稳定性的同时，我们也应当注意到它的流动性，不能对其存在的变化视而不见。

一个在特殊环境下长大的人或许会暂时相信"地球于 50 年前形成"，但也完全可能会在他人的劝服之下逐步认识到"地球已经存在了很久"②。在 1969 年 7 月 21 日 11 时 56 分，美国宇航员阿姆斯特朗迈出人类踏上月球的第一步之前，人们根本不敢相信，人类能够离开生活了一辈子的地球前往其他星球，登上月球更是一种不切实际的幻想。至少在维特根斯坦写作《论确定性》的 20 世纪 40 年代末 50 年代初，有限的科技水平根本不足以帮助人们登陆遥远的月球，日常见闻使人们坚信"无人曾远离地球"，要从自己的"世界图景"中找到反驳这一点的证据也相当困难。因此，如果当时有人说自己"曾到过月球"，大家只会把这当"笑话"③。然而仅仅过了十几年，"无人曾远离地球"的"世界图景"已成为历史，越来越多的宇航员冲出地球，飞向宇宙。

曾经被视为笑话或幻想的某些东西，不再与如今这个时代格格不入，而已经成为一幅人们逐渐习以为常的崭新"世界图景"。那幅陈旧的"世界图景"则变成干涸的河床，露出大片裸露的岩石，由于缺少河流运动而丧失其原先作为河床的基础作用。当持有完全相反、无法调节的"世界图景"的人们相遇时，他们也许会互称对方"蠢人"或"异教徒"④。

2017 年 9 月，美国宇宙探索技术公司（Space X）总裁马斯克（Elon Musk）提出的雄心勃勃的火星移民计划，被许多人认为是痴人说梦。2020 年夏天，人类相继向火星发射了三个探测器以探测火星的奥秘。现在大多数人依然抱有"人类从未去过火星"的"世界图景"，但如今科技发展一日千里，谁又能信誓旦旦地保证未来某一天人类不会登陆火星呢？某些命题与

---

① 维特根斯坦：《论确实性》，张金言译，桂林：广西师范大学出版社 2002 年版，第 18 页第 96 节。

② 维特根斯坦：《论确实性》，张金言译，桂林：广西师范大学出版社 2002 年版，第 42 页第 262 节。

③ 维特根斯坦：《论确实性》，张金言译，桂林：广西师范大学出版社 2002 年版，第 19 页第 106 节。

④ 维特根斯坦：《论确实性》，张金言译，桂林：广西师范大学出版社 2002 年版，第 99 页第 611 节。

其组成的"世界图景"可能曾饱受质疑，然而怀疑总有一个终点，这一终点正是信念的起点。将某些事情视为确凿不变的东西，其实也是"怀疑"和"探索"的方法的一部分①。要让人们接纳那些稍有变化、完全不同甚至完全相反的"世界图景"殊非易事，但某些遭到强烈反对的"世界图景"在经历了"久远得不可想象的年代"②之后，也完全有可能转变为人类的行动指南。

不可否认，处于不同历史年代的不同人群可能具有截然不同的"世界图景"，即便对于同一人群来说，其原有图景也可能随着时空的变化呈现出不同的内容与形态，甚至处于同一时代、同一地域的群体成员所持的"世界图景"也不尽相同。要举出与我们具有完全不同世界图景的人的例子，无须考虑"想象中的原始部落"③。在球场里一起观看足球赛的观众中，或许就有无神论者、基督徒、佛教徒、犹太教徒或伊斯兰教徒。在咖啡馆里畅谈人生的顾客里，可能包括民主党人、共和党人或无党派人士。在图书馆里自习的大学生中，也许有人坚信爱因斯坦的相对论，有人则对一理论持怀疑甚至反对态度。虽然大部分人相信"凡人皆有属于人类的双亲"，但依然有人坚信"有人没有双亲"，而拒绝信任"一切反面证据"④。

然而无论人们的"世界图景"有何不同，这些图景在某段时间内对其持有者及其处身的群体都呈现出一番较为稳定的景象。自然环境所参与塑造的人类的身体机能和遗传基因，以及随之发展而来的人类对客观世界的基本认知能力，均决定了"世界图景"的总体稳定性，这种基于人类共性的稳定性也决定了具有不同"世界图景"的人完全可能达成相互理解。此外，虽然不同的社会文化无法确保共有一幅普遍的"世界图景"，但是人类在社会"制序"（institutions）中所习得的规则、惯例、习俗、伦理等，在同一种文化中与"极具主观性的契约"⑤密切相关，这也决定了"世界图景"的变化不可能是任意的。这些变化或许不如登陆月球或火星前后的变化那般具有颠覆性，且大部分变化也由于其细微、缓慢的特征而不易为人察觉。只有经历了

---

① 维特根斯坦：《论确实性》，张金言译，桂林：广西师范大学出版社 2002 年版，第 27 页第 151 节。

② 维特根斯坦：《论确实性》，张金言译，桂林：广西师范大学出版社 2002 年版，第 35 页第 211 节。

③ 蒙克：《维特根斯坦传——天才之为责任》，王宇光译，杭州：浙江大学出版社 2011 年版，第 576 页。

④ 维特根斯坦：《论确实性》，张金言译，桂林：广西师范大学出版社 2002 年版，第 39 页第 239 节。

⑤ S.马耶夏克：《摩尔与国王——维特根斯坦论"世界图像"的无理据性》，季文娜译，《世界哲学》2018 年第 5 期。

时间和空间的漫长洗礼,这些随着历史变迁与时空演化发生的变化才会逐渐显现出来,使原本僵化的命题可能变得"流动"(fluid),让起初流动的命题可能变得"僵化"(hardened)①。

维特根斯坦将世界图景视为"一种神话"②,并将确证事物的根据归纳为"我有一个世界图景"③,以上的"一种"和"一个"均体现出"世界图景"的独特性。无论河水是否流动,或以怎样的方式运动,都无法完全撼动作为基底的河床。人们通常不会因为长江与黄河等江河水流发生的即时变化,如水流湍急或水面浑浊等,就将其视为这两条河流以外的其他河流。无论"世界图景"的内容如何变化,它依然是思想河流的根基与支撑着河流流动的河床,具有基础性与稳定性,其地位也是无法动摇的。当然,虽然"世界图景"的"河床"地位较其发生的变化而言处于一个更为基础的地位,但是承认"世界图景"的稳定性并不意味着对其流动性的否定。实际上,"世界图景"这个河床与河流之间已经达成了一种动态的平衡,动中有静,静中有动。

(二)"光喻""枢轴之喻"与"墙基之喻"

1."光喻"

维特根斯坦在强调人们相信的是由诸命题构成的一整个体系而非单独命题的同时,曾经指出"光逐渐照亮全体"(Light dawns gradually over the whole)④。不同的光亮在空气中的传播速度各有差异,因此,在点亮蜡烛、打开电灯或手电筒等日常照明工具的瞬间,并非室内每一处角落都会立即明亮无比。可见,整个房间其实是由光源逐渐照亮的。自然光也相同,它们并非一下子点亮整片天空,而是在天际缓缓铺展开来。

人们在看待命题时,可能最初注意到的仅是那个"光最早照亮的角落",即某一条单独的命题。但如果总聚焦那个最先映入眼帘的光亮之处,仅关注孤立的命题,就容易忽视被光逐渐照亮的其他角落,未能留意到其他诸多命题。因此,只有联系一系列相关命题,共同构建起"世界图景"体系,既关注那个最早变亮的地方,也看到随后变得明亮的每一处角落,才能综观

---

① 维特根斯坦:《论确实性》,张金言译,桂林:广西师范大学出版社 2002 年版,第 18 页第 96 节。

② 维特根斯坦:《论确实性》,张金言译,桂林:广西师范大学出版社 2002 年版,第 17 页第 95 节。

③ 维特根斯坦:《论确实性》,张金言译,桂林:广西师范大学出版社 2002 年版,第 29 页第 162 节。

④ 维特根斯坦:《论确实性》,张金言译,桂林:广西师范大学出版社 2002 年版,第 25 页第 141 节。

房间的全貌,才可以对照亮房间的这种光产生直接感受与真切认知。在我们看来,"世界图景"的系统性在这个并不起眼的"光喻"中昭然若揭,即"世界图景"并非单个命题,而是由无数相似命题共同构建的一个庞大知识体系。

2."枢轴之喻"

《论确定性》中最重要的一个隐喻当数"枢轴之喻":

> 我并不是明确地得知那些对我来说不可动摇的命题。我以后能够发现这些命题就像物体转动所围绕的轴。说这个轴是固定的,意思并不是指有什么东西使它固定不动,而是指围绕它进行的运动确定了它的固定不动。(OC §152)①

事实上,这一隐喻同样适用于"世界图景"。"世界图景"正如"物体转动所围绕"(around which a body rotates)②以及"问题和怀疑赖以转动"(on which those turn)③的"枢轴"(axis)。当然,它们并非被某个确凿不移的东西固定下来,是环绕它们进行的周边运动使其处于稳定的位置。可见,"世界图景"始终处于与同一体系内类似"图景"的共同运动之中,并被切实地固定于其中。倘若"世界图景"脱离这一体系,那么围绕其进行的运动便不复存在,导致这些"图景"漂浮不定,难以把握。因此,"世界图景"之所以具有极高的确定性,并非在于有无数确凿论据能够证明其正确性,而在于围绕其运动的若干"世界图景"为它提供了强大的支持,使其得以不言自明。

3."墙基之喻"

"墙基之喻"也是体现维特根斯坦晚年确定性思想的重要隐喻之一。在某种意义上说,维氏沿用了《逻辑哲学论》中以"脚手架"与"梯子"等为代表的"建筑隐喻"思路,将《论确定性》中提出的"世界图景"视为"由整栋房屋支撑"(carried by the whole house)的"墙基"(foundation-walls)④。墙是房屋结构的重要支撑,直接关系到房屋的稳定性,而墙基作为墙的基础,

---

① 维特根斯坦:《论确实性》,张金言译,桂林:广西师范大学出版社 2002 年版,第 27 页第 152 节。

② 维特根斯坦:《论确实性》,张金言译,桂林:广西师范大学出版社 2002 年版,第 27 页第 152 节。

③ 维特根斯坦:《论确实性》,张金言译,桂林:广西师范大学出版社 2002 年版,第 53 页第 341 节。

④ 维特根斯坦:《论确实性》,张金言译,桂林:广西师范大学出版社 2002 年版,第 40 页第 248 节。

往往位于地下底层,对墙起到关键的支撑作用。可见,墙基的作用同样在于支撑整栋房屋。但维氏这一独特的"墙基之喻"却反其道而行之,认为墙基要依靠房屋来支撑,乍看起来略显荒唐,但仔细一想,人们通过填土、垒石、砌砖等方式来夯实墙基,均为同一目的服务:建造一栋稳固安全的房屋。房屋建成之前,很少有人会真正见到墙基,或注意到墙基打得多么牢靠,不过房屋一旦落成,墙基的基础性地位便凸显出来。房子盖得好,墙基自然牢。对一栋完整的房子而言,墙基、墙、地板、房柱、房梁和屋顶等各个部分均必不可少。虽然墙基无法直接呈现于人们面前,但它恰恰显示在由其自身和房柱、房梁等诸多部分共同构建而成的房屋之中,借助房屋这一庞大系统切实地显示着自身的存在,这应该就是"墙基之喻"的基本含义。

舒尔特①把维特根斯坦所说的"确定性"视为《哲学研究》中提到的房屋上的"房檐装饰"(ornamental coping)②,虽然它们增加了房屋的美观性,在一定程度上满足了建筑要求,却未给房屋本身提供实际支撑,因而属于形式上而非基础性的存在。如果结合维氏后期对本质与基础之物的否定态度,舒尔特的看法似乎有一定道理,但我们认为,维特根斯坦意义上的"确定性"其实更像房屋的墙基。墙基虽不易为肉眼直接所见,但夯实了整栋建筑物的基础,而墙基也离不开整栋房屋,人们需要依靠对房屋的仔细观察来判断墙基的基本状况,两者互相支持,缺一不可。因此,舒尔特的观点在一定程度上弱化了"确定性"的基础地位。

虽然《论确定性》中多次使用"基础""以……为基础""框架"之类的词汇,但维特根斯坦对"基础"的强调其实不同于基础主义,因此他并非像斯特洛尔等人说的那样是一个"基础主义者"③。首先,基础主义者将确定性等同于知识,认为知识、命题等明显永恒为真。维氏则反对这种看法,他认为确定性无所谓真假,因此确定性与知识是有区别的。其次,虽然维特根斯坦与基础主义者均从命题入手探讨确定性,但他聚焦的并非那些具有极高确定性的所谓"基础命题"。最关键的是,维氏并不像基础主义者那样,竭力为世间万物与人类社会寻找基础,确定性在他那里也并非以一种基础主义的方式起作用。他摒弃了笛卡尔、洛克、康德等传统认识论意义上的基础

①　Schulte,J.Within a System.In D.Moyal-Sharrock & W.H.Brenner.(eds.).*Readings of Wittgen-stein's On Certainty*.New York:Palgrave Macmillan,2005,p.60.

②　维特根斯坦:《哲学研究》,陈嘉映译,上海:上海人民出版社 2005 年版,第 98 页第217 节。

③　Stroll,A.*Moore and Wittgenstein on Certainty*.Oxford:Oxford University Press,1994,p.138.斯特洛尔等人正是以《论确定性》中出现的与"基础"有关的大量词汇为依据,来证明"维特根斯坦是基础主义者"。

主义者将知识建构于一种基础之上的建筑的隐喻①,将作为基础的确定性融入人类实际生活中,试图通过生活形式的视角来考察确定性,因而为确定性问题提供了一种非基础主义的思路。

总而言之,在"世界图景"的诸多隐喻中,"神话之喻"和"河床之喻"体现了"世界图景"的稳定性与流动性,"光喻""枢轴之喻"与"墙基之喻"突出的是"世界图景"的系统性。"光喻"虽然不是对"世界图景"的直接表达,但生动地体现了由无数个命题共同组成的"世界图景"这一庞大体系,而"枢轴之喻"和"墙基之喻"强调了"世界图景"这一庞大体系的组成部分与运作模式,"世界图景"与周边围绕着其运动、为其提供支持的其他"世界图景"相互支持,互相作用。

三、"世界图景""语言游戏"与"生活形式"

维特根斯坦后期提出"语言游戏"与"生活形式"这两个重要概念,把"生活形式"纳入"语言游戏"中进行考察。他通过这两个概念,引导人们意识到语言归根结底是一种社会现象,并帮助人们在实践中寻找概念活动的基本前提与探索人生的重要意义。因此,厘清"世界图景""语言游戏"与"生活形式"三者之间的关系,必定有助于更好地理解"世界图景",理解确定性。

(一)"世界图景"与"语言游戏"

人们如何获得"世界图景"?维特根斯坦指出,人们学写字时,通常会在学会字母的"特殊基本形式"(particular basic form)后,再对其加以改变,也就是说,某种标准的字母书写方法体现了事物的稳定性,成为书写的"规范"(norm)②。人们在这一"规范"的基础上,根据自身状况作出调整,学会甚至创造出不同的写法。从某种意义上说,"世界图景"即这个"规范",其确定程度高到"不容有合理怀疑的余地"③。怀疑于这一时刻戛然而止,而怀疑的尽头正是信念的起点。正是从这一刻起,人们放弃了寻找根据的努力,开始以某一"世界图景"作为信念的起点,不断在探索世界与对话他者的过程中获取更多的"世界图景"。当然,怀疑可能再次出现于信念之后,

① Churchill, J. Wittgenstein: The Certainty of Worldpictures. *Philosophical Investigations*, 1988, 11 (1), p. 32.

② 维特根斯坦:《论确实性》,张金言译,桂林:广西师范大学出版社 2002 年版,第 76 页第 473 节。

③ 维特根斯坦:《论确实性》,张金言译,桂林:广西师范大学出版社 2002 年版,第 65 页第 416 节。

新的信念也可能再次形成于怀疑的下一个终点。人们在"怀疑"与"信念"两者往复循环的过程中,持续地获得确凿无疑的"世界图景"。值得注意的是,人们对"世界图景"持有的信念要远强于对它们的怀疑。过度怀疑一切只会导致不可知论,而语言游戏之所以可能,并非在于那些"确定的事实",而在于人们对这些事实"从不怀疑"①。

在维特根斯坦眼中,人们可以纯粹从实践中学会玩某种游戏,而无须借助任何"明确的规则"(explicit rules)②。可见,那些描述"世界图景"的命题具有与游戏规则类似的功用,而确定性就存在于各类语言游戏之中,显示于人类开展的诸多活动之中。事实上,"世界图景"预设了语言游戏产生的背景,并在语言游戏中起到游戏规则一般的作用。同时,它也提供了广阔的游戏空间,确保了游戏开展的基本条件。那么这个游戏空间有何特征? 在我们看来,这是一个"实"的空间。这个"实"包含两层含义:第一,这个空间并不是幻想出来的,而是真实客观地存在于人类生活之中;第二,这个空间并非纯粹如水晶的"真空"或"虚空",空间内充满了许多东西,这些东西也并非整齐划一、不含杂质,其中包含了许多让人眼花缭乱的语言游戏,有各类不同因素作用其间。

总体而言,"世界图景"协助构建了一个较为稳定的游戏空间,各类规则在这一空间里开展的各类语言活动中展露无疑,"世界图景"的确定性与稳定性也在其间得到充分的显示。当然,"世界图景"既非规规整整,也不是永恒不变的,它既可能是单个图景的衍生与拓展,具有复数形式,也可以是两种图景的"合二为一",还可能呈现出一种部分开裂、部分重合的分裂状态。人们在不同时期对"合理"(reasonable)与"不合理"(unreasonable)的看法会发生改变,一些在某些时期被看作"合理"的东西却会在其他时期被视为"不合理"③。"世界图景"具有的流动性也使它提供的庞大游戏空间不可避免地产生各式各样的变化。这一游戏空间如同货车尾箱一般,总是密密匝匝堆满了琳琅满目的货品。各类语言游戏就像尾箱中的货物,极有可能在运输过程中不断地与其他货物相互叠置、产生挤压或发生碰撞,导致其轻则破损变形,重则支离破碎。还有些语言游戏甚至尚未接触外界事

---

① Rhees, R. *Wittgenstein's On Certainty: There-Like Our Life*. London: Wiley-Blackwell, 2003, p. 91.

② 维特根斯坦:《论确实性》,张金言译,桂林:广西师范大学出版社 2002 年版,第 17 页第 95 节。

③ 维特根斯坦:《论确实性》,张金言译,桂林:广西师范大学出版社 2002 年版,第 52 页第 336 节。

物,就已经分裂甚至解体,而这一切均与"世界图景"的变化密切相关。

语言游戏必不可少的一个组成部分便是进入游戏空间参与活动的游戏者。如果某个"语言游戏"的参与者仅有一人,那么这个人并未脚踏实地地进入游戏空间,他正在玩的也根本谈不上真正的语言游戏。因此,在这个庞大的游戏空间中,我们见到的往往并不是单个的游戏参与者,而是由"科学和教育"联系在一起的"社团"(community)①。可见,"世界图景"是特定群体在特定时间持有的知识体系,是属于群体共享的而非个人独有的,它与团体概念紧密相连,具有群体性特征。这些"社团"加速了人们社会化的进程,使他们得以在群体中逐步获取关于自然世界与人类生活的基本信念。

在开展语言游戏的过程中,大多数游戏参与者都能共同遵照游戏规则,恪守行为规范,相互配合,确保游戏的顺利进行。当然,任何一种游戏过程均不乏竞争,不可避免地伴随着矛盾、异议和争执,语言游戏本身也并非一成不变。从某种意义上说,每一次语言游戏都可能展现出不同以往的崭新面貌。值得注意的是,当游戏参与者面对新的语言游戏时,往往不会过于紧张或手足无措,原因就在于语言游戏在内外因作用下产生的各类变化通常基于稳定的"世界图景",整个游戏空间也不可能如吹气球一般地从无到有突然膨胀起来,使游戏自身发生天翻地覆的改变。即使是新的语言游戏,也存在着可理解性与可操作性。虽然每次语言游戏不尽相同,人们在游戏过程中可能产生摩擦或发生冲突,但大多数游戏参与者总是带着一种"确实的把握"②参与每一次语言游戏,正是每个人各自持有的"世界图景"帮助他们树立信心。

虽然这个游戏空间并非纯粹、单一,也会随"世界图景"的变化而收缩或膨胀,但是游戏空间自身发生的变化相当有限。此外,"世界图景"赋予语言游戏的确定性,也使人们确信自己有能力知道关于语言游戏的一切,并有信心确保每一次游戏的顺利开展。事实上,人们通常在实践中基于自身的行动而非主观心理感受,来确定命题的真假,获取关于世界与他者的诸多信念。可见,"世界图景"不仅保障了语言游戏的顺利进行,也正展现于人们参与语言游戏的具体言行之中。

如果说"世界图景"具有极高的确定性,是稳固的"思想河床",是"神话",是"枢轴",是"墙基",那么在其反面是否存在着一种"不确定"或"不

---

① 维特根斯坦:《论确实性》,张金言译,桂林:广西师范大学出版社2002年版,第47页第298节。

② 维特根斯坦:《论确实性》,张金言译,桂林:广西师范大学出版社2002年版,第89页第555节。

那么确定"的"世界图景"？实际上,简单的"是"或"否"根本无法说清这个问题。如果非要指出"确定"的反面,那么"变化"一词或许比"不确定"这一表达更为合适。

维特根斯坦曾经在《哲学研究》中借助以下隐喻生动地描述了语言的变化:

> ……新符号就像我们语言的郊区。……我们的语言可以被看作是一座老城,错综的小巷和广场,新旧房舍,以及在不同时期增建改建过的房舍。这座老城四周是一个个新城区,街道笔直规则,房舍整齐划一。(PI § 18)①

我们继续沿用维特根斯坦的这一隐喻,将"世界图景"视为一座老城,众多小巷、广场与房屋共同组成老城这座错综复杂的"迷宫"。一栋栋老房子作为老城的标志性建筑,切实为城内居民服务,它们正如人们毫不怀疑地持有的某些"世界图景",在很长一段时间内保持稳定,并为人类实践提供行为指南。同时,这些旧房舍也见证了老城的新变化。原有的老房子在不同时期得到不同规模的增建与改造,众多令人耳目一新的新房屋拔地而起,为旧城区增添了无限活力。老城周边也兴建了成片配备有笔直街道与整齐房舍的全新城区,与旧城区内的老建筑形成了鲜明对比。老城内部与其周边呈现的这些新面貌,在一定程度上代表了"世界图景"在不同阶段产生的变化。

当然,这些新房舍与新城区并非一日建成,旧城区老建筑的改造也往往需要花费较长时间。不论是"世界图景"自身进行的调整,还是新旧图景之间的替换,同样需要时间。当前的老建筑可能在改造之后成为焕然一新的新房舍,而现有的新城区也完全可能随着时间流逝而变得陈旧不堪,"世界图景"同样在新旧更迭的持续性运动中达成一种动态的平衡。此外,老城区中的小巷、广场、新旧房舍以及周边的新城区,均为各类游戏提供了具体场地,创造出各式各样的游戏空间。众多游戏参与者根据自身情况选择游戏空间,积极参与到不同的语言游戏之中,并自然而然地形成了若干游戏者团体,"世界图景"的空间性与群体特征正显示于此。

可见,"世界图景"显示于"语言游戏"之中,它不仅赋予语言游戏以强大的背景,还为人们创造出广阔的游戏空间,并提供了有效的行为指南。

---

① 维特根斯坦:《哲学研究》,陈嘉映译,上海:上海人民出版社 2005 年版,第 10 页第 18 节。

（二）"世界图景"与"生活形式"

在我们看来,"语言游戏"与"生活形式"的关系如下:一方面,"语言游戏"植根于"生活形式",是人类生活形式的具体表现,也是其重要组成部分之一;另一方面,"生活形式"是内嵌着语言的条理化活动,也是人们把握语言、理解语言游戏的参考系。那么"世界图景"作为"语言游戏"的背景与空间提供者,与"生活形式"之间又存在着怎样的关系呢?

哲学家斯宾格勒(Oswald Spengler)受文学家歌德(Johann Wolfgang von Goethe)"照其本身认出活的形式"的形态学自然观启发,在《西方的没落》(*The Decline of the West*)一书中提出"活的形式"(living forms)[1]这一概念。维特根斯坦同样受到歌德与斯宾格勒的影响,他认为自己对语言的思考与歌德《植物变形记》中的一些观点类似,即"把一种语言形式与其环境相对照,或在想象中将其变形,从而得到整个空间的景观"[2],并在斯宾格勒"活的形式"基础上创造出自己的"生活形式"概念。

胡塞尔晚年创造了"生活世界"(life world,德语为 Lebenswelt)这一概念,并视其为知识明证性的基础和现象学的真正主体。在他看来,具有直接确定性的"生活世界"是先于人类思想、实践等存在的先验前提,所有日常经验与科学理论等均建立在"生活世界"的"不言而喻"[3]的基础之上。胡塞尔总希望将哲学建构成一门严格的科学,因此,他在对现象学的重新思考中,过于强调"生活世界"作为逻辑观念世界的科学属性,却忽视了人类日常生活世界的复数性,而维特根斯坦的"生活形式"则恰恰相反。

在维特根斯坦看来,"生活形式"是语言游戏和概念形成的基础。人们在获取了一致的"生活形式"之后,便切实以其为指南开展一系列实践活动,并最终在语言游戏中理解语词、与他者交流。与此同时,"语言游戏"在与人类的持续亲密接触中得到不断更新与扩展,成为"生活形式"的一个重要组成部分,越来越多崭新的"生活形式"也在种类繁多的"语言游戏"中逐渐形成并确定下来。维氏也明确把"确定性"看作一种"生活方式"[4],不过他的"生活形式"不像胡塞尔的"生活世界"那样关注前语言的直接经验世

---

[1] 蒙克:《如何阅读维特根斯坦》,徐斌译,杭州:浙江大学出版社 2021 年版,第 64 页。

[2] 蒙克:《维特根斯坦传——天才之为责任》,王宇光译,杭州:浙江大学出版社 2011 年版,第 308 页。

[3] 胡塞尔:《生活世界现象学》,倪梁康、张廷国译,上海:上海译文出版社 2005 年版,第 268 页。

[4] 维特根斯坦:《论确实性》,张金言译,桂林:广西师范大学出版社 2002 年版,第 57 页第 358 节。"生活方式"的英译与"生活形式"一样,都是"form of life"。

界,或强调其先验特征,而是切实地立足于人类日常生活之中,以人类实践为原始基点。卡维尔指出,维氏的"生活形式"着重强调了人类语言与行为的社会本质,既存在一种聚焦社会历史文化背景的"人类学"(anthropological)或"横向"(horizontal)意义,也包含一种关注生物特征的"生物性"(biological)或"纵向"(vertical)①维度。

虽然维特根斯坦并未给出"生活形式"的明确定义,但从《哲学研究》的一些论述②与学界的相关讨论,我们可以大致推断出它的基本含义,即人们在特定历史时期或环境中继承下来的以传统、文化为背景的共同行为与习俗,涵盖了语言游戏、习俗、传统等内容,为人类语言结构提供了存在的空间,也体现了人类使用语言的基本环境。《论确定性》则进一步强调,这些共同行为与习俗在当今人类社会生活实践中得到进一步延续与发展,逐渐形成人们当前基本的生活与行为方式。可见,"生活形式"具有明显的社会性与文化性。

首先,从源头来看,"世界图景"与"生活形式"十分相似,均来自传统、信念、文化等基本东西,各种信念、传统、文化等都以它们为渠道得到人们的接纳,并被人们继承下来。"世界图景"面貌各异,会随着社会环境、历史文化的演变而不断调整,但无论这些变化如何复杂多样,它们均要从某些最简单、最基本的形式发展而来。其次,从"世界图景""生活形式"这两者与"语言游戏"的关系来看,"世界图景"为"语言游戏"提供了游戏背景与游戏空间,而作为语言依据的"生活形式"则是"语言游戏"的基础与基本原则。两者均与"语言游戏"相辅相成,当然两者较之"语言游戏",涉及的范围更广,发挥的作用也更为基础。再次,在确定性方面,"世界图景"与"生活形式"也颇为相似,两者均因涉及人类共性而具有无可置疑的确定性,是人们借以行事的基础与依据。从这个角度看,人们无法脱离"世界图景"与"生活形式"来理解语言、世界与他人。虽然真假与否对两者均不重要,但人们都需要以它们为依据来判定命题真假、理解语言游戏与认识世界,这也确保了人们在社会生活中能够相互理解、达成共识。

当然,"世界图景"与"生活形式"并不完全相同。"世界图景"更多涉及基本常识,是对世界的高度凝练与集中抽象,体现了人们对世界的共同认

①　Cavell,S.Declining Decline:Wittgenstein as a Philosopher of Culture.*Inquiry*:1988,31(3),pp.254-255.
②　如"想象一种语言就叫做想象一种生活形式","就所用的语言来说,人们是一致的。这不是意义的一致,而是生活形式的一致"等(见维特根斯坦:《哲学研究》,陈嘉映译,上海:上海人民出版社2005年版,第11页第19节,第102页第241节)。

知,因此在"世界图景"上能更明显地体会到它极高程度的确定性,使它作为"基础""框架"和"背景"存在于生活中。"生活形式"包括各类语言游戏与人类传统、习惯、习俗等,主要体现了群体生活方式的共同特征,与日常生活的关系更为密切。在提到"生活方式"时,人们常常会联想到自己所属群体在某些方面达成的"一致",并将此作为自身言行指南。虽然维特根斯坦更多的是在"生活形式"的意义上提到"世界图景"①,但"世界图景"是"生活形式"的背景而不是其核心,任何"生活形式"都以"流传下来的特定的世界图像"为"背景或前提"②,同时也将"世界图景"展现出来。

在"世界图景"与"语言游戏"的相互关系中,我们看到了"世界图景"的稳定性、空间性与群体性等诸多特征,而在"世界图景"与"生活形式"的关系中,"世界图景"的背景作用与确定性则更为突出。有学者将"世界图景"看作表示"一个共同体可共享的所有知识"的一种"标志"(label),认为虽然这一概念自身毫无解释力,却标明了一种"背景(setting)"③。也有学者将它视为"最确定的确定性"④,或认为以其为指南的行动具有"最高程度的确定性"⑤。冯·赖特则强调了"世界图景"具有的"非命题"与"实践"特色⑥。

在我们看来,"世界图景"是人类在长期实践过程中借助不同方式继承下来的庞大的知识与观念体系,包括信念、传统、文化等诸多内容,是无需理由的存在,也是所有知识的基础。"世界图景"为人们的生活与思想提供了确定的背景,并成为人类行为的指南,切实地指导人们在日常生活中带着一种"不为怀疑所动"并"符合自身信念"的"确信"⑦行事,重要的是,这种确定程度具有"最大值"(maximum value)⑧。也就是说,"世界图景"本身具有

① 江怡:《维特根斯坦:一种后哲学的文化》,北京:社会科学文献出版社 2002 年版,第 95、97 页。
② 韩林合:《维特根斯坦〈哲学研究〉解读》,北京:商务印书馆 2010 年版,第 157 页。
③ Kober,M.Certainties of a World-picture:The Epistemological Investigation of *On Certainty*.In H. Sluga.&D.G.Stern.(eds.). *The Cambridge Companion to Wittgenstein*.北京:三联书店 2006 年版,第 412、420 页。
④ 李菁:《什么是真理——海德格尔和维特根斯坦的不同应答》,《世界哲学》2011 年第 3 期。
⑤ 郁振华:《怀疑之批判——论波兰尼和维特根斯坦的思想会聚》,《哲学研究》2008 年第 6 期。
⑥ von Wright,G.H.*Wittgenstein*.Oxford:Basil Blackwell,1982,p.178.
⑦ 维特根斯坦:《论确实性》,张金言译,桂林:广西师范大学出版社 2002 年版,第 57 页第 360 节。
⑧ 维特根斯坦:《论确实性》,张金言译,桂林:广西师范大学出版社 2002 年版,第 60 页第 386 节。

"最大值"的确定性,而"确定性"正是借助"世界图景"这一"具体可观"的概念展现出来。甚至在某种意义上,"世界图景"就是"确定性",两者就像亲兄弟。倘若人类行动的基础与思想的框架——"世界图景"不复存在,那么一切语言与行为都会变得空洞且盲目,人们更不可能真正理解世界与他者。

因此,人们可以透过"世界图景"达成一致的"生活形式",并在此基础上参与形形色色的语言游戏,较为顺利地满足自身生存与发展的基本需求。同时,显示于诸多语言游戏中的"世界图景"既可能保持稳定,形成严格统一的言行指南,也可能出现分裂或发生融合,创造出新的"生活方式",建构起新的信念。

第三节　"枢轴命题"①与确定性

维特根斯坦在"枢轴之喻"中首次提到一些"不可动摇"的命题,后来他将某些无可置疑的命题视为人们提出的"问题"与"怀疑"赖以转动的"枢轴"(hinge)②,并指出若是要让门转动,"门轴"必须固定不动③。"枢轴之喻"生动地体现了维氏对"确定性"的基本态度,无论是那些无比确定的命题,即"枢轴命题",还是具有确定性的东西,均不是被某物固定下来,而是周边事物围绕其进行的运动将它们固定下来。

实际上,"枢轴命题"常常与"世界图景"携手出现。维特根斯坦在谈到"世界图景"时,多次用"描述世界图景的命题"指代"枢轴命题"。在维氏那里,"枢轴命题"可以描述"世界图景",并扮演着类似于"游戏规则"的重

---

① "hinge proposition"这一说法由国外维特根斯坦研究者提出,维特根斯坦本人并未给自己列举出的这类命题冠以"xx命题"的特定称呼。国内学者根据对"hinge"的不同理解,将其翻译为"枢轴命题""轴心命题""枢纽命题"或"铰链命题"等。我们认为,"枢轴"这种译法较之"轴心",更强调中心轴周围的许多物体围绕其进行的运动,并同样含有"轴心"所要表达的中心、中枢的基础含义,也比"铰链"一词更为简单明了。因此,本书采用"枢轴命题"这一译法。还有国外学者将这类命题与《论确定性》中的"基石"之喻相联系,创造出"cornerstone proposition"这一说法。实际上,无论是"枢轴命题",还是"基石命题",均相当于摩尔提出的"常识命题",即"摩尔命题"。

② 维特根斯坦:《论确实性》,张金言译,桂林:广西师范大学出版社2002年版,第53页第341节。

③ 维特根斯坦:《论确实性》,张金言译,桂林:广西师范大学出版社2002年版,第53页第343节。

要角色①。同时,"枢轴命题"也是"世界图景"的重要组成部分,如果说"世界图景"是一幅宏伟画卷,那么"枢轴命题"就是画卷上必不可少的灵动线条。维氏以"地球存在""我有一个身体"等命题为例说明,这些不容置疑的命题正是整幅"世界图景"的一部分②。"枢轴命题"的呈现为理解、把握维特根斯坦晚年时期的确定性思想提供了明晰的思路与新的视角。

维特根斯坦在批判摩尔反驳怀疑论的方式时,列出他与摩尔均深信不疑的大量命题,如"地球150年前就存在""地里长不出汽车"③等。《论确定性》中的"枢轴之喻"将这些命题与"轴"紧密联系起来,催生了"枢轴命题"这一概念。从这个角度看,维氏对怀疑论的反驳正是通过对这些命题的讨论得以实现。一方面,"枢轴命题"体现出摩尔命题的确定性与不可怀疑性;另一方面,"枢轴命题"蕴含着的带有典型维特根斯坦色彩的"枢轴之喻",强调了以下事实,即中心轴由周边运动固定下来,它之所以稳固不变,主要在于周边物体围绕着它进行的运动。维特根斯坦正是由诸多形式各异、内容丰富的"枢轴命题"入手来探讨"确定性",他对"确定性"问题自始至终采取的语言视角,也在讨论这些命题的过程中得以进一步凸显。

部分学者视"枢轴命题"为《论确定性》的开创性成果,并把基于这些命题的某种"枢轴命题理论"看作这部作品的最大成就。有些学者则表达了完全相反的看法,认为"枢轴命题"兴起的研究热潮并非出自把握维特根斯坦思想的根本目的,而是一种盲目的跟风行为,并将"枢轴命题"视为"有害的杜撰"④。还有学者对维氏提出了质疑,认为把这些"枢轴命题"当作"本源的确定性"⑤意义不大,人们在现实生活中也无法真正像维氏所设想的那样,以这些"枢轴命题"为确定的条件与认识的框架,进而对命题的真假作出判断。

当然,维特根斯坦自身是否已经发展出一套"枢轴命题理论",仍然有待商榷。纵观整部《论确定性》,维氏似乎与以往一样,并不试图提出某种理论,而仅是笼统地将"枢轴命题"视为具有确定性的东西,关于它们的大

---

① 维特根斯坦:《论确实性》,张金言译,桂林:广西师范大学出版社2002年版,第17页第95节。

② 维特根斯坦:《论确实性》,张金言译,桂林:广西师范大学出版社2002年版,第35页第209节。

③ 维特根斯坦:《论确实性》,张金言译,桂林:广西师范大学出版社2002年版,第32页第186节,第44页第279节。

④ Lemaire,E.& Galves,J.P.(eds.).*Wittgenstein:Issues and Debates*.Frankfurt:Ontos Verlag,2010, p. 83.

⑤ 陈嘉明:《维特根斯坦的"确定性"与"生活形式"》,《哲学研究》1997年第1期。

量示例也颇为零碎松散。但值得注意的是,部分学者对维特根斯坦的质疑貌似理据充沛,却忽视了下面这一点:虽然"枢轴命题"这一概念并非出自维氏之手,但《论确定性》列举的大量命题均充分展示了他对人类实践,尤其是语言游戏与生活方式的热切关注。这一思路与《哲学研究》时期如出一辙,为认识世界与理解他者提供了崭新的视角。因此,在我们看来,"枢轴命题"决非"有害的杜撰",相关研究也并非稍纵即逝的学术潮流,它们恰恰唤起了学界对长期忽视的维氏晚年思想的重新关注与思考。无论"枢轴命题"能否为人类日常生活提供切实支持,或能够提供多大程度的支持,它们都是我们接近维特根斯坦晚年确定性思想的最佳出发点之一。认识与理解各类"枢轴命题",并发掘它们在实践中的现实意义,无论对理解维氏确定性思想,还是认识与理解世界均意义重大。

　　夏洛克曾经把"枢轴"的特征归纳为"语法性"(grammatical)、"基础性"(foundational)和"不可怀疑性"(indubitability)①等,还有学者强调了它们的"语境性"等特征②。下面我们拟从命题的形式、内容、产生方式与接受来考察"枢轴命题"。

一、"枢轴命题"的形式与内容

(一)"枢轴命题"的形式

1."枢轴命题":特殊的经验命题

　　维特根斯坦指出,当摩尔说"我知道……"时,其实列举了许多人们"无须特别验证就可以肯定的经验命题"③。当然,维氏对摩尔作出的"我知道……"之类的保证并无兴趣,因为即使最信赖的人保证他知道事情如此,也仅仅表示"他相信他知道",而不足以使人们认为"他的确知道"。维特根斯坦真正感兴趣的是摩尔的"我知道"后面的内容,即那些表达了"已知真理"(known truth)的"枢轴命题",并对其中的原因作出了以下分析:

　　　　这并非因为有谁知道这些命题的真实性,或者相信他知道这些命

---

① Moyal-Sharrock,D.*Understanding Wittgenstein's On Certainty*.New York:Palgrave Macmillan,2004,pp.72-99.夏洛克认为这些表述缺乏命题必备的两极性,因此,她并不将它们看作命题,而是直接用"枢轴"(hinge)来表示,她所说的"枢轴"(hinge)实际上就是我们说的"枢轴命题"。

② 曹剑波:《枢轴命题理论及其对传统认识论的挑战与启示》,《自然辩证法通讯》2012年第6期。

③ 维特根斯坦:《论确实性》,张金言译,桂林:广西师范大学出版社2002年版,第24页第136节。

题,而是因为这些命题在我们的经验判断体系中全都起着一种类似的作用。(OC § 137)[1]

维特根斯坦在《论确定性》第96节首次提到"某些具有经验命题形式的命题"(some propositions of the form of empirical propositions),并在第401节再次用到"具有经验命题形式的命题"这一说法。[2] 可见,他将"枢轴命题"视为某种"经验命题"(empirical proposition),比如"这里有一只手""人们会在头骨里面找到大脑"[3]等。

手、头骨与大脑等这类人们耳熟能详的东西,均源于人类的直观感性,与生活息息相关。因此,在人们眼中,"枢轴命题"与"这棵树与那棵树等高""这个苹果一斤重"等经验命题一样,都是对某种事态的描述,具有明显的事实性,均需要依靠实践中直接的观察经验来判断其真假,并完全可能找到证明其真假的证据。于是,人们常常会把这类具有经验命题形式的"枢轴命题"等同于经验命题。

哪怕一个人对人类头部的组成与内部结构一无所知,他依然可能认为人们能够通过实践证明"人们会在头骨里面找到大脑"这一命题。这个人也许会举出医学院解剖课堂的例子来自圆其说,老师可以在指导医学生解剖人类头部的过程中,引导他们近距离观察头骨与大脑的确切位置,把握其基本结构,从而证明上述命题。然而他却未必会意识到,医学解剖课上的头部解剖实践,根本不是为了证明"头骨里有大脑"而设,而仅在于教授专业医学知识。在现实中,任何一个理智的人都不太可能会纠结于这类命题的确定性,也不抱有将其证明清楚的愿望,更不可能为了证明头骨里大脑的真实存在,而专门打开某个人的头骨一探究竟。

虽然"枢轴命题"表面上具有经验命题的形式,但它并不等同于一般意义上的那些陈述事实经验的"经验命题"。两者的一个关键区别在于:"枢轴命题"往往无须验证即可确定,并得到人们无条件的信任,从这个意义上说,它是无所谓真假的;源自感性直观的"经验命题"则需要在实践中加以检验,并能够被经验证实或证伪,对这类命题的信任通常基于某些可以证明

---

① 维特根斯坦:《论确实性》,张金言译,桂林:广西师范大学出版社2002年版,第24页第137节。

② 维特根斯坦:《论确实性》,张金言译,桂林:广西师范大学出版社2002年版,第18页第96节,第62页401节。

③ 维特根斯坦:《论确实性》,张金言译,桂林:广西师范大学出版社2002年版,第1页第1节,第21页第118节。

其为真的理由。

维特根斯坦指出,世界上存在着众多形式与经验命题高度相似的"普遍性经验命题"(general empirical propositions),比如一个人的"胳臂被截掉就不会再生","脑袋被砍掉就会死亡而不会复活"①等,通常被视为确定无疑的命题。人们自然而然地认为,是那些与之相关的过往生活经验将上述命题教给自己,这种想法其实也无可厚非。一般说来,如果命题是"孤立的",那么人们便可以由于自己缺乏与之对应的经验而对其产生怀疑②,这正是人们对待普遍经验命题的基本方式。然而"枢轴命题"的不可确证却令人们无法怀疑它们,维氏提醒人们,经验教给我们的其实并非一条条"孤立"的命题,而是大量"相互依赖的命题"(interdependent propositions)③。这恰恰说明,枢轴命题具有强大的系统性,无法孤立地存在,一系列相近的"枢轴命题"共同组成庞大的体系,成为人类言行无可置疑的基础,也为人类日常实践提供了一个行之有效的参照系。这应该也是"枢轴命题"与"经验命题"之间的另一个显著差异。

既然"枢轴命题"无须证明,人们也根本无法找到任何证明其真假的有效证据,那么这是否意味着它们和那些无涉经验或先于经验的"先验命题"(a priori proposition)是同一回事?不可否认,"枢轴命题"与"先验命题"之间的确存在一定的相似之处,甚至存在部分重合。"先验命题"通常源于理性直观,无需经验即可判断为真,人们也视其理所应当为真,"枢轴命题"同样无需任何证明即被视为确凿无疑。但值得注意的是,对维特根斯坦而言,某些在康德那里属于"先天知识"的"先验命题",如"三角形的三个内角和等于180度"等,其实已经成为不属于知识范畴的"枢轴命题"。从其无可置疑的确定性来看,"1+1=2""2×2=4"等基本的数学运算法显然属于"枢轴命题"。它们类似于"我们确实不是在100年前从另一个星球来到这个星球的"④之类的命题,均具有相似的不可怀疑的确定性。与此同时,这些数学法则无需任何经验便可得到认识,也不依赖经验进行真假判断,属于"先验命题"的典型范例。因此,我们既可以把它看作一个"枢轴命题",也

---

① 维特根斯坦:《论确实性》,张金言译,桂林:广西师范大学出版社2002年版,第43页第273—274节。
② 维特根斯坦:《论确实性》,张金言译,桂林:广西师范大学出版社2002年版,第43页第274节。
③ 维特根斯坦:《论确实性》,张金言译,桂林:广西师范大学出版社2002年版,第43页第274节。
④ 维特根斯坦:《论确实性》,张金言译,桂林:广西师范大学出版社2002年版,第32页第184节。

可以将它视为一个"先验命题"。

　　然而即便"枢轴命题"与这类具有很强逻辑性与确定性的数学法则大体相似,我们也不能将它们完全等同起来,只能将它们看作同属"枢轴命题"与"先验命题"这两类命题的特例。虽然诸如"每个人都有两条腿""我从未到过太阳"此类的"枢轴命题"在大多数情况下确凿不移,但依然存在着部分特殊情况。人们可以提出某些经验证据,如"他的左腿在地震中被压断,现在只剩一条右腿""一个患有尾部退化综合征的人天生没有双腿"等,来质疑上述命题的确定性。不过,"$1+1=2$"等命题一旦在日常运算或统计工作得到应用,它们便被永久固定下来,无法被证伪,因而具有至高无上的确定性。可见,虽然"枢轴命题"与"先验命题"存在部分交集,但两者之间依然存在差异。

　　康德主张经验属于个体意识,自我意识是知识的核心。他将人类理智视为认识的出发点,认为后天经验的形成离不开那些处于人类内心世界的先天形式。可见,康德仍然在一定程度上沿袭了柏拉图、笛卡尔等人的思路,都试图由人类意识出发来认识与把握世界。但是他所说的先验命题由于过分依赖内在方式来确定规则,而忽视了人类认识与实践的密切关联。

　　维特根斯坦则采取了一种相反的思路。他的"枢轴命题"并未像先验命题那样强调人类认识的主观性,而是体现了与人类日常生活的密切关联。很少有人会特地寻找证据对这些命题加以检验,大多数人通常在各自的日常实践中,通过自觉遵守这类命题所显示的生活方式等,开展认识世界的活动。因此,虽然"枢轴命题"与"先验命题"在内容与形式上有所交集,也均无需理由,但"枢轴命题"与人类实践联系密切,与"先验命题"诉诸的内在路线相比,它更具外向特征。可见,维特根斯坦依然延续了其后期思路,试图从日常生活而非人类意识中寻找确定性。

　　"枢轴命题"与一般"经验命题"归根到底均来自人类的经验,与人们的生活密切相关。在"凡人皆有父母""太阳从西方落下"等命题的形成阶段,人们努力寻找或借助各类法则与经验对其进行论证。虽然怀疑与问题会不断产生,然而一旦人们发现自己根本无法穷尽这些证据,怀疑便达到终点,这些"枢轴命题"也相应地成为人们无比确信的东西并代代相传。

　　虽然"枢轴命题"与"经验命题"在形式上十分相似,但两者之间依然存在着明显的差异。"枢轴命题"具有一般经验命题所不具备的基础与框架作用,以及更基础的决定性意义,而且它并非以孤立的命题形式,而是作为一个庞大的参考系存在着,无须证明便可以被人们无条件接纳。同样地,尽管"枢轴命题"与"先验命题"均无需理由,但"枢轴命题"有时也需要服从经验证据,既受制于人类实践,也切实指导着人类生活,而"先验命题"则主要依靠推理思辨,向内诉诸人类理性,永远保持确定不移。

因此,"枢轴命题"是一类特殊的经验命题,它的外在形式类似于一般的经验命题,其具有的确定性也与先验命题相仿,均为毋庸置疑的。

2."枢轴命题":"逻辑命题"与"语法命题"

维特根斯坦借助诸多例子对"枢轴命题"展开进一步的说明。他指出,"在这里错误会是什么样子"①确实地描述了"概念(语言)"的状况,因此是一种典型的"逻辑命题"(logical proposition)。然而对于"这里有一只手"和"在与太阳相距这样远的地点有一颗行星"这两个命题而言,它们之间却不存在"明显的界限"(sharp boundary line)②。在维氏那里,"错误"如同"确定证据",均在语言游戏中扮演十分特殊的角色③,因此仅当事物在"逻辑"④层面排除了错误,它们才具有客观的确定性。事实上,"枢轴命题"也从"逻辑上"排除了出错的可能性,逻辑的规定性确保了这些命题的确定性,使它们无从证明,也不可怀疑。

维特根斯坦还对"枢轴命题"作出了以下表述:

> 具有经验命题形式的命题,而不仅仅是逻辑命题,属于一切思想(语言)运作的基础。(OC §401)⑤

由此可见,"枢轴命题"与"逻辑命题"一样,均参与构成思想运作与语言使用的基础。一切人类实践均离不开规则,规则对语言使用活动的重要性更是非同寻常,而逻辑也在语言游戏中起到了与规则类似的关键作用。任何用以描述语言游戏的东西均属于"逻辑"⑥,也正是逻辑的规定性决定了"枢轴命题"之"不可怀疑"。此外,"枢轴命题"作为一种特殊的"经验命

---

① 维特根斯坦:《论确实性》,张金言译,桂林:广西师范大学出版社 2002 年版,第 10 页第 51 节。
② 维特根斯坦:《论确实性》,张金言译,桂林:广西师范大学出版社 2002 年版,第 10 页第 52 节。
③ 维特根斯坦:《论确实性》,张金言译,桂林:广西师范大学出版社 2002 年版,第 33 页第 196 节。
④ 维特根斯坦:《论确实性》,张金言译,桂林:广西师范大学出版社 2002 年版,第 33 页第 194 节。
⑤ 维特根斯坦:《论确实性》,张金言译,桂林:广西师范大学出版社 2002 年版,第 62 页第 401 节。
⑥ 维特根斯坦:《论确实性》,张金言译,桂林:广西师范大学出版社 2002 年版,第 11 页第 56 节。

题",也在经验命题体系中完成了"特殊逻辑任务"(a peculiar logical role)①。正如维特根斯坦在《论颜色》中所指出的,"使用"而非"思想"使"逻辑命题"区别于"经验命题",导致语句常常在"逻辑与经验的边界上被使用",即有时表达规范,有时表达经验②。从这个角度看,"枢轴命题"也是一种"逻辑命题"。如果现在依然有人纠结于地球的形状或地球的存在时间,坚称地球是方形而非圆形,或坚信地球存在了 20 年而非 45 亿年,那么此时我们关注的就不应该是这些命题是否为真,而是这个人是否具有与众不同的大脑结构了。

实际上,《论确定性》中的这些逻辑命题与语法概念用法相似,如语法般决定了人们"言说现实世界的形式和可能"③,与"语法命题"(proposition of grammar)一样具有语法功能与严格的规范性,起到规则的作用。维特根斯坦通过指出,规则与经验命题"相互融合"④,两者之间的界限缺少"明确性"(sharpness)⑤,淡化了经验命题与语法命题之间的对立,甚至逐渐将这两种命题融合起来。在《论确定性》中,"经验命题"不但能够在语言游戏中转化为"逻辑命题",同样能与"语法命题"在实践中实现相互转化与融合,它们之间形成了一个开放的、不断完善的系统。因此,我们认为,作为特殊"经验命题"的"枢轴命题"不仅可以被视为一类"逻辑命题",也是某种"语法命题"。

从表面上看,"枢轴命题"似乎仅仅是对某一事实或可能事态的事实性描述,比如"地球是圆的"这个命题刻画了地球的形状。但实际上,它不仅像"经验命题"一样描述了事实,还像"语法命题"一样在语言游戏中起到规则的作用,有时可以被视为"受经验检验的东西",有时可以被看做"检验的规则"⑥。在"苹果是一种物体"这类用于语词用法教学的句子中,"物体"(physical object)是与颜色、形状、数量等类似的"逻辑概念"(logical

---

① 维特根斯坦:《论确实性》,张金言译,桂林:广西师范大学出版社 2002 年版,第 24 页第 136 节。
② 维特根斯坦:《最后的哲学笔记(1950—1951)》,刘畅编译,北京:商务印书馆 2019 年版,第 23 页第 104 节。
③ 李果:《为何经验命题重要? ——对〈论确定性〉中经验命题概念的分析》,《哲学研究》2016 年第 7 期。
④ 维特根斯坦:《论确实性》,张金言译,桂林:广西师范大学出版社 2002 年版,第 48 页第 309 节。
⑤ 维特根斯坦:《论确实性》,张金言译,桂林:广西师范大学出版社 2002 年版,第 50 页第 319 节。
⑥ 维特根斯坦:《论确实性》,张金言译,桂林:广西师范大学出版社 2002 年版,第 18 页第 98 节。

concept），因此，我们无法在此基础上创造出"存在着物体"（There are physi-cial objects）这类"无意义的胡说"①。但当我指着一个苹果说"这是一个苹果"时，这一命题便将苹果同梨子、桃子、橙子等水果区别开来，并包含有"存在着苹果"这类"胡说"的前提。

"枢轴命题"借助日常生活中的实际语词使用活动展现出它们的意义，用语法将人们与现实世界连接起来。无论我们是指着电脑屏幕上、油画上还是水果篮里的一个苹果，说出"这是一个苹果"，均隐含着"世界上存在着苹果"这一前提。人们对这一前提往往持有无比确信的态度，而这种确信对人类生活起着至关重要的作用。维特根斯坦正是留意到了"枢轴命题"具有的语法功能，而将视为一种"语法命题"。

可见，"枢轴命题"表达出一种逻辑、语法上的确定性，因此，它不仅是一类相当特殊的经验命题，在某种程度上还可以被视为一种逻辑或语法命题。更确切地说，"枢轴命题"是一种介于经验命题与逻辑或语法命题之间的命题，不可怀疑也无须验证。

（二）"枢轴命题"的内容

《论确定性》中"枢轴命题"的内容包罗万象，既关乎自然、宇宙与世界等宏大主题，还涉及人类的语言、社会与文化背景，与日常生活紧密相连。其中不仅包括确定性极高的各类语言规则与数学法则，还含有人们对自我与生活的一些看法，也存在着一些有关客观世界的论述，既有人们早已熟稔于心的基本常识或普遍法则，也包含"我的大脑里没有锯末""汽车不是从土地里生长出来的"②等古怪命题。"枢轴命题"的呈现方式也多种多样，不仅有最常见的肯定与否定陈述，还出现了疑问、反问等不同表达方式。众多内容丰富、形式各异的"枢轴命题"令人眼花缭乱，维特根斯坦常用的片段式、零碎化的论述风格，也使人们一时无从下手。因此，有必要对"枢轴命题"内容作出一番梳理。

夏洛克按照内容，将"枢轴命题"分为"语言枢轴"（linguistic hinges）、"个人枢轴"（personal hinges）、"局部枢轴"（local hinges）与"整体枢轴"（u-niversal hinges）③四类。"语言枢轴"指具体的语法规则而非广义语法规则，

① 维特根斯坦：《论确实性》，张金言译，桂林：广西师范大学出版社2002年版，第7页第35—36节。
② 维特根斯坦：《论确实性》，张金言译，桂林：广西师范大学出版社2002年版，第44页第279、281节。
③ Moyal-Sharrock，D. *Understanding Wittgenstein's On Certainty*. New York：Palgrave Macmillan，2004，p.102.

尤其对语词使用与数字运用具有严格的制约与规范作用。这种作用充分体现在类似于"这叫'石板',这叫'石柱'"①"1+1＝2""那是红色"等表达之中。"个人枢轴"则与个人生活密切相关,比如"我已经在A处住了好几个月""过去几天我已从美国飞行到英国"②"我有一个身体"等。"个人枢轴"还被进一步细分为"个性基础"(idiosyncratically foundational)和"通用基础"(universally foundational)两类。"过去几天我已从美国飞行到英国"属于"个性基础"范畴,带有强烈的个人经验色彩,即便加以验证也未必能够得到他人的无条件信任,而类似于"我有一个身体"的命题则属于"通用基础"范畴,它适用于每一个人,对每个人来说都是确凿无误的。

"局部枢轴"体现了所有人或一部分人在一段特定时期之内所具有的知识基本框架的确定性,如"有个岛叫澳大利亚"③"无人登上过火星""太阳从东方升起"等就属于这一范畴。"局部枢轴"里一些关乎常识的命题往往能够得到大多数人无条件的接纳与确信,并被长期持有,但不乏部分命题直接来源于人类经验。因此,源自经验的那部分"局部枢轴"并非无可辩驳,也不是永恒不变的。"整体枢轴"则凸显了一种无可置疑的确定性,对任何一个理智的人都具有重要意义,如"水在火上沸腾而不结冰""田地里的牲口不会说出让人听懂的话""树木不会渐渐变成人"④等命题就属于这种"整体枢轴"。

夏洛克的分类为厘清众多"枢轴命题",尤其是了解各类"枢轴命题"的具体内容扫除了障碍,但这种分类也存在问题。它在一定程度上对"枢轴命题"进行了过于复杂化的处理,"个人枢轴""局部枢轴""整体枢轴"三者之间的界限也较为模糊,导致人们不易作出明确的区分。"我有一个大脑"在夏洛克那里属于"整体枢轴",但其实它类似于"我有一个身体"等命题,同样可以被归为"通用基础"范畴的"个人枢轴"。维特根斯坦在《论确定性》中的确列举出数不胜数的"枢轴命题",但如果据此认为他意在把这些命题分门别类,既对它们作出细致的区分,又找出它们的共同之处,显然是

---

①　维特根斯坦:《论确实性》,张金言译,桂林:广西师范大学出版社2002年版,第91页第565节。

②　维特根斯坦:《论确实性》,张金言译,桂林:广西师范大学出版社2002年版,第13页第70节,第110页第675节。

③　维特根斯坦:《论确实性》,张金言译,桂林:广西师范大学出版社2002年版,第28页第159节。

④　维特根斯坦:《论确实性》,张金言译,桂林:广西师范大学出版社2002年版,第53页第338节,第82页第513节。

对他的极大误解①。

布莱斯(R.G.Brice)认为维特根斯坦持有两种完全不同的确定性概念,他基于这两种确定性的不同达成方式自然而然地将维氏所说的"枢轴命题"分为两类。第一类是如"每个头颅都包含一个大脑"之类的"枢轴命题",多聚焦人类生理构成与基本需求,具有基础性、非理性与非反思性,不可置疑,能够为各类语言游戏提供支持,其确定性采用了一种"自下而上"(bottom-up)的达成方式;第二类是如"杀人不对"之类的"枢轴命题",关注人类长久以来的实践活动,人们显然需要通过理性推导与调查研究,而无法一开始就毫无质疑地接受它们,其通达确定性的方法是"自上而下"(top-down)的②。

在夏洛克与布莱斯的启示之下,为方便起见,我们也将这些"枢轴命题"简单地分为两大类。第一大类与客观世界相关,包括:①关于语言的命题,类似夏洛克的"语言枢轴",即把语法规则视为有关语言的基本命题,在语言游戏中扮演了不可或缺的基础角色,并在语言的实际使用起着严格的规范作用,它们与"语言枢轴"的不同之处在于,如"3×3＝9""2+2＝4"等那些有关数字的命题已不在其中;②关于数学、物理的命题,如"4-4＝0""水在零摄氏度结冰"等命题,早已成为不可动摇的"已知真理"植入人们心中,并如同先验命题那般无法辩驳;③有关生物、自然与地理等方面的命题,如"人不会变成树""存在着月球""非洲位于赤道附近"等。从表面上看,人们似乎可以借助对人类生理特征、月球的存在和非洲具体位置的深入研究与严密推理,来证实上述命题,但事实上,人们根本无法从现实生活中找到充分、有效的证据,要真正证实它们几乎是不可能的。当然,部分命题可能会随着时空迁移产生变化。"地里长不出房子"这一命题对当今社会的大多数人而言,属于确定无疑的"已知真理",但科技发展日新月异,谁又能保证十年或几十年后人们不会像种蔬菜、种水果一样地"种建筑"呢?

第二大类"枢轴命题"与人有关,包括:①关于"我"的命题,如"我有一双手""我从未离开过中国""我此刻正坐在书桌旁写字"等与个人的外貌体态、生活经历等密切相关的命题;②世世代代流传下来的传统信念、宗教信仰与文化习俗等。

① Rhees, R. *Wittgenstein's On Certainty*: *There-Like Our Life*. London: Wiley-Blackwell, 2003, p. 78.

② Brice, R. G. Mistakes and Mental Discurbances: Pleasants, Wittgenstein, and Basic Moral Certainty. *Philosophia*, 2013, 41(2), pp. 482-486.

以上对"枢轴命题"进行的分类或许过于笼统,但我们仅想通过这一简单的分类,为林林总总的"枢轴命题"描绘出一个较为清晰的轮廓,帮助人们进一步理解"枢轴命题"与维特根斯坦晚年时期的确定性思想。

二、"枢轴命题"的产生与接受

(一)"枢轴命题"的产生

维特根斯坦并未从正面直接回答"枢轴命题如何产生"这一问题。不过他指出,这些"枢轴命题"并非通过"研究"(investigation)①得出。在我们看来,"枢轴命题"的产生方式主要有以下两种。

1. 一种"后天"的产生方式

在日常生活中,我们是否需要从各种角度围绕着一个冰箱进行数次近距离观察,把它与墙上那台空调进行细致的外观比对,并在脑海里搜索一遍可能与之相对应的语词之后,才能最终指着它对他人说出"这是'冰箱'"这句话呢? 事实上,任何一个理智的成年人都无需这么做。"这是'冰箱'"对他们来说是一个不言自明的事实,体现在他们不假思索地将食物放入冰箱保鲜、冷冻等具体活动之中。

当然,人不可能天生就知道"冰箱"一词,要理解这一概念并熟悉其用法需要一个过程。只有在他人的帮助下,并且在冰箱的使用实践中,才能真正理解并学会使用这一语词。可见,"这是'冰箱'"的命题产生于一种"后天"的方式。人们在他人的指导与训练之下,比如通过重复朗读与仔细分辨,习得了"冰箱"这一语词。此外,人们还在日常生活中不断接触到冰箱的大量实物、图像与相关表达,并在使用冰箱的过程中持续深化对其物理外观的印象,不断熟悉其基本功能,最终在冰箱实体与名称之间建立起一种自然的联系。

人们在生活实践中通过"后天"的方式习得有关"冰箱"的一切,并逐渐将它们同日常生活融合起来,使其成为人类生活的必要组成部分。它们也被人们视为相当稀松平常的东西,无需任何证据进行证明。在说出"这叫'冰箱'"之前,并不需要一个推理证明的过程,而说出这一命题就像迈开腿走路、张开嘴吃饭那样自然。松鼠无需通过"归纳推理"(infer by induction)便知道它需要为下个冬天贮存粮食,人们同样无需使用"归纳法则"(a law

---

① 维特根斯坦:《论确实性》,张金言译,桂林:广西师范大学出版社2002年版,第24页第138节。

of induction)为自身的"行动或预测"进行辩护①。

再看看我们赖以生存的地球。虽然有关地球形态、年龄与历史的研究比比皆是,但我们却找不到任何有关"地球在过去 100 年间是否存在"②的专题研究。实际上,类似于"地球在过去 100 年间存在"的"枢轴命题"并非源自长期的科学研究。难道真有人仅仅为了证明"地球在过去 100 年间一直存在"这一结论,便通过年复一年地考察卫星或航天器不同时期拍摄的地球照片,或参考他人近百年来关于地球的每一项发现等各种方法,来搜集地球在这 100 年间每一年的存在证据?目前发现的事实均为这一命题提供了确凿的证据支持,但由于能够支持这一命题的事实过多,我们很难从中抽出若干条作为有力的证据,因此不但无法有效地证明这一命题,也不能找到任何反驳它的东西。在他人"后天"的教导与解释说明下,我们逐渐了解到地球的产生、发展与变化,于是无条件地接受了"地球在过去 100 年间存在"这一命题,但其中并不存在证明这一命题的过程。

有人会产生以下疑问:如果说关于地球历史的命题离我们过于遥远,那么"开水烫手"等早已为人们熟稔于心的命题不显然是由经验证明而来?人们只要有一次被开水烫伤的经历,不就能够认识到"开水烫手"?倘若一次孤立的经验无法给予"开水烫手"充分的证明,我们不也可以凭借以后自身多次的相似经验,自然地得出这一命题?维特根斯坦给出了明确的否定回答,即同一件事情的"再度发生"并非对命题的一种真正证明,而仅是一种支持这种假定的"经验基础"(empirical foundation)③。

或许还有人会以自身经历带有主观色彩,难免会影响客观判断为由,认为那些参照他人亲身经历,借助他人间接经验得出的结论才更具说服力。在他们看来,许多人正是借助他人描述的此类经历而非通过自身直接经验而得知"开水烫手"。不可否认,经验是一种与人类生活形式与行为方式密切相关的实践,人们通过学习、教育与训练等活动不断积累起各类直接或间接经验,并从中作出某种判断。然而在现实生活中,经验并未真正提示人们作出某些判断,或切实指导人们从相关经验中得出任何东西。维特根斯坦

---

① 维特根斯坦:《论确实性》,张金言译,桂林:广西师范大学出版社 2002 年版,第 45—46 页第 287 节。

② 维特根斯坦:《论确实性》,张金言译,桂林:广西师范大学出版社 2002 年版,第 24 页第 138 节。

③ 维特根斯坦:《论确实性》,张金言译,桂林:广西师范大学出版社 2002 年版,第 47 页第 295—296 节。

指出,无论是经验,还是经验的"巨大成功",均非人们判断游戏的"理由"①,人们也没有理由将其视为判断的依据。

事实上,不论是"地球是圆的""太阳从东方升起"等众多关乎自然的命题,还是"开水烫手"这类与人体感官密切相连的命题,均不是人们从实践经验中总结出来的。世界上存在的经验证据无法穷尽,难道我们以自己或他人的手被开水烫了50次的经历为理由,就能够比那种10次相关经历的依据更确定地得知"开水烫手"?那么100次的经验依据是否要比50次更确凿?答案显然是否定的。要确知"水在100摄氏度沸腾",人们也并非要在实验室里进行数百甚至上千次实验对此加以证明。正如维特根斯坦所言,进一步的实验无法证明先前的实验是"谎言",至多只能改变观察事物的"整体方式"②。

除了所谓的"经验证据",人们还可以通过诉诸"人类权威"(human authority)逐渐接纳、学会并理解众多事物,进而在此基础上通过自身经验发现它们得到"证实或否证"③。当然,诉诸权威这种证明方式远非完美。权威与经验一样,并非判断与论证的确定保障,在许多情况下也难免出错。但不可否认,权威之所以成为权威,就在于其知识水准或专业能力已经在某些人群中得到了普遍认可,其言行也相应地具有权威性,得到某一共同体中多数人的自愿服从与支持。

成年人在缺乏"经验证据"情况下,往往希望从权威身上获得有关问题的确定解答,而孩子们则通常通过相信成年人,即他们眼中的"权威",来学习一些东西:

> 孩子学会相信许多事情。也就是说,孩子学会遵守这些规则去做事,然后逐步形成一个信念体系。(OC §144)④

父母或老师经常会在生活中或课堂上对孩子们百般嘱咐"火会把人烧伤",孩子们也往往会选择无条件地相信他们,视其话语为不可怀疑。事实

---

① 维特根斯坦:《论确实性》,张金言译,桂林:广西师范大学出版社2002年版,第23页第130—131节。

② 维特根斯坦:《论确实性》,张金言译,桂林:广西师范大学出版社2002年版,第46页第292节。

③ 维特根斯坦:《论确实性》,张金言译,桂林:广西师范大学出版社2002年版,第28页第161节。

④ 维特根斯坦:《论确实性》,张金言译,桂林:广西师范大学出版社2002年版,第25页第144节。

上,"火会把人烧伤"的产生方式类似于诉诸权威,即它们均非通过诉诸"经验证据"推理证明而来,而是继承了某种"信念"。

"信念"是维特根斯坦有关"枢轴命题"诸多表述中的一种说法。信念的内容多样,既存在着如"这种颜色用中文来说是'蓝色'"之类关于语言的信念,如"1+2=3"等有关数学法则的信念,如"水在0摄氏度以下会结冰"等关乎物体规律的信念,还有关于自我的信念,如"这几个月我一直没离开过家",以及关于他人的信念,如"他正躺在病床上"等。这些信念并非孤立地存在着,而是形成了一个"体系"(system)或"结构"(structure)①。维特根斯坦对这一体系作出了详尽的描述:

> 我们并不是通过学会规则才学会怎样作出经验判断的,别人教给我们的是判断以及该判断与其他判断之间的关联。一个由判断组成的整体对我们来说才显得言之成理。(OC § 140)
>
> 当我们开始相信某件事情时,我们相信的并不是单独一个命题,而是一个由命题组成的整个体系。(OC § 141)
>
> 使我认为明显无误的并不是一些单独的公理,而是一个前提与结论相互支持的体系。(OC § 142)②

这些信念与命题的整体性在上述见解中展露无疑。在维特根斯坦眼中,这一体系不只是论证的"出发点",更为其带来强大的"活力"③。实际上,任何"枢轴命题"或"信念"均非独立地存在着,它们与一系列相关的"枢轴命题""信念"等交织作用在一起,与其周边环境共同建构起一个庞大的知识与信念体系,具有强大的系统性。

有理智的成年人不仅早已认识"某些人的双亲",知道他们的样貌,也了解"人类性生活、解剖学和生理学"的相关知识,懂得婴儿的孕育源自精子与卵子的结合,并时常耳闻目睹"各种动物的情况"④。维特根斯坦并未否认上述知识均可以作为"凡人皆有双亲"的信念依据,但他认为这些事实

---

① 维特根斯坦:《论确实性》,张金言译,桂林:广西师范大学出版社2002年版,第18页第102节。

② 维特根斯坦:《论确实性》,张金言译,桂林:广西师范大学出版社2002年版,第25页第140—142节。

③ 维特根斯坦:《论确实性》,张金言译,桂林:广西师范大学出版社2002年版,第19页第105节。

④ 维特根斯坦:《论确实性》,张金言译,桂林:广西师范大学出版社2002年版,第39页第240节。

不能为这一命题提供任何证明。如果将它们作为理由来证明"凡人皆有双亲",就会发现每一条证据下面依然存在证据,解释之下还有解释,那么这个证明过程就会永无止境,这一命题也无法得到完满的证明。某一信念之所以确定不移,并非由于其"本身显而易见"(intrinsically obvious)或"令人信服",而是由于它被"周围的信念"牢牢地固定下来(held fast by what lies around it)①。

"枢轴命题"或"信念"的产生并未涉及到以下过程:以目前掌握的大量事实为证据,进而找出位于"信念"底部的某个基础命题。各类信念之间也并非凭借着"理由——结论"这样的明确关系而存在着,它们往往在信念体系里相互交织,互相作用。现实生活中,如果要完成一种完备的证明,我们往往需要从已经掌握的事实前提出发,通过推理最终得出与前提不同的结论。但是,人们为证明"凡人皆有双亲"提供的所谓大量"证据",导致这一论证的前提与结论差别不大,因此无法完成一种完备的证明。可见,"枢轴命题"的产生并非涉及一个"广泛调查取证——严谨推理证明"的过程,它们其实产生于一种"普遍的印证"②过程之中,属于同一知识或信念系统的各类命题与信念在这一过程中相互佐证,互相支持。

在维特根斯坦看来,人们在"观察"(observation)和"听课"(instruction)之后,基于对这些所见所闻的无比确信,逐步"得到"(acquire)而非"学会"(learn)③由一系列相关信念共同构成的庞大体系。他还指出,即使有人宣称自己具有某些确定不移的信念,也无法说明这些信念产生于"有意识遵循某一特定思路"的过程之中,恰恰相反,它们深深地扎根于"问题与回答"④之中。

这充分体现了一种"信念的继承"。某个命题一旦产生,便会在它所处的那个信念体系中得到广泛的传递。处于同一信念共同体的人们视其为理所当然,也很少有人会对此刨根问底。因此,他们往往并不考虑信念本身或其依据的正当性,而是毫不怀疑地将其接受下来,信念正是通过这样的方式被持久地传递下去。虽然人们在日常生活中未必能为如"地球已经存在了

---

①　维特根斯坦:《论确实性》,张金言译,桂林:广西师范大学出版社 2002 年版,第 25—26 页第 144 节。

②　刘畅:《证明与印证》,《世界哲学》2011 年第 3 期。

③　维特根斯坦:《论确实性》,张金言译,桂林:广西师范大学出版社 2002 年版,第 44 页第 279 节。

④　维特根斯坦:《论确实性》,张金言译,桂林:广西师范大学出版社 2002 年版,第 19 页第 103 节。

很久""水在 100 摄氏度沸腾"等命题提供完备的证明,但是他们通常均能不假思索地将其作为自身行事的基础。

可见,我们区分的第一大类"枢轴命题",即那些与客观世界相关的命题,如"地球是圆的""开水烫手""过去 100 年间地球一直存在着"等,均非人们研究得出,而是通过在实践生活中观察、听课、诉诸权威以及接受指导和训练等"后天的"方式产生,用维特根斯坦的话来说,就是"以如此这般的方式作出反应"(react in such-and-such a way)①。虽然人们在这一过程中获得的直接或间接经验有助于佐证这些命题,但均不能作为证明它们的有效证据。无论这些命题产生自哪一种方式,均未涉及一个论证的过程。

与上述命题同属第一大类"枢轴命题"的语法规则、数学规则与物理规律等亦是如此,要得出这些规则,并不需要一个科学研究与推理证明的过程,人们通常在实践中经过后天的训练与指导,就能在日常生活的语言游戏中自然而然地运用这些规则。即便无法理解这些规则或规律,也不妨碍人们按照这些规则或规律行事。此外,第二大类"枢轴命题"中的第二种,即那些世代流传下来的信仰、信念与习俗等,也是通过这种"后天"的方式产生,人们并非通过研究前人生活得出这些命题,而是从祖先那里继承了这些信念,并按照这些信念描述的内容来认识世界。

2. 一种"自然"的产生方式

让我们考察一下上文所区分的第二类"枢轴命题",即那些与人密切相关的命题,尤其是关于"我的命题"。这类命题不同于如"在离地球 N 公里的地方有一个小行星"等那些与日常生活相去甚远的命题,而是与"我"直接相关,人们似乎只要诉诸自身感官经验便可对其进行完备的证明,那么它们的产生是否也无关推理、无涉论证?

拿"我有一个身体"这类与"我"密切相关的命题来说。每个人都与自己的身体形影不离,因此大多数人似乎仅需借助自身经验便可顺理成章地得出这一命题。一个人既可以指着自己腿部的肌肉与手臂上的血管,向他人展示自己活生生的"血肉之躯",还可以躺下来将四肢摊成"大"字,以告知他人自己拥有脑袋、手、腿等身体部位,或者通过跑步、游泳、打球等各类体育运动展示自己身体的存在。同时,旁人也可以通过直接触碰这个人的身体,直接感知其确定的存在。

不可否认,用上述事实为"证据"来证明"我有一个身体"未尝不可,但

---

① 维特根斯坦:《论确实性》,张金言译,桂林:广西师范大学出版社 2002 年版,第 87 页第 538 节。

这些论据与这一命题本身相比,未必具有更大的确定性。那些用来证实"我"有"一个头""两只手""两条腿""血管""肌肉"等的所谓"证据",如果从感官层面上看,并不比"我有一个身体"这一命题确定得多。可见,这些论据并不具有比其打算证出的结论更高的确定性,无法作为有效证据来证明这一命题,这样的"证明"既非完备,也没有意义。

我们在现实生活中有可能找到比"我有一个身体"本身更为确定的证据来证明这一命题吗? 这恐怕很难。在维特根斯坦眼中,人类是一种拥有可靠"本能"(instinct)却不具备可靠"推理能力"(ratiocination)的"原始生物"(primitive being)①。可以说,这类命题在更大程度上出于人类本能,从基于本能的人类自身日常言行之中显示出来,这里并未涉及一个归纳或演绎的推理论证过程。

即便孩子们对事物的存在充满无限好奇,他们在日常生活中学会的也是"取书"和"坐在椅子上"②等,而并非书或椅子等东西的存在。事实上,人类对事物的认知并非始于知道其存在,或对其确定性的逐一查验,它自然而然地发生在生活实践之中,尤其逐步达成于人类的日常言行之中。孩子对"椅子"一词的首次掌握并非"智性"(intellectual)上的,而是"施行性"(enactive)③的,他们往往在"行动"中而非"思想"④中应对椅子的存在。

婴儿从呱呱坠地的那一刻起,到能够用手抓物、用脚站立、独立行走与独立进餐,再到后来能够遵照规则参与各类游戏,顺畅自如地与他者交流,无时无刻不在使用自己的身体,显示着这个与自己朝夕相处、时刻相伴的真实存在。虽然婴儿由于缺乏基础语言能力,暂时无法用语言表达出"我有一个身体",但一种真正的"身体"概念其实是他们在运用自己身体开展的一系列具体行动过程中逐渐树立起来的,而以"身体"为核心的"我有一个身体"这一命题也相应地形成于这一过程之中,并在随后的实践中得到不断的强化。

让我们想象一下"我正在使用电脑撰写一篇中文论文"这句话的"创作"过程。在产生这一命题之前,我是否需要再三确认世界上存在着"电

---

① 维特根斯坦:《论确实性》,张金言译,桂林:广西师范大学出版社 2002 年版,第 76 页第 475 节。

② 维特根斯坦:《论确实性》,张金言译,桂林:广西师范大学出版社 2002 年版,第 76 页第 476 节。

③ enactive 也可译作"生成性"。

④ Moyal-Sharrock, D. *Certainty in Action*: *Wittgenstein on Language*, *Mind and Epistemology*. London: Bloomsbury, 2021, p. 14.

脑""一""中文""论文"这几种事物或概念？答案显然是否定的，我对这样的命题通常脱口而出。即便这句话不被说出，它也未必会变得不那么真实起来。作为一个有意识的、清醒理智的成人，我不太可能会千方百计地搜集证据，以证明我使用的是电脑而不是打字机，打印的文字是中文而不是日语，写的是一篇论文而不是两本书。一系列事实也显示着对这一命题的大力支持，任何听话者或旁观者显然无法从现实生活中找到任何能够反驳这一命题的事实，即便他们提出了一些怀疑的依据，这些依据也未必比这个命题本身更确定。人们完全可以想象与这一命题相反的情形，设想我出错的可能性，但这种想象往往是一种与现实脱节的空想。

维特根斯坦针对以下质疑，即我有可能因处在"麻醉状态"才不会出错，作出了以下回应：假如一个人真的受到麻药影响，便会丧失意识，无法真正地"谈话和思维"①。可见，那些受到麻药作用而不假思索地说出的话语，偏离了人类生活的轨道，并非人类日常意义上使用的语言，也不是我们关注的对象。在日常生活中，我们往往不会主动表达出"我正在使用电脑撰写一篇中文论文"这类命题。它通常借助说话者自身的言行显示出来，并不知不觉地作为生活方式融入社会生活之中，体现了对世间存在事实的一种无比确信，而这正是人类正常行事的重要基础。

我们从椅子上站起身时之所以无须说服自己确信"我有两只脚"，就在于这是我们"行动的方式"②，我们仅是这么做而已，其中并无任何理由。这些和"我"自身、同"我"的日常生活密切相关的"枢轴命题"，静静地处在那里不言自明，毫无痕迹地成为人类生活的一部分。这正是夏洛克所说的一种"施行性"（enacted），即"枢轴命题"只能在行动中显示自身③。人们通过直接参与语言游戏，借助自身在日常生活中的各类言行，自然而然地产生这样的表达。因此，与"后天"的产生方式相比，这些命题的产生更多地出自本能。可以说，产生"枢轴命题"的一个重要来源就是人类在日常生活中体现出来的行为方式，这一源头出自人类本能，用维特根斯坦的话来说，即"某种动物性的东西"（something animal）④，巧妙地显示或融合于人类生

---

① 维特根斯坦：《论确实性》，张金言译，桂林：广西师范大学出版社 2002 年版，第 110 页第 676 节。

② 维特根斯坦：《论确实性》，张金言译，桂林：广西师范大学出版社 2002 年版，第 26 页第 148 节。

③ Moyal-Sharrock, D. *Understanding Wittgenstein's On Certainty*. New York：Palgrave Macmillan，2004，p. 97.

④ 维特根斯坦：《论确实性》，张金言译，桂林：广西师范大学出版社 2002 年版，第 57 页第 359 节。

活中。

不可否认,第二类"枢轴命题"中有很大一部分产自一种"后天"的方式,它们在学习、模仿、训练或对信念的继承等手段的作用下得到人们的认知与理解。维特根斯坦指出,自己之所以毫不怀疑"朋友在身体或头脑内没有锯末"①,主要基于自己的所见所闻与亲身经验,而非任何直接的感观证据,这种确信也并非源自于一种严谨的论证。当然,第二类"枢轴命题"中依然存在着不少通过"自然"的方式产生的命题,它们与人类日常生活之间的联系更为密切,自然地生成于实践生活,尤其是人们说话做事的具体行为过程之中。

总而言之,无论是第一类与客观世界密切相关的"枢轴命题",还是第二类关乎人类自身的"枢轴命题",均非产自一个周密严谨的理性论证过程。这一点既适用于一个牙牙学语的孩童,也适用于一名心智成熟的成年人。然而在实际生活中,人们往往主张"事莫贵乎有验,言莫弃乎无征",他们将证据和论证置于一个极高的地位,渴望从证据本身和论证过程中得到一种"心安理得"的确定性,认为如果无法提供证据或理由为自己确信的事实作辩护,就容易遭致质疑甚至反对。

对普通人来说,上述想法对证据重要性的强调无可厚非,这也是日常生活中为人处世的一种貌似合理的道理。但这种想法却未能注意到,无法为某些事实提供确凿的理由,并不意味着我们只能错误地使用它们,甚至无法使用它们。因此,如果把上述想法强加到"枢轴命题"上,就有为寻找证据而寻找证据之嫌。实际上,如果某人确信某些事情,他自己或旁人均未必能为"他为什么相信"②这一问题提供令人信服的理由。即便有人非要怀疑它们,也不具备质疑它们的正当理由。

维特根斯坦认为,未摆明"理由"地使用一个语词,并非一种"不正确"③的用法。假如语词的任何使用活动都需要提供诸多证实其使用的确凿依据,那么没有一场谈话能够继续下去,人们更不可能达成有效的沟通。一个拿阅读当消遣的人,也不会千方百计地查找自己正在阅读的母语小说中每一语词的理据与词源,因为他知道这会大大影响自己阅读的进程,也毫

---

① 维特根斯坦:《论确实性》,张金言译,桂林:广西师范大学出版社 2002 年版,第 44 页第 281 节。

② 维特根斯坦:《论确实性》,张金言译,桂林:广西师范大学出版社 2002 年版,第 88 页第 550 节。

③ 维特根斯坦:《哲学研究》,陈嘉映译,上海:上海人民出版社 2005 年版,第 116 页第 289 节。

无意义。

因此,"枢轴命题"的产生并非基于某种凝聚高度智慧的理性化过程,这一过程其实既无需严谨细致的推理证明,也没必要提供所谓的"确凿证据"。同时,这些命题也不同于那些自明的知识,并非产生于一系列能够被证实或证伪的事物之中。确切来说,这类特殊的命题并不是作为某种调查结果而被人认识,它既可能出自人类对抗自然环境的先天本能,由人类基本生理结构决定,也可能来源于人类在社会环境巨大压力之下的反应以及后天获得的基本信念,包含一种社会化建构过程。有时它们还可能产生于先天与后天这两种不同方式的共同作用之下,与人类经验一同融入日常生活,悄然显示于由诸多"枢轴命题"共同建构的庞大体系之中,并在这一体系中与其他相关命题相互影响,密切联系。

(二) 对"枢轴命题"的接受

虽然人们在日常生活中很少直接说出这些"枢轴命题",但总不可避免地要与其发生联系。这些"不可动摇的命题"①意味着人们对这类命题通常持有一种毫不怀疑的态度,并早已将其视为其行事的稳固基础。人们之所以能够获知某些事物,并确信它们,其实均基于这些得到普遍接受的"公理"(axioms)②。

让我们以"地球存在"这一命题为例,来考察人们对"枢轴命题"的接受。首先,人们往往不会去想象这一命题的错误,比如"地球不存在",这并不在于它出错的可能性很小,而在于它的错误是无法想象的。正如维特根斯坦所言,如果在此处谈论出错的可能性,就改变了"错误"和"真理"在人类生活中扮演的角色③。因此,人们通常认为这类命题拥有极高的确定性,也不可能出错,而对其持有毫不怀疑的确信态度。维氏指出,人们或许会就"人类更喜欢住在大片水域附近"这一命题的真假展开辩论,但这种辩论必须基于一种"共享的假设"(shared assumption),即存着在一个世界,且这个世界含有大片水域④。如果怀疑"地球存在"这类最基础的"已知真理",就有可能进一步怀疑共同构成地球的一切事物,或地球上存在的每一生物个

---

① 维特根斯坦:《论确实性》,张金言译,桂林:广西师范大学出版社 2002 年版,第 27 页第 152 节。
② 维特根斯坦:《论确实性》,张金言译,桂林:广西师范大学出版社 2002 年版,第 88 页第 551 节。
③ 维特根斯坦:《论确实性》,张金言译,桂林:广西师范大学出版社 2002 年版,第 24—25 页第 138 节。
④ Kennedy, D. Games People Play: Strategy and Structure in Social Life. *Social Epistemology*, 2016, 30(1), p. 81.

体。这将对人类的基本生存与实践造成重大阻碍,世界也将因此陷入极大的混乱。倘若每个人均在日常生活中凭借这种怀疑立身行事,那么人们赖以生存的地球也会随之土崩瓦解,这将是人类的巨大灾难。

除了表明"枢轴命题"并非通过研究作出,维特根斯坦还进一步指出,在诸如"地球存在"之类的命题形成之后,难以想象还会有人对其抱有"合理的怀疑"(reasonable doubt)①。当然,怀疑的确不可避免,那些怀疑地球存在的人在维氏看来,或许持有一种"科学上"或"哲学上"②的怀疑,但在现实生活中这种怀疑却不尽合理。它远离人们亲身参与的日常实践,如果要让其重新回归实践,反而显得不合时宜,也会由于缺失合理的依据而与日常生活格格不入。这意味着,人们无法在现实中合理地怀疑这一命题。

其次,人们毫不怀疑地接受这一命题。虽然在日常生活中人们依旧会对某些看似确定的命题持有怀疑,但这种情况并不适用于那些本身既不会出错也不可怀疑的"枢轴命题"。这类命题扎根于日常生活实践之中,大家自然而然将其确定为自身言行的基础,并在此基础上作出判断、展开理解或表达见解。任何一个具有理智的人都视它们为毫无争议的基本信念,并在日常生活中无条件地接纳它们,进而基于此行事。同时,这些命题也以一种"润物细无声"的自然方式逐渐融入并切实作用于人类实践,难以为人察觉。

地球是一个长期"自由漂浮"在空间中的"球体",人们通常不加质疑地凭借这幅处处得到印证的简单图像来判断事态,进行工作③。这些命题触及到人类"确定信念"的"基层"(rock bottom)④,一旦人们将这类命题视为自身言行的指南,把它们当做人类生活稳固的基础与框架,那么它们表面展现出来的那种"毋庸置疑"的客观要求,便被人们主动转化为人类自身的一种"毫不怀疑"的群体行为。在维特根斯坦那里,无数"枢轴命题"共同构成的这一庞大体系既不是任意设定出来的,也不完全是论证的"出发点",它属于一种论证的"本质"⑤,是一种相当可靠的东西,并能够赋予论证活力。

---

① 维特根斯坦:《论确实性》,张金言译,桂林:广西师范大学出版社 2002 年版,第 42 页第 261 节。
② 维特根斯坦:《论确实性》,张金言译,桂林:广西师范大学出版社 2002 年版,第 42 页第 259 节。
③ 维特根斯坦:《论确实性》,张金言译,桂林:广西师范大学出版社 2002 年版,第 26 页第 146—147 节。
④ 维特根斯坦:《论确实性》,张金言译,桂林:广西师范大学出版社 2002 年版,第 40 页第 248 节。
⑤ 维特根斯坦:《论确实性》,张金言译,桂林:广西师范大学出版社 2002 年版,第 19 页第 105 节。

　　"枢轴命题"如同信念一般,牢固地树立于人们心中,借由一种"毫不怀疑"的态度与行事方式,被不断地传承下去。对"枢轴命题"的接受既可能来源于一种自发的无条件的承认与认可,也可能需要通过教育、训练等过程逐步推进。从学生通过学校教学活动承认与相信"他的教师和教科书"①,到他们离开学校踏入社会之后在日常实践中凭借某些不容怀疑的东西行事,这些信念均是以一种对他者、对书本知识、对自己的所见所闻等东西无条件确信的方式被植根于人们心中,并以同样的方式代代相传。值得注意的是,《论确定性》多次出现"说服"一词,比如第 262 节指出,人们通过一种"劝服"(persuasion)②的方式给予他者自身的世界图景,使他们开始学会相信某些东西。可见,一部分人对"枢轴命题"的接受也源于他人的说服。

　　如果我们沿着维特根斯坦的提示,想象一下传教士让土著人改信宗教的情形,就会发现传教士通常不会采用与土著人进行直接肢体对抗的方式,也未必会费尽口舌向土著人解释上帝存在的数条理由。他们往往会采用一种彻底颠覆土著人原有认知的全新视角,将土著人的生活"塑造成了如此这般的样貌"③,从而帮助他们实现一种特殊的"信念转变"(conversion),能够以另外一种"不同的方式"④看世界,并逐步接受上帝的存在。正如维氏所言,"在理由穷尽之后就是说服"(At the end of reasons comes persuasion)⑤,从这个意义上说,"说服"作为一种教育再造,与"给出理由"是相互对立的。即便对在特殊环境下成长起来的个体,人们也能通过尽力说服而不是无尽地罗列各种理由使他接受某些东西且对此深信不疑。于是,每个人都能像学生相信教师那样,接纳部分试图说服自己的人,坚信其在现实生活中的一言一行,最终使他们说服自己接纳的这些"枢轴命题"扎根于自身生活之中。

　　可见,对"枢轴命题"的接受既无须寻找任何外在客观事实作为理由,也不需要经过理性推导,不仅是服从老师、权威或共同体的意见,也不是一

---

①　维特根斯坦:《论确实性》,张金言译,桂林:广西师范大学出版社 2002 年版,第 42 页第 263 节。

②　维特根斯坦:《论确实性》,张金言译,桂林:广西师范大学出版社 2002 年版,第 42 页第 262 节。

③　维特根斯坦:《最后的哲学笔记(1950—1951)》,刘畅编译,北京:商务印书馆 2019 年版,第 107 页第 501 节。

④　维特根斯坦:《论确实性》,张金言译,桂林:广西师范大学出版社 2002 年版,第 17 页第 92 节。

⑤　维特根斯坦:《论确实性》,张金言译,桂林:广西师范大学出版社 2002 年版,第 99 页第 612 节。

种迫于压力的"被说服",而是源自人们日常生活中一种自发的、毫不怀疑的态度。当然,对那些总是指望科学为日常实践提供完美理由、早已习惯于"向外"寻找答案的人来说,意识到这一点殊非易事,因为他们始终迷恋于追求外在证据,却往往忽视了日常实践得以可能的根本前提。

那么对这些命题的"毫不怀疑"是否意味着人们早已习惯了思维上的"拿来主义",根本不愿花时间去质疑这些东西,而人类自身的这种惰性也导致了批判性思维能力与独立思考能力的普遍缺失? 现代社会与古希腊时期相比发生了天翻地覆的变化,科技发展一日千里,但人们对客观世界的怀疑与恐惧仍旧存在。《楚门的世界》①中,主人公楚门表面上过着和正常人一样的普通生活,但后来他在对自身生活产生的不断怀疑中惊讶地发现,自己其实从出生以来就一直生活在由一座庞大的摄影棚打造的虚拟世界之中。《记忆碎片》②的主人公莱纳由于脑部损伤而导致记忆障碍,陷入自己想象的世界难以自拔,他在一种持续怀疑的过程中不仅发现了诸多事实,也同时丢失了众多真相。《盗梦空间》③中,不断怀疑自身所处现实世界的盗梦者柯布在现实与梦境之间不停地游走,他使用了一个能够在梦境中屹立不倒的陀螺,将梦境与现实区分开来。当然,人类无法像楚门那样时刻生活在一个完全受人操控的虚拟世界之中,或任由柯布那只小小的陀螺摆布,也不可能都患上莱纳的短暂性失忆症,始终感觉日常生活充斥着诸多不对劲的情况。事实上,每个工作日对于朝九晚五的通勤族来说都是相似的,人类所有的日常经历也均以一种巨大的确定性显示着自身。

人们在接受这些命题时所表现出来的"毫不怀疑"态度并不意味着他们缺乏批判精神,更不代表着他们思维上的懒惰。这里的"毫不怀疑"其实已经将脱离日常生活或处于想象中的那些不合理怀疑排除在外,成为人们"判断"与"行为"的"方式"④。在现实生活中,这些"枢轴命题"得到了人们不加否定的无条件接受,并毫不留痕地与人类生活融为一体,使人们日用而不知。用维特根斯坦的话来说,由这些命题组成的信念体系"扎根之深使我无法触到"(so anchored that I cannot touch it)⑤,并不断在实践中得到深

---

① 美国电影 *The Truman Show*(1998)。
② 美国电影 *Memento*(2000)。
③ 美国电影 *Inception*(2010)。
④ 维特根斯坦:《论确实性》,张金言译,桂林:广西师范大学出版社 2002 年版,第 37 页第 232 节。
⑤ 维特根斯坦:《论确实性》,张金言译,桂林:广西师范大学出版社 2002 年版,第 19 页第 103 节。

化与巩固。正是由于作为信念的这些命题已经成为人类生活的一部分,指导着人类日常言行,人们才视其无可争议。对话、辩论、反驳等一系列基本的语言交流活动也只有以其为前提,才能真正进行下去。倘若有人在日常生活中切实以怀疑主义主张的"任意怀疑一切"为言行指南,那么可想而知,他们的生活将会多么孤立与艰难。

维特根斯坦认为,我们不能像摩尔那样,仅凭有人说知道"某些事物"便视其说的这些话为绝对真理,实际上正是由于这些话构成了说话者各类语言游戏的"坚实不动的基础"(unmoving foundation)①,才使它们有可能成为无条件的真理。在日常生活中,说"知道某些事物"无法成为说服人们确信它们的充分理由,人们也通常不会说"知道"某个"枢轴命题",或直接将此类命题脱口而出。如果说维特根斯坦将"我知道……"保留给使用这一表达式进行"正常语言交流"(normal linguistic exchange)②的具体场景,那么摩尔则把这一表达用错了地方,错误地用"我知道……"来反驳怀疑论,也未能意识到"知道某些事物"只能是毫无意义的胡说。

当然,不说"知道"这些"枢轴命题",并不意味着它们不可知。人们不仅在日常生活中通过观察、训练,或继承信念、诉诸权威等诸多"后天"的方式,也借助自然的方式,即通过对人类言行潜移默化地施加重大影响的实践生活,"知道"了无数条"枢轴命题"。对维特根斯坦来说,"枢轴命题"已经成为人类言行的基础与信念的框架,因此,专门用"我知道……"来表达某种确信不仅相当古怪,也毫无意义。这些命题作为人类信念的基底,悄无声息地显示于日常生活中,并实实在在地给予人们言行的指导。如果有人在现实生活中突然说出"我知道我此刻正坐在一把扶手椅上"或"我知道房子不会无缘无故地变成蒸汽",那么我们很可能会认为说话者是一个坐在扶手椅上深刻反思哲学问题的哲学家,或一名脱口秀舞台上幽默的表演者,但对"我知道……"的这两种使用均不属于维氏所关注的正常交流的范畴。因此,对"枢轴命题"的无条件接受,根本无需"我知道"这类表达式。

人类在日常生活中不断地获取各类"枢轴命题",通过信念传承、学习、训练、说服等活动逐步达成认同,进而将它们视为无可争议的信念,无条件地承认与接纳下来,这些自身免于怀疑、毫无理据的"枢轴命题"也显示在人类实践大量的非反思性行为之中。可见,"枢轴命题"是人类经验判断体

---

① 维特根斯坦:《论确实性》,张金言译,桂林:广西师范大学出版社 2002 年版,第 63 页第 403 节。

② 维特根斯坦:《论确实性》,张金言译,桂林:广西师范大学出版社 2002 年版,第 42 页第 260 节。

系的基础框架,它们作为人类行为尤其是认知活动的指南,为一切语言活动的顺利进行提供了坚实的保障,因此在日常生活中具有无可置疑的高度确定性。

第四节　从《论确定性》看维特根斯坦对确定性的考察

《论确定性》直接考察了确定性问题,聚焦语言意义与理解的确定性基础,进一步延续并深化了《哲学研究》对确定性的思考,引导人们一步步解开确定性之谜。

第一,《论确定性》对"确定性"的思考继承了《哲学研究》的语言视角,依旧通过语言来思考获取知识、认识世界等认识论基本问题。首先,维特根斯坦从概念入手,具体分析了"知道""怀疑""知识""确定性"等重要概念及其用法,将"怀疑"视为"确定性"的反面,并认为摩尔的错误在于借助"我知道……"来反对人们无法知道这类事情的断言,从而开始批驳怀疑论持有的那种"过度怀疑"。这一批驳不仅呈现出"合理怀疑"的特征,更凸显了"确定性"这一重要概念。其次,《论确定性》通过"枢轴之喻"引出一类特殊的命题——"枢轴命题",并围绕着这类命题的形式、内容、产生以及接受等展开大量讨论,彰显了它们的无理据性与高度确定性,强调了它们在人类日常实践中的基础作用。这些属于人类"信念体系"与"生活形式"的命题显示出一种"最大值"的确定性,它们既毫无依据,无涉论证,也无法怀疑,不可言"知道"。

可见,概念与命题等语言的不同形式被维特根斯坦视为探索确定性、知识的重要"范式"(paradigm)。如果说语词是直接描述与再现外界客观事物的最基本单位与形式,那么概念则是命题的核心介质,在解释与理解活动中起核心作用。不同类型的命题由概念组成,是人类智慧的理性提炼,更是理解人类经验活动的关键。维特根斯坦使用的这种"概念——命题"语言范式成为他考察确定性问题的出发点,并提供了大众认同的研究方案,直接决定了其探索确定性的过程与结果,也决定了其思考确定性的主要方式——概念考察与命题分析。

虽然人们广泛接受的某些"范式"具有其他理论无可比拟的优势,但在库恩看来,人们并不一定需要用它们来解释所有"有关的事实"①。维特根斯坦的这种语言范式亦是如此,其合法性既无需通过一个严谨的论证过程

---

①　艾柯等:《诠释与过度诠释》,王宇根译,北京:三联书店 2005 年版,第 62 页。

推演而来,也无须借助某些客观理由或科学标准进行解释说明。它将任何普遍性排除在外,使用特定的方法,如通过大量"枢轴命题"在日常生活中自行显示自己,不言自明。在我们看来,这种语言范式虽然在为思考确定性提供便利的同时,发挥了实际的规范作用,但它并非一套排除了一切"失范"现象的严格的规则体系,其实际价值并不在于建立规范或订立规则,而在于为人们理解确定性提供了切实可靠的新思路、新视角与新方法。

值得注意的是,继《哲学研究》引入"语言游戏"概念之后,《论确定性》也一再重申这一概念,并以诸多不同的语言游戏为例,说明只有在人类日常实践的语言游戏之中,确信与怀疑才可能是合理的、有意义的。同时,它还指出"意义"与"规则"这些概念之间存在着"对应关系"(correspondence)①,再次凸显了"意义即使用"观的核心思想,即语词意义体现于它们的实际使用中。这部作品通过不断强调实践的决定性作用,在一定程度上提高了人们对自身所处实际环境的敏感性与回应度,并在此基础上帮助人们在实践中转换看待世界的视角,改变其原有的行为方式与认知态度,为人们指引出认识与理解确定性的正确方向。任何一种语言游戏均要以一种最大的确定性为基础,并与语言的意义、理解、规则等息息相关。可见,《论确定性》以一种新的形式强化了维特根斯坦《哲学研究》时期的语言视角。

第二,《论确定性》提出了"世界图景"这一重要概念,并对它展开扎根于实践的概念考察。在我们看来,"世界图景"是《论确定性》取得的新进展。虽然维特根斯坦并未从内容或形式等方面对这一概念作出细致的分类,但各类"世界图景"均毋庸置疑地以语言形式呈现于人们面前,切实为语言游戏提供了广阔的背景与空间。它们具有基础性、系统性、流动性、空间性以及群体性等特征,由人们毫不怀疑地无条件采纳,既切实指导着人类日常行动,也决定了人类日常的认知评价。"世界图景"作为"思想的河床",负载着河水的流动,静中有动,稳中有变,显示出一种动态而不失平衡的确定性。它也正如一座新故相推、新旧并存的城市,默默地服务于居民们精彩纷呈的日常生活。

虽然"世界图景"并非绝对确定或永恒为真,既不是一种追求至高理性的哲学理论,也不是一种复杂抽象的科学理念,但这一概念为我们揭开了观念形态的意义世界,展示了人所理解的存在,重点描述了人类在文化、传统、习俗中产生的出自实践的共同观念。从这个意义上说,"世界图景"已经成

---

① 维特根斯坦:《论确实性》,张金言译,桂林:广西师范大学出版社 2002 年版,第 11 页第 62 节。

为现实生活中人类认知与理解活动的参照系,也为深入理解维特根斯坦确定性思想提供了新视角。

20世纪80年代,部分俄罗斯学者在洪堡特的"语言世界观"等思想的影响下,提出"语言世界图景"理论,强调语言在人们认识世界中的重要作用。维特根斯坦有关"世界图景"的观点为人们认识语言与世界关系所奠定的基础,在某种意义上可以也能够为"语言世界图景"理论体系的发展与完善提供启示。

第三,《论确定性》围绕着"确定性"进行的概念考察与命题分析,延续了《哲学研究》对传统认识论方法的否定,说明维特根斯坦并不打算在人类的意识生活之中寻找一种绝对的确定性,而是开始思考人们得以在纷繁复杂的语言游戏中达成一致的基础——一种"内在的"确定性。其实《哲学研究》已经谈及这种确定性,《论确定性》则继续对其进行集中考察。我们并不认为这种"确定性"指一种内在的心理或精神状态,需要通过心理、意识分析才能够获得,说其"内在"主要是相对语言的表层形式而言。

《论确定性》聚焦的这种"确定性",明显要比《逻辑哲学论》追求的那种语词表层意义的"绝对的"确定性更为隐蔽,处于语言外在形式之下。同时,这种确定性也不完全等同于《哲学研究》思考的关乎语词使用的"合宜的"确定性,它内化于人,与人类活动密不可分。说它是"内在"的,意味着它无法用语言直接"说"出来,而是作为"语言游戏"的内在性质悄然显示于现实生活中,同人们的日常实践和谐地融合起来,与显示于各类语言游戏外在活动中的"世界图景"与"生活形式"密切相关。

《论确定性》为我们展示了以下的确定性(详见下图):

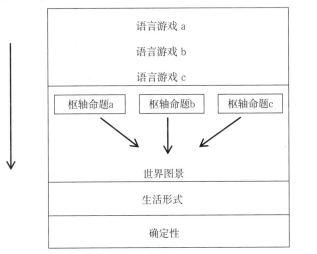

　　这种"内在的"确定性时刻显示于充满着语言游戏的实践之中,人们也在维特根斯坦为人们绘制的由"枢轴命题"组成的"世界图景"中,不断地"看见"它。同时,这种确定性作为基本信念与态度,持续指导并支持着人们各类活动,使"世界图景"与"生活形式"得以形成,是人们认识世界与理解世界的基础,也是人们不仅能够理解语词本身的意义,还能够使用语言相互沟通进而理解他者的关键原因。因此,对这种确定性的考察将极大地帮助人们深入了解语言游戏的核心与语言使用的实际情况。当然,这种确定性不是绝对精致无比的,也并非静止不动,《论确定性》也承认了这种变化。"生活形式"与"世界图景"中依然存在着诸多不确定因素,其形式与内容难免会发生变化,然而人们对它们的无条件接纳和自然继承均体现出一种极高程度的确定性。因此,除了"生活形式"与"世界图景"本身,一种对它们无比确信的基本态度同样决定了其具有无可置疑的高度确定性。

　　一方面,这种"确定性"是人类表明的"态度"与作出的"决定",是人类持有的"世界图景""生活形式""信念体系",也是一切"研究""行动""断言"①的基础。人类正是以一致的"生活形式"或"世界图景"为思想框架和行动基础,积极参与各类实践活动,逐步建立起一种共享自治的人类生活。可见,这是一种既非客观也非主观并始终发挥着基础作用的"确定性"。它稳定地存在于日常生活之中,显示出强大的确定性,对人类言行具有举足轻重的影响。可见,维特根斯坦并未将"确定性"视为基础主义意义上的认识的基础,他对"确定性"的考察意在凸显语言游戏的重要作用,说明"生活形式"显示在多种多样的语言使用活动之中,他对"没有理由的行动方式"的关注引导人们将注意力从寻求解释转向进行描述②。

　　另一方面,无论是在"世界图景"这一"河床"上流动的河流,还是"世界图景"老城周边建成的新城区,都体现出这种确定性无法回避的变化。马尔科姆用维特根斯坦自己的名言对维氏哲学思想进行了总结:"一种表述只有在生活之流中才有意义。"③也就是说,日常实践赋予语言以生命的活力,语言只有在现实中加以使用才可能具备意义,也只有在以确定性为思想河床的"生活之流",即日常生活之中,各类语言游戏才可能玩得起来,并顺利地进行下去。河流与作为其"河床"基础的确定性并无明确界限,两者在

---

① 维特根斯坦:《论确实性》,张金言译,桂林:广西师范大学出版社 2002 年版,第 15 页第 87 节,第 29 页第162 节。

② Savickey, B. *Wittgenstein's Investigations: Awakening the Imagination*. Switzerland: Springer, 2017, p. 135.

③ 马尔科姆:《回忆维特根斯坦》,李步楼、贺绍甲译,北京:商务印书馆 2012 年版,第 105 页。

"流动——支撑"的密切关联中自然地融为一体,其中任何一者缺失了对方,都会失去存在的意义。

尽管维特根斯坦在《论确定性》中并未将"命题"看作一种"明确"(sharp)①的概念,没有深究"世界图景""枢轴命题"的概念基础,也未对其无理据性的根源多加说明,但作为维氏人生的最后一部作品,《论确定性》对确定性的直接呈现无疑对理解确定性具有至关重要的意义。它通过概念考察与命题分析,不仅充分证明了维氏对确定性的不懈思考,生动展现出维氏晚年对确定性的深刻见解,也继续为澄清部分后现代主义者的误解提供了强有力的证据。

对《论确定性》取得的巨大进展而言,维特根斯坦切入确定性问题的语言视角可谓功不可没。维氏继起初对"绝对"确定性展开执着追求,接着对"合宜"确定性进行深入思考之后,最终扎根于语言表层形式之下的"内在"确定性。这部作品作为维特根斯坦对确定性的最终且最为详尽的论述,不但带给传统认识论重要启示,为古老的确定性问题提供了新的思路,也赋予语言研究更为深刻的内涵。

---

① 维特根斯坦:《论确实性》,张金言译,桂林:广西师范大学出版社 2002 年版,第 50 页第 320 节。

第五章　确定性在实践中的显示

事物存在的一种重要方式就是显示意义。虽然人类无法通晓所有的存在,但是凡是能够为人理解的,总要"进入语言","作为某种东西而被觉察"①,这意味着事物的存在正是在语言中显示着自身。正如《哲学研究》所揭示的,语词意义显示于语词的日常使用与理解之中,并在这些活动中获得确定性,《论确定性》则进一步探究了语言理解的确定性基础,指出确定性显示于语言的使用与理解活动中。可见,现代意义上的"确定性"已不再是近代哲学所迷恋的那种"纯粹理论的自以为是"②的确定性,而具体地表现为实践中一种特别的"显示",既与人类生活息息相关,也和语言密不可分。

第一节　确定性显示的背景

一、作为背景的日常生活

很长一段时间以来,人们通常将"意义"与"确定性"视为无比精确的理想化概念,认为它们纯一不杂,既无法容忍任何模糊性,也不可能发生任何变动。维特根斯坦前期将语言视为抽象的符号系统,关注语词的客观所指,为"意义"设定了某种逻辑语言标准。在他看来,只要借助逻辑法则对语义的严格排列,就能在语言与实在之间建构起一种严格的映射关系,完美地将两者匹配起来,从而揭示出那些得到先天保障的客观语词的意义。然而维氏在这一时期渴望的那种具有完美逻辑与严密形式的理想化语言及其坚持的语词意义指称论却无助于真正理解语言与世界。后来他逐渐意识到,哲学问题源自对语言的误用,只有在人类实践中重新思考并如实还原日常语言,才有可能澄清哲学问题。

在杜威那里,人们之所以追求一种绝对的确定性,在于他们割裂了"知"与"行"的关系,导致"认为我们是什么"与"我们真正是什么"在日常

---

① 伽达默尔:《诠释学Ⅱ:真理与方法》,洪汉鼎译,北京:商务印书馆2010年版,第420页。
② 哈贝马斯:《论杜威的〈确定性的寻求〉》,载杜威:《确定性的寻求——关于知行关系的研究》,傅统先译,上海:上海人民出版社2004年版,第3页。

实践中的差距越来越大，于是，他将目光投向"知"与"行"之间的"接缝之处"①。维特根斯坦并未像柏拉图主义那样诉诸形而上学的替代物——观念，以满足对一种至高无上确定性的寻求，其后期在日常生活中思考的那种确定性也不再如前期那般精确无比与绝对明晰，这其实正显示出"认为'确定性'是什么"与"'确定性'真正是什么"之间的差异。假如将确定性置于维氏思考确定性时诉诸的语言领域，那么其前后期确定性思想核心则分别呈现为"认为'意义'是什么"与"'意义'真正是什么"。

"'确定性'或'意义'真正是什么"这一思路将两者置于日常实践之中，关注真实的语言使用场景，聚焦人际之间的交流互动。相比之下，人们所认为的"'确定性'或'意义'是什么"则如镜花水月一般可见却不可及，表面看似完美，然而想要触碰它们的时候却什么也抓不着。它们就像电影《盗梦空间》中盗梦者柯布的那只陀螺，虽然可以在梦境这种虚幻场景下旋转不停，但在现实生活中却会因摩擦造成的失衡而倒下。然而正如维特根斯坦所言，"深刻的景貌容易消隐"②，人们往往对平时常用的语言、规则等司空见惯的东西视而不见。

对语言的意义而言，日常生活的重要性不言而喻。哈克认为，语词意义并非由"心理联系"与"因果过程"决定，无法回答它们所描绘的世界的本质问题，同时，意义也不取决于头脑内外的各类事物或语词与世界的关联，而是受制于习俗、规则和对构成规则正确使用的意义的公认解释等，形成于语词的使用实践③。里斯则主张，语言并不是某个发明家灵感迸发创造出来的"糊墙纸的图案"④，而是逐渐生成和发展于人类日常实践之中。因此，人们使用的日常语言与那种完美的理想语言截然相反，它始终与日常生活保持摩擦，无法永恒地停留在某处，其意义与理解也均离不开日常实践，通常在人类的互动交往中得到传承。

杜威将"动荡和稳定"的"经常混合"视为自然的特征，认为如果忽视了这种"不确定状态"就否定了"确定性"产生的"条件"⑤。正是在充满不确

① 哈贝马斯：《论杜威的〈确定性的寻求〉》，载杜威：《确定性的寻求——关于知行关系的研究》，傅统先译，上海：上海人民出版社 2004 年版，第 3 页。
② 维特根斯坦：《哲学研究》，陈嘉映译，上海：上海人民出版社 2005 年版，第 139 页第 387 节。
③ Hacker, P. M. S. Wittgenstein and the Autonomy of Humanistic Understanding. In R. Allen & M. Turvey. (eds.). *Wittgenstein, Theory and the Arts*. Oxon: Routledge, 2001, p. 61.
④ 里斯：《"能有私人语言吗"》，鲁旭东译，《哲学译丛》1994 年第 5 期。
⑤ 杜威：《确定性的寻求——关于知行关系的研究》，傅统先译，上海：上海人民出版社 2004 年版，第 246 页。

定状态的日常生活背景下,"确定性"得以凭借一种独特的方式呈现出来。日常生活的丰富性与多样性也意味着,一种绝对完美的确定性可望而不可即,也根本无法达成。形形色色的语言游戏不断地从人们对语词的具体使用过程中涌现出来,语词在这些游戏中呈现出不同的用法,显示出不同的意义。可见,语词意义与理解的确定性并非出自一种不包含任何气体的真空环境,它以日常生活为庞大背景,产生于语词自身和日常生活的持续摩擦之中,在人们对日常语言的频繁使用中显示出来。生活中必不可少的摩擦力不仅使这种确定性不再触不可及,令它得以暂时停留在某处,而且赋予其前进的动力,使其重新焕发生机。

只有将对确定性的追求与思考引导回日常生活轨道,从人们进行的语言游戏入手,才可能把握"确定性"与"意义"的真实含义。对一种绝对的确定性的不懈寻求,其实误将确定性视为一种纯粹完美的理想之物,认为它如水晶般洁白无瑕、毫无杂质且一尘不染。事实上,这种确定性的追求者是一种理智病患者,他们过度崇尚完美与理性,拒绝缺憾与变化,却忽略了以下事实:一旦脱离日常实践,任何东西都毫无确定性可言。不可否认,实践领域充满变化,确定性可能随着事态的发展和情境的转换而发生改变,但从它在人类认知系统中所起的框架作用来看,人们依然能够较为顺利地在日常生活中把握它。

二、"周边情况"与"生活形式"

维特根斯坦曾经在探讨"理解"时提到"周边情况"这一重要概念。他强调,伴随着人们对某一原则或公式的领会与理解过程的,是一些"特定的周边情况"(particular circumstances)①,而非某些神秘莫测的心灵过程或精神状态。在维氏那里,"理解"过程并不涉及某种深处内部世界的隐秘机制,而是与外部世界紧密相关。当然,他并未采用一种"完备"的逻辑分析方法,即严格区分人、语言与世界的关系,而是诉诸外部的"周边情况"来考察"理解",认为只有身处"周边情况"之中,才可能使用"现在我理解了……"②等表达式来描述理解过程。即便人们能在某些情况下教会狗在不疼时伪装出那种因疼痛而发出的吼叫,这种吼叫行为终归还是缺失了一种"真正的伪装"(real simulation)所必备的"正当的周边情况"(right surround-

---

① 维特根斯坦:《哲学研究》,陈嘉映译,上海:上海人民出版社2005年版,第71页第154节。
② 维特根斯坦:《哲学研究》,陈嘉映译,上海:上海人民出版社2005年版,第71页第154节。

ings）①。

　　《哲学研究》还出现了与"周边情况"相似的一些概念,如第 117 节与第 609 节中提到的"气氛"（atmosphere）等,指出语词含义仿佛一种总是伴随其使用的氛围,在什么东西上都能加构一些这种"无法描述的特点"②。《心理学哲学研究》中也提到,语词的区别不仅在于其声响或外观,还由于一种"气氛"③。此外,《论确定性》的"枢轴之喻"提到的那些围绕着枢轴进行的、使枢轴与信念稳固不变的"周边运动",同样表达出与"周边情况"相似的意思。

　　波普尔也曾经在对确定性作出的两种分类中提到与"周边情况"类似的概念——"境况"。他指出,绝对的确定性是一个"限定"的概念,而主观、经验或信念的确定性则不仅关乎信念的"程度和依据",更离不开"境况"④,与人类日常生活有关。不过,波普尔的"境况"概念更强调事件本身的重要程度以及人们的某种期望,在他那里,"境况"既可能表现为"存亡攸关的事件的重要性",也可能代表着人们"对于信念的可能后果的期望"⑤。这显然与维特根斯坦在"周边情况"概念中表现出的对语言与环境的关切有明显区别。

　　那么维特根斯坦所说的"周边情况"是否就是"生活形式"？ 不可否认,"周边情况"与"生活形式"均与人们的日常生活密切相关,并深刻地影响着日常理解与交流活动。但实际上,维氏更关注"生活形式"在各类"语言游戏"中的基础作用,因此,如果将"周边情况"完全等同于更为宏观的"生活形式"概念,其实无意中无限扩大了考察的范围,而未能意识到它恰恰处于人们生活的附近,有漏读"周边"之嫌。

　　陈嘉映指出,维特根斯坦的"周边情况"展示出一种"看待事物的一般态度",主要针对语词的语义条件以及人类感知的环境因素而言⑥。我们则把"周边情况"看作一种小于"生活形式"的概念,主要指日常生活中无所不在且起重要作用的语言条件、感知场景、社会环境等各类因素的总和。它既

①　维特根斯坦:《哲学研究》,陈嘉映译,上海:上海人民出版社 2005 年版,第 105 页第 250 节。
②　维特根斯坦:《哲学研究》,陈嘉映译,上海:上海人民出版社 2005 年版,第 56 页第 117 节,第 189 页第609 节。
③　维特根斯坦:《心理学哲学研究》,张励耕编译,北京:商务印书馆 2019 年版,第 72—73 页第 243 节。
④　波普尔:《客观知识》,舒炜光等译,上海:上海译文出版社 2005 年版,第 90 页。
⑤　波普尔:《客观知识》,舒炜光等译,上海:上海译文出版社 2005 年版,第 89—90 页。
⑥　陈嘉映:《周边情况——一项维特根斯坦与奥斯汀比较研究》,《现代哲学》2012 年第 2 期。

包括聚焦语言上下文、关注语词之间关联的语境,还涉及这些言语活动发生的具体情形以及围绕着这些活动展开的一系列行为。

与由水、土、地域等客观实在组成的自然环境相比,"周边情况"聚焦的是包含了习俗、惯例、规则、建制等要素的相对固定的文化与社会环境,因而含有更多人为创造的因素,游戏规则与社会秩序从中产生,塑造出人们熟知的生活世界,具有强大的语言性与场景性,融合在人类对文本与话语的理解活动之中。可以说,"周边情况"与相关概念将人类主体与客观世界之间的二元对立转化为两者在理解过程中的自然互动,凸显了人与世界密切联系、相互融合的基本状态,不仅在语言的使用与理解活动中起重要作用,也为人们理解确定性提供了有益的视角。

在图书馆里阅读中文小说的一个成人可能具有怎样的"周边情况"?实际上,这里所说的"周边情况"不仅包括这名成年读者的职业、信仰、教育背景等基本身份信息及其所具备的汉语阅读与理解能力,更包括这一阅读体验发生的特定环境与阅读者对图书馆实际环境(如各类书架的排列陈设,阅览厅的温度与光线、周边阅读者的基本状态等)的基本感知,还可能涉及他阅读时所表现出来的面部表情、手势或语气等。在图书馆特殊气氛的感染下,这名读者与周边环境乃至图书馆内的其他读者融为一体,一同平心静气地徜徉在知识的海洋中,他们在图书馆中的一言一行也不可避免地受到这种平和的求知氛围的影响。尽管同处于图书馆内阅读同一本书的不同读者可能会对这本书产生不同的理解,但他们所处的相似甚至基本相同的"周边环境",以及直接感受到的共同氛围,将影响确定性的干扰因素缩减至相对合理的范围。咖啡的香气,与维特根斯坦所说的作为"强烈的姿态"(powerful gesture)的述说着"某种壮丽的东西"(something glorious)①的音符一样,虽然不易使用语言描述出来,但它们附带的无形气氛不断地涌现在喝咖啡和听音乐会的实践中,影响着咖啡馆的顾客与音乐厅的听众们的言行,并对应着某种特定的理解,在他们的认知系统中为咖啡与音符赋予新的共同意义。

当然,"确定性"更容易在具有相似"周边情况"的人之间达成。总体而言,一个三岁儿童的"周边情况"相对单纯明晰,而一名成年人的"周边情况"则要复杂多样得多。因此,我们通常不会将这两者同归于某一具体的生活共同体,他们对同一语词的使用与理解以及日常言行举止,也会由于其

---

① 维特根斯坦:《哲学研究》,陈嘉映译,上海:上海人民出版社 2005 年版,第 189 页第
610 节。

具有的截然不同的"周边情况"而产生巨大差异。

　　维特根斯坦从未提到语言的本质和语言活动的共同之处，不过他曾经针对人们的这种质疑指出，自己根本无意提出命题和语言的"普遍形式"（general form），人们在现实中也并非在语言现象的共同之处基础上，使用同一个词来称谓所有这些语言现象。① 在维氏那里，语言之所以成为语言，并不在于诸多语言现象之间可能存在的共有本质或共同特征，而在于这些现象以不同方式显示出来的"亲缘关系"（affinity）②。诸多语词、句子、文本乃至话语的意义正是通过这种亲缘关系，在相似的"周边情况"之中确定下来。

　　不可否认，"周边情况"依然存在着诸多不确定因素，也会发生变化。但值得注意的是，"周边情况"必须以理解对象为中心，并围绕着这些对象发挥功用、产生影响，因此其变化并不会对语词、命题乃至话语等理解对象的中心地位造成巨大冲击，更何况这些变化通常并不显著。语词、命题、话语等的意义在"世界图景""生活形式"等框架、基础或指南的深层影响下，虽不可能永恒不变，但在很长一段时间内都可能相当稳定，这也决定并确保了理解的确定性的达成，所谓"万变不离其宗"就是这么回事。

　　实际上，理解既非一种出于人类本能与天性的自然过程，也不是柏拉图认为的那种显示了思维本质的灵魂与自身的内部对话。人们常常会出于生存本能与人类天性，下意识地寻求确定的东西，以保障自身的基本生存与发展，因此，很少有人会拒绝在现实生活中与他人共同协作、互相配合，以确保达成确定的理解。但我们认为，"周边情况"连同那些处于人类信念基底的"生活形式""世界图景"等其实在理解过程中起到了更具决定性的作用。

　　现实中的理解活动既需要依赖"生活形式"这一宏观背景，也离不开"周边情况"代表的微观环境。作用于其中的语言、传统、习俗等诸多因素也并非深隐于理解活动之后，而是直接或间接地呈现于这些活动之中，不仅成为达成有效理解的决定性条件，也为判断与评价理解提供了重要依据。休谟指出，即便有人作出"最无规则和最出人意料"的决定，我们也往往能够通过认识其"性格和环境的各种特殊情节"③加以解释，而这些"特殊情节"其实与"周边情况"如出一辙。

　　"周边情况"表达出人们对日常生活的密切关注，它组成了"生活形

---

① 维特根斯坦：《哲学研究》，陈嘉映译，上海：上海人民出版社 2005 年版，第 37 页第 65 节。
② 维特根斯坦：《哲学研究》，陈嘉映译，上海：上海人民出版社 2005 年版，第 37 页第 65 节。
③ 休谟：《人类理智研究》，吕大吉译，北京：商务印书馆 1999 年版，第 79 页。

式",并与人类生活自然地融合在一起。共享同种语言、文化、历史、传统或习俗的人们,在具有亲缘关系的各种人类共同体内参与花样繁多的语言游戏。他们以相似或一致的"生活形式"为背景,凭借着日常生活化的"周边情况",开展各种各样的理解活动。正是在上述条件的共同作用之下,理解的确定性得以达成。可见,日常生活的多样性与复杂性并不必然导致世界的不可知与语言的不可理解,也不构成达成确定性的主要阻碍。①

无论是波普尔的"境况",还是维特根斯坦的"周边情况"或"生活形式",均一致把确定性或信念当作人类行为的基础与指南,而非一种绝对正确的东西。波普尔指出,大多数人仅需"某种相当低程度"②的确定性,便足够自如地应付日常生活。事实上,确定性与自身的强度并无多大关系,其高低程度也并非人们理解与否的决定性因素。一种高度确定性在大多数情况下未必会比一种较低程度的确定性更有效地促进理解,而一种精致无比的确定性在某些情况下反而与日常生活格格不入。当我看到时钟指向 12时整,通常会借助这个时钟的规律转动,对照我的手表或其他计时设备显示的时间,合理地确定此刻是 12 时而非 11 时,而无需精确地知道 12 时过了 5秒还是 6 秒,对我的日常计时要求而言,12 时已经足够确定。

要认识世界、把握语言与理解他者,我们既不能像笛卡尔等人那样坚持客观本质和绝对真理,也无须为语言与世界绘制出一览了然的图像。维特根斯坦前期在一种哲学中"崇高""抽象"而非"平淡无奇"③的意义上思考语言和意义,将语言与事实以一种貌似"客观正确"的逻辑分析方式连接起来,使语词意义成为严格对应于事实的"客观信息"。然而这种理想化境界由于漠视与排斥日常生活的丰富性,过分简化了复杂的理解情境与理解过程,最终只能成为一种无法实现的空想。

确定性必须以作为人类行动与信念基础的"生活形式"与"世界图景",以及在人类实践中起具体作用的"周边情况"等确凿不移的东西为根基和出发点,才能真正扎根于现实生活这片广阔的土壤,固定并显示于语言实践之中。可见,这种显示并非飘忽不定,而是有迹可循的。人类共享的"生活形式"之下依然可能存在着更为深层的系统,但我们无法永无止境地对其进行详细的解释说明,因此,在适当的时候停止追问并欣然接受它们,不仅对人类个体而言是一种合乎情理的自然选择,也是人类生存和发展的整体

---

① 当然,要达成对某个文本或某句话的理解,也离不开这个文本或这句话本身的可理解性,但这并不属于我们的考查范围,此处不予展开。

② 波普尔:《客观知识》,舒炜光等译,上海:上海译文出版社 2005 年版,第 89 页。

③ 维特根斯坦:《哲学语法》,韩林合译,北京:商务印书馆 2012 年版,第 216 页第615 节。

要求。当人们不再追问时,解释活动便停留在"生活形式"在日常实践中所处的那个位置,意义与理解的确定性也顺理成章地得以达成。

日常生活不仅为确定性提供了具体背景,使它能够自然地显示于实践之中,还为其顺利的达成提供了可靠保障。若是缺少了日常生活的摩擦力,谈任何确定性或语词的意义都只能是不切实际的。日常实践非但没有模糊语词的意义,使其令人费解,反而将语词意义最终确定下来。确定性的种子被抛撒于语言的沃土中,在充足的阳光、适量的水分与流通的空气等诸多外界条件的共同调节与滋养下萌芽生长。种子的萌发离不开适宜的外部条件,意义同样需要依赖日常生活。语词、句子一旦远离日常实践,便成为空洞的语言符号,不具备任何意义,更毫无确定性可言。

登山过程中,人们总是怀揣着登顶这一目标奋勇前行,却顾不上欣赏山下的美丽风景,对一种高度理想化语言的不懈追求也势必会使人们把丰富多彩的日常实践完全抛在脑后。维特根斯坦则鼓励人们要从"聪明的荒芜高峰"下到"愚蠢的绿色山谷"[1],因为山谷里生长着"更多的青草"[2]。

第二节　确定性显示的空间

波普尔将常识的确定性的意义简单地概括为"对于实际目的来说足够确定"[3],这种说法在一定程度上也符合维特根斯坦后期所思考的"确定性"。如果丝毫不考虑确定性的实际目的,将其完全置于日常生活之外,那么这种确定性便会成为一种貌似精致却华而不实的东西,根本无法被人把握,更不可能在人类生活中发挥任何作用。维氏前期主张的"以真正所见来定义事物"便体现出对这种"绝对"的确定性的强烈渴望,这也为其后期提出的"私人语言"等观念的出场做出了铺垫。然而随着维氏思想的转变,他后来思考的确定性不再与日常生活相脱节,也并非如"私人语言"那般仅私人可独享,而是与一个庞大的公共空间密不可分。

一、共同体与确定性

共同体主要指人类依据种族、血缘、语言、文化、信仰、资源以及地域等

---

①　维特根斯坦:《文化和价值》(修订本),许志强译,杭州:浙江大学出版社 2020 年版,第166 页。

②　维特根斯坦:《文化和价值》(修订本),许志强译,杭州:浙江大学出版社 2020 年版,第175 页。

③　波普尔:《客观知识》,舒炜光等译,上海:上海译文出版社 2005 年版,第 89 页。

因素,基于某种规范或原则缔结而成的群体。语言是联结与区分共同体的重要标志,语言的表达、交流与传播直接促进了思想的传递,以及共同体的产生、发展与变迁,倘若缺乏了共同语言基础,共同体也将土崩瓦解。

共同体不仅是人类社会存在的基本状态,也是社会组织与联结的基本方式。虽然不同类型的共同体塑造了不同的人类身份与道德或价值判断,但它们均具有极大的同质性与互动性,反映了人类生存的基本需求与人类发展的美好愿景。无论这一概念在当今这个互联互通的信息社会中会发生怎样的变化,其核心依旧稳定,通常会在较长一段时间内保持稳定。作为群体动物的人类通过构筑各类共同体来建立联系,开展活动,并在共同体成员的互动交往中获得群体归属感与持续认同感,进而确定自己的身份,这也激发起人们对共同体整体的持续关注以及对共同体成员之间互相依存关系的重视,确保了人类社会得以延续至今,甚至持续长存。

生活在这个世界上的人类个体,离不开与他人的接触,只有置身于公共环境,在与他人的互动之中,人类才可以健康发展。当今世界中,以语言共同体、信仰共同体、科学共同体等为代表的各类共同体,一同构筑出多种多样的话语空间,将人们紧密地联系在一起,人类也不可避免地处于各类共同体中。库恩提出的"科学共同体"由"共有一个范式的人",即具有相同科学观念的科学家组成,这种"范式"不仅代表着一个特定共同体成员"共有的信念、价值、技术等等构成的整体",相当于某种特定的语言与文化,还指谓着"那个整体的一种元素"①。同理,语言共同体以语言为纽带,由说同一种语言,即遵循同一种"范式"的人组成,倘若缺失了这种共享的"范式",共同体将无从谈起。

实际生活中,大多数人都处于若干共同体之中,均为各类共同体中的一分子,各类共同体在许多情况下也存在着交叉与重合。同一语言共同体的成员可能分属不同的信仰共同体,比如几名英语母语者可能分别信仰基督教、犹太教或伊斯兰教等不同的宗教。在不同的科学共同体中,也可能同时存在着同一语言共同体的成员,两个对爱因斯坦相对论持相反意见的不同科学共同体成员,或许均能说一口流利的汉语。此外,同一共同体还可以继续分为若干小的共同体,如英语这一庞大的语言共同体便可以按照国家细分为英国英语、美国英语、澳大利亚英语等诸多小型语言共同体,科学共同体也可以依据地域、学科等不同标准进行进一步的划分。同时,那些体量偏小的共同体也可能最终汇聚成一个庞大的共同体。无论

---

① 库恩:《科学革命的结构》,金吾伦、胡新和译,北京:北京大学出版社2013年版,第147页。

共同体的大小如何,有一点是毋庸置疑的,即任何共同体均不可能仅有一名成员。

每个人都必须说一种在其所属的语言共同体内被广泛接受的语言,将这种语言作为基本手段而非最终目的,才能与共同体内其他成员正常交流并达成理解。假设"私人语言"真的存在,那么其言说者也根本无法使用这种语言与他人交流。每一个历史阶段也不乏各类意见相左的科学共同体,思想冲突难以避免。爱因斯坦用那句著名的"上帝不玩骰子"来反驳量子力学理论,但是两者的激烈交锋最终证明,即便是爱因斯坦这样的科学巨擘也无法独自达到所需的客观性。

可见,世界上任何一个共同体秉持的基本看法均不可能是某一个体的独立见解,而必须是得到大多数共同体成员普遍认可而达成的共识。愿意服从共同体规则、具有合作意识的成员为共同体的稳定发展发挥了积极的作用,而那些不遵守规则的成员则逐渐被排除在该共同体之外。即便某一成员在共同体内享有至高无上的权威,其个人主张也无法不经讨论与认可,便自然成为共同体的基本理念,并在共同体内部加以普及与执行。因此,人作为社会的一分子,无法脱离任何形式的共同体而孤立存在。一个孤立的个人必定处于一种无助、恐惧的不安全状态,并饱受各类怀疑的折磨,不仅可能怀疑"自我",还可能怀疑"指导自身行动的所有原则"[1]。

共同体内部成员之间需要进行交流互动,不同的共同体之间也可能存在着众多相互运动。无论这些运动采用何种形式,是产生重合、叠加还是发生碰撞,它们同样无法由个人决定,而必须以共同体为主体基础。只有在"人际的交流"[2]中,人类思想与对客观共享事实的真实把握才得以可能,而"自我"与"他者"在日常人际交往中表现出来的典型的交互性也充分说明了共同体的重要意义。同一共同体的成员共享一种语言,使用语言的一致不仅显示出语言的规范性,而且体现出一致的生活形式。同时,共同体成员自觉遵守共同体基本规则,并在此基础上立身行事,不断取得共识、达成一致,规则的确定性正展现于他们的共享生活形式之中,这也导致单独遵守规则之不可能。可见,语言的一致性决定了规则的确定性。对语言游戏参与者来说,最重要的并不是确定出一种绝对一致的遵守规则标准,而是在共同体内判断一个人是否遵守规则。

语言并非一个完全独立的系统,它具有典型的共同体性。语词意义有

---

[1]　弗罗姆:《逃避自由》,刘林海译,上海:上海译文出版社2015年版,第172页。
[2]　叶闯:《理解的条件——戴维森的解释理论》,北京:商务印书馆2006年版,第333页。

赖于共同体成员在长期交往过程中对语词的具体使用活动,人们只有在共同体内使用语言,才能确定语词的意义,并基于此共识达成理解。克里普克将"遵守规则"视为一类社会行为,认为"遵守规则"与社会的制度、传统、习俗等息息相关,包含了由遵循规则者组成的若干共同体。虽然共同体无法最终决定规则的意义,但无疑为人们判断遵守规则行为提供了某种标准。只有诉诸共同体成员一致遵循的"语言实践和社会约定"①,"规则悖论"才能够得到有效的解决。

阿佩尔的"人类语言交往共同体"观念主张,要理解包括言语行为在内的一切人类行为,就必须在"行为意向的共同责任意义上"承担起"交往性义务"②。语言在人类个体之间建立起紧密的联系,并逐步建构起一系列交往共同体,人们在各自所处的交往共同体内借助各类语言行为,与其他成员频繁交往、达成共识。因此,作为交往主体的人与共同体内的交往环境均为"语言交往共同体"的研究对象。

罗蒂与阿佩尔一样,致力于将分析哲学和解释学融合起来,同时,他也将注意力投向了共同体,认为人人均要归属于共同体。对罗蒂而言,真理并非一种与实在完全相符的、具有无比明确的客观性的事物,也并未对人们施加以一种强制的力量。它其实是共同体内部通过讨论、协商等活动达成的最终共识。在他看来,能够为其成员留有"足够自我创造的空间"的那些团体才称得上"最好的共同体"③。

罗蒂所说的"自我创造的空间"实际上体现了个体的创造性与灵活性。共同体内各个成员并非总要受制于某种固定不变的理念,他们完全能够在遵守共同体基本规则的同时,对不同意见保持开放心态,并最大限度地发挥自己的潜力与创造性,既敢于提出自己的不同想法,也愿意与共同体其他成员共同探讨与协商。只有在一种开放与平等的气氛下,人们才可能心悦诚服地遵守共同体规范,并愿意为共同体的发展贡献自己的聪明才智。

伽达默尔的"前见"与"视域"等相关概念④同样在一定程度上表达出对共同体的密切关注,梵·戴克(van Dijk)等学者所强调的人们持有的共

① 江怡:《维特根斯坦后期哲学:国外研究现状》,《哲学动态》1989 年第 12 期。
② 阿佩尔:《哲学的改造》,孙周兴、陆兴华译,上海:上海译文出版社 2005 年版,第 271 页。
③ 罗蒂:《后哲学文化》,黄勇译,上海:上海译文出版社 2009 年版,第 268 页。
④ 伽达默尔:《诠释学Ⅰ:真理与方法》,洪汉鼎译,北京:商务印书馆 2010 年版,第 383、427—434 页。

同背景、信仰等①,也充分显示了共同体对现实生活的重要意义。当然,这些概念聚焦的并非共同体基本规范或基础理念对共同体成员施加的某种强制约束力,而是共同体成员在长期互动交流中形成的一致意见。

维特根斯坦貌似强调个体的语言使用,也不执着于"共同体"概念本身,或急于捍卫共同体规则,但"语言游戏"概念所具有的多样性、社会性、规则性等特征实际上贯穿了共同体尤其是语言共同体始终,即语言共同体既由于其内外部联系具有开放性,又由于共同体内部重要组成因素——某种共享语言与一系列确保语言正确使用的规则所施加的限制与约束,而深具社会性与规则性。多次出现在维氏后期与晚年作品中的"体系"等概念显示出共同体的系统性与共享特征,而在这些作品中频繁出现的"我们"(we)也不再仅指代哲学家或区别于动物的人类,或只是为了区别"我们"与"他者",而意在突出"我们"作为"语言使用者"(language user)②的群体性。因此,虽然维特根斯坦语言哲学理论的"治疗"性质决定了维氏并不完全在共同体中追求确定性,但他对共同体的关注有助于人们真正理解个体对社会的实际建构与连接,以及社会对个体的具体规范与塑造,我们也没有充分的理由来低估共同体的牢固与稳定程度。

麦克道威尔(John Mcdowell)把维特根斯坦对共同体的主张归纳为人们应当在"共同体实践"(communal practices)③中考察意义和理解。江怡认为,维氏的"语言共同体"的核心在于这一共同体对生活在其中的个人具有"先在性"④。人们基于对某些东西的无条件信任,通过语言的使用与理解活动,获取完全一致、基本相似甚至截然相反的"生活形式"与"世界图景",并在各类共同体中找到自己相应的位置。无论共同体的大小、形式如何,也不论它以何为纽带将人们紧密联结在一起,语言都在其中起到最基础的媒介作用。

活跃于法庭上的陪审团是人类社会生活中一个较为特殊的"共同体",这个典型的共同体不仅拥有人类共同体的部分共通特征,还具备与其他共同体明显不同的区别性特征。下面让我们以英美法庭中由 12 名普通公民组成的公民小组——"小陪审团"(Petit Jury)为例。其一,陪审团的 12 名

①　van Dijk, T. A. *Ideology*: *A Multidisciplinary Approach*. London: Sage Publications, 1998, pp.28-52.

②　Sandis, C.Who are "We" for Wittgenstein? In Appelqvist, H.(ed.).*Wittgenstein and the Limits of Language*.New York and London:Routledge,2020,pp. 172-196.

③　Mcdowell, J.Wittgenstein on Following a Rule.*Synthese*,1984,58(3),p. 342.

④　江怡:《维特根斯坦:一种后哲学的文化》,北京:社会科学文献出版社 2002 年版,第 77 页。

成员均能熟练地使用英美法庭论辩常用的英语进行交流,可见,所有人至少同处于英语这一语言共同体之中。其二,虽然 12 名成员的年龄、性别、职业、受教育程度各异,道德观念、价值取向与文化传统也不尽相同,但他们之所以能够通过资格审查,就在于他们均为合法公民,不具备任何足以决定自身最终判断且与案件相关的特殊经历。其三,每位陪审员在法庭审判前均对案件一无所知,到了庭审阶段,他们除了法庭辩论中提供的各类相关证据,并无其他消息来源,因此,每名陪审员掌握的案件信息基本相同。其四,虽然陪审员之间不能讨论案情,但是依然存在着某种相互交流的机制,帮助他们达成认定案件事实、协助给定案件作出裁决的共同目的。

12 名陪审团成员在严肃的法庭环境下聆听双方质证过程,基于自身的基本认知、价值观、世界观等,对各类证据确立的法律事实做出判断。仅当这一共同体中的每一名成员就被告的罪名,即"有罪"或"无罪",达成完全一致时,法官才能作出最终的裁定。虽然这一共同体无法完全排除个体的情感、习惯、本能等非理性因素的影响,但它最后表达的一致观点更多来自于一种共识,而并非事实本身。共同体帮助塑造了共同体成员的个体认知,而共同体成员最终达成的共识则植根于共同体成员共享的生活形式与世界图景,其中不仅包括那些提供了基本指南并发挥着引导作用的确定的法律原则与法律知识,还包括日常生活中涉及的逻辑常识、生活经验与道德认知等。法官也与陪审员一样,需要基于一些共同的东西,才可能对案件作出最终的合理判决,帮助人们获取事实的确定性。

每一个体在现实生活中均有可能违反规则,而共同体这一庞大的共享信念系统凭借着共同体成员自觉遵守的规则与一致达成的共识,将个人违规行为的不利影响降至最小。只有在共同体框架之下,才谈得上对规则的遵守。在阿佩尔看来,维特根斯坦在《哲学研究》中强调的是,语言游戏中某些"制度性的'习惯'"①,即公共游戏规则将言语表达的意义与理解固定下来。正是这种以相似或一致生活形式为基础的"习惯"赋予语言的意义与理解以确定性,在促进共同体成员之间相互交流的同时,为共同体的存续与发展夯实基础。布尔迪厄提出的"惯习"(habitus)概念也强调了人类实践中的行动所共同具有的区别于动物的特殊属性,并将其视为一种"在规范性的界限之内创造出合理常识行为"②的社会认知结构。

---

① 阿佩尔:《哲学的改造》,孙周兴、陆兴华译,上海:上海译文出版社 2005 年版,第 34 页。
② Bourdieu, P. *The Logic of Practice*. (trans.). R. Nice. Standford: Standford University Press, 1990, pp. 56–57.

　　语词的意义必须建立在共同体成员集体约定的基础之上,而无法为个体"私自"地达成。只有在人类实践的现实场景中考察语词、理解语句,它们的意义才会显示出来,也只有在共同体成员一同参与的各类语言游戏中,才有可能把握这些词句的实际意义,达成确定的理解。维特根斯坦指出,对语言游戏参与者来说,最重要的并非借助自身经验来解释语言游戏,而在于对一种语言游戏的"确认"①。事实上,这种"确认"需要依赖共同体成员对其共同参与的语言游戏产生的一致认知,也离不开公共规则、共享理念等确保共同体正常运转的关键因素。

　　人类无法独自地获得对世间一切事物的认知,因此,确定性不仅必须置身于人们日常生活背景之下才有达成的可能性,还必须在共同体内才能产生。只有在共同体尤其是语言共同体之中,人们才能真正获得确定性。在日常交往过程中,同属一个语言共同体的成员说同一种语言,遵守公共的语言游戏规则,共享相似或一致的生活形式,并基于此在语言实践中达成对词句等语言形式的相同意指,对其用法做出较为一致的判断。即便共同体内部的语言使用活动中出现了违反语言规则的书写形式或言语表达,比如对一段文字中部分字词进行乱序排列——"汉字序顺并不定一影阅响读",或说出诸如"She not smart"之类的缺少某些成分的句子,也未必会影响人们对这些文本与言语的阅读理解。可见,共同体是语言的赋义主体,意义与理解离不开共同体。

　　综上所述,人类生活的各类共同体为确定性提供了广阔的空间,使其得以显示出来,更确切地说,确定性显示于公共表达系统与共同信念系统之中。

二、确定性显示于公共表达系统之中

　　有一种看法认为,针刺在自己身上的痛苦,别人无法感同身受,这充分反映了"私人感觉"或"私人理解"的普遍思想来源,即认为只有那个被针刺的人才能真正感受到这种针刺的疼痛,而那些旁观者,即便迫切想要理解这种疼痛,也如隔靴搔痒一般,根本无法对当事人的疼痛感同身受。哪怕他们紧随其步伐与他同进同出,也未必能够真正理解他的疼痛。"如鱼饮水,冷暖自知"这一说法生动地表达出相似的思想:只有自己才能确定无误地理解自身感受。如果每个人都怀揣着"私人感觉"与"私人语言"等具有典型

---

① 维特根斯坦:《哲学研究》,陈嘉映译,上海:上海人民出版社 2005 年版,第 199 页第 655 节。

"私人性"①的概念,坚持认为他者不可能对自己的感觉或经验感同身受,人与人之间将难以达成沟通和理解。若是遵循"私人"观念的固有逻辑,那么一个伤心欲绝的失恋者就没必要向朋友寻求安慰,一个饱受疼痛折磨的患者也无须去看医生,然而现实并非如此。虽然作为旁观者的我们无法分毫不差地复制当事人遭受的痛苦,但这并不妨碍我们对它有所感受与理解。

各式各样的"生活形式""语言游戏"连同它们所处的纷繁复杂的日常实践,决定了人们难以获取一种纯粹完美的确定性,然而这并未否定公共意义与共同理解的可能性。在现实生活中,如果我们以一致的"生活形式"或"世界图景"为背景,并在更为具象的"周边情况"中使用共享语言或外在行为等手段,便足以获得较为确定的理解,满足日常实践的基本需求。当一名病人向医生抱怨自己每晚都会由于心脏新装的支架而辗转难眠时,或许有人会以支架并不装在医生的心脏上为由,认定医生不可能对患者的痛苦感同身受。但事实上,患者在与医生交流时已经不知不觉地借助公共语言与外在表现等一些人类生活共享的东西,向医生传递出自身的痛苦信息,而医生在诊疗过程中也必定对此有所感应。

"我疼"这一表述便充分说明"确定性"体现在一个公共而非私人的表达系统中。首先,语言无疑是这个表达系统最重要的组成部分。"疼""伤心""快乐"等词汇产生于人类共同话语实践,在日常生活中展现出大众接纳的公共意义,并得到不断的使用与理解。因此,"我很疼"之类的表达完全可以将说话人所意指的东西,即他此刻感受到的痛苦传递给他人。说话者在说出"我很疼"时,也必定希望听话者能够同样依据"疼"这一词汇众所周知的公共意义来理解自己。当然,听话者无法仅凭疼痛当事人的言语表达,对其感受进行完美的复刻,但是这些词汇在公共语言体系中显示出的公共意义决定了理解说话者的可能性。

其次,外在行为也构成了这一表达系统中的重要一环。即便这个深感疼痛的人缄默不语,我们依然能够借助若干外在表现,来判断与理解他向外界传递出的疼痛信息,并可能在此基础上有所行动。这些外在行为与口头话语均属于一种公共表达系统,具有共通的意义空间与公共的判断标准。因此,虽然外在表现在某种意义上是另一种形式的自我表达,但它们同样能够帮助人们对他者的日常言行作出普遍判断,构建起较为稳定的意义,达成相对确定的理解。

最后,无论是理解书面文字或口头话语,还是判断那些随附于人类言语

① 这种"私人性"主要是认识论层面上的,并非所有权层面上的。

交流过程的外在行为,都离不开"生活形式"。它并非一个与世隔绝的孤立概念,而是具有典型的公共性与系统性,是人类局部或整体言行的根基,也是人类共享思想理念的框架,众多共同体正是在此基础上应运而生。既然人类日常言行与作为言行指南的"生活形式"均具有公共性,那么无论一个人如何笃信自己拥有他人永远无法感知的"私人感觉"或仅自己才明白的"私人语言",他在现实生活中都不得不服从一种公共的系统。

　　语言在人类进化的过程中不断演变,部分语言凭借其强大的生命力延续至今,而为少数人使用的一些语言则被其他语言所取代,逐渐退出人类历史舞台,目前世界上仍有约一半的公认语言濒临灭绝。天野达也(Tatsuya Amano)等学者在一项全球性研究①中指出,随着人类社会在经济、科技、文化等方面的快速发展,许多语言正在消失,但人们在现实生活中往往更关注濒危动植物的保护,而未给予濒危语言足够的重视。人类历史上出现的众多语言经历了语言死亡,美洲原住民使用的大部分土著语言已经灭绝,部分语言的流利使用者也屈指可数,土耳其尤比克语(Ubykh)与美国阿拉斯加埃雅克语(Eyak)的最后一名使用者分别于1992年和2008年与世长辞。这是否意味着最后使用这些语言的人正在"说"一种他者无法理解的"私人语言"? 答案显然是否定的。

　　第一,当这些语言尚未灭绝时,它们必定在由至少两个人组成的或大或小的语言共同体中得到使用,无法为一人独享,因而不属于"私人语言";第二,这些语言的最后使用者在独自使用语言时,不可能完全摆脱来自这种语言共同体的深刻影响。他们依然会下意识地秉承共同体形成的词句共享意义,遵循共同体确立的公共语法规则,开展阅读、理解与思考活动。我们不能仅凭语言的使用人数,即这仅存的一人,便理所当然将它看作一门"私人语言"。此外,一门语言的最后使用者在现实世界中也可能离开自己最早所属的语言共同体,与其他语言共同体的成员进行交流,甚至可能成为其他语言共同体的一分子。无论是在自身专属的某一特殊语言共同体,还是在众多人类语言共同体中,语言意义与语言规则均具有公共性,任何语言共同体的个体成员均不可能私自地创造意义、遵守规则。

　　人们在很长一段时间内依然秉承传统哲学的主客二分观念,严格区分内外世界,认为每个人作为独一无二的个体均拥有一些他人无法理解的"私人"之物,而"私人感觉"与"私人语言"等观念正满足了人们渴望把握

---

① Amano, T. et al. Global Distribution and Drivers of Language Extinction Risk [EB/OL], https://royalsocietypublishing.org/doi/pdf/10.1098/rspb. 2014. 1574,2021-08-12.

世界的理想化诉求,并集中体现了他们对一种绝对纯粹的确定性的追求。但是在日常实践中,语词意义显然并非源于词与物之间的简单对应,而是来自群体语言使用活动形成的共识,体现出一种在共同体内生发而成的集体意向而非个体意愿,与"私人性"毫不相干。即使一门语言只剩下唯一的使用者,它也会因"结晶了人们对世界的理解"①而富有意义,不可能成为一种完全隔绝于其他语言、个体独创的"私人语言"。

　　维特根斯坦对"确定性"的考察提醒我们,"私人语言"早已预设了一个公共表达系统,但却不合逻辑地基于这一系统创造出一系列"私人"概念。事实上,任何"私有"之物均必须以共享语言、公共规则、一致的生活形式等公共的东西为参照系,并显示于人类共同参与的日常实践中,这决定了所谓的"私人"之物并非不可理解,"私人语言"也不可能脱离人类公共表达系统而具备个体独享的"私有性",然而"私有语言"支持者却对这些公共的东西视而不见。即便是一门独创的新型语言,也需要与目前使用的语言紧密联系,才可能得到理解,因此这门语言同样并非"私人"所有。

　　伽达默尔在谈到语言存在的一个基本特征——"无我性"(ichlosigkeit)时曾经指出,"只要一个人所说的是其他人不理解的语言,他就不算在讲话。因为讲话的含义就是对某人讲话","讲话并不属于'我'的范围而属于'我们'的范围"②。可见,"讲话"必须发生在至少两个人之间,必定涉及某些公共而非私人的东西。语言本身就是一个公共的思维表达系统,而人类日常生活中的外在行为表现同样体现了一种共同的外部行为表达系统。人们在日常交往中坚定地以公共意义为基础,将相似或共同的"生活形式""周边情况"作为行为指南,共同遵守各类语言规则,并以较为一致的方式使用语词。确定性正显示于一个庞大的公共表达系统之中,并在其中发挥着举足轻重的作用。

三、确定性显示于共同信念系统之中

　　经典的"格莱斯过程"(Gricean process)意味着对话双方均不加批判地完全信任对方提供的理由与论据,在对话中共同遵守合作原则,秉承合作的态度推进对话的顺利进行。然而实际上,信念并非通过这种过程进行传达,而是被视为"需要被采纳的东西",人们对它的采纳也往往基于对自身"信

---

① 陈嘉映:《语言哲学》,北京:北京大学出版社 2003 年版,第 184 页。
② 伽达默尔:《诠释学Ⅱ:真理与方法》,洪汉鼎译,北京:商务印书馆 2010 年版,第 189 页。

念力量"的"理解和赞赏"①,而非出自对权威的服从。维特根斯坦曾经在《论确定性》中把"确定性"刻画为一种"信念"(belief)②,并认为只有在某种信念系统中谈论或判断正误才有意义。

人们必须持有一定的信念,才有可能确定语句的基本意义,达成理解的确定性。人类实践中,既存在个体持有的信念,也存在共同拥有的群体信念。两个不同的个体可能存在信念上的分歧,而群体信念则为其认识主体——群体或共同体内的每一名成员提供了言行指南与思想依据。虽然"信念"含有"信",但它并非一种来自内心并关乎心智的东西,也不是通过人类心灵活动产生。在某种程度上,"信念"能够以语言为具体表现形式,"地球已经存在了很久""凡人皆有父母"等表达正是借助"枢轴命题"这种特殊的语言形式,成为不言自明的人类基本信念。

让我们不妨从一种特殊的"确定性",即科学的确定性开始谈起。科学通常借助观察与实验来搜集事实,发现世界的运行规律,揭开宇宙的奥秘。在不少人眼中,科学代表着无比纯粹、客观、冷静和理性的逻辑,体现了与人类理性思维紧密相连的客观真理。科学其实不仅展现出人类对世界的积极探索,还体现了人类对确定性的不懈追求。当人们处于缺乏平衡与秩序的不稳定的现实生活中,对日常生活中的变化、不确定性产生恐惧与担忧时,便产生了寻求解释的冲动。人们希冀在科学上寻找到最大程度的确定性,并坚信科学能解开世界上的一切谜团,卓有成效地消解不确定性,为自己带来心灵的慰藉与安全感,于是他们常常无条件地相信科学中的各种定理、假设以及定律。

实际上,我们可以从笛卡尔的确定性思想中找到现代科学的一些基本道理。笛卡尔认为,真理只能通过自明的直观和演绎获得,而寻找一种绝对清晰明确的确定性有助于获得真理,因此,追求确定性即是追求真理,衡量知识的标准也相应地从知识的真理性变成知识的确定性。在伽达默尔看来,科学的确定性总具有某种"笛卡尔主义"特征,它是"只想承认不可怀疑的东西"这种批判方法的结果,并总是先于任何"被怀疑的过程"③。

---

① 斯迈利:《哲学对话:柏拉图、休谟和维特根斯坦》,张志平译,桂林:漓江出版社2013年版,第105页。

② belief一词既可以翻译为"信仰",也可以翻译为"信念",但两者依然存在区别,从两者与日常生活的联系来看,"信仰"中的"仰"更强调了一种敬仰,即对事物的崇拜,代表了人们所持有的世界观、价值观等,而较之"信仰","信念"的范围更广,也更容易自然而然地成为人们行为的基础。当然,从某种意义上说,"信仰"也是"信念"的一部分。我们在此采用"信念"这种说法。

③ 伽达默尔:《诠释学Ⅰ:真理与方法》,洪汉鼎译,北京:商务印书馆2010年版,第341页。

在杜威眼中,科学是一种具有"完全意义"的真正知识,"知识"是"确切的",与"真实实在领域"①相适应,具有"理性""必然""不变"②的确定形式。因此,与那些具有特殊性和盖然性的"信念"相比,科学似乎要稳定得多。但从某种意义上说,科学其实也是一种无法将变化完全排除在外的信念系统。

17世纪之前,科学研究总是诉诸神秘性质来解释现象,到了17世纪末,用物质来解释现象的学说被推翻,这也为后来牛顿发现"万有引力定律"创造了条件。牛顿的这一定律强调了引力的本质——力及其"万有"特征,认为任何两个物体均会相互吸引,时空具有绝对确定性,不会因物体运动状态的变化而改变。到了20世纪,爱因斯坦用相对论挑战了牛顿经典力学,否定了绝对时空观,指出"万有引力"并非一种传统认知意义上的物质运动产生力,而是"时空弯曲"的结果。在他看来,时空是相对的,具有不确定性。当然,爱因斯坦的理论也遭到一些科学家的质疑,比如霍金认为爱因斯坦的四维空间理论不足以解释众多现象,主张宇宙应当用十维甚至十一维空间来理解。

虽然科学长期主宰着人类的认知,但它并非一种永恒不变的东西。在科学发展历史中,我们常常会看到部分科学体系从诞生、发展再到崩溃的全过程,与此同时,众多新型科学理论不断兴起,颠覆并取代了旧的科学范式,改变着人类的原有认知。杜威认为,"信仰"是关于"变化的知识"③,具有经验性、偶然性和不确定性,正是由于人们缺乏知识,信仰才应运而生。

在现实生活中,人们本能地避免不确定状态。在大多数人看来,科学的确定性无法否定也不容置疑,因此,无论科学具有怎样的表现形式,它都在很大程度上缓解了一种源于不确定现实的焦虑。人们怀揣着一种对科学的坚定信念诉诸科学,试图为日常生活中那些既无法判断真假又难以解释的东西寻找答案,并渴望通过科学来消解生活中的各类无序与不确定性,达成内心的平静,获得安全感。因此,科学的确定性就体现在人们对它们的信念之中。"确定性"也与科学一样,体现在人类信念系统之中,为人们毫不质疑地信赖。

---

① 杜威:《确定性的寻求——关于知行关系的研究》,傅统先译,上海:上海人民出版社2004年版,第16页。
② 杜威:《确定性的寻求——关于知行关系的研究》,傅统先译,上海:上海人民出版社2004年版,第18页。
③ 杜威:《确定性的寻求——关于知行关系的研究》,傅统先译,上海:上海人民出版社2004年版,第18页。

维特根斯坦提出的"世界图景"概念或许最恰如其分地解释了信念系统。两者均具有基础性、系统性与不容置疑性等特征,并发挥着类似的行为指南、思想框架等根基作用。在维氏那里,"世界图景"具有"最大值"或"最高层级"的确定性,甚至从某种意义上说,它就是确定性,作为人们深信不疑的信念奠定了人类认知与理解活动的基础。当然,"世界图景"与"世界观"(view of the world)这两个概念不尽相同①。同一个原始部落的成员可能共持一种"世界图景",比如共享钻木取火、狩猎捕鱼、群居生活等原始生活方式,然而每一名成员的世界观却有所差异,可能对世界持有或积极乐观或消极悲观等截然不同的态度。值得注意的是,"世界图景"并非一幅孤立存在的特殊图画,而是由若干相似的图画一齐构成。它也不是某种仅为个体独享、隔绝于世的独特信念,而是由诸多相关信念共同汇聚而成。当人们具有的一些信念与环绕其周围活动的一系列信念相互作用,产生交织、依赖甚至融合时,它们便共同组成了一个稳固的信念系统。

当然,由于"世界图景"内部与外部的挤压、融合与碰撞带来了信念的活动,使这个信念系统不可能排除变化。几个世纪以来,"力"的理论发生了翻天覆地的变化,从牛顿经典力学到爱因斯坦广义相对论,再到后爱因斯坦时期的量子力学,均彻底改变了科学的面貌。在维特根斯坦生活的 19 世纪末至 20 世纪中叶这段时期,人们坚信"人类从未离开地球",但到了 1961 年 4 月 12 日,原苏联宇航员加加林成为第一个离开地球进入太空的人,而在 2021 年 7 月 11 日,英国富豪布兰森(Richard Branson)则成为全球太空旅行第一人。这一切不仅展现出科技的巨大进步,更意味着信念是可变的。当然,信念的转化与更迭需要时间,人们的信念系统会在一段相当长的时间内处于稳定的状态,即便其内容发生变化,人们在短时间内也难以察觉。在这种相对稳定的信念系统之中,人们毫不质疑地接纳诸多相关信念,并基于此开展理解人类自身与外部世界的日常实践。

在现实生活中,人们又何尝不是以这些信念、图景为基础,把握语词意义和开展理解活动呢?虽然维特根斯坦向人们呈现出语词意义在使用中的多样性,但他同样承认,人们通常借助语言规则在较为确定的意义上使用语词。语言可能随着对象世界的变化而发生改变,然而语词的具体使用活动依然要受到某些共同规范的约束,其意义大多来自共同体成员的一致共识,是共同体约定俗成的产物,而非个体一时兴起的随意决定。互联网创造的

---

① Rhees, R. *Wittgenstein's On Certainty*: *There-Like Our Life*. London: Wiley-Blackwell, 2003, p. 109.

众多新词以及日常语言中的旧词新意现象,均需要在语言共同体之内得到成员的集体认可,才能够流行起来,某些词句由于不符合既定语言使用规范,无法被共同体成员接纳,而逐渐遭到淘汰。在政客辩论或总统竞选演说等具有浓厚修辞色彩的语言使用中,论辩双方或演讲者对一词多义、一语双关等手法频繁而熟练的运用,不仅大大增强了其人格魅力,还对听众和观众产生了强大的说服作用。之所以人们通常会在听到这些话语后会心一笑,就在于演说者依然是在一定的限度与范围内通过遵守公共语言规则来玩这种语言游戏,限定了这些语词的实际意义。

不可否认,日常实践充斥着诸多不确定因素,语言意义的漂移也时常可见,这使得人们过于关注语词意义的不确定性,强调语境的多变性,却忽视了那些具有强大确定性、处于根基地位的信念等基础之物。虽然语词意义异彩纷呈,但其实它们同信念一样,必须基于某种坚不可摧的"生活形式",离不开人们对这些确凿无疑之物的无条件认同与自觉接纳。"凡人皆有一个身体"之类的"枢轴命题",以及规范着语言使用活动的语言规则,同样构成了一种信念系统,切实决定着处于这一系统中的人们对意义的认知与理解。人们对这些语言形式与语法规则的坚定信念有助于排除误解,确保当他们与各类语言形式相遇时,通常可以达成较为一致的理解,最终获得确定性。

在实际生活中,我们很少听见有人直接说出这些信念或"世界图景",它们也很少以文字的形式直接呈现或表达出来。倘若有人平时动不动就说"monkey 是猴子""我有两只手"或"地球已经在宇宙中存在了很久",他要么在探讨哲学,教授语言,要么就是脑子出了问题。这些基础信念与"世界图景"植根于人类观念系统,显示于人类日常言行之中,是处于人类思想基底的毋庸置疑之物。可见,确定性如同信念一般,显示于人们的共同信念系统之中。

第三节　确定性显示的媒介

从确定性在日常生活各类共同体空间中的显示来看,共同体中的共同信念系统赋予人们相似或一致的"生活形式""世界图景"与信念等,为人们提供了思想框架与行为指南,而共同体中的公共表达系统则在帮助人们理解世界以及达成相互理解的过程中,起到一种中介作用,成为确定性显示的媒介与渠道。

一、语言与行为

语言是各类共同体中最典型的一种公共表达系统,在日常生活的认知活动中起关键作用。维特根斯坦指出,"语言也是行为"(Words are also deeds),①语言中并不存在着行为与内容的区分,语言的意义同样代表着行为的意义,维氏对"疼"的解析也充分说明了语言对行为的替代作用。虽然深受维氏影响的奥斯汀与塞尔等人区分了语言中的行为与内容,但他们提出的言语行为同样明确表达了"语言就是行为"这一思想,其要旨在于"'动嘴皮子'和'动手'具有相同的作用"②,说话者说出某句话的同时也意味着他正在做某件事情。正如维特根斯坦所言,"人类最为复杂精妙的行为或许就是配合着语气与神态的语言活动",③因此,某些时候我们可以将部分行为视为语言的特殊形式,甚至可以将语言与行为等同起来。不过无论是语言还是行为,均为建立在"主动性"基础上的"人(人之作为人,而不是作为物理对象)相互显现的方式",人们通过自身言行使自己以一种区别于他人的方式"切入人类世界"④,可见,语言与行为均为"语言游戏"的重要组成部分。

在讨论"语言游戏"概念时,维特根斯坦列出了众多游戏类型,如演戏、唱歌、猜谜、解算术题、讲故事、下达命令和服从命令等,这一系列活动均与语言密切相关⑤。人们不仅可以在市场上听到热闹的叫卖与激烈的讨价还价,在学校报告厅内听一场通俗易懂的学术讲座,还能在实验室里听到严谨的实验分析。这些语言游戏不仅展示了游戏与游戏参与者的意向,还体现了如发号施令者与服从命令者、贩卖者与购物者、发话者与倾听者等这类语言游戏中的"互补关系"(complementary relationships)⑥。在语言游戏中,人们通过语言表达自己,使用各种说话方式与他人交流,各种语言游戏也将人们紧密地联系在一起。正如伽达默尔所言,语言的生命不在于"僵硬的应

---

① 维特根斯坦:《哲学研究》,陈嘉映译,上海:上海人民出版社 2005 年版,第 174 页第 546 节。

② 王寅:《语言哲学研究——21 世纪中国后语言哲学沉思录》,北京:北京大学出版社 2014 年版,第 478 页。

③ 维特根斯坦:《最后的哲学笔记(1950—1951)》,刘畅编译,北京:商务印书馆 2019 年版,第 54 页第 254 节。

④ 阿伦特:《人的境况》,王寅丽译,上海:上海人民出版社 2009 年版,第 138—139 页。

⑤ 维特根斯坦:《哲学研究》,陈嘉映译,上海:上海人民出版社 2005 年版,第 15 页第 23 节。

⑥ Gebauer, G. *Wittgenstein's Anthropological Philosophy*. Switzerland: Palgrave Macmillan, 2017, p. 119.

用规划",而在于通过"每个人的行动"来不断扩展"语言的用法"①。因此,人们以日常生活为背景开展起来的各类语言游戏,不仅包括对语言的直接使用,还包括随着语言使用而产生的各种非言语行为与活动,它们的出现同样促进了语言的使用与理解活动。

谢尔兹认为,仪式的关键在于表达对"基本现实"的"参与感"与"态度",仪式的意义在于"活动本身",而无关乎这些事实的"断言"②。语言的意义具有"仪式性",因此,上述说法其实同样适用于语言。不可否认,我们必须牢固地掌握有关语言使用的基本知识,如语言发音、构词方式、语法规则等,以其为运作规范与参照系,才可能在日常交流中游刃有余。但事实上,语言的意义并不总是事先给定的,它常常在具体的语境中得到充盈,离不开丰富多彩的日常言语实践。在许多情况下,人们是在根据指令行事、言说语词等具体的语言使用活动过程中,确定并理解语词意义,把握语言的实际用法。

儿童初学语言时,完全可以通过不断重复"坐在椅子上喝牛奶"或"用手拍球"的行为,来理解"椅子""牛奶""手""球"的具体含义。也正是在亲手摆弄这些物品、亲身参与活动的过程中,他们习得了这些词汇。这些实物一旦化作语词,便成为儿童信念系统的重要组成部分,帮助他们形成自身的"生活形式",为其提供言行指南。可见,只要参与各类语言游戏,而不必等到对语词具备了坚定信念之后,就有可能把握语词意义。

语言活动与棋类游戏均少不了规则,索绪尔与维特根斯坦对此有相似的见解。索绪尔曾经把"语言的运行"比作下棋,指出两者状态相当,只不过语言用"自然的"形式,而下棋用"人工的"形式呈现出人们眼前的状况③。维特根斯坦也多次以下棋为例来说明"语言游戏",强调了遵守规则的重要性。在他看来,每一个语词都好比一个棋子,"语词是什么"与"棋子是什么"这两个问题十分相似④。戴维森则指出,棋类游戏与语言之间的区别十分明显,比如棋类游戏"内在"地要求遵照规则追求游戏本身的目的和结果——"赢棋"⑤,而人们使用语言时通常没有这样限定性的目的和结果。此外,棋类游戏过程是一个必须严格遵守规则的过程,每一步棋都必须按规

---

① 伽达默尔:《诠释学Ⅱ:真理与方法》,洪汉鼎译,北京:商务印书馆2010年版,第205页。
② 谢尔兹:《逻辑与罪》,黄敏译,上海:华东师范大学出版社2007年版,第163页。
③ 索绪尔:《普通语言学教程》,高名凯译,北京:商务印书馆1983年版,第128页。
④ 维特根斯坦:《哲学研究》,陈嘉映译,上海:上海人民出版社2005年版,第54页第108节。
⑤ 叶闯:《理解的条件——戴维森的解释理论》,北京:商务印书馆2006年版,第375—376页。

则下,语言使用活动虽然也需要遵守规则,但说出违反规则的语句在一定限制下仍算言语行为。因此,戴维森认为,将棋类游戏类比于解数学题而非语言行为会更为合适。塞尔也明确指出,任何游戏的开展都需要语言,仅当游戏的构成性规则能被语言表达时,这个游戏才可能存在,他认为将语词使用与棋类游戏进行类比存在"重大缺陷"(fatally flawed)①。

戴维森与塞尔的分析均有一定道理,但在我们看来,维特根斯坦并非简单地将棋子与语词作类比,而是为了强调语言在人类实践的重要角色,以及规则在各类游戏中的关键作用。在维氏那里,"遵守规则"也是一种"人类活动"②。若是缺乏规则的制约与规范,人们不遵照规则行事,任何游戏都无法开展起来,语词意义也将始终漂浮不定,理解的确定性更是难以达成。即便是那些违反规则的语言表达,也必须以遵守规则的语言行为作为参照。从某种意义上说,语言的基础就在于掌握规则、理解规则与遵守规则的一系列活动,规则为各类语言行为建立了因果联系。

虽然行为并非"专意于让人理解",但大多数行为只有在"相互理解"中才能展开并"取得效果"③。一切理解其实都是"语言的理解"④,具有语言性,因此均表现为语言现象。让我们以"理解"这种特定的语言现象为例来考察行为对理解的重要作用。人们要对某个语词意义达成确定的理解,或与他人达成一致的相互理解,并非不费吹灰之力,无论是理解前后还是理解过程之中,都需要开展一系列活动。这些活动并非理解者在理解过程中产生的内在心理活动或精神状态的变动,而是他们对理解对象采取的主动行为。这类行为不仅包括人们先前对某些规则的自觉尊重与无条件认可,还可以指他们在理解过程中与理解活动后对理解对象外在形式的关注,比如既可以关注理解对象的语言使用情况,还可以关注伴随其语言使用的体态、表情、语调等外在行为表现。实际上,理解的对象,无论是语词含义、文本意义还是某些特殊的人类行为,均显示于语言的使用与理解过程之中,通过人们在日常生活中的一举一动体现出来。现实生活中的众多语言游戏不仅不会使人们迷失于意义的广袤海洋中,反而能够引导人们确定语词意义并达成相互理解。

---

① Searle,J.R.Insight and Error in Wittgenstein. *Philosophy of the Social Sciences*,2016,46(6), p. 532.

② 维特根斯坦:《数学基础研究》,韩林合译,北京:商务印书馆 2013 年版,第 343 页第 150 节。

③ 陈嘉映:《说理》,上海:上海文艺出版社 2020 年版,第 85 页。

④ 伽达默尔:《诠释学Ⅱ:真理与方法》,洪汉鼎译,北京:商务印书馆 2010 年版,第 230 页。

　　维特根斯坦多次强调,判断自己或他人是否真正理解,需要某种外在行为的参照标准。兴奋喊出的"明白了"或"I got it",或激动地直拍大腿,均可以成为判断说话者或行为者理解与否的重要标准。如果一个人在使用语言的实际过程中出现明显错误,比如用英语点餐时把"红茶"说成"red tea",让餐厅服务员丈二和尚摸不着头脑,或者未能遵从指令,当他人发出"请给我五个苹果"的请求时,错把桃子当作苹果递给他,那么这既可能说明这个人此前的理解有误,错误地理解了某些语词的意义,也可能说明其此前言行具有欺骗性。虽然部分行为的正误或真假仍需留待后续行为加以判断,但无论一种理解是对是错,是自然或伪装,都会显示于理解主体即刻发出的一系列行为之中,并能够切实被人觉察。

　　可见,理解过程作为一个语言过程,与人类行为密不可分,理解的确定性也通常通达于各种人类行为,尤其是日常实践的言说行事活动之中,而与事物本质或心理过程无涉。通常来说,如果一个人不理解某些词句的意义,便不会产生关乎理解的相应行为,人们也不可能通过其外在行为表现做出"他理解了"的判断。对于一个满地打滚、汗如雨下、大声喊疼的路人,将其及时送往医院检查治疗的这种后续行为不仅表现了对"疼"这一语词的理解,也是对这名路人遭受的疼痛的回应,显示了一种理解的确定性。

　　正如伽达默尔所言,如果说我们"有所理解",那么总是"以不同的方式"理解①。其实理解并无好坏之分,我们通常会说某一种理解比另一种理解更为合适,而不会说前者比后者更好,这种说法同样适用于确定性。事实上,无论是理解词句还是理解他者,均体现了人类对确定性的不懈追求,然而这种确定性并非源于感官经验或主观意识,而是出自日常行为。人们既可以在共同体内通过集体协商,形成对某些词句的一致理解,也可能在一种潜移默化的趋同过程中确定语词的意义,还可以在具体的时空或境况中采用不同的方式来理解它们。无论这些理解的形式、内容或结果有何不同,它们都可以在具体的人类日常行为中得到检验。即便是那些具有崇高声望的科学家或享有至高权威的国家元首,也不可能确保自身理解的确定性,更无法要求他人不加质疑地将其理解结果作为理解正误的根本判定标准。

　　让我们看看被维特根斯坦视为"须得接受下来的东西,给定的东西"②的"生活形式",它主要代表了整个人类或某个群体的共同行为方式,在某

---

　　① 伽达默尔:《诠释学Ⅰ:真理与方法》,洪汉鼎译,北京:商务印书馆 2010 年版,第 420 页。
　　② 维特根斯坦:《哲学研究》,陈嘉映译,上海:上海人民出版社 2005 年版,第 272 页第 233 节。

种意义上就是一种确定性。作为"一切语言游戏赖以存在的文化模式"①，"生活形式"既可以是祖先传承下来的风俗、习惯、文化等传统事物，也可以是某些人类共同体行事的基本方式。可以说，"生活形式"充分显示于人类丰富多彩的日常行为之中，与人类行为紧密相连。它并非某种先天给定的存在，而是人类于日常实践中表现出来的共同行为方式。"生活形式"既可以由祖辈代代相传而来，也可能在人类的成长过程中逐渐获得，并不断得到人们自觉、无条件的集体认可，最终被接纳为人类立身处世的基础。

可见，"语言游戏"与"生活形式"均体现了人们在实际生活中习以为常的、与日常生活密不可分的各类行为与活动。参与一项语言游戏，就是在经历一段生活，如果像维特根斯坦所说的那样，想象一种语言就叫做想象一种生活形式，那么想象一种语言游戏也是在想象一种生活方式。在人类共同参与的形形色色的"语言游戏"之中，我们可以体察到游戏参与者拥有的各具特色的"生活形式"，他们自然而然地以"生活形式"为指南指导自身的日常实践。理解了"生活形式"，也就理解了"语言游戏"。这两个概念所体现的人类与各类行为的密切联系决定了确定性无法脱离人类行为。实际上，行为才是最公平的裁判。

不可否认，"语言游戏"与"生活形式"的多样性与复杂性，决定了外在行为具有不同的表现并存在着诸多不确定因素。确定性总是与不确定性相对而言，不确定性也往往要以确定性为基础。要辨别谎言或认清伪装，我们必须参照日常生活中各类真实、正常的言行表达。事实上，作为人类共同体的成员，伪装者或撒谎者与他们意欲欺骗的对象之间不可避免地存在着若干相似、共通甚至一致的生活形式，这决定了他们实施的欺骗行为完全有被识破的可能性。从另一个角度看，部分欺骗行为之所以能够得逞，就在于狡猾地利用了某些人们确信无比的东西进行了良好的伪装，暂时迷惑了对方。在相互理解活动中，人们通常视直观的外在行为表现为确定的判断标准，并借助它们来确定对方的真实想法与意图。当然，要正确地判断他者，达成合适的理解，完全依赖外在行为远远不够，还需要把这些行为与"生活形式"相融合进行综合考量。人类社会的大多数社会环境均处于各类传统、习俗以及生活形式等因素的作用之下，既存在历史的传承，也含有共同体因素，因而是有规可循的，这就决定了人们通常能够对这类社会环境下的人类行为加以预测和判断，甚至反过来将这些行为作为日常生活与认知活动的判断标准。

---

① 江怡：《维特根斯坦：一种后哲学的文化》，北京：社会科学文献出版社2002年版，第97页。

汉语中"察言观行""嘉言懿行""言行相顾""坐言起行""谨言慎行""言必信,行必果"等大量关于"言行"的表达,均充分体现了人们通常将语言与行为视为一个紧密联系的整体。"听其言而观其行"说明要判断或评价一个人,不仅要听他的言论,还要看他的行动。实际上,一个人所说的话就是他在语言游戏中对语言的使用活动,而他的行动则是伴随着语言使用与理解过程而产生的一系列具体行为。可见,无论是"言"还是"行",均作为语言游戏的重要组成部分,在语言游戏过程中发挥关键作用。"言"无法表达清楚的东西,需要由"行"来补充呈现,如果无法通过发话者说出的话来理解他,我们就需要通过观察与其相关的外在行为表现做出判断。

值得注意的是,思想、观念等既可以通过语言直接表达出来,也可能逐渐成为内化于心的某种信念,作为日常行为指南指导并影响着人们生活中的一言一行。因此,人类的日常生活脱离不了语言、行为、思想等共同交织而成的这张庞大网络。无论是在喝牛奶的过程中学会"牛奶"的语词意义,在遵守规则的过程中掌握规则的意义,还是在与他人的互动交往中达成确定的理解,我们根本无法把语言与行为完全分割开来。那么如果将语言与行为紧密相连,把语言看作一种行为或行为的一部分,是否代表着行为主义呢?

事实上,对任何易于观察的外部标准或行事方式的需要,并非行为主义的前提。在我们看来,行为主义片面地追求客观性,将客观性与主观性完全对立起来,这具体表现为过分追求行为的外塑性,把行为完全从社会背景中抽离出来孤立地看待,并否定任何心理状态或自明的原始感觉的存在。我们所说的"行为"与行为主义所关注的那种完全脱离社会背景的孤立行为不同,它指与一定的环境与背景融合起来的活动,不仅包括那些如谈话、走路、哭泣等可以被客观记录下来的行为,还涉及行为发生的客观环境等因素,因此,对任何行为的观察与思考都无法脱离这些背景而孤立地展开。

人类行为只有以"语言游戏"为框架,才会富有意义,并可能为人理解。虽然人们参与各类"语言游戏"时会表现出不同的行为,各种行为表达方式既无法完全被穷尽,也未必能进行有效的言说,但是不可否认,这些行为服务于人们日常生活中的具体需求,为各类日常实践尤其是语言的使用与理解活动提供了判断标准。人们通过遵守或违反规则的各种行为,来确定语词和句子的意义,并最终达成相互理解。人们之所以能够在现实交流中达成理解,主要在于确认并接纳了自身参与的特定语言游戏及其诸多组成元素,各类外在行为表现在其中功不可没。日常交流中,人们可以根据对方的外在行为表现,建立起对其现实处境与想法的基本认知判断,而这些认知判断又能够进一步作为人们的行为基础,决定其后续的反应与行为。

当然,我们需要关注的并非行为本身,而是行为的共同体性及其对人类思想的外部验证作用。无论行为中是否使用语言,都必须以某种人们无条件接纳的确定的"生活形式"为基础和行为指南,进而影响人们对各类日常活动的操作、判断与理解。然而行为主义对"生活形式"等背景知识却视而不见,完全把行为从其所处的社会背景之中抽离出来,仅关注那些可以客观记录下来的行为。因此,将语言从本质上视为行为或行为的一部分,非但不代表行为主义,反而凸显了语言与行为的可理解基础以及它们作为确定性显示的媒介与渠道作用,为人们综观、动态地认识世界、理解他人提供了合适的视角。

二、"看"的转变

在人类日常生活的众多行为中,"看"这种特殊的行为尤其值得注意。人们每时每刻都在通过自己的双眼观察世界,哪怕"最大的望远镜的镜片"都不能大于"人眼"①。在维特根斯坦那里,"看"这一概念容易造成"混杂"(tangled)的印象②。人类在"看"的过程中不仅会见到众多无比清晰的事物,还可能看到不少相当模糊、有待澄清的东西,留下支离破碎的含混印象。维氏将"看"这一语词的用法归纳为两种,一是对所见之物的"描述""描绘"与"复制",二是看到某种"相似之处"(likeness),还提醒人们留意上述"看"的两种对象在"范畴上的区别"③。

维特根斯坦前期主张语句与其表达的事实之间直接相符,因而认为语言是反映世界的实在图像,能够真实地表达出两者之间的同构关系。于是,他提出了一种从本质上看世界的"看"的方式,描绘出关于一个有限世界的自然的甚至是"重言永真"的"意义图像"(picture of meaning)④。可见,维氏提出的有关"看"的第一种用法主要是基于"图像"意义上的。

实际上,人类普遍认知中的"看"不仅与图像密切相连,还具有"想""理解""明白"的隐喻意义。随着认识的不断深入及其思考方式的转变,维特

---

① 维特根斯坦:《文化和价值》(修订本),许志强译,杭州:浙江大学出版社 2020 年版,第38 页。

② 维特根斯坦:《哲学研究》,陈嘉映译,上海:上海人民出版社 2005 年版,第 238 页第49 节。

③ 维特根斯坦:《哲学研究》,陈嘉映译,上海:上海人民出版社 2005 年版,第 229 — 230 页第 1 节。

④ Kripke, S. *Wittgenstein on Rules and Private Language.* Cambridge: Harvard University Press, 1982, p. 72.

根斯坦逐渐摆脱了那幅"囚禁了我们"（held us captive）①的图画，不再将"看"仅仅视为某种知觉信息的获取手段，而是把它看作一种与理智密切相关的概念。因此，在他那里，"看"的方式也发生了改变。针对语词意义在语言游戏中呈现出的多样性，维氏在《哲学研究》中提出"综观式的表现"（perspicuous representation）这一重要概念，指出导致失败理解的原因主要是未能"综览"语词用法，理解在于看到"联系"（connexions）②，需要在具体的语词关联中以"综观"的方式把握事物、促进理解，而这种"联系"恰恰体现了在语言中起重要作用的规则、规范乃至生活形式等共同的东西。

"综观"这种"看"事物的方式恰当地诠释了维特根斯坦有关"看"的第二种用法，充分体现了维氏"敏锐的透视感"和"对事物把握的整体感觉"③。虽然我们或许难以用语言把这些"联系"与"相似之处"清晰地表达出来，但只有"综观"语词的具体用法，用心体察、"看见"并厘清先前未曾留意的语词之间的密切关联，才可能顺利达成合适的理解。理解的失败通常源自人们对日常事物的一种熟视无睹，近在眼前的任何事物并未蒙上面纱，但却易于被人忽略或遗忘。

维特根斯坦在《论确定性》中进一步指出，为语言游戏提供证据并为之辩护的"尽头"不是来自我们方面的一种"看"（seeing），而是我们的"行动"（acting）④。于是，"看"这种行为逐渐脱离了一种狭义的视觉意义，不再是一种对视觉信息生物层面上的处理过程，也不再涉及复杂的人类心智活动，而是逐渐成为与人们生活紧密相连的广泛意义上的日常活动，说某人理解了，就意味着他"看到"了语词与事物之间的关联，进而采取行动，产生一系列外在行为表现。其实上文中维特根斯坦提到的作为语言游戏根基的"行动"也是一种广义上的"看"，此时他强调的图像不再是某种本质的图画，而成为"组织的神话"（organising myths）或"概念的河床"（conceptual bedrock）⑤。"看"的方式也发生了转变，不再孤立、静止地看待事物，而是更加灵活、动态地关注事物的变化、更新与发展，由一种"静观"的"本质之看"，逐渐转向一种"动观"的"综观之看"与"行动之看"。

① 维特根斯坦：《哲学研究》，陈嘉映译，上海：上海人民出版社2005年版，第56页第115节。
② 维特根斯坦：《哲学研究》，陈嘉映译，上海：上海人民出版社2005年版，第57—58页第122节。
③ 江怡：《维特根斯坦传》，南京：江苏人民出版社2018年版，"再版前言"第5页。
④ 维特根斯坦：《论确实性》，张金言译，桂林：广西师范大学出版社2002年版，第34页第204节。
⑤ Egan,D.Pictures in Wittgenstein's Later Philosophy.*Philosophical Investigations*,2011,34(1),p.73.

作为行动的"看"成为比直觉、经验、本质等还要可靠的直观方式,作用于认识世界与理解他者的日常实践之中,也令人们得以用一种崭新、有效且富有创造力的手段,来重新审视自我与他者并达成相互理解。在追求确定性的过程中,我们同样应该转变"看"的方式,不要再以一种"本质之看"来追求世界本质与绝对确定性,而应该通过"综观之看"与"行动之看",在日常生活的各类语言游戏中把握确定性,视自身、他人以及世间一切事物为当然之事,并如其所是地关注、认识并接受这些人们熟识却又往往被忽略的、可以直接获得的眼前之物。其实无论是描述、报道、推测,还是图示、解题、翻译,抑或猜谜、编故事、讲笑话之类的"语言游戏",均属于以"生活形式"为指南的"看"的行动。

人们在日常生活中既可以综观语言游戏,看到事物之间的联系与相似之处,达成对语词、文本等的确定理解,也可以通过观察他人的外在行为表现,达成对他人思想的理解。正是在日常生活的各类行动中,尤其是对人类自身行为与他人行为的观察和践行中,确定性得以达成。行动作为"语言游戏"的根基,植根于"生活形式"之中,因此,从根本上说,确定性显示于以"生活形式"为指南的语言与行为之中。

三、有效的实践

人类的实践活动具有强大的语言性与行为性,如果说语言与行为成为确定性显示的媒介,那么这是否意味着对确定性的考察即将或已发生"实践转向"?

亚里士多德与康德的实践观分别彰显了"实践智慧"与"实践理性"在实践中的重要作用,培根基于自然科学提出的技术实践观则强调了技术对实践的重要作用,而杜威通过指出"行"(action)是"知"(knowledge)的核心,并凭借其对日常实践的关注,抨击了"轻视实践"与"重知轻行"的思想倾向。如今的"实践"在某种程度上已经变了味,它逐渐成为一个范围过于宽泛的概念,早已偏离了亚里士多德"作为人的活动"的"实践"(praxis)概念的范畴,常有被滥用之嫌。一旦遭遇一些深奥莫测的概念或难以解决的问题,人们往往将"实践"视为解决问题的万灵药,大声疾呼"回归实践",试图从"实践"中寻找答案,在"实践"中检验真知。然而事实上,他们只知道"实践"之表,而不知其里,根本不清楚"实践"的真实含义,更无法通过"实践"解决现实问题。因此,我们对"实践转向"这种说法暂时持保留态度。

罗蒂在《实用主义哲学》中对维特根斯坦与海德格尔的思想进行了分

析。他认为两者的早期思想均受到了同一种进行"纯化"的"急促要求"①的驱动，并指出维氏早期对"作为一个有界限整体的世界的意义"的考察与海氏早期对"本真性"的讨论具有以下共同之处：

> 急于认为社会实践仅仅只是社会实践，因而要超越它。这即是急于通过将社会实践视作偶然——视作人们被抛入其中的某种事物——来和人们已然习惯了的（尽管并不必然是停止参与到其中的）社会实践拉开距离。②

一种有效的"实践"其实是有条件的，对某种真实、有效的人类共有实践模式进行的考察，必将大大推进人类对世界与他人的认知与理解。首先，实践并非一种简单的无意识的物质性活动，而是人类进行的复杂的社会活动。实践的本原是人，代表了人类生存的方式，这决定了实践与语言密切相关。语言是人类重要的实践手段，是各类实践活动的重要组成部分，实践的重要根基之一就是语言，因此，语言的使用也属于一种典型的社会实践。虽然从广义上看，语言并不是实践唯一的表达方式，实践也不单指使用语言，还涉及学习语言、理解语言等一系列高级智能活动，并可能包括大量非言语行为（如人体、感官等主导或参与的物质生产等各类活动），但维特根斯坦在其作品中多次提到的"实践"概念主要还是指人们使用与理解语言的日常实践活动，即各类语言游戏，这些立体多样的语言实践活动成为人们"思维活动和建立理论的基础"③。从这个意义上说，"实践转向"与"语言转向"这两种说法并无实质差别。

其次，维特根斯坦讨论规则与实践时指出，建立一种实践不仅需要规则，还需要"实例"（examples），规则常有漏洞，而实践必须"陈明自身"（speaks for itself）④。可见，真正意义上的实践需要由日常生活中的诸多实例构成，它并非一座虚幻的空中楼阁，而具有可操作性和实际意义，比如理解规则与遵守规则的实践活动就包含了人们对某个规则的一例例应用。

此外，我们所说的"实践"并非人类个体的孤立实践，而是与他人、群体

---

① 罗蒂：《实用主义哲学》，林南译，上海：上海译文出版社 2009 年版，第 209 页。
② 罗蒂：《实用主义哲学》，林南译，上海：上海译文出版社 2009 年版，第 210 页。
③ 江怡：《维特根斯坦：一种后哲学的文化》，北京：社会科学文献出版社 2002 年版，第 114 页。江怡将维氏的"实践"概念的特征归纳为语言性、活动性与基础性。
④ 维特根斯坦：《论确实性》，张金言译，桂林：广西师范大学出版社 2002 年版，第 25 页第 139 节。

和社会紧密相连,"人们必须在其中'应付'实在并'与之相处'"①。这些实践活动的开展既非出于某种追求效用的工具性动机,也并非来自对其价值的无比确信,而仅仅是将这些有助于组织与改造社会的具有高度社会性的活动视作如其所是,并自发地参与其中,无条件地遵守其中的规范或规则。维特根斯坦虽然并未提及社会实践的本质,但他对实践的看法时时刻刻都在提醒人们,人类天生就是社会性动物,人类个体生活的社会背景是联系人类活动的重要纽带。

我们诉诸的实践也并非虚幻迷离的海市蜃楼,它普遍处于人类习以为常的现实生活之中,尤其指人类社会中以聊天、讲述、询问、命令等为代表的具体的语言使用活动。不管是主张"实践转向"还是呼吁"超越实践"②,我们都不应该使实践成为脱离日常生活轨道的空转的车轮。与语言的意义与使用一样,实践也具有"仪式性"。人们在生活实践中,以真诚的尊重态度努力与现实相协调,以厘清问题的来龙去脉,便会逐渐沿着某个具体的方向前进,不断在多种多样语词意义持续的碰撞、重合与博弈中作出合适抉择,在纷繁复杂的日常事实中遵循规则、充分沟通、相互理解并达成共识。实践也正是以这种形式激发着人类的创造力与想象力,促进个体成长与社会进步。

可见,确定性显示于人类日常生活这一宏大背景之下由公共表达系统与共同信念系统组成的各类共同体空间之中,语言与行为均直接或间接地作用其中,成为确定性显示的主要媒介与手段,它们同时也反过来成为人们接近确定性与理解确定性的重要渠道与载体。

---

① 哈贝马斯:《论杜威的〈确定性的寻求〉》,载杜威:《确定性的寻求——关于知行关系的研究》,傅统先译,上海:上海人民出版社 2004 年版,第 2 页。
② 我们对这两种说法均持保留态度。

第六章　"语言游戏"与确定性

第一节　语言与确定性

笛卡尔等哲学家鼓励人们经由精神世界,从心灵、理智出发,以"内省"的方式获取确定性。以"内省"为其新心理学基础的威廉·詹姆斯(William James)认为,"内省"是对人类心灵的敏锐观察,人们借助这种研究个体与意识的基本工具,便可通达一种确定无疑的意识状态。他主张语言的意义是一种体验,是使用语言时产生的特殊感觉,并曾经援引聋哑人巴拉德先生(Mr. Ballard)的回忆,即此人自称其童年甚至会说话之前就产生了有关"上帝和世界"①的思想,来证明即便没有语言,思想依然可能存在。

维特根斯坦对此表达了强烈的质疑。他表示,自己根本无法想象一个从不讲"听得见"(audible)的语言的人却能在"内心"与"想象"②中与自己交谈。他主张,"内省"只会导向"一个关于内省者的心理陈述",而理解的本质在于对"理解"语词的正确使用,而不在于人们说出的"关于自己经验的事情"③。可见,维氏将感觉体验问题置于日常语言游戏中以批判詹姆斯经验世界的"内省"观。他通过反驳"私人语言"观念提醒大家,虽然心灵过程的确存在,但人类根本无法通过"内省"来体察感受、通达心灵与获取理解。用阿佩尔的话来说,这意味着,人们无法完全自由地根据"内省"获取的标准来遵守规则,若有人想用某种语言来表达仅自己才可通达的"经验材料"④,他就不可能拥有任何有关语言正确使用的规则。

事实上,人类知觉、直观与概念同其母语的"语词和言语形式"⑤之间具有相当紧密的联系。世界上各种语言之间既存在表层形式(如字符、发音

---

① 维特根斯坦:《哲学研究》,陈嘉映译,上海:上海人民出版社 2005 年版,第 128 页第 342 节。

② 维特根斯坦:《哲学研究》,陈嘉映译,上海:上海人民出版社 2005 年版,第 128 页第 344 节。

③ 维特根斯坦:《心理学哲学研究》,张励耕编译,北京:商务印书馆 2019 年版,第 64 页第 212 节。

④ 阿佩尔:《哲学的改造》,孙周兴、陆兴华译,上海:上海译文出版社 2005 年版,第 42 页。

⑤ 卡西尔:《人论》,甘阳译,上海:上海译文出版社 2004 年版,第 185 页。

等方面)的诸多差异,也有众多不同的文化背景与思维方式作用其中。语言不仅能够帮助人们认识世界,也在人类思想的形成过程中起着决定性的作用。

洪堡特的"语言世界观"认为,个人通过语言形成世界观,每一种语言都包含一种独特的世界观,在"它所隶属的民族"周围设下一道"藩篱"①。"萨丕尔—沃尔夫假说"(Sapir-Whorf Hypothesis)可谓美国版的"语言世界观",它主张,语言结构影响人的思维,决定个体的世界观,并牵制个体思考事物的方式。维特根斯坦在《逻辑哲学论》中提出的"我的语言的界限意谓我的世界的界限"其实也是语言之于思想的重要意义的经典总结,意味着语言决定了思维方式,影响着人类感知和概念化世界的方式。

不同的语言催生出各异的思想内容,产生对世界的不同认识,扩展了人类理性的范围,为人们认识与理解世界提供新的视角。明晰了自己所使用语言的显著特征与特殊结构,就能更好地理解自己所处的世界,逐步形成关于这个世界的思想。同时,思想也在很大程度上影响了语言,在以语言为主要媒介的人际交流活动中发挥关键作用。在戴维森看来,有思想意味着有"以适当的语力说某些句子的倾向"②,因此,当一个人拥有语言时,他便自然而然地具备了思想。可见,要解除语言、思想与世界之间的紧密连接相当困难。

卡西尔(Ernst Cassirer)主张将人定义为"符号的动物"(animal symbolicum)以取代"理性的动物"③。人以符号为桥梁开放思想,从而认识自我与理解世界,而语言是由人类创造且使用最为频繁的符号,它以符号的手段描述着世间万物,满足了人类追求意义的愿望。人类生活世界与自然世界的最大区别在于,人类能够使用语言这种重要的符号来创造文化。如果把人类社会置于"人——运用符号——创造文化"④的视野下,我们便可以发现,人类能够运用语言表达意义这一事实是人类社会的基本要素之一。在日常实践中,语言其实是一种描述手段而非解释活动。如果任何人都能任意、独自地使用语言进行解释,那么这种解释或许永无尽头,人们也无法达成对世界与他者的合理理解。将事物置于某种给定情境下进行描述,反倒可能澄清对事物的理解。

---

① 洪堡特:《论人类语言结构的差异及其对人类精神发展的影响》,姚小平译,北京:商务印书馆1999年版,第72页。
② 叶闯:《理解的条件——戴维森的解释理论》,北京:商务印书馆2006年版,第281页。
③ 卡西尔:《人论》,甘阳译,上海:上海译文出版社2004年版,第37页。
④ 卡西尔:《人论》,甘阳译,上海:上海译文出版社2004年版,"中译本序"第9页。

　　语言作为人生不可缺少的一部分,在实践生活中发挥着不可替代的重要作用,然而人们自身却常常对"缠绕在语言之网上"①、依赖语言而生这一事实视而不见。正是由于能够运用语言,人类才可能真正与世界融为一体,成为世界的重要组成部分。实际上,人是存在于语言上的,海德格尔所说的"语言是存在的家园",意味着语言是人类得以生存的基础,也是人类重要的生存方式与实践手段。一方面,思想只可能产生于语言出现的地方,人类也需要凭借语言来理解世界;另一方面,语言作为人类思想的基础与载体,不仅精妙地描述了人类所处的现实世界,而且如实地反映出人们持有的普遍生活形式,因此,思想只有通过语言才得以表达,语言与思想也决定了人之为人处。可见,詹姆斯所说的那种没有语言的思想并不存在。

　　泰勒(Charles Taylor)指出,语言的一个关键作用在于"我们在语言中表达事物"②,即语言最重要的作用在于表达,意义在语言中得以实现。人类可以借助语言手段来表达事物,并在此基础上对事物产生意识,直至清晰地认识世界、认识自我与体察他人。语言在直接描述、表现现实生活的同时,也创设了帮助人类理解现实、指导人类行为的语境。人类正是在学习、使用与发展语言的实践中逐步构成对世界的理解,不断地完善自身,进而推动人类社会的发展。语言伴随着人类各种活动,离开语言人们就无法真正认识世界,也只有在语言的媒介中人们才能形成关于世界的思想。

　　从这个意义上说,语言已经超越了其作为客观事实的物质属性,不仅影响着人类对世界的个体认知,还成为人类社会互动的基本交际手段,更是人类获取知识、认识世界以及理解自身与世界的重要思维工具,语言的巨大力量便体现在它对思想的表达、塑造与约束之中。可见,语言对人类发展的作用不可取代,使用语言与不使用语言之间存在天壤之别。正如陈嘉映所言,语言作为"各种传统中最稳定的传统",凝结着"最通用、最根本的道理","最系统、最稳定地"体现着人们的理解③。

　　当然,我们在享受语言作为联结人类的纽带为人类带来诸多便利的同时,还应该注意到语言的欺骗性。一方面,语言无法穷尽整个世界,也不能将所有的人类思想都完美精确地表达出来;另一方面,现实世界的事物并非与语词一一对应,这一事实决定了语言有时会沦为掩盖事实的工具,造成混乱、导致误解并爆发冲突,使人们受其蒙蔽并陷入困惑,哲学中语言误用的

---

① 维特根斯坦:《数学基础研究》,韩林合译,北京:商务印书馆 2013 年版,第 203 页第 508 节。
② 陈嘉明等:《科学解释与人文理解》,上海:上海人民出版社 2010 年版,第 265 页。
③ 陈嘉映:《说理》,上海:上海文艺出版社 2020 年版,第 84 页。

根源正在于此。维特根斯坦后期从对自然语言的逻辑分析逐渐转向对复杂的语言用法的关注,他对语言实践性的强调提示我们,语言并非一种经过事先精密规划的东西,而是从实践中自然形成和逐渐发展起来,进而作用于人们的日常生活。因此,只有在日常实践中才可能澄清语言的用法,减少语言的误用,也只有立足确定性才能够真正理解语言。

人们对确定性作出过不同的分类,如按确定性的不同对象或确定性高低程度进行的划分,也采取了不同的分类视角,然而对确定性本身或具有确定性的事物作出一种层次分明的系统分类并非我们的意图,我们聚焦的是体现着人与世界之间密切关系的认识的确定性。确定性虽然并非来自语言本身,且通常无法直接用语言表达出来,但是它与语言的联系极其紧密。因此,厘清确定性与语言之间的关系,不但有助于人们了解确定性的含义,为理解自身、他人以及整个世界做好准备,也有利于进一步明确语言的作用,对语言达成新的认识。

我们将语言与确定性之间的关系图示如下:

如图所示,两者的相互联系在于:一方面,语言表达出人类对世界、自我与他者的认识,为人类构筑了通往知识的桥梁,帮助人们形成思想,而思想赋予世界意义,人们借助思想达成认识与理解,获得认识的确定性,因此语言是人们通达现实与确定性的重要途径,任何认识与理解活动都需要依靠语言;另一方面,认识与思想在语言中沉淀与储存下来,成为用语言表征出来的世界内容,反映出人们对世界的基本理解,其确定性恰恰显示于使用与理解语言的各类活动中,通过语言以及与语言密切相关的行为与活动展现出来。如果不能认识到确定性与语言的密切关系,无论是对确定性还是对语言的把握都将不得要领。

"人和思想凭语言出场;人、思想、语言和行动交织为一个整体性活动"①这一现代语言哲学的基本原理说明了语言较之思想的逻辑优先性,如果缺少语言表达,思想将无法登场,更不用说将思想进一步转化为行动,确

---

① 王寅:《语言哲学研究——21世纪中国后语言哲学沉思录》,北京:北京大学出版社 2014年版,第 480 页。

定性也无从谈起。可见,我们需要摒弃那种身心分裂的二元对立思想,从语言视角思考"确定性"问题,像维特根斯坦那样将确定性问题转化为语言意义与理解的确定性。要获取知识、理解世界,达成并理解确定性就必须从语言入手,只有结合语言,我们才能更好地理解确定性。

第二节　"语言游戏"的确定性

人们在日常生活中开展的各类"语言游戏"将确定性问题置于语言之中,要顺利开展语言游戏也需要以确定性为基础,维特根斯坦甚至直接把确定性视为"语言游戏"的"原始形式"①。因此,从某种程度上说,我们关注的确定性也是一种语言游戏的确定性。只有切实参与"语言游戏",才能真正理解这种确定性,维氏有关"语言游戏"的论述也为理解确定性带来了巨大启示。

游戏于儿童而言是对真实世界的生动模拟,孩子们在各类游戏中学习规则、实践规范、开展合作并获得技能,为长大成人后顺利参与社会生活实践做好准备。维特根斯坦的"语言游戏"并非模拟现实的机械性活动,它本身就是现实,是切实地发生于人类生活中的具体活动,很难想象缺乏"语言游戏"的社会将是怎样一番情景。

维特根斯坦最早在《蓝皮书》中开始讨论"语言游戏",主张"语言游戏"是比使用那些"高度复杂的日常语言的符号"更简单的"使用符号的方式",是孩子"开始使用语言时的语言形式",学习"语言游戏"即学习"语言的初始形式"(primitive form of language)或"初始语言"(primitive languages)②。他在1937年作的哲学笔记中进一步指出,"语言游戏"的"发端及原始形态"是一种"反应"(reaction)③,更复杂的形态正是从这种反应发展而来,并引用歌德《浮士德》第一章中的"太初有为"(Im Anfang war die Tat),提醒人们语言最初是一种行为。《哲学研究》则侧重将"语言游戏"视作人类使用语言的客观实践活动,由语言以及"和语言编织成一片的活动"④共同组成。它们面向人类实践生活,遵守一定的群体使用规范,数目

---

① Wittgenstein,L.*Philosophical Occasions*:*1912-1951*.(eds.).J.C.Klagge & A.Nordmann.Hackett Publishing Company,Inc.,1992,p. 281.

② 维特根斯坦:《蓝皮书和棕皮书》,楼巍译,上海:上海人民出版社2021年版,第20页。

③ 维特根斯坦:《文化和价值》(修订本),许志强译,杭州:浙江大学出版社2020年版,第69页。

④ 维特根斯坦:《哲学研究》,陈嘉映译,上海:上海人民出版社2005年版,第7页第7节。

不定,形式多样,其多样性具体地展现在语词的意义、句型、用法等方面。

实际上,维特根斯坦所说的"语言游戏"要比我们中文语境中的"游戏"具有更加宽泛的意义。他的"语言游戏"既可以指言说一种原始语言,也可能指使用一种高度复杂的现代语言,既可以是一场严肃的商业谈判,也可能是一阵轻松的八卦闲聊。在日常交流过程中,它可以是指物说词或模仿他人说话,还可能是如"请求、感谢、谩骂、问候、祈祷"①等基本活动。比如在日常话语使用中,两个人之间的辩论就包括了"提问、请求、断言、叙事"等辩论双方千方百计变换的语言游戏,叙事形式也接纳了如"指示性陈述""道义性陈述""疑问性陈述"和"评价性陈述"等错综复杂的"语言游戏"②。各类语言游戏之间既存在亲缘关系,也存在明显区别。无论其形式如何多样,每一种"语言游戏"都不可能是封闭的语言内部活动,而是使用语言的集体行为,均涉及语言表达与行为反应,具有强大的实践性与社会性。

哪些活动不属于"语言游戏"呢? 第一,那些根本无法为他人理解并具有密不透风的"私人性"的"私人语言",就像盒子里完全与外界隔绝的那些"甲虫",既非语言游戏的一部分,也无法真正参与语言游戏。第二,怀疑主义者持有的激进怀疑形式——"怀疑一切"也不属于语言游戏。维特根斯坦指出,仅当"谨慎的准则"有尽头时,它才有意义③。没有尽头的怀疑充分展现了怀疑主义者对各类语言游戏及其规则乃至其基础的否定与排斥,使他们无法真正参与语言游戏,因此这种怀疑根本称不上一种怀疑。

维特根斯坦认为,作为"人类交流的完整系统","语言游戏"一词较之"系统"有两个优点:第一,语言应当被理解为"一种活动",语言的意义存在并显示于各类语言使用活动之中;第二,"语言游戏"与其他活动一样"由规则支配",并由"特定的规则"进行明确区分④。虽然他自始至终并未建立起一套"语言游戏"的理论体系,但这一概念完美地避开了语言的本质问题,极其巧妙地将人、语言与世界紧密关联起来,为人们提供了一种"综观"地看问题的新视角,帮助人们重新认识语言的性质与意义的获得。在维氏那里,语言的使用只可能实现于"语言游戏"之中,也只有在语言的活动,即"语言游戏"中,而非语言的静止状态或内在心灵中,才能切实把握语言的意义。要真正理解"语言游戏",不仅需要厘清语言与游戏之间相似的规

---

① 维特根斯坦:《哲学研究》,陈嘉映译,上海:上海人民出版社 2005 年版,第 15 页第 23 节。
② 利奥塔:《后现代状态》,车槿山译,南京:南京大学出版社 2011 年版,第 65、77 页。
③ 维特根斯坦:《论确定性》,张金言译,桂林:广西师范大学出版社 2002 年版,第 102 页第 625 节。
④ 斯鲁格:《维特根斯坦》,张学广译,北京:北京出版社 2015 年版,第 99—100 页。

则、形式与内容,了解其中使用的语言和规则,如同制图员般"描画事物间的相互关联"①,还应当切实参与或进入到特定的"语言游戏"中去,"综观"地看到实践中与意义、理解密切相关的各类活动之间的联系,兼顾文化传统、风俗建制等因素。

语言游戏并非不变的实体,而是如同人们的生活就摆在那里。在日常交流过程中,人们既可能顺畅地达成一致理解,也会因意见分歧导致误解,但无论理解还是误解都属于语言游戏的一部分。每种语言游戏看似各自独立,在实践中创设出不同的语境,呈现出各异的活动状态,但其实均与其他游戏密切相关,并共同构建起一个庞大的游戏家族。部分语言游戏和语言类型可能随着环境的改变与时空的转换,逐渐被人遗忘,与此同时,另一些新的游戏应运而生,赋予语言全新的意义。虽然语词意义可能随着众多语言游戏的更迭以及新旧语词的置换发生变化,但从某种意义上说,它们恰恰被固定在这些具体的语言使用活动之中。

维特根斯坦指出,"每个人都以最大的确定性知道他的名字"是"人名这种语言游戏"的一部分②。事实上,维氏列举出的这一耳熟能详的事实为人们判断语言游戏提供了基本参考:第一,任何一个人的名字均要借助语言形式呈现出来;第二,每个人的名字并非自己独享的"私有"物品,它必定能够为他人所知,并可以用于日常交流;第三,人们往往对自己的名字抱有一种毫不怀疑的确信态度,并在现实生活中自然而然地使用它。这三点共同确保了一种真实、有效的语言游戏,无论缺少哪一点,语言游戏都无法开展起来。

可见,"语言游戏"概念在某种程度上取代了维特根斯坦前期崇尚的"逻辑",秉承一种"实践优先"的基本思路决定着语言的意义,规定意义的范围,强调意义与语境的密切关系,展现出人们在与世界打交道过程中对语言与行为的具体使用。它既可能出自衣食住行等人类本能的简单生存需求,也可能涉及更为复杂的论辩说理活动,不仅包含如语音、词汇与语法等构成"语言"的诸多基本要素,还包括如"下达命令""报道事件""检验假设""读故事""编笑话"等关乎语言使用的多种多样的"游戏"③。这些构成日常实践常规的活动塑造了社会背景的特殊结构,并赋予人际交往以形式、

---

① 维特根斯坦:《文化和价值》(修订本),许志强译,杭州:浙江大学出版社 2020 年版,第27 页。

② 维特根斯坦:《论确实性》,张金言译,桂林:广西师范大学出版社 2002 年版,第 93 页第579 节。

③ 维特根斯坦:《哲学研究》,陈嘉映译,上海:上海人民出版社 2005 年版,第 15 页第23 节。

内容与意义。

此外,"语言游戏"还必须与日常生活以及一种确凿不移的确信紧密相连,预设了某些人类与生俱来的认知能力。语言使用活动一旦脱离现实,不再与周边环境产生关联,便会催生出对事物的不合理怀疑,"语言游戏"也无法继续进行。同时,"确信"也是语言游戏的重要组成部分。只有在具体生活中"综观"语言活动,秉持某种"确信"态度,才能真正理解语言本身与语言的意义,进而达成人与世界以及人际之间理解的确定性。可见,"确定性"与语言密切相关,显示在日常实践中的诸多语言游戏之中。

当然,我们谈论"语言游戏"的确定性时,并非指人们会对某个特定语言游戏本身作出"确定"或"不确定"的判断,或对游戏自身的确定性或合理性提出质疑。实际上,人们在日常生活中进行多种多样的语言游戏,并能一直将游戏玩下去或使之流传下去,关键在于他们事先均以一定的生活形式为参照,凭一种笃定的确信态度承认语言游戏的存在,并自然而然地将这些游戏视为自身与他者、社会以及世界相互连接的基本存在方式。人们下国际象棋时可能会对某些走法是否合规产生争议,但往往不会质疑国际象棋游戏本身或其规则。这种源于生活形式并始终处于实践中的"行动中的确定性"以一种理论上不容怀疑且事实上不受怀疑的方式,成为"语言游戏"的稳定根基,这正是"语言游戏"的确定性之所在。无论"语言游戏"如何多样,它们依然需要以语词表达与客观世界之间存在的合理关系为语境基础,保持着一种维持人际交往的基础的确定性。

语言本身是共同体的产物,形形色色的共同体源源不断产生于语言使用的过程之中。人类对语言的使用在很大程度上继承了前人的文化背景、生活经历、传统习俗与思维方式等过去的东西,这些历史、文化与传统经验往往以一种较为稳定的方式流传至今。理解的基础并非那些存在于人类个体意识世界的东西,而是如"生活形式"等那些由日常实践赋予人们并得到人们无条件接纳的东西。它们通过语言等媒介展现出来,无法辩驳也不可怀疑,具有维特根斯坦多次提到的一种"最大的确定性"(the greatest certainty)。当然,这些东西之所以能够成为理解的基础,主要在于它们与其周边存在着的无数相似或相同的观念共同建构了一个庞大的信念体系,并切实作用于人类日常实践之中。理解和误解均预设了相应的外在评判标准,规则也往往显示于各类语言游戏对语言的具体使用活动中,并在游戏过程中不断得到确立、作出修改或彻底抛弃。这些标准、规则与"生活形式"凭借一种或强制性或潜移默化的约束与引导,使人们对其达成无条件的认同与服从,继而以其指导自身的日常言行。

人们之所以能够达成理解的确定性,并非因为语词本身能够毫无异议地表达事物,而是在于他们均坚信不疑地参照了某些拥有无可置疑确定性的东西。丰富多样的情境源源不断地产自日常生活,"盐""椅子""石板"等语词既可以纯粹指代这些事物,也可能代表了某些请求,如"(麻烦你把)盐(递给我)","(帮我把)椅子(搬过来)"。人们能够根据家人在晚餐时指着盐罐说出"盐"的情形,推断出这可能意谓着一种递盐罐的请求。他刚刚去银行存了一笔钱的事实也能够让人们立刻判断出他所说的"bank"是银行而不是河岸。人们正是以"生活形式"等为共同背景,才能获取日常生活中具体词句的确定意义,或与他人达成一致的理解。

"bachelor"一词虽然有多种含义,但是在"eligible bachelor"这一表达的场景下,人们大多能参照共同或相似的生活形式与认知模式将其理解为"单身汉"。虽然这种理解预设了一种理想化的环境,如设定婚姻在社会中的必要性以及人类的异性恋倾向等,而将那些性少数群体(LGBTQ)以及不婚主义者等排除在外,因而无法真实、准确地反映现实世界,但正是这些共同或相似的背景与模式帮助人们成功地跨越了自然语言中不确定事实的限制,顺利达成理解与沟通,确定性正是在这些语言交流活动中自然地显示出来。

人们在日常生活中通过参与不同的语言游戏,缔结各种纽带,成为不同共同体的成员。共同体成员在语言游戏的生生灭灭、生生不息的循环往复过程之中获得新的语言风格与行为模式,导致其旧有认知模式(如"世界图景""生活形式"等)发生了一定的改变。这些语言游戏赋予共同体成员的新的行为准则与规范在保障共同体持续顺利运行的同时,也从根本上帮助共同体成员逐渐树立起群体身份意识,使他们默契地遵守共同体规范,并以其为言行指南。在产生新旧交替的"世界图景""生活形式"以及共同体规范的共同作用下,成员们得以顺利地进行语言游戏并随时准备参与到更多的语言游戏中去。各类语言游戏在不断呈现出共同体成员各类不同需求的同时,也预设了游戏参与者之间平等、开放的关系。

维特根斯坦前期所说的语言并非日常使用的自然语言,而是一种完备的理想化语言。他主张,这种语言和世界均具有本质结构与共同的逻辑形式,语言意义等于指称对象。然而这种语言始终处于一个完全封闭的系统,根本无法原封不动地"镜像"出异彩纷呈的现实生活,或形形色色的语言游戏。即便它真的拥有一种逻辑上的精致无比的绝对确定性,人们也只能在一种理想化境界而非现实生活中寻找到它。后来维氏逐渐意识到这一问题,他指出,做哲学时发出的"含混的声音"(inarticulate sound)只有在特定的语言游戏中才可能成为一种"表达"(expression)①。于是,维氏后期转向生机勃勃的日常生活,通过鲜活的语言游戏将人与现实世界连为一体,诉诸语言的具体使用来澄清思想与规范行为。

实际上,维特根斯坦在《逻辑哲学论》中对语言界限的划分一直延续到《哲学研究》《论确定性》等后期与晚年作品中,只不过其后期与晚年重点强调了那些"不可说"之物的"显示"背景——日常生活。维氏后期多次提及"日常语言"概念,并对诸多现实生活中的语言游戏进行了详尽考察,这使人易于认为维氏判定语言界限的标准就是"日常语言"。然而在谢尔兹等人看来,真正起作用的标准其实在于"对说与显示之分的尊重"②,而非人们经常认为的"日常语言"本身。

在维特根斯坦那里,人们称为"语言"的东西,首先是"日常语言"(ordinary language)和"字词语言"(word-language)的"建制"(apparatus)③,其次才是那些类似于这种建制或与其具有可比性的东西。虽然他谈到了"语言游戏"等错综复杂的概念,也指出语言的日常使用大多数情况下并不符合数学与科学中那种"精确性的标准",但他并未放弃为语言划界。"确定性"之所以能够达成,一方面在于对"说"("可说")与"显示"("不可说")之分的尊重,另一方面在于认识到那些"可说"之物必须以这些"不可说"之物为基础,人们进行理解等"语言游戏"时,也必须无条件地接纳这些游戏所植根的"生活形式"等背景。

人类认识的界限其实也是语言的界限和世界的界限,我们只有在现实世界中才能寻找到它。一条真实的界限足以满足人类日常基本需求,并协助人类做出合适的选择。因此,我们也可以将维特根斯坦所划出的这条语言的界限视为他对确定性的一种把握。如果说维氏前期在《逻辑哲学论》中划出的语言的界限是一条逻辑的界限,作为意义的严格边界将"可说"与"不可说"区分开来,那么这些"不可说"之物在维氏后期及晚年则具体表现为"生活形式"或"世界图景"。此时的"说"不再是《逻辑哲学论》中那种脱离现实语境的"说",而是在日常生活广泛的"语言游戏"空间中起作用,与各类语言游戏及其周边活动交织在一起。因此,语言既非由推理产生,也不具有严格的逻辑形式,而是在很大程度上出自生存与交往的人类本能。事

---

① 维特根斯坦:《哲学研究》,陈嘉映译,上海:上海人民出版社 2005 年版,第 108 页第 261 节。

② 谢尔兹:《逻辑与罪》,黄敏译,上海:华东师范大学出版社 2007 年版,第 32 页。

③ 维特根斯坦:《哲学研究》,陈嘉映译,上海:上海人民出版社 2005 年版,第 163 页第 494 节。

实上,语言正是基于人类长期秉承的"生活形式"与"世界图景",于日常实践中获得一种相对稳定的意义视域,从而具备确定的意义。

第三节 "语言游戏"与本质主义

人类生活充满了变化,语词、句子等语言概念在常态下也会呈现出多样性与流动性,各类语言游戏更是异彩纷呈,那么对确定性的关注是否意味着我们又重新回到了本质主义的老路上?

人类对一种绝对、纯粹的确定性长此以往的追求,其实具体地表现为追求普遍本质,否定一切不确定性,拒斥任何变化与分歧,并诉诸本质之物来持续消解不确定性,从而摆脱不确定性带来的威胁。具体来说,人们往往将以精神、心灵为代表的主观世界与以物质、身体为代表的客观世界截然隔开,却未意识到它们本应紧密地融合在一起。他们大多执着于弄清事物本质,却不敢面对自己所处的现实、偶然世界的挑战,以致扭曲了人类丰富多彩的实践活动。

维特根斯坦在《蓝皮书》中指出,人类对普遍性的渴望与以下四种哲学困惑有关:①倾向于寻找被人们归纳到"一个普遍词(general term)之下的所有事实"的共同点;②总将一个普遍词与一幅普遍图画相对照;③混淆"假设性的精神机制状态"与"意识状态"这两种精神状态;④对科学方法的迷恋。[①] 哈克认为,哲学问题主要出自表层语法类比、语言用法现象学等大多为语法谬误的五个根源,谢尔兹也针对哈克提出的这五大根源展开了深入讨论。[②] 在我们看来,人们之所以在追求确定性的过程中容易陷入本质主义,将"确定性"理想化地设定为一种永恒纯粹之物,主要受到以下三种诱惑。

第一种诱惑是对安全感和归属感的渴望。人们在古希腊时期出于对世界的强烈好奇,热衷于探求世界本原,认为唯有弄清世界的本质才能够安居于世。这种最原始、质朴的诉求虽然在一定程度上带给人们精神慰藉,赋予其立身行事的动力,但却忽略了以下事实:世界根本不存在本质结构,即便它具有某些共同基础,也并非那种必须"透过事情"才能看见的处于"表面

---

① 维特根斯坦:《蓝皮书和棕皮书》,楼巍译,上海:上海人民出版社 2021 年版,第 21—22 页。
② 哈克的论点见 Hacker, P. M. S. *Insight and Illusion: Wittgenstein's Criticism of His Early Thought*. London: Oxford University Press, 1972, pp. 128–129. 谢尔兹的讨论见谢尔兹:《逻辑与罪》,黄敏译,上海:华东师范大学出版社 2007 年版,第 82—85 页。

之下""内部"①的东西。也就是说,这种追求预先设定了世界本质的绝对性与唯一性,却忽略了事实其实并非通过真理、本质等"永恒之物"表达出来,而是直接呈现于那些"经过整理即可综观"②的公开、敞亮之物之中。

　　第二种诱惑源于语言与心理的自然联系。语言对人类生活不可或缺,它引领着人们积累经验,形塑着人类生活。人们在探究世界本原的过程中也开始关注语言,认为语言是世界的一个重要组成部分,因而与世界同为一种具有纯粹本质的东西。维特根斯坦前期基于语言的"简单性的设定"③,即语言基本要素的简单性,来寻求"思想的本质"——"逻辑"所体现的世界的"先验秩序",把握语言的"特殊""深刻"的本质,即语词、真理、经验等"超级概念"之间的"超级秩序"④。

　　语言的任何使用活动均不可避免地伴随着心理过程,某些心理意象也的确会产生于感觉或心理语词的使用过程之中。但是我们应当认识到,人们永远无法从心理意象中找到语词的意义,对相关心理过程或精神状态的分析也无助于真正理解、获取这类语词的意义。"懊恼"的心理过程看似与"懊恼"的语词意义密不可分,但两者却并非一一对应。在"主客二分"理论所主张的严格二元对立思想指引下,人们易于将感觉或心理语词完全等同于相关心理过程。于是,寻求语言、世界与思维的本质的尝试,便具体表现为追求一种绝对精确的意义确定性,并逐渐沦为单纯为寻找确定性而寻找确定性的表面行为,终将一无所获。

　　第三种诱惑来自于自然科学的考察方法。自然科学领域取得的辉煌成就促进了人类精神文化的空前繁荣,考察自然现象的各个学科也凭借其貌似客观、理性的研究方法与严密、明晰的论证方式,释放出一股强大的阐释力,促使人们采用这类方法与论证去探索世界与理解意义。人们由现象入手,借助一种建立在严格逻辑模型基础上的"万能"方法,通过假设、归纳、演绎等一系列严密的推理论证,来厘清有关语言与世界的客观事实,进而寻求"无可再分的最小单位"⑤,直至获取其本质——某种先于并贯穿一切人类经验的"完美秩序"。

　　在追求绝对确定性与探寻世界本质的大型运动中,人们将自然科学研究的基本思路奉为圭臬,希望揭开蒙在诸多现象表层的面纱,迸发出不仅要

---

① 维特根斯坦:《哲学研究》,陈嘉映译,上海:上海人民出版社 2005 年版,第 50 页第92 节。

② 维特根斯坦:《哲学研究》,陈嘉映译,上海:上海人民出版社 2005 年版,第 50 页第92 节。

③ 李国山:《后期维特根斯坦批判形而上学之策略与路径》,《社会科学》2013 年第 11 期。

④ 维特根斯坦:《哲学研究》,陈嘉映译,上海:上海人民出版社 2005 年版,第 52 页第97 节。

⑤ 章忠民:《确定性的寻求与本质主义的兴衰》,《哲学研究》2013 年第 1 期。

为世界找寻本质,也要为语言寻求解释的冲动。于是,他们把逻辑分析当作解释语言意义与揭示语言本质的唯一方法,试图赋予概念清晰的定义与严格的界限,将对现象的解释还原成尽可能少的基本准则。然而这种方法对具体例子的"蔑视态度"①决定了它显然无法胜任探索语言的重要工作,也无助于厘清内部世界与外部世界的关系。事实上,语言根本不是一种可以运用于精确演算的符号,人们对语言的日常使用只有在"极少的例子"②中才符合科学与数学所需的那种精确性标准,因此,并不存在一种严格意义上的关乎语词意谓的科学研究。此外,外部世界与内部世界远比人们想象得复杂,自然科学采用的普遍论证模式也无法清楚地揭示这两个世界的密切联系。

　　无论从追求确定性的目标还是方式来看,以上三种诱惑均使人们过度追求普遍性,坚持一种本质主义语言观,却忽视了语言与世界的真实面貌。因此,只有抵制住以上诱惑,放弃本体论的视角,才有可能获得真正意义上的确定性。

　　首先,追求确定性这一行为本身并无过错。在哲学研究中,这种追求与对事物本质的渴望均必不可少且相当重要。它为人类生活指明了方向,是人们前进的主要动力,吸引了无数人投身其中。维特根斯坦非但没有否定人们追寻确定性的努力,还在其各阶段作品中充分表达了自己对确定性的关注与思考。

　　其次,对确定性的追求并不必然导致本质主义。本质主义主张,本质是事物的先在结构,是一种真实、确切、不容置疑的理想形式,语言和世界均需要依附于这一看似稳固的绝对确定性基础之上。然而事实上,语言与世界并非基于某种确凿无疑的本质才得以存在、变化与发展,人类的生活基础与思想源泉也不在于某种永恒确定的本质。很多时候当人们热火朝天地讨论"本质"与"真理"等概念时,未必确定自己是否真正理解了这些概念,也未必真正知道自己究竟在讨论什么。

　　维特根斯坦后期对此有所察觉,这也成为他避谈本质、不下定义的根本原因。实际上,"语言游戏"恰恰是针对本质论提出的,它与"意义即使用"观共同帮助人们逐渐摆脱"藏在深处"的"本质"的诱惑,重新留意到"近在眼前"的真实世界。维氏后期的另一原创性贡献,即《哲学研究》第 67 节引入的"家族相似"(family resemblances)概念也取代了其前期关注的"本

<hr />

① 维特根斯坦:《蓝皮书和棕皮书》,楼巍译,上海:上海人民出版社 2021 年版,第 22 页。
② 维特根斯坦:《蓝皮书和棕皮书》,楼巍译,上海:上海人民出版社 2021 年版,第 30 页。

质",用以形容"语言游戏"的"相似之处"与"亲缘关系",表达了"语言游戏"之间如同家族成员般"盘根错节"(overlap and criss-cross)①的相似性。同时,"家族相似"也挑战了主张范畴具有明显界限的经典范畴理论,认为范畴不再由共同特性界定,其界限也因而具有模糊性。

可见,维特根斯坦从"家族相似"的视角对"语言游戏"作出的这些描述同样出于对本质的批评,颠覆了本质主义语言观,充分体现了其反本质论思想。在他看来,任何游戏均不存在本质,也并非所有的游戏都具有共同点。各种语言游戏如同庞大家族的众多成员,在日常生活中共同相处、相互联系并影响彼此,它们以不同方式存在着的家族相似性并不具有本质特征,而仅仅体现了由语言和语言活动的相似性与相异处互相交织而成的普遍关联。正如他所指出的,"线的强度不在于任何一根纤维贯穿了整根线,而在于很多根纤维互相交缠",②这意味着,没有任何一根纤维能够贯穿整条线,只有纤维之间的"互相交缠"(overlapping)才能使这条线因具备了一定强度而富有使用价值。维氏晚年对本质的总结,即"本质并非某种有待揭示的东西,而只能在它发挥效力的逐个环节中来描述它"③,充分体现了这种联系与价值,也明显将其本质观与本质主义的本质观点区分开来。

部分学者以"家族相似"概念过于笼统与模糊为理由,认为它否定了确定性,容易导致虚无主义、怀疑主义或相对主义,但我们不这么看。一方面,维特根斯坦通过"家族相似"揭示出共同交织于语言事实网络中诸多元素的微妙联系,这些展现于实例中的关联恰恰体现了基于生活形式一致性的语言游戏的确定性,一种意义的融通性,正是它们为"家族相似"提供了强有力的支撑。另一方面,维氏并未因只顾聚焦事物之间的联系而抹去它们的区别,而是凭借"家族相似"在否定本质主义的基础上提出对"本质"的新型理解,即语言在语言游戏中的实际使用规定了一种处于复杂语言网络中的、由语境决定的"本质"。因此,"家族相似"与"语言游戏""意义与使用"观一样,不断将人们的注意力拉回到活生生的语言事实中,学会脚踏实地在现实世界对语言的使用中把握意义、达成理解与取得共识。

事实上,我们关注的确定性并不像传统哲学的本质那样隐藏于现象背

---

① 维特根斯坦:《哲学研究》,陈嘉映译,上海:上海人民出版社 2005 年版,第 37—38 页第 66—67 节。
② 维特根斯坦:《哲学研究》,陈嘉映译,上海:上海人民出版社 2005 年版,第 38 页第 67 节。
③ 维特根斯坦:《最后的哲学笔记(1950—1951)》,刘畅编译,北京:商务印书馆 2019 年版,第 51 页第 238 节。

后,深不可测,永恒不变,或者"可以脱离范例得到规定和理解"①。确定性作为事物的相似或共同之处,自然地存在于日常生活中,可能发生变化,也并非绝对。因此,当世界上出现若干新鲜事物时,我们不应事先预设某种本质之物正深藏于其外表之下,而应将此外表看作诸多相似家族里的一种情形。在面对众多新型语言表达时,我们也不应该急于挖掘语言的"无与伦比"的本质,把握某种深刻、完满、与众不同的内在秩序,而应当视"语言"经验"世界"的用处与"门""灯""桌子"等一样"卑微"(humble)②,视事物如其所是,而非人们臆想中的那般模样。众多事物正是固定于日常生活这一实践背景中,逐渐变得更加稳定、更为牢靠,也只有通过考察处于这种背景之下的各类语言游戏,才能够避免本质主义,真正获得我们需要的那种合适的确定性。

---

① 陈嘉映:《说理》,上海:上海文艺出版社 2020 年版,第 354 页。
② 维特根斯坦:《哲学研究》,陈嘉映译,上海:上海人民出版社 2005 年版,第 52 页第97 节。

第七章　确定性的后现代语言考察

第一节　后现代主义与确定性

社会快速发展所造就的复杂多样的客观世界决定了许多不确定事实的存在,导致人类进化过程产生的自然语言出现大量不确定的表达。语言不再是一个封闭孤立的意义系统,它随着自然环境与社会环境的变化产生变异,意义也在受环境影响的日常实践中不断地生成、调整与改变。此外,就人类语言产生与传递的过程而言,无论在思想的确定阶段还是语言手段的选择等阶段都会涉及认知、心理、环境等因素,并受到人类复杂多样的经验的影响,"生活形式"与"世界图景"的差异所赋予"语言游戏"的多样性造就了语境的不确定性,进一步导致语词意义的不确定性。

维特根斯坦并未否认不确定性的存在,他指出"不确定性"是一种"体制性的东西",而非一种"缺陷","不确定的存在,位于我们的概念和我们的工具之中"[1]。在维氏那里,语境为语词提供了具体的使用方式并决定着语词意义,它随着语言游戏的变化而变化,因而是不确定的,而这种不确定性往往显示于各类语言游戏实例之中。韩礼德也认为,成年人的语言系统自身在许多方面都是"不稳定的"(unstable),儿童设法接近的东西都是"移动的"(shifting)、"流动的"(fluid)与充满"不确定性"(indeterminacies)[2]。从日常实践来看,语言的确具有模糊性,其意义并非完全固定,歧义现象在这个开放的意义系统中经常可见,人们在面对全新的语言、陌生的语言现象时也会频繁遭遇不确定性。这使"不确定性"被视为自然语言的普遍特征,人们倾向于认为使用自身不完备的自然语言无法确切地表达意义,将最终导致无法清晰、准确地描述客观世界。那么这是否意味着语言的意义与理解将一切确定性排除在外呢?

洛克的《人类理解论》开启了人们对语言与理解的关注。他在《人类理

---

[1] 维特根斯坦:《心理学哲学研究》,张励耕编译,北京:商务印书馆2019年版,第438页第657节。

[2] Halliday, M.A.K. *Language as Social Semiotic*. 北京:外语教学与研究出版社,2001, p. 116.

解论》中不仅分析了语言的天然缺陷，还指出人们使用语言时犯下的错误，如假设"各种文字都有明显而确定的各种意义"，以为"说者和听者似乎必然有确乎相同的观念"①等。莱布尼茨也认为日常语词代表的概念往往"混淆不清"②。因此，语义范畴作为"人类对客观世界进行类属划分"（即范畴化）的产物，也通常被认为不可避免地具有"模糊性"③。

自洛克之后，许多哲学家也试图透过语言视角来研究确定性，语言逐渐成为当代哲学的中心问题与共同领域，语言哲学的兴起意味着哲学问题可以依靠"改造语言"或"深入理解人们目前使用的语言"④的方式加以解决。20 世纪中期，科技随着社会各方面发生的巨大变革而飞速发展，人们开始质疑传统形而上学话语的确定性，对现代化进程展开批判与反思，后现代思潮由此兴起。此时，人们高举"反传统、非理性、去中心、超基础、后人道、多元化"⑤的旗帜，尝试以一种新的方式来认识与理解世界。塞德曼指出，"后现代"表述了"一个非常广泛的、多相的西方知识文化中正在发生的转变的方式"⑥。利奥塔在 1981 年 5 月 1 日致杰萨密·布尔的一封信中，将"后现代"中的"后"理解为"纯粹的接替""一连串历史性的阶段""从以前的方向转到一个新方向"⑦。20 世纪 70 至 80 年代，后现代主义成为一种代表着全新的思维方式与认知态度的文化思潮席卷全球。部分学者认为，"后现代主义转向"是西方哲学于 20 世纪 60 年代至今继"语言转向"之后出现的"第四转向"，通过"深刻反思传统哲学和语言哲学之不足"，"主张回归人们的生活世界"，"真正彰显了新时代的人本精神"⑧。

后现代哲学的基础是对语言的关注与对理性的怀疑，聚焦不确定性。后现代主义者强调知识与意义的相对性，认为语言自身便是意义，它作为一

---

① 洛克：《人类理解论》（下册），关文运译，北京：商务印书馆 2012 年版，第 530 页。
② 徐友渔等：《语言与哲学——当代英美与德法传统比较研究》，北京：三联书店 1996 年版，第 30 页。
③ 陈维振、吴世雄：《范畴与模糊语义研究》，福州：福建人民出版社 2002 年版，第 40 页。
④ Rorty, R. (ed.). *The Linguistic Turn: Essays in Philosophical Method*, Chicago: The University of Chicago Press, 1992, p. 3.
⑤ 王寅：《语言哲学研究——21 世纪中国后语言哲学沉思录》，北京：北京大学出版社 2014 年版，第 447 页。
⑥ 塞德曼：《后现代转向——社会理论的新视角》，吴世雄、陈维振等译，沈阳：辽宁教育出版社 2001 年版，第 24 页。
⑦ 利奥塔：《后现代性与公正游戏：利奥塔访谈、书信录》，谈瀛洲译，上海：上海人民出版社 2018 年版，第 121 页。
⑧ 王寅、王天翼：《西哲第四转向的后现代思潮——探索世界人文社科之前沿》，上海：上海外语教育出版社 2019 年版，第 13 页。

个自足的系统并不取决于任何似乎独立于人类与现实的力量,任何一个文本都可能具备多重意义,也可能存在着无限的解释。他们否认理性、中心、基础、本质与客观事实的存在,质疑真假的客观基础,拒斥事物的确定性,希望超越事物的稳定表面,以多元、差异、特殊取代确定、同一、普遍。

事实上,后现代哲学的致命缺陷主要在于过度放大了不确定性,否认了作为"人类行为和思想的基础"的某种"起码的确定性"①。后现代主义推崇唯心主义和形而上学,试图以"解构"的方式从"一己"的角度言说"世界"②,其彻底的反理性与反本质倾向破坏了现有的传统与文化秩序,过于重视破坏、消解与否定,却忽视了建构与肯定,对人类思想的发展并无裨益。

当然,必须承认,后现代主义思想不仅通过揭示"世界的复杂性、事物的不确定性"有力地挑战了"现代占主导地位的'划一思维'或'同一性思维'",与现代社会彻底划清界限,而且通过怀疑与否定倡导了"一种欣赏历险的开放多元的思维方式"③。它通过批判现代性,激活了人们的思想,不断提醒人们注意到人与人之间、人与世界之间,以及语言、思想与现实之间的复杂关系,在寻求人类理解的阐释性基础方面作出了巨大贡献,也带来了文本意义解读方式由静至动的重要变革。此外,后现代主义者对知识语言性问题采取的主要思路,即把知识与意义统一在语言媒介中,希望充分揭示各种可能的意义,也对我们借助语言视角考察确定性提供了重要的启示。奎因、利奥塔、德里达、罗蒂、伽达默尔等诸多后现代思想家均对此作出了积极有益的探索。

作为后现代主义思想源泉的海德格尔将人置于意义世界之中,消解了传统哲学的主客二元论,他提出的"此在"概念具有明显的语言性与社会性。海德格尔主张语言最"切近于人之本质",人应当"学会在语言之说中栖居",他在论及语言本质时把人与语言的关系归纳为"不确定的、模糊的、几乎是不可说的"④。用罗蒂的话来说,海德格尔抛弃了"知识基础"的观念,试图建立起一套完全无涉"科学、认识论或笛卡尔的确定性寻求"⑤的具有治疗性与教化性的新哲学范畴。

美国后现代哲学代表人物之一奎因在批判意义确定论的基础上提出了意义的"整体主义"(totality),认为意义由整体语境决定,人类只有通过观

---

① 徐友渔:《关于后现代哲学的几个问题》,《人文杂志》1996年第1期。
② 法兰克福:《论扯淡》,南方朔译,南京:译林出版社2008年版,第106页。
③ 王治河:《后现代哲学思潮研究》,北京:北京大学出版社2006年版,第333页。
④ 海德格尔:《通向语言的途中》,孙周兴译,北京:商务印书馆2013年版,第1、27、147页。
⑤ 罗蒂:《哲学和自然之镜》,李幼蒸译,北京:商务印书馆2003年版,第20—21页。

察与体验才能获得意义。他率先提出"指称的不确定性"（Indeterminacy of Reference）与"意义的不确定性"（Indeterminacy of Meaning），意在追问客观事实是否存在，以及人们究竟意指什么。奎因并未诉诸某种内部观念，而是将其论证建立在行为主义前提之上，主张语词引起的人类行为刺激决定了语词意义，而这些刺激的不确定性直接导致指称活动赋予语言意义过多的不确定性。

1979 年，利奥塔出版的《后现代状态》一书有力地推进了后现代主义思想在欧洲的传播。利奥塔认为后现代科学理论改变了"知识"这一语词的意义，讲述了改变的发生过程，生产的是"未知"而非"已知"[1]。他将"后现代"定义为"对元叙事（metanarratives）的质疑"[2]，即对"具有合法化功能的叙事"[3]的质疑，反对基础主义，提倡多元化与差异。在他看来，知识依靠语言表达出来，语言之所以具有意义，主要在于它在使用过程中产生的效果。

与利奥塔同时代的福柯虽然并未承认自己是后现代主义者，但他对一切都进行了去中心化的处理，通过攻击普遍性原则消解了人的主体性。福柯同样关注语言，聚焦语言在社会中的使用而非语言形式本身，指出"话语的无限运动"都建立在"言语"之上并"受制于它"，"语言的增长"不再有"开端""终结"与"允诺"[4]。他的话语理论颠覆了传统，聚焦话语与权力的密切关系，关心话语对人的塑造而非人在话语中的主体作用。

德里达在海德格尔的启发下，同样从语言入手，猛烈地抨击以"在场"为存在基础的传统哲学，拒斥那种聚焦真理的"在场的形而上学"。他消解了"言说"高于"书写"的言语中心主义，强调了"书写的文本"[5]的重要性。德里达的解构主义意义观主张彻底消解结构，把世界看作一个无限的文本，认为文本之内的事物永远缺席。德里达认为，包含着复杂符号关系的文本永远向读者开放，并不存在所谓的文本意义的确定性。他提出的"延异"（différance）概念主张新的意义在文本解构与重组的过程中永无止境地不断涌现，而意义只能暂时确定而无法永恒不变，人们也永远无法获得语言的终极意义。在他那里，语言并非一种稳定明确的封闭结构系统，而是一种各

① 利奥塔：《后现代状态》，车槿山译，南京：南京大学出版社 2011 年版，第 204 页。
② 利奥塔：《后现代状态》，车槿山译，南京：南京大学出版社 2011 年版，第 4 页。
③ 利奥塔：《后现代性与公正游戏：利奥塔访谈、书信录》，谈瀛洲译，上海：上海人民出版社 2018 年版，第 144 页。
④ 福柯：《词与物——人文科学考古学》，莫伟民译，上海：上海三联书店 2002 年版，第 60 页。
⑤ 徐友渔等：《语言与哲学——当代英美与德法传统比较研究》，北京：三联书店 1996 年版，第 230 页。

因素相互交织作用其中的自我参照系统。人们在阅读时,总是不断通过消解文本结构,瓦解原有文本,使文本持续获得新的意义。因此,文本意义不可能一成不变,而是具有明显的动态性,读者对文本意义的解读也并非确定,不存在先于文本的意义。

与德里达同时代的罗蒂同样强烈地批判了那种"在场的形而上学",抨击了传统哲学对"当下确定性"与"保证通往确定性的途径"的追求。他认为,传统哲学总是希望发现某种固定不变的、能使人们用"认识"来代替"意见"①的东西,这使人们往往将"认识行为实在"化为对"心智""意识""观念"的"占有"②,然而在他看来,上述做法显然是完全错误的。罗蒂试图瓦解传统哲学所谓的确定性的基础,以打破其形而上学的中心,主张意义因人类理解活动的无限性而具有不确定性。他的"后哲学文化"(culture of post-philosophy)③主张对话性、开放性与多样性,力图否定与消解确定性,将真理仅仅看作人们对事物的态度,而非某种具有本质的东西,而社会实践也并不具有控制性,而是具有理性的教化与团结作用。

此外,罗蒂把信念看作"行动习惯",将语词视为"工具"④,认为信念和语词均非表象,知识是社会实践而非某种观念与实在达成的一致。因此,在他看来,人们应当更多地思考语言在人群中的应用,而不应仅专注于对语言精确性的判定。尽管罗蒂在一定程度上将语言与世界完全分隔开来,他对客观确定性的彻底消解也不尽合理,但他对传统哲学所主张的绝对真理观、本质主义与基础主义的批判依然值得称道,对现当代哲学的发展具有积极的推动作用。

第二节　维特根斯坦与后现代主义

戴维森与奎因一样持有意义的整体论观点,将意义、语言使用者与具体语境视为一体。为了避免语言的具体化,他提出"真值条件论",主张语言的意义与用法基于某种真值条件,对语词意义的理解也取决于对说话者表达真假的识别。不过,戴维森也曾经质疑过奎因的"不确定性"理论,指出

---

①　罗蒂:《后哲学文化》,黄勇译,上海:上海译文出版社2009年版,"作者序"第8页。
②　罗蒂:《方法,社会科学和社会希望》,载塞德曼:《后现代转向——社会理论的新视角》,吴世雄、陈维振等译,沈阳:辽宁教育出版社2001年版,第75页。
③　我们也可以视其为利奥塔所说的"后现代主义文化"。
④　罗蒂:《后形而上学希望》,张国清译,上海:上海译文出版社2009年版,第97页。

"不确定性的程度,要小于奎因所认为的程度"。① 在他看来,"不确定性"
在日常交流中并没有人们想象的那么大,它产生的歧义并不会抑制人们接
受语词信息、理解语词意义的能力,正是在显示"不确定"的过程中,凸显了
那些确定的东西。虽然韩礼德明确指出语言意义存在不确定性,但他也承
认语言在具体的使用中产生并为人理解,因此依然关注"系统的完整性和
对语言事实描写的相对准确性",并用"最大的近似值"描写"最接近语言事
实"②的语法理论。

实际上,部分后现代主义者在消解确定性的同时,并未全盘抛弃存在于
语言中的某些确定性因素。奎因主要从"翻译的不确定性"(Indeterminacy
of Translation)出发来批判传统的意义和指称理论,并在此基础上阐述他的
意义理论,认为孤立的词句不具有意义,只有将其置于整个语言系统中才能
理解它们的意义。德里达在 1981 年 4 月与伽达默尔的论战中指出,语言中
有太多的增补与各类变化,因此语言作为理解的媒介是不可靠的,语言没有
确定的意义,但他始终强调那些如传统、习俗等"具有极大稳定特征"③的语
境要素对于文本理解的必要性。

罗蒂在 1990 年丹纳讲座(Tanner Lectures)上与艾柯进行的辩论中,批
评了艾柯的"使用—诠释"之分,指责这是一种"本质主义"的区分④,并将
其归咎于一种对本质、根基的毫无意义的追求。艾柯使用"作品意图"来限
制文本诠释的丰富性,而罗蒂的实用主义理论则恰恰相反,他主张任何阐释
都能被联系在一起,认为研究文本的"使用"要比"文本运作过程"更具
价值。

罗蒂把维特根斯坦、海德格尔和杜威并称为 20 世纪的"三位最重要的
哲学家"⑤,并视维氏为后现代主义的杰出代表。从某种意义上说,罗蒂是
一名典型的实用主义的维特根斯坦主义者。在他看来,维特根斯坦后期思
想把人们从如罗素、卡尔纳普与维氏前期的那种"有害的准康德主义"⑥中
解放出来,维氏等学者关于语言的思考也为人类"下了新的定义"⑦。

---

① Davidson,D.*Inquiries into Truth and Interpretation*.Oxford:Oxford University Press,2001,p. 153.

② 封宗信:《语言的不确定性与系统功能语法中的模糊性》,《外语学刊》2012 年第 5 期。

③ Derrida,J.This Strange Institution Called Literature:An Interview with Jacques Derrida.In D.At-
tridge.(ed)*Act of Literature*.London & New York:Routledge,1992,p. 64.

④ 艾柯等:《诠释与过度诠释》,王宇根译,北京:三联书店 2005 年版,第 109 页。

⑤ 罗蒂:《哲学和自然之镜》,李幼蒸译,北京:商务印书馆 2012 年版,第 20 页。

⑥ 罗蒂:《实用主义哲学》,林南译,上海:上海译文出版社 2009 年版,第 326 页。

⑦ M.于藏:《哲学家在当代社会中的作用——与美国著名哲学家罗蒂一席谈》,小平译,《国
外社会科学》1992 年第 9 期。

罗蒂对语言在人群中使用的关注在某种意义上继承了维特根斯坦"意义即使用"观的衣钵,试图在语言实践的具体语境中理解语言意义,将对话置于实践中而非某种共同基础之上进行考察。他否定绝对真理与基础,坚持语言的偶然性,对测定语言与思想的精确性毫无兴趣,却对人们所处的某种共同体情有独钟。他还把维氏的"常识"视为"某个共同体"共有的那些"一直在被修正"的"语言实践"构成的"网络"①,主张人们应当与不同文化、传统与时代的人不断地进行平等与开放的对话,并在此基础上实现哲学的"教化"(edifying)而非认识功能。虽然罗蒂认为"共同体"之类的东西未必像哈贝马斯说的那样具有无限性,但两者的"对话共同体"理论在根本上是一致的,他也对自己与哈贝马斯的共同看法作出了总结,如"赞扬多样性就像赞扬统一性一样无谓""没有任何不可公度的语言"②等。

在1989年的"皮尔士国际学术研讨会"上,艾柯明确表示,皮尔士的"无限衍义"概念无法推导出"诠释没有标准"的结论。他认为,世界上必定存在着"对诠释进行限定"的某种标准,诠释也存在着客观的对象,指向某个"实际存在的""应当受到尊重的"③东西,因此,诠释是有限的,并无太多自由。此外,他还强烈地抨击了神秘主义的文本诠释方法④,认为其鼓吹的神秘主义观点令意义时刻处于一种漂浮的状态,永远无法确定下来。

在我们看来,艾柯的上述观点其实与维特根斯坦的意义观与理解观颇有异曲同工之妙。维特根斯坦从"有限性"来论述"理解"⑤,艾柯同样认为诠释与理解存在一定的标准,无论是诠释文本还是理解话语,均要受到一定规范的约束,包含一种有限度的自由,这应该就是维氏一再强调的"语言的界限即世界的界限"。

当然,艾柯与维特根斯坦对"确定性"之所在与"确定性"寻求路径的考察依然存在差异。艾柯认为,要判定一个诠释为"不好的"诠释,无须事先确定"好的"诠释的判断标准。他反其道而行之,借鉴波普尔的证伪理论,

---

① 罗蒂:《实用主义哲学》,林南译,上海:上海译文出版社2009年版,第327页。
② 罗蒂:《实用主义哲学》,林南译,上海:上海译文出版社2009年版,第175—176页。
③ 艾柯等:《诠释与过度诠释》,王宇根译,北京:三联书店2005年版,第42、46页。
④ 艾柯归纳了神秘主义文本诠释方法的七大主要特征。(详见艾柯等:《诠释与过度诠释》,王宇根译,北京:三联书店2005年版,第41—42页)
⑤ 徐友渔等:《语言与哲学——当代英美与德法传统比较研究》,北京:三联书店1996年版,第291页。

即科学理论的标志在于其可证伪性,借助规则预先判定出一些"不好的"诠释。于是,那些"好的"诠释,即有效的、合适的、非过度的诠释便自然而然地出现,无需任何理由或根据。艾柯还批判了后现代主义主张的意义的"漂移"与"不确定"等说法,充分展现出他对诠释与理解的基本见解,即文本固然可以存在众多不同的诠释,但却不可能拥有人们想要其具有的任何意义①。

维特根斯坦在《逻辑哲学论》中将逻辑视为不可言说之物,语法(语法现象、语法规则等)作为语词之间的逻辑关系因而也不可说。实际上,人们通常并非经由对某个语法规则的清晰描述才能真正认识、理解并使用它。正如乔姆斯基所认为的,没有一种语言能够令人满意地、清晰地描述任何语法现象或规则。语法不仅不可描述,也无需被描述出来,因为它是显示出来的。空气只能在自然界各类生物的呼吸中显示自身,人类的尊严也通常是在尊严遭到践踏时显示出来。维氏在《哲学研究》中对规则的讨论也恰恰提醒我们,语法规则的存在往往由某种错误的出场方式显示出来。也就是说,只有当人们发现对方违反规则并指出其错误时,才会意识到这些规则的存在,规则的意义正是显示在违反规则与遵守规则的过程中而非对规则的解释中。虽然维特根斯坦与艾柯均从语言视角思考确定性,但维氏主张确定性是"显示"而非"说"出来的。人们在产生误解时才会格外留意自己之前无条件接纳为自身行为指南的某些标准与规则,因此可以说,确定性尤其显示于交流双方产生误解之时。

尽管伽达默尔曾经把确定性分为"通过怀疑而进行证实"所提供的确定性、"直接的生命确定性"(在"生命中"获得的确定性)与"科学的确定性"②等几类,但这种分类并非他考察确定性的最终目的。他重在强调语言的作用,主张透过语言视角思考确定性问题。伽达默尔的哲学解释学最初关注人的"存在",后来逐渐转向思考人的"理解",研究理解如何可能。在他那里,人以语言的方式理解世界,任何理解和误解现象均表现为"语言现象",一切理解都在"语言性的媒介"③中或成或败,意义也取决于理解。

伽达默尔在探讨理解的过程中展示出一种非确定性。他批判了奥古斯丁对"外在话语"价值的贬低,认为这其实贬低了"语言多样性"④的价值,

---

①　艾柯等:《诠释与过度诠释》,王宇根译,北京:三联书店 2005 年版,第 152 页。

②　伽达默尔:《诠释学Ⅰ:真理与方法》,洪汉鼎译,北京:商务印书馆 2010 年版,第 341 页。

③　伽达默尔:《诠释学Ⅱ:真理与方法》,洪汉鼎译,北京:商务印书馆 2010 年版,第 230 页。

④　伽达默尔:《诠释学Ⅰ:真理与方法》,洪汉鼎译,北京:商务印书馆 2010 年版,第 591 页。

并主张"传承物和传统"中并无"自身实现"的"毫无疑问""平静"①的确定性。他并不像胡塞尔等人那样急于追求确定性,而是认为文本本身并不具备一种固定不变的客观意义。虽然部分学者质疑伽达默尔强调的这种非确定性具有主观主义倾向,但在我们看来,其哲学解释学对理解和解释的考察通过聚焦语言和意义,凸显了人的"语言性存在"与理解的"语言核心",对切实把握确定性具有积极的指导作用。

虽然伽达默尔对理解的语言考察并不如维特根斯坦提出的语言意义观那般振聋发聩,但他对语言实际使用的关注,如认为理解就是对文本意义的不同解释,理解总是不同地理解等②,使人们认为他似乎与罗蒂一样,更关注不确定性而非确定性。然而事实上,伽达默尔对语言的可靠性深信不疑,他认定语言能够帮助人们达成一致的理解。1981 年 4 月,他在巴黎就语言究竟是"桥梁"还是"障碍"这一问题与德里达展开的论战中,主张理解的确定性可以在对话中达成,而德里达则指出,语言的不可靠性导致理解的确定性无法达成。从伽达默尔在《真理与方法》等著作中对"传统""他者"与"时间距离"等概念的强调可以看出,虽然"我们"与"他者"之间的异己性以及"时间距离"(zeitenabstand)等因素可能导致意义理解的不确定性,但是与此同时,"我们"与"他者"之间存在的"意义共享域"以及"传统""传承物"等东西也切实影响着理解进程,促进了确定性的达成。

确切来说,伽达默尔强调的并非意义的漂浮不定与无法捉摸,他认为意义是人们得以形成并完成理解的重要东西,也没有否认人们可以相互理解,达成理解的确定性。他只是希望人们不要从"预先计划的完成性"出发理解事物,而应使自身进入文本,从中构造"自己的形式",并使这种形式在"更广的构造"③中得到理解。因此,伽达默尔所说的"不确定性"依然隐含着事物本身具有的一些如"传统"(ueberlieferung)、"视域"(horizont)、"前见"(voruteil)等确定因素。在他看来,理解是一个"视域融合"(horizontverschmelzung)的过程,意义必须处于人们具备的"前有"(vorhabe)、"前见"与"前把握"(vorgriff)之中,均含有在先意指和判断的诸多内容。

伽达默尔指出,在谈话过程中,"被意指的内容"变成"共同的东西","被理解的对象"原本具有的"意义指向的不确定性"也被提升为"新的确定

---

① 伽达默尔:《诠释学 Ⅱ:真理与方法》,洪汉鼎译,北京:商务印书馆 2010 年版,第 180 页。
② 伽达默尔:《诠释学 Ⅰ:真理与方法》,洪汉鼎译,北京:商务印书馆 2010 年版,第 420 页。
③ 伽达默尔:《诠释学 Ⅱ:真理与方法》,洪汉鼎译,北京:商务印书馆 2010 年版,第 450 页。

性"①,因此,两者借助谈话均能得到清晰的表达或确定的理解。可见,伽达默尔对确定性的认识蕴含以下内容:确定性真实存在着,它处于人类的日常对谈中,既有助于达成理解,获取确定的意义,也对判断误解具有重要的作用。事实上,"对谈"正是人类在"生活形式"或"世界图景"公共背景下共同参与的"语言游戏",意义和理解的不确定性恰恰在诸多共同因素的作用之下,逐渐消解于这些游戏之中。

虽然伽达默尔的哲学解释学在某种意义上更适合用来阐释历史文本,而维特根斯坦后期语言哲学思想则更合适对现实交往的理解,但是对语言的关注、理解与分析尤其是"游戏"概念均为两者的共通之处,且两者从语言视角对确定性进行的考察均未诉诸意识、心灵的东西,而是将确定性与语言紧密相连,把所有的理解看作语言问题,引导人们将目光投向日常生活,在实践中确立语言的中心地位,从人们的一言一行考察确定性。可见,伽达默尔与维特根斯坦共同关注与思考的均为一种并非绝对的确定性,而不是如许多人认为的那种不确定性。虽然伽达默尔对确定性的考察不如维氏那般直接,但是两者都对一种完全精致的确定性毫无兴趣。部分学者认为维特根斯坦后期意义观有相对主义之嫌,或视伽达默尔的理解观过于主观。这其实正好说明两者对意义与确定性这两个概念达成了较为一致的理解。他们均认为,对意义的把握离不开具体的语境,语言只有在具体使用活动中才能获得确定的意义,确定性也只可能实现于一种基于语言的日常实践之中。

在众多借助语言视角思考确定性的后现代哲学家中,罗蒂虽追求不确定性,但依然提出与确定性相关的共同体观点。艾柯并未否认语境的无限性,但主张诠释是有限的,确定性存在于那些"不好"的诠释之外。伽达默尔看似聚焦意义所处的开放的不确定状态,却坚定地认为人际之间的对谈之中存在着确定性。不难发现,上述思想与观点同维特根斯坦对确定性的思考不乏共通之处,即均在预设确定性必然存在的基础上,认为语言将确定性清晰地呈现在世人面前,语言在确定性问题上起决定性作用。此外,他们对具体语言使用活动、共同体因素和一种并非精致的确定性的共同关注,及其秉持的"在日常实践中使用语言和考察确定性"的共同主张,也与维特根斯坦类似。很难说上述思想家究竟在多大程度上受到维氏语言哲学思想的直接影响,但"在语言的使用与理解中考察确定性"这一思路的确为理解确定性开辟了新的视角。

① 伽达默尔:《诠释学Ⅱ:真理与方法》,洪汉鼎译,北京:商务印书馆2010年版,第23页。

　　值得注意的是,后现代哲学的一个重要特征是"对'游戏'概念的推崇",游戏因作为"自由而愉快"的活动被后现代思想家用来消除传统哲学的主客对立,与对"游戏"的推崇紧密相关的便是后现代哲学"对语言的推崇"①。维特根斯坦后期认为只有在创造出"语言游戏"的意义上才能顺利地从哲学上把握一些不可言说的东西,他的语法性考察主要从丰富多彩的"语言游戏"入手,关注语言使用与理解的多样性,主张意义即使用,其晚年的《论确定性》也再次强调了语言游戏的多样性以及语言使用中的一词多义等现象。维特根斯坦有关"语言游戏"的看法不仅带动了语言哲学的发展,也促进了后现代思潮的兴起,成为以利奥塔的"后现代主义文化"与罗蒂的"后哲学文化"等为代表的后现代主义思想的主要理论来源。我们不妨透过"游戏"这条线索来理解后现代主义对语言的思考。

　　在维特根斯坦"语言游戏"观的深刻影响下,利奥塔首次在《公正游戏》一书中阐述了对"语言游戏"的看法,并在《后现代状态》一书中深入阐述了这一概念,把"语言游戏"作为普遍的研究方法以解决现代性危机,将"语言游戏"具有的不同种类视为其"元素异质性"的体现②。他认为,现代主义者出于对封闭系统的可靠性的喜好而视某种普遍的元语言为语言游戏的基础,后现代主义者则为了寻求自由与开放而迷恋"语言游戏"自身"彻底的多元性"③。在利奥塔那里,"说话"意味着"参加游戏",语言行为是一种"普遍的竞技",人们可能为了"发明的快乐"而非输赢才玩游戏,而社会关系正是由"语言的'招数'"④构成。因此,"语言游戏"作为"社会为了存在而需要的最低限度的关系(minimal relation)"赋予社会关系以语言性,使其成为至少由"两类遵循不同规则的语言游戏"交织而成的结构⑤。

　　利奥塔还强调了"语言游戏"之间的悬殊差异与不可翻译性,并认为人们不断地开创已知语言游戏的新玩法,或发明新的语言游戏。然而必须明确的是,维特根斯坦的"语言游戏"虽然为人们呈现了语言的多样性,并通过"语言游戏"从整体上联结起语词、句子以及它们与世界的关系,但他显然并不看重"异质性",而更想提醒人们重视"生活形式"的存在,并留意"生活形式"在日常生活中无声无息的渗透,即只有基于一致的"生活形式"才能在日常语言使用中达成共识,而利奥塔恰恰未能意识到这一点。

---

①　王治河:《后现代哲学思潮研究》,北京:北京大学出版社 2006 年版,第 13 页。

②　利奥塔:《后现代状态》,车槿山译,南京:南京大学出版社 2011 年版,第 5 页。

③　王治河:《后现代哲学思潮研究》,北京:北京大学出版社 2006 年版,第 92—93 页。

④　利奥塔:《后现代状态》,车槿山译,南京:南京大学出版社 2011 年版,第 38—39 页。

⑤　利奥塔:《后现代状态》,车槿山译,南京:南京大学出版社 2011 年版,第 62、141 页。

　　哈贝马斯从根本上讲是维护现代性的,虽然他反对基础主义的基本立场在某种程度上显示了后现代主义的一些特征,但这并不影响他在吸收维特根斯坦有关"生活形式"观点的基础上引入"生活世界"概念,并提出用以维护现代性的交往行为理论。他认为,交往行为主体总是在由诸多不同背景观念构成的"生活世界"视野中达成共识,并指出作为"明确参与者设定其处境的源泉"的"生活世界"构成了"保守的均衡力量"①,促成相互理解的达成。哈贝马斯的"交往行为"指"一些以语言为中介的互动",所有参与者在互动过程中通过言语行为追求"以言行事"②的唯一目的。他的交往行为理论聚焦作为"协调行为的机制"的"语言沟通"③,关注语言与互动,凸显了交往的实践特征,认为意义理解必须在以语言为工具的有效交往活动中实现。更重要的是,哈贝马斯从整体上将语言视为基于对话与合作的交往行为,尤其强调了共识在分享思想、交换信息、交流情感与相互理解等实际交往过程中的重要作用,并将人们对客观性的渴望视为"对尽可能多的主体间的共识"④的欲求。

　　利奥塔在与哈贝马斯的论战中明确表示,哈贝马斯设想的通过讨论达成的共识"违背了语言游戏的异质性"⑤。他通过批评哈贝马斯思想的两个假设,即所有对话者均会赞同"对所有语言游戏都普遍有效的规则"与"对话的目的是共识",强调了"语言游戏"的"异态性"以及"共识只是讨论的状态而非目的",指出哈贝马斯所追求的普遍共识的"不可能"与"不谨慎"⑥,表达了自己与哈贝马斯的彻底决裂。哈贝马斯则在 1980 年被授予阿多诺奖时做的演讲中,力图维护现代性,有力地抨击了西方世界对现代主义的批判。在他那里,利奥塔等后现代主义者未能提供"任何关于社会之所以按照这个方向、而不是另外的方向发展的'理论上的'理由"⑦。

　　在我们看来,利奥塔将"后现代"视为一种新型社会形式,主要通过"语言游戏"概念消解了社会的主体地位,挑战了意义的确定性,使"求异"成为

---

① 哈贝马斯:《交往行为理论:行为和理性与社会合理化》,曹卫东译,上海:上海人民出版社 2004 年版,第 69 页。
② 哈贝马斯:《交往行为理论:行为和理性与社会合理化》,曹卫东译,上海:上海人民出版社 2004 年版,第 281 页。
③ 哈贝马斯:《交往行为理论:行为和理性与社会合理化》,曹卫东译,上海:上海人民出版社 2004 年版,第 261 页。
④ 罗蒂:《实用主义哲学》,林南译,上海:上海译文出版社 2009 年版,第 180 页。
⑤ 利奥塔:《后现代状态》,车槿山译,南京:南京大学出版社 2011 年版,第 6 页。
⑥ 利奥塔:《后现代状态》,车槿山译,南京:南京大学出版社 2011 年版,第 223—224 页。
⑦ 罗蒂:《哈贝马斯和利奥塔论现代性》,李文阁译,《世界哲学》2004 年第 4 期。

后现代主义的一个主要特征,对哲学理论与社会文化的进步的确具有一定的积极意义,也在某种程度上"深化现存的语言,批判浅薄的信息观念,解释语言本身内部的不透明性"①。然而当利奥塔将自己所说的"'语言游戏'不存在共同尺度"阐释为"不知道在这些不同的语言游戏之间存在着何种共同点"②,并把共识与稳定性彻底排除在知识追求范围之外时,无疑忽视了人类展开交往的共同基础,否定了人们视为理所当然的一些东西,瓦解了人类社会形成的基础。正如罗蒂所认为的那样,利奥塔的一个愚蠢之处就在于不看重"达成交往共识"这一"驱动文化发展的至关重要的力量"③。人们日常交往中达成的共识与获取的理解,以及语言游戏的共同之处,恰恰是利奥塔的"语言游戏"思想选择视而不见的,利奥塔对差异与冲突的过分敏感也无益于语言游戏的顺利进行与理解活动的正常开展。

伽达默尔与德里达将"解释"纳入"语言游戏"视野之中,他们的"解释游戏"均强调了游戏的开放性。伽达默尔承认自己在 30 年代对游戏的看法与后期维特根斯坦思想一致,并指出人的相互共存在自学说话就开始的"持续的游戏"④中实现。在他看来,语言作为人们每天都在进行的解释游戏,其真正主体是游戏本身而非游戏者,而游戏具有轻松、自由、成功与喜悦的精神。德里达则认为,游戏是一种具有随意性、无限性与无目的性的能够"进行无限替换"的"增补性的运动",他试图通过肯定那些无中心的"没有底盘的游戏"和"分延的审美游戏"来解构那种追求统一与绝对真理的"安全的游戏"⑤。在他那里,游戏的目的在于游戏本身,而游戏的最重要特征在于其自由性,那些追求中心结构的游戏所根据的"基本的不动性和一种千真万确的确定性"⑥均非游戏可及。

罗蒂引用戴维森的观点,指出"具有意义"意味着在一个语言游戏中拥有一个"定位"⑦,并对"语言游戏"作出以下描述:

---

①　利奥塔:《后现代性与公正游戏:利奥塔访谈、书信录》,谈瀛洲译,上海:上海人民出版社 2018 年版,第 128 页。

②　利奥塔:《后现代性与公正游戏:利奥塔访谈、书信录》,谈瀛洲译,上海:上海人民出版社 2018 年版,第 33 页。

③　罗蒂:《哈贝马斯和利奥塔论现代性》,李文阁译,《世界哲学》2004 年第 4 期。

④　伽达默尔:《诠释学Ⅱ:真理与方法》,洪汉鼎译,北京:商务印书馆 2010 年版,第 5、163 页。

⑤　王治河:《后现代哲学思潮研究》,北京:北京大学出版社 2006 年版,第 72 页。

⑥　Derrida, J. *Writing and Difference*. Chicago: University of Chicago Press, 1978, p. 279.

⑦　罗蒂:《偶然、反讽与团结》,徐文瑞译,北京:商务印书馆 2003 年版,第 30 页。

　　虽然世界并没有告诉我们应该玩哪一种语言游戏,可是这不表示决定玩哪一种语言游戏乃是随意的,也不表示语言游戏的选择乃是我们内在深处某个东西的表现。这个结论并非意谓选择语汇的客观判准必须由主观的判准加以取代,理性由意志或感觉加以取代;而是意谓着在一个语言游戏到另一个语言游戏的转换中,判准和选择(包括"随意的"选择)等概念就失去意义了。①

　　可见,虽然罗蒂与利奥塔在极力抛弃元叙事、消解意义的确定性等方面立场一致,但罗蒂所认为的"任何语言都可以被有能力使用另一种语言的人学会"②恰恰是利奥塔所反对的。在罗蒂那里,语言的意义并非依靠某种标准或随意决定而成,也不是呆在世界某处静待人们发现,而是在语言的具体使用实践中创造出来,取决于语言使用共同体的实践。因此,人们根本无须向内或向外寻找判定语言意义的标准,描述世界的语言也无孰优孰劣之分,共同体成员在共同实践中使用语言的具体方式早已将语言的意义视作理所当然,也只有在这个共同体网络中,人们才得以获取语言的意义,从而具备某些信念,取得某种共识并在此基础上展开统一的行动。人类的语言实践,即人际间的符号与声音的实际交换过程,在一定程度上帮助人类达成某种目的,也确保了"生活形式"在当代社会中的存续,为社会的顺利运行乃至进步提供基本保障。

　　值得注意的是,虽然维特根斯坦语言哲学思想与后现代主义存在关联,并在某种意义上成为后现代主义理论的出发点,比如"语言游戏"观对静态语言内在主义的摒弃深刻地影响了后现代主义对语言的看法,维氏对本质主义与基础主义的反对启发了后现代主义的思维方式,他对语法、规范问题的考察也的确在某种程度上为语用学提供了理论支持,但这并不意味着维氏是后现代主义者,也无助于证明他对语言学意义上的语用学以及语言的不确定性具有极大兴趣。

　　英国文学评论家伊格尔顿(Terry Eagleton)指出,维特根斯坦的论述似乎与"一些后现代偏见一致"(chime with certain postmodern prejudices),但"事实却并非如此"③。维氏主张从日常语言出发,在语言游戏中寻找确定性,以治疗因语言误用而导致的"哲学病",而并非旨在建立起一套不同于

---

①　罗蒂:《偶然、反讽与团结》,徐文瑞译,北京:商务印书馆2003年版,第15页。
②　罗蒂:《实用主义哲学》,林南译,上海:上海译文出版社2009年版,第176页。
③　Eagleton,T.*Culture*.New Haven and London:Yale University Press,2016,p. 45.

"现代主义"或"后现代主义"的全新哲学理论体系。后现代主义则通过破坏现有的文化传统秩序,来瓦解现代主义的思想基础,以彻底消解确定性与终结现代性,从而建构一种以否定传统、解构语言与拒斥理性为主要内容的新型哲学。可见,无论是做哲学的方式还是对哲学的理解,维氏与后现代主义之间均存在很大差异。

此外,"自然语言的不确定性"这一早期语用学的研究焦点并非维特根斯坦关注的重点,"语言游戏"观念对本质主义信仰的破除也并不意味着对确定性的否定。虽然"语言游戏"与维氏前期静态语言观的最大差异在于强调自然语言的动态性与开放性,但它更多地是以语言意义系统中"家族相似"的共通性而非"元素异质性"为基础内涵,因而在一定程度上延续的是《逻辑哲学论》语言逻辑原子论的基质。维氏在《最后的心理学哲学著作》中指出,人们不需要借用"心灵"之类的概念来辩护"某些结论的不确定性",因为恰恰是"这类确定性"解释了"心灵"语词的用法。[①]因此,我们没有充分理由将维特根斯坦视为极力消解确定性的后现代主义者。

利奥塔的后现代主义思想虽然富含深刻的洞见,如将语言视为"理念的对象",认为语言不仅"表达意义",也在其"表现的宇宙"之内"确定一个说话者、接受者和所指"[②],但是他将"语言游戏"简单地理解为语词的集合,进而直接把社会实践简化为纯粹的话语实践,完全忽略了维特根斯坦"语言游戏"概念中"行为"的重要作用。更关键的是,他未能看到维氏语言哲学思想的连续性,错误地认为维氏关注的是不确定性,因而主张纯粹用那些"异质"的"语言游戏"为依据来消解确定性、提倡多元性,却未能意识到基于实际使用活动的"语言游戏"作为语境与游戏者密切相关的耦合结构,并不能有效地为确定性的消解提供合理的支撑。

无论是学界部分学者提出的哲学的"实践转向"还是"后现代转向",均离不开语言的作用,因此,我们认为它们依然属于"语言转向"的范畴,随着各类语言游戏的发展与变化贯穿哲学研究的始终。维特根斯坦对确定性的不懈思考提醒人们,确定性与使用中的语言密切相关。虽然自然语言对世界的描述相当粗糙,生活中的语言游戏也形态多样,但是我们在直面这些不

---

① 维特根斯坦:《最后的哲学笔记(1950—1951)》,刘畅编译,北京:商务印书馆 2019 年版,第 49 页第 227 节。

② 利奥塔:《后现代性与公正游戏:利奥塔访谈、书信录》,谈瀛洲译,上海:上海人民出版社 2018 年版,第 148 页。

确定性时还应当意识到,局部的不确定性完全能够在实际语言使用与理解的整体活动中得以消解,作用在这些语言活动中的语言规则、"生活形式"等因素不仅体现了语言使用的规范性,更突显了人类行为的普遍性。一旦意识到这一点,我们就有可能更好地理解确定性。

第八章　理解确定性

第一节　维特根斯坦的确定性之路

人类在确信与怀疑的交替活动中认识世界与改造世界,并不断深化自身思想,希望在对确定性坚持不懈的追求中寻找安全感。近现代哲学试图诉诸意识以获得一种"绝对的"确定性,却未意识到人类实践中并不存在一种完全的确定性,意识也根本无法通达确定性,这在维特根斯坦为我们指明的确定性寻求之路中已经得到充分的证明。

维特根斯坦起初致力于探讨语言与世界的关系,后来开始关注语言的社会维度,聚焦语言的使用与意义的生成。在我们看来,维氏在思考确定性问题时始终秉持的语言视角为人们打开了认识世界、获取知识、体验生活与理解他者的新领域,也使他明显地区别于近现代众多哲学家。维特根斯坦指出,当我们为某一语词命名时,它便被赋予了语言游戏的一个角色,确认语言游戏里用以参照的"范型"(paradigm)关乎"语言游戏",涉及我们的"表现方式"(mode of representation)①。因此,"确定性"在维氏那里显示于人类世界的语言活动之中,是一种语言游戏的确定性,具体地表现为一种意义与理解的确定性。

可以说,维特根斯坦语言哲学中始终保持着"确定性"的问题意识,其确定性思想形成于《逻辑哲学论》时期,在《哲学研究》时期进一步发展,并于《论确定性》时期得到深化。维氏从前期对"绝对的"确定性,到后期乃至晚年时期的"合宜的"确定性与"内在的"确定性的循序渐进的追寻与思考,集中体现了其独特的意义观与理解观的发展变化。这一层层推进的确定性思想充分说明,确定性与语言密不可分,只有将语言与人们所处的"生活形式""世界图景"等紧密联系起来,在"语言游戏"的丰富实践中考察意义与展开理解,才能真正获取确定性,更好地认识世界与理解他人。纵观维特根斯坦对确定性的思考,我们发现以下两个特点。

第一,维特根斯坦对确定性的追求与思考贯穿其一生,不仅出现在其早

---

① 维特根斯坦:《哲学研究》,陈嘉映译,上海:上海人民出版社2005年版,第30页第50节。

期语言哲学思想中,也体现于其思想的后期与晚年时期,这三个时期的三部代表作无一例外地体现出维氏对确定性的不懈思考。虽然他在这三个阶段追求与思考的确定性有所不同,但它们的思想基础十分相似,即均与语言密切相关,并都延续了《逻辑哲学论》中的"可说"与"不可说"之分,突出了"确定性"的"不可说"。因此,这些思想并非一些恣意思绪,而具有连续性。

《逻辑哲学论》对语言的分析同时开启了维特根斯坦对确定性的考察。他将命题视为事实的逻辑图像,果断地用一条语言的界限把"可说"与"不可说"分隔开来。维氏这一时期的形而上学语言观决定了他对确定性的追求从根本上呈现为对一种理想化语言的"绝对的"确定性的追求。他所持的"语言与事实严格对应"的"图像论"观点,及其采用的将命题分解为严格逻辑形式的"逻辑分析"方法之所以无法完全澄清语词、命题的意义,归根结底在于完全将语言与世界同构,把客观世界视为意义的唯一决定者,过度关注语言外部形式,认为语言只能镜像式地描述事物,却忽视了人作为语言使用者在各类语言活动中的重要作用,以至于过于理想化地预设了意义的静止不变,将语言意义简化为用真假来表示。

维特根斯坦于1929年发表的《对逻辑形式的若干评论》直接导致其早期逻辑概念系统的解体。在对语言与哲学之间关系的重新探索中,维氏逐渐发现人们总是误以为好像必须描述某些"至精至极的东西"(extreme subtleties)①,却又觉得现有手段难以描述它们。这些精致的东西在某种意义上提供了"没有摩擦"的理想条件,但当人们对那些日常思考的事情多加留意时则会发现,自己实际使用的语言与上述理想化要求之间的冲突愈发地尖锐,大大阻碍了自身的实践。后来,维氏在剑桥向学生口述的《蓝皮书》和《棕皮书》讲义首次尝试引入"语言游戏"概念以探索"意义"问题,开启了对语言意义的全新认识阶段。

到了《哲学研究》时期,维特根斯坦发出"回到粗糙的地面上"(back to the rough ground)的呐喊,认为只有扭转整个考察的方向,即从近处考察日常语言的诸多细节,才能消除"这水晶般纯粹的先入之见"(preconception of crystalline purity)②。维氏在这一时期颠覆了《逻辑哲学论》中秉持的语言观,抛弃了一种基于科学主义的语言分析的数理逻辑方式,把注意力从理想语言中抽离出来,转而聚焦日常语言。《哲学研究》中提出的"语言游戏"概

---

① 维特根斯坦:《哲学研究》,陈嘉映译,上海:上海人民出版社2005年版,第54页第106节。
② 维特根斯坦:《哲学研究》,陈嘉映译,上海:上海人民出版社2005年版,第54页第106—108节。

念在呈现语言与世界密切关系的同时,还彰显了人本因素,突出了人在语言使用中的主导作用与人对语词意义的决定作用。"意义即使用"观、"遵守规则悖论"与"私人语言论证"也分别展示了维氏后期的意义观、规则观与理解观,共同构筑了维氏后期确定性思想,为人们指明了一条在日常实践与语言游戏中寻找确定性的道路。

维特根斯坦在《哲学研究》中回归自然语言,认为语言创造性地描述着整个世界。他细致地勾勒出各类日常语言游戏的具体语词使用,展现了语言使用的真实片段与语言用法的多样性。同时,他通过想象和重构某个日常语言场景,指出语言与世界并不存在本质结构,并批驳了西方近代传统认识论对一种绝对确定性的过度追求和对本质的强烈渴望。虽然维氏在《哲学研究》时期延续了对确定性的思考,但其语言意义观的转变也使他对确定性的理解发生了相应的变化。他这一阶段思考的确定性与日常实践密不可分,主要表现为人们共同获取的语词的确定意义,或人们在交往中实现的一致理解等。虽然这种以真实需要为核心的"合宜的"确定性并非绝对,但它对现实生活负责,足以满足日常交流的基本需求。

当然,除了对一种"合宜的"确定性的思考,《哲学研究》对规则的考察还体现了维特根斯坦对一种"内在的"确定性的关注,这为维氏晚年对这种确定性的深入考察作了充分铺垫。事实上,不仅是那些不确定的东西,被视作无可置疑的某些东西也给人们带来了极大的困扰,人们对其早已司空见惯,却往往浑然不觉。《论确定性》则揭开了这种确定性的神秘面纱,维特根斯坦在这部作品中具体探讨了达成一种"合宜的"确定性的坚固基础与根本原因——一种不容争辩的、能够被人们无条件接纳的"内在的"确定性,正是它确保了"合宜的"确定性最终得以实现。

实际上,《论确定性》展现的这种"内在的"确定性正是维特根斯坦语言哲学中确定性思想的精髓所在。一方面,《论确定性》延续了《哲学研究》考察确定性的语言视角与日常实践背景,通过对"怀疑""世界图景"和"枢轴命题"等语词与概念的分析以及它们与确定性之间关系的探讨引出对确定性的思考;另一方面,这部作品深化了《哲学研究》对确定性的考察,它通过大量示例的论证方式,借助隐喻等表达手段,将这种"内在的"确定性生动地呈现出来,凸显了它作为人类日常生活的思想基础与行为指南的重要价值。

部分学者尤其是后现代主义者倾向将维特根斯坦确定性思想与其语言哲学思想分隔开来,经常借用《哲学研究》的观点来表达对确定性的强烈反对,为其瓦解意义的基础做辩护,并因此认定维氏后期追求的是不确定性。

不可否认,《哲学研究》的确通过大量个体使用语言的实例展现出现实世界的多元样貌,彰显了语言游戏的多样性与意义的非唯一性,"家族相似"概念也因在一定程度上抹去了事物之间的边界,说明意义具有多种可能。然而通过对《哲学研究》的细致考察,我们不难发现,众多语言实例背后均蕴含着一种基于人类生活形式的、处于根基地位的确定性,是它决定了意义能够确定于语境之中,这正是维特根斯坦提醒人们要注意的。

此外,维特根斯坦对"遵守规则"的讨论帮助人们重新关注到共同体与意义的密切联系,他提出"家族相似"概念也不是为了凸显不确定性或否认确定性,而在于反驳本质主义。可见,《哲学研究》充分体现了维氏后期的"确定性"问题意识而非对不确定性的思考,这有力地反驳了部分后现代主义者对维氏确定性思想的极大误解。维氏晚年在《论确定性》中对确定性的深入探讨为进一步澄清这些误解提供了更为有力的证据,在《字条集》《心理学哲学笔记(1948—1950)》《最后的哲学笔记(1950—1951)》等维氏后期与晚年作品中也不乏确定性问题的身影。因此,只有将维特根斯坦确定性思想置于维氏语言哲学思想的发展全景中进行系统、动态的审视,才能如实把握其确定性思想的要义。

第二,语言是维特根斯坦思考确定性问题的切入点,因此维氏确定性思想深深地植根于他的语言意义观,并随着其意义观的变化而发生改变。通过耙梳维特根斯坦的意义观,我们对维氏确定性思想的来龙去脉有了更为清晰的认识。现将维特根斯坦的意义观与其确定性思想的变化、发展,以及两者的联系图示如下:

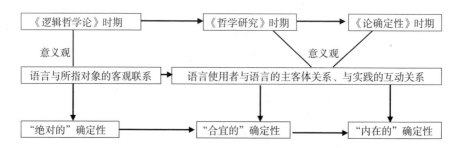

维特根斯坦确定性思想的发展轨迹在维氏语言意义观的变化过程中得到了充分展现。《逻辑哲学论》时期,维特根斯坦将语言表达视为几何学中的投影,关注的是语言的表层形式,因此他在这一时期追求的那种"绝对的"确定性基于一种由语词与对象关系决定的意义,即语词表层的客观意义,是一种较低层次的普遍的确定性。《哲学研究》时期,维氏对语言持开放的态度,他将语词置于对其的日常使用之中,聚焦语言使用者与语言之间的主客体联系,尤其留意人们平时使用语言的具体情况,关注人际之间的理解活动。这一时期,他更注重语言使用者在实际生活中对语言的真实需要,聚焦的是语词深层的"精神意义"与"社会意义"①,因此,他在这一阶段所思考的"合宜的"确定性是一种具体的确定性,决定语言意义的始终是人们置身其中的实践活动。《哲学研究》提及的以及《论确定性》重点考察的"内在的"确定性则进一步挖掘了处于语言的使用与理解活动之下、由"生活形式"等关键因素决定的意义与理解的基础。事实上,这种"内在的"确定性是一种超越文化、传统与价值多样性的普遍存在,也是"合宜的"确定性无可置疑的根基,决定了语词的客观意义、精神意义以及社会意义等。

维特根斯坦对确定性的思考层次分明,具体地呈现为一个由表及里、由浅入深的过程。在这漫长的思考过程中,他逐渐意识到人作为语言使用者在"语言游戏"中的主导地位,并回归对日常语言的考察,开始关注人类语言实践活动。这些思考也提醒人们,语词意义必须以人类的"生活形式"与"世界图景"为基础,根本无法凌驾于人类日常生活这一背景之上,也无法脱离对语言的实际使用。无论是一种"绝对的",还是"合宜的",抑或"内在的"确定性,都离不开语言,均无一例外地与语言的意义、使用与理解息息相关。

维特根斯坦借助语言视角,将意义与理解引入确定性问题,一方面指明了一条易于为人把握的语言进路,为人们理解确定性这一哲学问题提供了富有价值的洞见,开辟出解决哲学问题与开展哲学研究的语言分析新方法,催生了日常语言学派,深刻地影响着以奥斯汀、塞尔等为代表的语言哲学家;另一方面,维氏在思考确定性过程中发展出的这一新型语言意义观作为世界观与方法论指导,为语言研究打开了新的窗口,把人们引向语言的使用问题,促进了以语用学为代表的语言学几大领域的建立,并继续为语言学发展指引方向。

第二节　确定性的意义

维特根斯坦对确定性的持久思考无疑对理解确定性具有重要意义,为人们从语言视角把握确定性概念提供了现实路径。他在充盈着众多语言游

---

① 江怡:《维特根斯坦:一种后哲学的文化》,北京:社会科学文献出版社2002年版,第15页。我们认为"社会意义"也可以被称作"人际意义"。

戏的"不确定性"语境中重新思考确定性的尝试启迪我们,不仅需要对"确定性"这一概念保持敏感,还应该对其进行审慎思考。

那么当我们谈论"确定性"的时候,究竟在谈论些什么? 按照维特根斯坦的研究思路,我们似乎不应该试图为"确定性"下定义,以阐明"确定性"究竟是什么,而应该对它进行概念层面而非事实层面上的考察,即弄清"确定性"如何使用,也就是说,通过考察"确定性"在日常生活中的种种用法以及与其密切相关的各类说法来理解它,并从中认识到凝结在这些用法中的道理,尤其是人们对世界的认知、理解以及在世界中的行事方式。"确定性"与诸多概念一样,其意义显示在它的使用之中,在实际使用中得以确定并获得理解。这一概念在日常生活中的用法也决定了它不可能一成不变。

任何一个概念都沉淀着人类在历史长河中对世界的不懈思考与探索。"确定性"与心灵、意识、真理等概念类似,看不见摸不着,并非一个可以进行科学实验、细致观察与详尽解释的对象或专名,仅仅指望从字典释义中厘清其含义是不可能的。它并非完美无误、高深莫测的人类知识,也非事物本身固有的稳定无比的内在本质。同时,它既不代表绝对确定、纯粹精致的事物特性,也不属于笃定无比、毫不怀疑的精神状态。因此,"确定性"不是事物本身固有的根本特征,讨论其真假对错并无实际意义,但它并非无法把握。

首先,我们可以将确定性视为一种人类存在的基本状态,对人类生活必不可少。它并非隐而不显,而是现身于人的,是一种"面向人类"(human-bound)的"显示"。它显示于日常实践这一宏大背景之下,与人类的日常生活休戚相关,具体地表现为人类共有行为模式以及众多具有普遍性的实践活动等。凭借着这种"显示",人们得以在日常生活中安身立命,进而在日常实践活动中发挥主体性作用,人本因素在确定性中得到极大的彰显。同时,人类思维系统的认知活动与日常生活实践活动必须以确定性为基础。因此,从这个意义上说,确定性并非不确定性的反面,或作为一个与不确定性相对立的基本概念存在着,而是作为人类看待语词意义与参与语言游戏的一种基本态度,对人类的认识与理解活动起重要的制约作用。任何怀疑均要以确定性为基础,以确定性为标准来衡量,任何一个缺失确定性的情境都是不可想象的。

其次,确定性与语言密切相关,它作为一切语言游戏的基础,显示在语言的使用与理解等一系列语言实践活动中,由整个人类实践体系决定。虽然确定性并非由语言直接"说"出,但语言与行为是确定性显示的媒介,也是通达确定性的重要手段。具体而言,确定性显示在各类共同体系之中,尤其是以共同语言形式与相关行为模式构成的公共表达系统以及植根于人们共享的"生活形式"与"世界图景"的共同信念系统之中。无论是公共表达系统还是共同信念系统,均以相似或一致的"生活形式""世界图景"等为参照,在诸多语言游戏中为人们提供了共享意义空间。同时,它们也在以语言共同体为代表的诸多人类共同体空间中,在规则、法令、条例、规范等因素的调节作用之下,得到毫不犹豫的确信与接纳。确定性切实地指导人们在"综观"世界的过程中,将语言及其相关行为作为主要工具与媒介,在各类共同体中与其他成员一起进行语言游戏,开展认识世界、把握意义、理解自我与理解他者的一系列活动。

最后,语言深刻地影响着人类认知与思维,人类生活实践背景下的确定性其实就是语言游戏的确定性。我们可以将它分为两个层次。从表面上看,这种体现在语言游戏中的确定性呈现为一种具体的确定性,主要指语词意义表层的确定性,和各种语词与其所指对象关系所决定的客观表层意义有关,体现了语言与世界相互交织作用的一种外在的关系。

当然,这种确定性不等同于细致无误的逻辑确定性,也不意味着意义的唯一性。它需要由语言的实际使用决定,不断流变的日常实践促进语言游戏的发展与变化,也赋予确定性动态特征,使它具备了变化与活动的可能。因此,它并非精确无比,而是一种"行动中的确定性",将人类基本需求视为出发点,以满足认知、理解等具体生活实践的基本要求为宗旨,既受到现实生活的调节,又需要对自然事实负责,力图将现实世界毫无保留地展现出来。在这种确定性的协助下,人们得以在丰富的"不确定性"语境中较为确定地如实描述世界的原本面貌,并展开相对清晰的言说、交流与思考活动。

更值得注意的是,这种语词表层意义确定性之下还蕴含着一种深层的确定性。如果说语言表层意义的确定性更多地展示于"外向"的客观事实之中,直接满足了人类对世界的认知需求和社会生活的交流需要,那么这种深层的确定性则体现在始于"生活形式"的社会实践中,主要面向道德、文化、审美、信念等价值性事实。它作为语词表层意义确定性的基础,时刻调节着人类行为,从根本上决定并影响着人类认知与交流的基本需求,为社会生活的正常运转提供了稳固的保障。

这种深层的确定性以人们共享的"世界图景"为背景,超越了不同的文化、传统与价值群体,具有一定的普遍性,主要通过语言和与语言密切相关的行为等主要手段内化于人们心中,人们自然而然地将它接纳下来作为自身言行的准则与指南。从某种意义上说,这种深层确定性代表了"生活形式""世界图景"等共享之物,凝结着人类从长期社会生活中总结出来的理性思考与日常经验,文化传统、社会惯习与制度环境等因素必须通过它起作用。人们往往在这种确定性的指导作用下从事各类实践活动,进而在此基础上相对确定地描述自然事实,表达自身感受。不过这种确定性往往并非直接地表达出来,而是在人们对语言以及相关行为的日常使用与理解中,无声地显示着自身,导致很多时候人们对它熟视无睹。虽然它并非一成不变,但要从根本上改变它殊非易事。

因此,在思考确定性时,我们不应仅仅停留在语词表层的确定性,还应当由表及里,聚焦作用于语言生活实践中的这种深层的确定性。与表层的确定性相比,这种深层的确定性反映了一种语言与人融为一体的内在关系,展现了语言强大的社会性以及语言与人之间的互动关系。在这两个层次确定性的互动过程中,后者占主导性地位,潜移默化地影响着前者,并通过前者间接作用于人类实践;前者实际上从属于后者,不可避免地受到后者的塑造与约束。在两者的共同作用之下,围绕着认知、理解与交流等活动的人类日常实践得以顺利开展,人类各类认知需求、交流需要与价值诉求得到不同程度的满足。

如果我们对日常生活多加留意,近距离地观察日常语言,便会发现众多语言游戏其实正以"家族相似"的形式聚拢在一起,形成一个庞大的系统。各类语言游戏作为立于日常生活中的"参照物",通过"相似性与不相似性"①帮助人们领会语言的实际情形。如果处于这一系统之外,人们不仅无从得知事物的原本面貌,更无法领略丰富多彩的日常实践。事实上,现实生活并不存在着某种内隐于实践或高于实践的"本质",任何追求绝对本质的尝试均可能在日常实践之中最终化为泡影。语言与世界的真实面貌在日常实践中如实地呈现出来,等待着人们立足现实,以自身秉持的"生活形式"或"世界图景"为基础,通过参与日常生活的各类语言游戏去探索。确定性正作用于人们的一言一行,显示于诸多语言游戏之中。

虽然确定性并非人类理解的最终要求,但是努力认识与理解确定性,密切关注它在人类实践中的丰富显示,深入思考它在社会生活中发挥的关键作用,不仅有助于人类个体在纷繁复杂的生活实践中安身立命,也为多样化的传统、文化和价值在不同群体之间的沟通与交流带来重要启示。

第三节　确定性的现代启示

虽然确定性不是一种显而易见的自然事实,但对确定性的思考绝非一

---

① 　维特根斯坦:《哲学研究》,陈嘉映译,上海:上海人民出版社 2005 年版,第 59 页第130 节。

种凌驾于现实生活之上的空想。事实上,确定性切实地作用于日常生活实践,深刻地影响着人类的言行,无论从个体层面还是在群体领域,都给予我们诸多有益的启示。在个体层面上,确定性帮助人类个体逐步树立起对世界的最基本认知,使人们最终获得符合现实的正确认知,并得以在此基础上开展探索意义与理解他者的各类活动,满足了个体认识世界和理解活动的基本认知需求("知之")与实践需要("行之")。就群体领域而言,确定性在人类个体与社会群体之间发挥的中介作用将两者自然地连接起来,帮助个体从以自我为中心建立对世界、自我与他者的认知与理解,顺利过渡到主动融入社会群体并获取符合规范的合理认知与共同意向,进而在群体日常交往实践中客观、理性地对待多样的文化、价值、信仰、传统与制序等,确保了不同社群与共同体乃至文明体之间交往的有效开展,促进了国家之间的健康互动以及国际关系的平稳发展。

　　因此,对确定性的关注与思考在个体和社群的认知与理解活动中必不可少。从人类个体认知世界的基本活动,到个体把握意义、理解他者的活动,直至群体间的理解与交往活动,充分体现了一个从个体拓展到群体的连续统。确定性在这一连续统中发挥着至关重要的作用,对深刻理解个体的认识世界、理解活动乃至群体间的理解与交往活动意义重大。

一、确定性与认识世界

　　如果说传统认识论对普遍性的渴望以及维特根斯坦前期对绝对确定性的追求表达了人们对事物所固有的、必然的某种纯粹"本质"的无限向往,体现出一种典型的本质主义,那么维氏后期对一种并非绝对的合适的确定性的思考,则将这种本质主义倾向束之高阁。部分学者鉴于维氏对本质的抛弃,还将其思想和怀疑主义画上等号。克里普克把维特根斯坦"遵守规则悖论"的解决方案称作一种"新形式的哲学怀疑主义"(a new form of philosophical skepticism)[1],马尔科姆比较了维氏的"确定性"与笛卡尔的"形而上学确定性",指出前者具有一种形式上的"怀疑主义"[2]。那么停止探求事物本质,坚决拒斥本质主义,是否会令人再次迷失方向、重新陷入焦虑与迷惘呢?

　　事实上,否定绝对本质的这种做法并非一味强调世界的无序性与不确

---

[1]　Kripke, S. *Wittgenstein on Rules and Private Language*. Cambridge: Harvard University Press, 1982, p. 7.

[2]　Malcolm, N. Wittgenstein's 'Scepticism' in *On Certainty*. *Inquiry*, 1988, 31(3), pp. 277–293.

定性,也不会使人们重新迷失于这个混乱的世界中,它其实打开了认识世界与理解世界的另一扇门。拒斥或否定绝对本质并不必然导致那种质疑一切的怀疑主义,也不必然催生那种主张人类与世界的存在毫无意义的虚无主义。虽然怀疑主义与虚无主义均否认人类与世界的存在具有本质,但这两者用以理解语言和认识世界的方式不是过度怀疑,就是一味地将各类存在视为虚无,对真正认识人类自身所处的这个世界毫无裨益,也使任何具备理智的人无法开展活动。最终,这个世界只可能呈现出一派无序、失衡的乱象,人与人之间也将无法沟通,形同陌路,谈确定性的达成更是痴人说梦。不可否认,怀疑主义出于追求真理与确定性的目的,对人类重新把握语言、认识世界以及理解自我与他者具有一定的积极作用,并在挑战旧有理论与打破古老封闭观念的同时,提醒人们注意到其可能蕴含的错误前提。然而那种"怀疑一切"的怀疑主义由于缺乏合理的怀疑尺度,助长了一种"不负责任的态度"①,完全不合逻辑,不仅毫无建设性可言,还具有巨大的破坏性。可见,追求与思考确定性既不等于支持本质主义,也不意味着拥抱怀疑主义与虚无主义。

在认识世界的过程中,人始终占据主体地位,因此,无论对于儿童还是成人来说,掌握怀疑的尺度,具备一种相信的能力,即"学会相信"尤为重要,这是开展认识世界活动的基本前提。

对于心智尚未健全的儿童而言,"学会相信"是他们认识世界的一种纯本能、非理性的开端,只有具备了这一人类基本意识的开端,他们才能够以确定性为基础,不断学习、积累、吸收大量知识,发展自身的认知。在学会相信的过程中,儿童必须抛弃怀疑主义者的那种过度怀疑,才能够在这种确定性的稳固基础上真正学会语言游戏,进行有效、得体的交流,这也为在今后实践中发展遵守规则的能力做好了准备。当然,儿童也必须面临一系列挑战,比如需要学会"怎样提问题"②,判断消息来源是否可靠,甄别成人究竟是在严肃地交谈还是在说笑或讲故事,根据他们所获得的确定性或信念开展行动等。③ 一旦孩子们克服了这些困难,获得"学会相信"的能力之后,便

---

① 霍纳等:《哲学的邀请》,顾肃、刘雪梅译,上海:上海译文出版社 2014 年版,第 112 页。

② 维特根斯坦:《论确实性》,张金言译,桂林:广西师范大学出版社 2002 年版,第 49 页第 315 节。

③ Ariso 基于维特根斯坦的《论确实性》,提出儿童在获取世界图景的过程中需要面临上述四个挑战,见 Ariso, J. M. Learning to Believe: Challenges in Children's Acquisition of a World-Picture in Wittgenstein's *On Certainty*. *Studies in Philosophy and Education*, 2015, 34(3), pp. 319-322。

能够将语言作为自我探索世界的通道,逐渐从被动地接受教导到积极主动地参加言语交流,并在不断的认识和调整过程中形成对世界更清晰的认知。同时,充满了语言游戏的社会实践也通过一系列基于身体和大脑的感知、体验、加工和认识活动,反过来影响着他们对语言的理解,对其语言使用能力的发展起重要作用。

儿童的成长与生活随着他们对言语符号系统具备了最初理解,比如说出第一个单词或第一句话,开始发生一个"真正的革命","他的全部人格的和理智的生活都采取了全新的姿态",①每个正常儿童的生活都不可避免地会产生这些变化。儿童通常很容易相信成人严肃认真地对他们说过的话,因此大部分情况下,他们主要通过"相信成年人"来学习。②

无论是语言的获得还是发展阶段,儿童都离不开成人的教导以及与成人的接触与交流,此时的"学会相信"主要体现在对成人及其话语的无条件信任。在语言的获得阶段,儿童主要在实践活动中习得语言,逐步建立起对母语的基本认识,并在成人指导下通过合适的训练、重复与解释等活动掌握语言。他们最早的语言使用体现在运用简单语言来表征世界,并在此基础上逐步建立起对客观实在的基本认知,而这些对外界的根本认知也决定了其语言习得能力和使用能力的发展。到了语言发展阶段,他们的语言能力随着身体发育与心智发展不断提高,能够灵活地使用语言符号创造性地构建意义,开始学会组织语词、扩展用法、编排语句与构建命题,不仅可以相对精确地描述客观世界,还能较为细致地表达主观世界,并学会理解成人的语言。儿童长大成人之后,语言能力日益成熟,具备了更强的社会性理解能力与认知能力,能够使用复杂多样的语言来认识世界与表达思想,完全可以胜任日常语言交流,并得以继续在丰富的语言游戏过程中主动参与人类生活,获取复杂的生活形式,与他者达成一致判断、共享生活形式,这些生活形式和一致判断等作为成人需要"相信"的东西,借由惯习、文化、传统等线索流传下来。此外,人类进化过程自发形成了不同的语言结构,在不断促进语言完善与发展的同时,也对人类本身及社会发展具有深刻影响。

这一从低到高的、漫长的学习与认知过程贯穿了人类一生,从懵懂的儿童时期一直持续到理性的成人阶段,具有明显的连续性。因此,"学会相信"不仅对儿童成长必不可少,对成人的发展同样重要。

---

① 卡西尔:《人论》,甘阳译,上海:上海译文出版社2004年版,第183页。
② 维特根斯坦:《论确实性》,张金言译,桂林:广西师范大学出版社2002年版,第28页第160节。

成人作为复杂的符号交流者与成熟的理性思考者,依然需要通过相信一些东西来开展正常的社会生活。与儿童相比,成人逐渐进入意识生活的高级状态,通过长期的各类言语交流活动,客观世界在成人那里也具备了一定的样态,从某种程度上说,成人已经完全具备"学会相信"的能力。然而如今人类的公共生活过于强调差异与不确定性,导致社会权力结构的失衡,影响人类社会文化生活的稳定,许多人也因此不再关注确定性,或不再选择相信一些事情。但事实上,实践生活的不确定性依然需要建立在传统、文化、惯习等因素的基础上,成人对他人或世界的质疑均不可避免地要与这些确定因素打交道,在验证某些东西之前,必须事先预设一些不需要验证的确定之物。

以"传统"为例。传统不仅指某一文化固化积累下来的知识、人们继承下来的思想观念等,还涉及人们对经典思想的吸收和文化观念的领悟,以及理解语言、理解他人的态度方法等。虽然传统常常被当作"过去"的东西,但其实它一直在历史的变迁中积极活动,且只可存在于"经常的变化"①中,既捍卫着也改变着既存事物。人类世代相传的精神传统蕴含的思想观念也具有一定的开放性,当传统触及日常实践与人类生活形式时,便有可能从"过去"的东西变成立足当下甚至面向未来的东西。

当然,我们应当意识到,正如人们无法"选择自己的祖先",传统也并非某人愿意时即可"捡起来的一根线"②。它通常被人们视为自己的源头,并作为一种知识来源,为人类达成共识提供了稳定的基础。人类时时刻刻置身于传统之中,无论是切实意识到传统的存在,还是"狂妄地"认为自己可以"不从任何前提开始"③,均无法改变传统对人类及其理解的重大影响。语言生命的实现与传统不可分离,倘若传统缺席,我们也无法形成如今的视域。可见,对传统的信任与传承既是人类认识世界的一种重要形式,在某种意义上也是认识世界活动的一个基本前提。

实际上,强调不确定性与差异并不仅意味着承认与接纳不确定性,还在某种程度上代表了对确定性的无条件认同,人们正是以确定性为个人或社会生活的可行基础,并在此基础上发现与判断不确定性。从某种程度上说,对事实的确认不仅是一种"判断方式",也是一种"行为方式"。在日常生活

---

① 伽达默尔:《诠释学Ⅱ:真理与方法》,洪汉鼎译,北京:商务印书馆2010年版,第334页。
② 维特根斯坦:《文化和价值》(修订本),许志强译,杭州:浙江大学出版社2020年版,第166页。
③ 伽达默尔、杜特:《解释学、美学、实践哲学——伽达默尔与杜特对谈录》,金惠敏译,北京:商务印书馆2007年版,第15—16页。

中,人们之所以无须时刻审视自身某一行事过程中的每一步,就在于他们已经将作用其中的习俗、规则等赋予生活的确定性内化于心,将其视为自身行为的基础,因此,我们不应该对确定性视而不见,而应当像维特根斯坦那样,"满足于承认许多事情"(content to accept many things),知识最终也是建立在"承认"(acknowledgement)的基础上。① 人正是以已知事物为起点来学习新知、认识世界、理解他人。

当然,追求确定性绝不意味着放弃批判精神,批判精神不仅有助于人们对知识与现实进行无畏的质疑与探索,还能促进个人的发展、新知的产生与社会的进步。但是我们必须意识到,批判性活动并非简单的质疑与否定,它依旧尊重理性、真理与确定性,并以规则、证据、经验等为基础,只有对各方理由与观点进行综合考察之后才能形成具有充分理由支撑的合理判断。可见,批判与质疑依然离不开确定性。

对儿童来说,无休止地质疑一些基本存在或无限制地追问理由将会使他们陷入一个不可知的世界,他们也不可能在这个世界中学会语言游戏。人是社会动物,很少有人会否认自己的所知与所学均来源于自己成长的文化与社会之中,因此,于成人而言,对现实的质疑也必须建立在确定性的基础上,不可避免地要与人类共享的生活形式、传统文化等打交道。人类的社会化或文化适应过程不仅包括持续性的知识积累,还包括与他人共享众多具有确定性的东西,而这些东西并非简单地产生于诉诸某类权威,而是出自人类长期群体生活中的共享因素。

如果不承认确定性的存在,人类根本不会拥有语言,没有语言,更谈不上人类的真实存在。如果无法"学会相信",仅强调社会生活的差异与不确定性,人类也将无法清楚地认识这个世界,更谈不上立足于社会,在生活中正常行事。

二、确定性与理解活动

追求确定性并非追求绝对本质,也不意味着否定变化与不确定性。世界的原本面貌通过各类"语言游戏"展示出来,经济、文化、科技尤其是互联网的迅猛发展催生了大量新型的"语言游戏"。这意味着在当今社会,人们不可能参加单一的"语言游戏",而是参与语言与各种活动交织而成的诸多"语言游戏",并在这一过程中遵守不同的游戏规则,语言在实际生活中的

---

① 维特根斯坦:《论确实性》,张金言译,桂林:广西师范大学出版社 2002 年版,第 53 页第 344 节,第 59 页第 378 节。

用法也呈现出多样性。因此,意义作为语言的核心,已不再是某种固定不变的自在之物,意义的生成也被视为一种动态的过程。

但是我们也注意到,自然语言中普遍存在的不确定事实使人们常常忽略了那些具有确定性的东西。实际上,语言游戏虽然多种多样,但它们均通过"相似关系"和"所属关系"相互关联,还与人们的"非语言行为""实践"以及"世界中的事物"关联着①。世界上诸多基本元素之间均具有这样或那样的联系,它们依靠这些联系共同组成具体的事实,进而建构起庞大的现实世界。维特根斯坦在描述建筑者的语言游戏中,就将建筑者 A 与其助手 B 使用的语词与建筑过程中需要的"方石""柱石""板石"和"条石"等各种石料以及传递石料的建筑行为联系起来②。因此,语词的使用并非特指语词在某一具有确定所指的具体情境中的应用,而是指人们使用语词时,在规则、生活形式等诸多因素的作用下,通过排除、缩小、延伸或扩大等定位手段,在生活实践这一多维网络中将语词较为稳定的意义确定下来。

语言是人类与动物的最大区别,它处于人与世界、人与人之间的相互交流过程中,引导着人类对自身以及他者的认识,只有借助语言才能真正参与到生活实践中去。研究语言必须要与人打交道,要关注人的境况,尤其不可忽视人在语言游戏中的关键作用。人的主体性作用将语言与世界紧密连接起来,使语言、人与世界共同构成三位一体。同时,只有通过与社会其他个体的互动或语言共享,我们才能够获得关于世界的观点并进而达成对世界与他人的理解。可见,人类在认知与理解活动过程中始终处于主体地位,不仅能够在认识世界的活动中逐步建立起对现实世界的基本认知,还不可避免地被卷入到一系列理解活动中去,以语言为主要工具表达对现实世界与他人的认识与理解。因此,我们在聚焦意义生成的同时,还应当关注以探索意义为目的的"理解"问题。

理解是日常生活实践的关键环节,一切理解活动均充分体现了人、语言与现实世界之间的互动关系。虽然任何理解活动均不可能达成完全的一致,但它们必须要以人类身体系统为共享生理基础,这决定了人类基本认知的普遍性,也为各类理解活动做好了物质准备。更重要的是,各类理解活动并非纯粹主观的人类行为,也无法随心所欲,而必须受到人类所使用的语言以及"世界图景"、传统、习俗等各类因素的限制与制约。一种有效的理解不仅意在消除误解,更重在达成认同、获得共识。从某种程度上说,理解来

---

① 斯鲁格:《维特根斯坦》,张学广译,北京:北京出版社 2015 年版,第 237 页。

② 维特根斯坦:《哲学研究》,陈嘉映译,上海:上海人民出版社 2005 年版,第 4 页第 2 节。

源于"世界图景"的融合。

让我们从理解文本开始谈起。事实上,理解文本的过程充分反映了人与文本之间的密切互动关系。一方面,人们需要主动地接近语词、文本事实,通过语言展开理解;另一方面,在这一过程中,人们并非通过不同的方式来阐释与理解文本,而是文本结构与文本信息向人们显示着意义。

以文学作品这类特殊文本为例。文学文本不仅包含直接意指系统,表达直接经验,还存在着基于文化传统的含蓄意指内容,展现天然情感,这意味着众多基于生活又高于生活的文学作品中存在着"只可意会,不可言传"之处。中国古诗词是中国传统意象思维的典型体现,它们大多由写景与抒情两部分组成,注重融情于景,常常在描写世间物象的过程中融入丰沛的情感,营造出或安宁静谧,或悠远绵长,或慷慨激昂,或悲凉落寞的不同氛围。杜牧《山行》中的"远上寒山石径斜,白云生处有人家",王维《鸟鸣涧》中的"月出惊山鸟,时鸣春涧中",以及苏轼《夜泛西湖》中的"渐见灯明出远寺,更待月黑看湖光"等温婉含蓄的古诗词,生动地呈现出山、石、云、月、鸟、灯、湖等众多景物,激发起读者丰富的情思,将他们召唤进入诗人用语词精心构建出的审美场景。但值得注意的是,这些由语词构成的图景固然能够清晰地映射于读者心中,而诗人要传递的意境,即将现实与情感巧妙融合起来的一种亦真亦幻的艺术境界,却非用三言两语就能轻易地概括出来。只有在仔细研读诗歌本体的基础上,试图去体验、联想并感受那些与诗歌融为一体、显示其中的情境与情感,不断通过对意境的思考、想象与补充,切实参与到与诗歌的互动之中,才能真正领会蕴含于诗歌直接意指系统的深刻内涵,体悟诗歌所要传递的广阔意境,品味景物与情感共同作用生成的无言之美。

如果说中国文学传统偏爱含蓄的留白之美,那么西方文学则更为崇尚神秘的想象之美。艾米莉·勃朗特在《呼啸山庄》中所描绘的约克郡荒野宏大场面与该小说故事情节的巧妙融合,狄更斯在揭示19世纪英国社会人情冷暖时所展现出的强烈感染力,以及弥漫在爱伦·坡神秘小说字里行间的超现实恐怖,均为读者在精神与心理层面上感受到的愤懑、恐慌与畏惧提供了充分的想象空间。此外,各类文学作品中人物的细腻情感也常常由于与读者自身主观体验密切相关,因各人不同的个体经验、经历、性格、情感等因素而异,无法通过精确的语词清晰、直观地传递给读者而被认为"不可言传"。

然而"不可言传"绝不意味着不可理解。虽然不同的国家和民族均存在不同的"世界图景",但正是"世界图景"的基础性与确定性决定了不同国家与民族出产的文学著作与文艺作品可能共同关注人性、自然、情感等主题,因而可以为人们共享与理解,成为人类宝贵的精神财富。如果没有"世界图景"为基础,人们将无法理解任何东西。若一味强调"不可言传",众多世界文学经典作为人类历史、文化与思想瑰宝的深刻意义与巨大价值就会被一笔勾销,人类也将丧失进一步丰富与完善自身生活的宝贵机会。个体囿于主观体验、生活形式与成长背景等,可能会对同一部作品所要传递的丰富意境产生不同的感受与认知,但这无法否认对其意境达成一致的可能性,同一部作品完全可能激发不同个体间的深度情感认同。

优秀的文学作品不但可以将各类景物描绘得淋漓尽致,人物形象勾勒得惟妙惟肖,人物性格刻画得入木三分,其试图传递的意境与人物的喜怒哀乐等情感也尽显于文本丰富生动的语言表达之中。这些意境与情感正是在人类共享的"世界图景"或"生活形式"的作用下,受到特定的习俗、传统、文化与规则等客观因素以及围绕着理解活动的周边情况诸条件的制约,促使读者产生强烈的共鸣。文本理解活动纵然不能完全排除某种主观的心理体验,但是这些内在心灵体验根本无法赋予文本任何意义,因而不能成为理解文本的基本判定依据。对意义的解读和对文本的理解因人而异,一千个读者就有一千个哈姆雷特,但是这一人物的共有身份——"哈姆雷特",即人们于日常实践中达成的共同认知,切实决定着一致理解的实现。

对文本的阐释和理解与人类的"生活形式"紧密相连。世界上存在的诸多不确定因素,如各类语言、文化与传统赋予人类的不同思维方式,决定了人类不可能统一于单一的生活形式之中,也无法完全综览或掌握所有的生活形式,从这个意义上说,文本意义存在着无限可能。但值得注意的是,基因赋予人类的一些共同生物性特征,以及源自生活实践的语言表达所凝聚的逻辑相通性,塑造并彰显了人类相似的思维方式、行为共性、基本规范与共同态度,成为人类认知与理解活动的基本前提,决定了不同文化、民族与语言人群相互理解的可能性。比如人类看待食物的态度就反映了人们的共同抱负,即想要过"健康、自然、返璞归真的日子","与家人和文化水乳交融"①。虽然人类个体的性格不尽相同,描述负面事件的手段各有差异,思考问题的方式也大相径庭,但这些区别均体现出人类基本的相似性,如倾向于发现"生活中发生的好事"②,崇尚积极、乐观的生活态度等。不同个体有

---

① 任韶堂:《食物语言学》,王琳淳译,上海:上海文艺出版社 2017 年版,第198 页。
② 任韶堂:《食物语言学》,王琳淳译,上海:上海文艺出版社 2017 年版,第116 页。

着对真善美的共同追求,审美趣味在不同个体之间也存在共通性,如中西方文化共同崇尚的"和谐之美",应该也属于人类作为世间存在的最基本"生活形式"。源自生物自然属性的人类独有的感知能力,也在一定程度上为兼具理智与情感的人类突破个体经验世界的局限,在相似的认知经验活动中达成共同认识、获取相似体会提供了保障。人类各种世界观在语言游戏中通过相似的网络相互连接,构成共享的生活形式,与生理层面的感知能力一同成为意义生成与理解的基础,这不仅可能使人们在文本理解上产生趋同,令文本理解具有确定性,也为理解他者创设了重要前提。

让我们看看另一类重要的理解活动——对他者的理解。如果说文本理解活动展示了人与文本之间的互动,那么日常生活中对他者的理解则淋漓尽致地体现了人际之间的互动关系。

以理解疼痛或创伤为例。一名即将临盆的孕妇表情扭曲、满头大汗地对丈夫喊出"好痛"时,未必会相信丈夫能够对自己正在经历的痛苦感同身受。当没有生育经历的人向她询问分娩感受时,即便她告之以"分娩的疼痛相当于 20 根骨头同时折断",她也未必认为他人能够真正理解自己分娩时遭受的疼痛。持以下观点的人在现实生活中不在少数,即认为"疼痛"是个体内部的主观感受,无法像体温与血压一样,用一种叫疼痛计的仪器精确地测量出来,因而不可言传,他人也无法获得与疼痛者一模一样的感觉。同样,精神层面上的感受也可能由于个体之间的巨大差异,导致产生"自己对他人的悲欢离合无法感同身受"这种想法。当痛失亲人者在接受朋友的"我也深感悲痛"的安慰时,未必会相信他人能够切实感受与体会自己的丧亲之痛。

许多人并没有交通意外事故或目睹至亲离去的亲身体验,因此无法百分之百地明确"他者"因被车撞伤感到的疼痛或目睹至亲离去遭受到的创伤,但是这些疼痛与创伤并非不可知,也并非不可理解。事实上,对他者感受与情感的"感同身受"由于发生于人类共享感官系统而具备一定的共通性。正如维特根斯坦所言,"一个人有心灵,就必定能够疼痛、喜悦、悲伤等"。① 更重要的是,人们能够通过语言性表达以及如感觉、体态、行为等语言之外的以公共形式呈现的各类外在表现,意识到这些疼痛或创伤的存在,并达成某种"意会"。人们在日常生活中的一举一动、一颦一笑甚至缄默不

---

① 维特根斯坦:《最后的哲学笔记(1950—1951)》,刘畅编译,北京:商务印书馆 2019 年版,第 54 页第 257 节。

语,既可能换来会意的微笑,也可能招致怒目而视。所有这些表达方式均充分展现出人们对无法用语言精确表达的事物所取得的共同理解或一致误解。微笑、点头、皱眉等大众耳熟能详的身势体态虽属非言语形式,但它们被大众接纳并得到公共遵守这一事实便体现了一种确定性。各类感受或情感在这些具有确定性的公共形式的"在场"中显示出来,为确定性的达成创造了条件。

尽管他者的疼痛或创伤表面上看似"不可言传",人们对其达成的最终理解也未必准确无误,但这并不意味着理解活动以失败告终。即使我向你点头示意,你却横眉冷对,也不能否认两者之间可能产生的误解在某种意义上也是一种沟通,或许是一种不良的沟通。过分强调理解的不确定性,容易无视理解过程中切实存在的确定性因素。这类忽视的缘起一方面在于将某种主观的心灵体验视为理解他者疼痛的决定因素,另一方面则在于过分依赖语言本体在理解过程中的作用,导致未能注意到语言的实际使用切实地向人们显示的东西。语言的确能够以最大的确定性来表达事物,但必须看到,依然有许多内容无法用语言直接表达出来,而语言之外的其他一些方式同样能够确保理解确定性的顺利达成。疼痛的语言表达固然是理解他者疼痛的一类重要依据,但在许多情况下,疼痛倾听者基于对疼痛言说者外在行为表现的判断而主动采取的后续行为或表现出的后续反应,同样是判定一个人是否真正理解他者之痛的标准。

与认识世界一样,无论是理解语言、文本还是他者均为人类特有的认知过程,同样离不开人的主体作用。人类身体奠定了理解活动得以开展的物质基础,在生理层面实现了理解与交流的可能性,由各类语言游戏组成的社会实践则为理解活动提供了舞台,语言成为个体接近与理解他者的最便捷手段,而作用于其中的生活形式在文化心理层面保障了理解活动的顺利开展。维特根斯坦将个体视为语言游戏的"自然起点",而非"实际支点"①。这意味着虽然个人可能通过自身体验来判断"冷热酸甜"等感觉语词的意义,个体在文本理解活动中也可能起某种决定作用,但是语言游戏必须在人际之间展开这一事实,决定了任何理解活动必须以语词的公共意义为基础,对语词的使用与对文本的理解也不可避免地受到人类共享生活形式的制约。对他者的理解更要取决于社会各类共同体成员的行为共性或共同实践模式,而无法脱离共同体在个体内孤立地进行。人类个体首先活在"关于

---

① 张学广:《保持群体与个体之间的协调关系——马克思与维特根斯坦社会价值观比较》,《人文杂志》2019 年第 2 期。

他人的经验"而非"关于物的意识"①里,每一个体都需要他者,只有在与他者的接触中,个体才能切实感知自身的存在并展开深刻反思。

"疼痛"不是一种脱离个体的客观状态,只有把关注的焦点从孤立的"疼痛"状态本身转移到疼痛主体——人身上,将个体置于社会群体之中,重新审视人在社会生活中的主体意义,才能真正理解他者的"疼痛"。期望对他者之"疼"完全感同身受是不切实际的,但是人们完全可以在实践中以"生活形式"为基础,参考他者的疼痛语言表达或外在行为表现,并结合自身经历展开想象,最终对他者的疼痛与创伤产生较为一致的认知。这种想象并非"他者之痛"的镜像,不是设想我与他者之间建立的某种关联使我与他者因同处一处而感受到相同的疼痛,而是意味着对这些显示于个体之中的公共表达方式的意义阅读,通常以交叉的生活世界、共享的表达体系、相似的文化背景与重叠的思想观念等人类生活的"意义共享域"为基础和参照,这使"他者之痛"得以经由疼痛表达等外在形式供人们判断,并最终变得透明可及。人们通过这一过程对他者的疼痛与创伤达成一致的认知与理解,这对于疼痛与创伤的治疗与愈合极为重要。

从某个角度看,疼痛与创伤使疼痛者与受创者偏离了他们原先的生活形式系统,而一种深层的"内在的"确定性将人们紧密地联系在一起,因此,基于这种确定性的沟通与理解必将帮助他们回到生活的正常轨道中,重新建立起与他人的联系。这种确定性来自人们共享的生活形式,这种基于确定性的交流也正是医生与心理咨询师工作中的关键环节。那些持"私人语言"观点即认为疼痛与创伤是完全私人因而无法得到沟通的疼痛者与受创者,对人们身处其中的生活形式以及无条件共同遵守的社会规范、语言规则等视而不见,最终只能沉浸在自身的疼痛与创伤中无法自拔。

现代社会充满了多元话语,各类语言游戏与语言规则也不断地发生变化,这就需要我们重新思考意义问题以及语言与现实的关系,不能将语言与现实割裂开来。我们对确定性的思考并未否认任何不确定因素,语言游戏的多样性与人类行为的不可预测也充分展示了不确定性的存在,但是必须承认,不确定性的事实中依然存在确定的因素,无论是意义还是理解都是有章可循的。人类开展的任何一种意义活动都是公开可见的,具有群体共享的社会属性,人类对于各类事物的体验与理解也存在相通之处。各种分歧、

---

① 梅洛-庞蒂:《知觉的世界:论哲学、文学与艺术》,王士盛、周子悦译,南京:江苏人民出版社 2019 年版,第 65 页。

异议经常阻碍理解一致性的达成,人类行为也未必遵循统一的模式,但所有这些不一致都需要"内在地依附于一致性"(inherent even to the idea of a-greement)①。理解的目的虽然并非完全趋同,但依然要受制于生活形式等因素。每一个体的社会处境与身体状况固然存在诸多差异,但他人在自身行为与相互关系中显示出的"同一种光芒"(étincelle)②使他们得到承认,也使"我们"与"他者"同处于一个命运共同体中。

事实上,无论是"确定性"还是"不确定性",均需参照那些在日常实践中起重要作用的稳定的思想观念、文化传统与生活方式,这些因素作为人类体验事物、认识世界与理解他者的基本框架,成为理解的基础。虽然这个基础可能发生变化,但缺少了它们,人们将无法理解世间的一切。在确定性与不确定性两者之间既对立又统一的辩证关系的动态作用下,语词意义达成一种合理的平衡,对语词的理解得到持续的拓展,人际交往过程中也不断达成一致的理解,使人们得以在此基础上顺利地开展各项实践。

各类理解活动充分体现了人的主体地位,而作用于理解中的确定性也反过来对人的认知、表达与理解活动施加了一定限制,决定了理解活动的结果。可见,对确定性的尊重与承认是理解语词意义与达成一致理解的基本前提。人们对语言的信任并不意味着他们将某人的言语视为理所当然,而在于他们坚定不移地认为通过语言可以获得并发现"意义的各种可能性"(possibilities of meaning)③。对意义的无穷探索展示了人类探索自身的努力,各种理解活动也帮助人们逐渐认识自我、体认他者与理解世界,正是通过对意义的探索与对理解的不懈尝试,人类文化逐渐丰富、发展、壮大起来。

三、确定性与文化价值

人类在社会生活实践中开展多种多样的语言游戏,如果说确定性就是"语言游戏"的确定性,那么它不仅关乎语言问题,还涉及"生活形式""世界图景"等更深层的基础。因此,理解确定性并意识到确定性的重要性不仅对认识世界与理解活动具有重要意义,还能够促进视野的转换,帮助人们从

---

① Laugier, S. This Is Us: Wittgenstein and the Social. *Philosophical Investigations*, 2018, 41(2), p. 215.

② 梅洛-庞蒂:《知觉的世界:论哲学、文学与艺术》,王士盛、周子悦译,南京:江苏人民出版社 2019 年版,第 69 页。

③ Balaska, M. Wittgenstein and Diamond on Meaning and Experience: From Groundlessness to Creativity. In S. S. Grève & J. Mácha. (eds.). *Wittgenstein and the Creativity of Language*. New York: Palgrave Macmillan, 2016, p. 231.

个体的微观层面入手,逐渐过渡到人际或群体之间,进而在更为宏观的社会层面上来思考与理解现实,这也为我们合理、客观地对待与理解各类文化价值观提供了重要启示。

虽然"文化"这一概念于人们而言,如同一个"熟悉的陌生人",但不难发现,对"文化"的各类个性化阐释均强调了文化的实践性。卡西尔将"文化"称为"人不断自我解放的历程"①,认为人类只有在创造文化的活动中才能获得真正的自由,成为真正意义上的人,艾略特(T.S.Eliot)认为"文化"包含"一个民族一切典型的活动及爱好"②。伊格尔顿则在《论文化》(Culture)一书中指出"文化"(culture)这一复杂词汇所具有的四种主要含义,其中第三点,即"人们赖以生存的价值、习俗、信仰以及象征实践(symbolic practice)"③,和日常生活息息相关,与"习惯"或维特根斯坦所说的"被给予"的"生活形式"类似,作为人们行事的基础,其本身并无理性和逻辑可言。最早源于《易经·贲·彖》的"文化"这一汉语词汇也昭示着文化是人类实践的产物,任何文化不可能违背变化的社会事实,完全脱离丰富的社会关系而诞生于社会真空之中。

同时,文化也呈现出明显的集体性特征。首先,文化代表了人类群体生活的社会事实,是一种以人类心智认知能力为基础并完全由人类集体创造而成的意义共同体,在意义的使用中体现着人类整体作为文化价值活跃主体的能动作用。其次,文化作为一种日常生活方式时时为人类所用,凭借一种人们习以为常的确定性指导和调节着社会生活,对个体行为与群体实践产生关键影响,帮助人类在创造与传承文化的过程中不断更新对自身与外物的认知与理解。用维特根斯坦的话来说,文化如同"给每个成员分配位置"的"大型机构"(great organization)④,标志着人们的集体身份与民族属性,帮助人们实现身份认同。

世间众多各异的语言形成于人类长久的共同实践中,不仅是思想的载体,塑造并蕴含着作为语言使用者的人类的思想与认识,也是文化的建构者,各类语言使用及其产生的不同思维方式造就了特定的文化,集中反映了该文化人群的基本认知与价值观。同时,语言作为重要的文化符号与文化资源,记录着众多文化内容,承载着无数文化记忆与历史经验,对各类文化

---

① 卡西尔:《人论》,甘阳译,上海:上海译文出版社 2004 年版,第 313 页。

② Eliot,T.S. *Notes towards the Definition of Culture*. London:Faber & Faber,1948,p. 31.

③ Eagleton,T.*Culture*.New Haven and London:Yale University Press,2016,p. 1.

④ 维特根斯坦:《文化和价值》(修订本),许志强译,杭州:浙江大学出版社 2020 年版,第17 页。

具有最佳的阐释力、沟通力与传播功能,能够将各自文化中包含的传统、价值与习惯等重要元素相对有效地传递给他者文化。语言与人类社会的相互作用深刻地影响着文化的形态,文化也反过来赋予语言生命力,持续地被注入语言之中,拓展了语言的广度与深度。从这个意义上说,语言也是文化的重要产物与有机组成部分,语言与文化在社会互动过程中融为一体,共同编织成一个纵横交错的社会网络,驱动人类进化,推进人类文明的发展和传承。

多样的"生活形式"在传统、规范、习俗等诸多因素作用下,影响着人类对世界的认知,并逐渐形成独特、鲜活的各类文化,帮助人类不断适应环境,蕴含在文化中的各种价值也帮助人们建构起具体的"世界图景"。诞生于古希腊—罗马与希伯来两大文明基础上的西方文化较为崇尚理性,注重概念思维,主张使用逻辑分析的抽象方式直接处理问题;主要受儒家思想影响的中国传统文化则偏向意象思维,习惯于一种整体、跳跃式的形象思维模式,具有感性特征。"自我本位""主客二分""实用主义"等观念在西方文化中处于主导地位,中国传统文化则倾向"他人本位""和谐共处""天人合一"等;较之建立于海洋文明之上的西方文化,基于农耕文化的中国传统文化具有更大的稳定性。

世界上任何一个个体都身处某种具体、独特的文化之中,持有特定的价值观,这决定了世间不可能存在着一种完全统一的"世界图景"。那么这是否意味着不同文化之间无法沟通?

不可否认,文化是具体的,具有多样性与特殊性,包含着各类不同的价值观、风俗习惯与行为方式等,导致语言与生活形式多样性的也绝不是某种固定的绝对价值。无论哪种"世界图景"或"生活形式"在实践中起到的也并非一种强制性的作用,具体的个体依然可以在亲身参与社会实践的过程中主动选择自己的文化价值观,既可以对其进行改造或修正,也可能形成全新的文化模式。因此,人在实践中所发挥的主体性作用成为导致语言理解活动以及人类生活形式的多样性的重要原因之一。当面对一种不同的"世界图景"或"生活形式"时,个体秉持的文化与价值观难免会受到冲击与挑战,指望对某一"图景"或"形式"达成统一的理解是不切实际的。

然而我们同样应当认识到,任何一种"世界图景"或"生活形式"都是在人类理智的基础上建构并发展起来的,以人类共有的认知方式、性格特征与社会特质等为前提,体现了人之为人的"共相",具有超越文化特殊性的共通之处,并均有可能通过人类共同的语言表达出来。正如维特根斯坦所言,文化也是一种"奉行"(observance),或至少"以某种奉行作为前提"(presupposes an observance)①。它经历了长期演化之后沉淀于人类生活之中,具有强大的凝聚力,为人类提供精神支柱,人们往往能够从自身所处的文化传统中获得天然的心理归属与认同感,并通过奉行习俗、遵守法律等活动将这些积累已久的精神遗产传承下去。虽然先前的文化可能变成"瓦砾"(rubble)甚至"灰土"(ashes),但其中的"精神"(spirits)依然可能盘旋在"灰土"②之上。不同的"世界图景"或"生活形式"代表了特定的文化,但并未直接描述现实生活,而是作为人类行为的指南,有效地规范并指导实践,具有严格的规范性。人们在实践中往往将某种"世界图景"作为一个整体接受下来,视作自身行动的指南乃至日常交际双方的共同准则。

　　虽然文化差异无处不在,每种文化的语言、习俗均存在差异,但是文化之间并非总是对立排斥,处于不可调和的状态。现代社会并未将源自原始社会的人类基本行为模式完全抛于脑后,不同语言的使用者或不同民族之间也依然可以用"共同的人类行为方式"③为参照系展开对话与理解,以共同的意义方式达成"心灵共通"。实际上,各类文化均有一种本质上的相关性或通约性,即"作为人类所有的社会及认知特质"④。这种通约性并不受制于某种绝对的价值规范,而是显示于以"家族相似"形式聚拢在一起的诸多社会现实之中。它之所以能够使各类文化外在地呈现出统一的样态,在于它在复杂多变的人类生活实践中发挥了内在的整体指导作用,成为人类生活共享的基本思维、行为规范与生活模式,是人们认识世界、学习新知、达成理解与沟通的基础。因此,我们完全可以在世界上不同文化族群为适应各自环境所作出的诸多尝试中找到一定的相似性,这些相似性足够建立起一种共通的理解模式,帮助人们进入不同文化的思想理念之中,也使语言翻译实践与文化理解活动得以可能。

　　我们所说的确定性在某种意义上就是这种共通性,它并未屏蔽人类生活复杂性而片面追求普遍性与统一性,而是向个体性、特殊性与差异性开放,直接面对不断变化的真实世界,切实作用于社会实践,影响着人们对不同文化的认知,也为不同文化价值的相互沟通创造了条件。因此,在关注具体的个体带来的多样的"语言游戏""生活形式"时,我们必须意识到这种作

① 维特根斯坦:《文化和价值》(修订本),许志强译,杭州:浙江大学出版社 2020 年版,第180 页。

② 维特根斯坦:《文化和价值》(修订本),许志强译,杭州:浙江大学出版社 2020 年版,第11 页。

③ 维特根斯坦:《哲学研究》,陈嘉映译,上海:上海人民出版社 2005 年版,第 95 页第206 节。

④ 任韶堂:《食物语言学》,王琳淳译,上海:上海文艺出版社 2017 年版,第 198 页。

用于整体社会实践的确定性。这种确定性凝聚着人类共通的朴素情感与人文关怀,使具有不同价值取向、思维方式、风俗习惯、行为准则与宗教信仰的文化群体得以相互沟通、交流互鉴甚至融为一体,并促进它们以不同的方式共同推进人类的发展。

人类这种矛盾的生物,一边不愿与群体为伍,向往、追求着与他人不同的个性化自由生活,另一边却常常因与他者相异而感到局促不安,在直接面对他者时不知所措。政治、经济、科技、文化的全球化使当今社会不再是一个封闭的系统,在这个互联互通的世界中,没有人是一座孤岛,任何人都无法完全脱离社会离群索居,也鲜有某种文化完全与世隔绝。世界各国交往日益频繁,人们不断亲身接触到各类文化,每种文化都不可避免地要与"他者"打交道,"他者"并非与"我"毫不相干,对"我"的理解同样离不开"他者"。因此,如何对待文化上的"他者"显得尤为重要。

第一,认识到与"他者"文化进行对话的必要性。人始终处于与"他者"共存的现实世界之中。一方面,"他者"打破了我们的自我中心主义,打开了一个通向未知领域的新世界。通过接触到"他者"身上我们未曾把握的部分,有助于我们更清醒地意识到自身的局限,超越自己知识的狭隘,增加对自身的认知,来"扩大、丰富我们自己关于世界的经验"①,推动对生存状态的深入思考,为人类生活开启了无数的可能性。实际上,理解他者的努力同时也是一种理解自我的尝试,在他者思想与文化的观照下,在仔细比照两者差异的基础上进行深刻的反思,才能更好地理解自我,重新发现自己,真正感受自身文化。"我们的反思",即"向我们自己的回归",非常有赖于"我们与他人的密切往来"②。倘若总是确信自己具有"他者"无可比拟的优势地位,便容易沉溺于自我满足,陷入自身成见而固步自封。

另一方面,与"他者"的相遇和对话作为一种深入理解"他者"的主动过程,既彰显了"他者"与我们的相异性,也呈现了两者的相似性,建构起"他者"与我们的关系,展示了不同文化之间相互沟通与借鉴的可能性,这种可能性和作用于人类文化共同体的确定性密不可分。只有以这种确定性为基础,不同文化才能够在存在差异的客观条件下进行交流,相互理解,消弭隔阂,达成契合。正是在与"他者"相遇的过程中,在相异性和相似性的照面中,不同文化逐渐达成对文化这一普遍概念的基本认知与普遍共识,并在此

---

①　伽达默尔:《诠释学Ⅱ:真理与方法》,洪汉鼎译,北京:商务印书馆 2010 年版,第 285 页。

②　梅洛-庞蒂:《知觉的世界:论哲学、文学与艺术》,王士盛、周子悦译,南京:江苏人民出版社 2019 年版,第 65 页。

基础上萌生对话、交往甚至融合的要求。

第二,正视多元文化的客观存在与文化之间的实际差异。多元文化并存共生是文化的现实形态,任何社会均难以发现单一的文化。文化差异也属于客观自然事实,每种文化都享有特定的"世界图景"或"生活形式",不同文化共同体的成员之间拥有不同的文化习俗、生活背景、处世哲学、意识形态与心理偏好等,这决定了人们无法达成对多元文化的一致理解,不同文化之间的碰撞、矛盾与交锋在所难免,也不存在任何一种文化价值观能够免遭他者的评判。

第三,平等地看待各类文化,在承认人类共享生活形式的基础上尊重"他者"独特的文化常态以及文化差异。每一种共存于同一个世界中的文化,均为人类文化共同体的重要组成部分,凝聚了某个民族的传统智慧,体现着源自血缘、价值或情感等方面的强有力纽带联系,各有所长,均具有相互借鉴的价值,理应得到人类的尊重。一方面,我们应当树立对自身所植根文化的自信心与情感认同,尊重、理解并坚守自身独特文化传统的核心价值与主体性,不仅勇于向"他者"敞开自身,敢于表达意见,不妄自菲薄、只知以"他者"标准衡量自身,或带着自卑心理盲目崇拜"他者"文化,将"他者"文化一味视为高度发达的、现代的与普遍的,而且愿意接纳"他者"的客观存在,不矫枉过正、对自身自视甚高,以一种居高临下的不屑态度看待"他者"文化。另一方面,我们不能刻意夸大文化之间的对立与陌异,而应秉承着客观求实的精神,既能在符合社会实践的前提下将自身文化的优良传统发扬光大,又能充分认识到"他者"文化面对的不同社会现实,尽量多创造相互学习与倾听的机会,立足当下,多向度地深入理解"他者"所代表的植根于世俗生活的鲜活文化,以更加积极、开放、包容的心态学习、借鉴和吸收"他者"文化的精华,弃其糟粕。

事实上,中国传统文化并未一味追求和谐统一而忽视个人自由,西方文化也没有完全摒弃社群观念,以鼓吹不受约束的自由。正如《中庸》第三十章所指出的,"万物并与而不相害,道并行而不相悖",不同文化正是在相互交流与借鉴的平等对话而非一种单向输出的独白中,得以多元共生,互依共存,并行不悖,乃至兼容并蓄,不断磨合,实现融合。东西方文化均能在对方那里找寻到丰富的思想资源,并完全可能在交流互鉴这一漫长持久、循序渐进的自然接触中创造出较为一致的价值理念。在中华传统文化的"和合"思想中,"和而不同"体现了"求同"基础上的"存异"态度,表达了对多样性的重视,"天下大同"则彰显了各民族、文化之间的相互尊重、平等共存、和谐共处与协同发展。它们不仅是中国文化特有的观念,对世界大部分地区也同样适用。西方文化中的理性思辨、概念思维与实证精神等,在某种程度上同样值得大部分文化借鉴。

现实世界的确存在着诸多文化差异甚至文化冲突与对抗,这些差异与冲突往往由于其明显的异己性而得到更多关注,导致片面强调文化特殊性的文化相对主义,或将"他者"文化贬低得一无是处的文化绝对主义,傲慢与偏见还催生了欧洲中心论、文明优越论、文明等级论等带有浓厚西方中心主义色彩的思想,将自身价值观奉为圭臬,试图使世界各国被迫接纳其文化蕴含的特殊"认知图景"。单边主义、贸易保护主义与民粹主义也日渐抬头,甚至掀起种族主义、排外主义、霸权主义等极端主义思潮。然而文化其实并无优劣之分,一味忽略共存于各类文化价值身上的普遍性与确定性,或将自身文化特殊性无限放大为普遍性强加于其他文化之上,唯我独尊,随意贬低其他文化的价值,只会对自身文化发展产生消极影响甚至带来致命性危害。这要求我们对"他者"应始终怀有敬畏之心与文化敏感度,意识到各种文化的复杂性与主体性,尊重文化价值的多样性,对异己的文化保持开放、宽容的心态,做到彼此平等相待,各美其美。更重要的是,只有在人类正常交往所处的社会实践中暂时搁置价值判断,客观地面对这些"他者",愿意与之发生联系,不将自己禁锢于狭隘、自我的"生活世界",切实认识到不同文化相互依存的重要性,才能对它们有所理解,并在相互借鉴中取长补短、增进信任,达成新的思路,为人类共同家园的建设以及文化的发展与文明的进步贡献力量。

各种文化互依共存,各类文明体,尤其是不同国家之间的相互交往亦是如此。21世纪的世界格局发生了重大变化,经济发展与科技进步大大促进了人与物超越地域的大范围自由流动,社会主体的非中心化与信息化社会尤其是互联网革命带来的碎片化,使整个世界处于持续变动之中,各类经济对抗、领土争端、政治冲突等矛盾不断涌现。从某种程度上说,经济全球化不仅未能缩小贫富差距,反而拉大了发达国家与发展中国家之间的距离,科技的日新月异也使发展不平衡现象日益突出,令全球化面临重重考验。近年来,世界处于百年未有之大变局,叠加全球性的新冠肺炎疫情与地区战争,人类社会生活原有的相对稳定性开始动摇,社会的不确定性境遇日益加剧,导致人类对自身的安全、生存与发展产生深深的忧虑。以上都是无法回避的事实,但就总体趋势而言,整个世界依然在缓和矛盾与消除对立的努力中向前发展,和平与发展依然是当今世界的两大主题。

首先,虽然人类由众多不同个体组成,人类本性也不具有确定不变的物质属性,但每一个体均出于自我本性与生存的理性诉求,始终崇尚真知、追求意义、心向真善美，不懈地坚持平等、自由、安全、发展、合作、互利、共赢等具有普遍意义的基本价值，希望共同创造幸福的生活，构建和谐美好的世界。"人性"意味着尽管其各种形式中存在差别与对立，但它们都是"在向一个共同目标而努力"，且从长远来看，一定能发现"所有形式全都相互一致而和谐起来"的"特征和特性"①。这些带有人文精神意蕴、具有包容性与共享性的共同价值与理想充分体现了人类的共同诉求与整体利益，成为人类命运共同体形成的先决条件。只有把握并奉行这些共同理念，以及不同文化在交流、互动与融合过程中形成的新型共同价值观，才能够顺应文化多元化、信息全球化与世界多极化等时代新特征，才谈得上掌握自身、群体、国家乃至整个世界的命运，并在此基础上进一步建立起良好的国际关系与健康的国际格局。

其次，如今世界各国之间的联系愈发紧密，没有任何一个国家可以独善其身，越来越多的事务需要许多国家的共同参与，人类社会也需要共同应对各类国际问题带来的严峻挑战。人类个体在庞大的社会面前显得无比渺小与脆弱，因此必须在充满了矛盾、对立、分歧与差距的当今社会中共同面对一系列现实问题。各国不仅要协商解决能源开发、气候问题、环境保护、信息安全、贫富分化等全球性议题，还要携手合作对抗暴力恐怖主义、民族极端主义、跨国犯罪、新型病毒与传染病等共同敌人，并时刻准备着共同应对未来诸多不可预知的新变化。这使原本"分裂的人类"联合起来思考人类共同命运，世界各国也在努力克服与清除众多矛盾与障碍的过程中，通过对话与协商解决一系列难题，结成了更为紧密的纽带关系，并进一步促进人类命运共同体的形成与发展。

一方面，国家无论大小，均需在相互尊重的基础上和平共处、多元共生、公平竞争，并摒弃狭隘的国家利益观，走出孤立状态，秉承资源共享的理念，加强交流与联系，朝着合作共赢的共同目标发展，为建设一个和平发展、相互合作的世界格局而努力；另一方面，国家之间存在的分歧与争端应当以协商与对话而非武力对抗的方式解决。尽管每个国家选择了不尽相同的发展道路与政治制度等，但是国与国之间的对话与交往均需建立在遵守国际规则、维护公平正义的基础上。霸权主义、单边安全观等任何无视国际交往规则的思想与行为，势必会破坏稳定的国际秩序，加剧国际紧张局势，对和平与发展造成极大威胁，危害世界的稳定甚至人类的生存。因此，应该倡导各国共同参与制定国际规则，在公平合理的国际关系之下共同管理全球事务。

---

① 卡西尔：《人论》，甘阳译，上海：上海译文出版社 2004 年版，第 99 页。

　　试图以某种确定的单一文化理念来应对纷繁复杂的人类社会绝对行不通,然而在这个快速发展、充满不确定性的世界中,如果仅"存异"而不"求同",过分强调差异而无视共性,简单地以某种单一标准判断与裁定"他者",无视人类共享价值理念的重要作用,否定确定性的存在,割裂国家之间的联系,势必无法共享人类文明发展的共同成果,进而大大阻碍自身的发展。只有加强共同体意识,积极构建人类命运共同体,才能顺利应对各类不确定性的挑战,促进世界的和平发展。

　　确定性作为人类基本的生存模式,为思想与行为提供了指南,是认识与理解的基础,也是人类社会达成普遍共识的前提,是人们无法忽视的"不变"因素。它显示在历史传统、文化习俗、语言背景、思想价值等对现实社会的制约之中,也为人类未来开拓了多种可能性。对确定性的承认、接纳与理解使人类得以在认识世界、探索意义,以及理解自我、体认他者等一系列实践活动中正常行事,作出合理的个人选择,有助于人类认识外部世界的基本建构,促进个体的蓬勃发展。同时,确定性还将个体、群体与人类社会连接在一起,引导人们日益关注不同的社会内在文化价值的和谐共存、沟通与发展,对文化差异建立起更为清晰的认知,为人类在现实社会建立身份认同、融入社会生活、寻找心灵慰藉提供了最佳进路,并能够以人类命运共同体为基本思路来理解国家层面上的对外交往,激发人类社会的旺盛活力,推进人类社会的共同繁荣。

　　在这个充满不确定性的流动时代,客观地认识具体情境下的变与不变,兼顾同一性与差异性显得尤为重要。理智地看待不确定性,清醒地意识到确定性的重要作用,并在此基础上取得默契、达成共识并建立信任,以确定性的信念来面对不确定的现实,用"直接面向现实"的外向方式来平息不确定性带来的忧虑,或许是人生的一个重要意义,也是人类社会稳定发展的重要途径。

结　语

　　人类出于获取安全、理解世界的理智需求，开始了对确定性的不懈追求，希望从这一过程中找到安身立命的根基。这种追求极大地丰富了人类精神世界，并造就出诸多辉煌灿烂的思想成就，但同时也使人类深陷确定性的迷思难以自拔。当今纷繁复杂的社会生活日益增加的不确定性则将人类置于一个截然相反的境地，更加令人饱受困扰。那么在这样一个充满了不确定性的现代社会，人类将何去何从？我们或许能够从维特根斯坦对确定性问题的不懈思考中找到解题思路。借助对维氏语言哲学中确定性思想的考察，以确定性为基本线索反观维氏一生的理论探索，我们得以接近这位伟大的现代哲学家，并在走进其思想的过程中重新认识语言，思考确定性，不断更新对确定性的理解。

　　事实上，实践生活中并不存在着一种完善的确定性，因此，我们所说的确定性既非绝对真理或本质，也非完美知识，既不是事物的共同特征，代表着事物的绝对一致性，也不是无比确信的精神状态或心理过程。它是蕴藏于生活实践中的人类生存的基本样态，是一种面向人类、以人为本的"显示"，存在并显示于人类日常生活实践尤其是对日常语言的使用等活动之中。具体而言，它是日常生活实践中"语言游戏"的确定性，与语言密不可分，在以"生活形式""世界图景"等为指南的日常语言活动诸多因素的共同作用下，于"语言游戏"中显示自身，成为人类认识与理解的基础。只有在日常实践中考察各类语言游戏，"综观"人们参与语言游戏过程中表现出的主体与主体、主体与客体之间的互动，才能获得确定的认识与理解，进而将其作为思想与行为的基石以指引日常言行。缺少了确定性，任何人类活动都无法想象。

　　在西方哲学历史上，笛卡尔聚焦"我"的个体心灵，追求"我思"的确定性，黑格尔的"感性确定性"关注"我"与外在世界的直接接触，将这一直接性存在视为知识与意识的起点，维特根斯坦则主张确定性存在于人们共同参与的"语言游戏"之中，离不开作为人类共同言行指南的"生活形式"。可见，对确定性的追求与思考逐渐从"我"的个体层面扩展到"我们"的群体层面。这充分说明，确定性是以人为本的，它必须依赖语言，最终只能在日常实践中获得。如果说"我"将个人的意识与心灵作为确定性的标准，"我们"

则更多地考察了一种并非源于内在意识的确定性。虽然"我们"包括无数个"我",但绝不是众多以"我"为代表的个体意识确定性标准的叠加。它聚焦人们与其共同处身的日常生活以及人际间的语言交流、生活形式的融合,不仅关注日常实践交流中达成的外在的"合宜的"确定性,更凸显了显示于语言游戏中并在其中起基础作用的"内在的"确定性。

不过,要真正将身心融为一体来思考问题,在个体与群体之间达成协调还有很长一段路要走。古希腊哲学家泰勒斯因只顾着仰望天象,却一不留神掉进了深坑里。后来,这段笑谈也被人们用以揶揄哲学家,认为哲学家总是仰望星空行走,只看得见天上的东西,却对脚下的东西视而不见。维特根斯坦却不属于这样的哲学家,电影《维特根斯坦》①的最后一幕对这名思想者天才的一生进行了精炼的总结,展现了他如何从一个梦想"把世界简化为纯粹逻辑"、追求"摆脱了不完美与不确定"的世界的始终仰望星空的年轻人,成长为一名意识到"粗糙和模糊并非缺陷"并开始"喜欢粗糙的地面"②的脚踏实地的智慧老者。1945 年 10 月 30 日,维特根斯坦在给马尔科姆的回信中说:"好好生活! 多做一些理性和智慧的思考"③,他也正是在现实生活中亲自践行着这样的哲学思想。

霍金在《时间简史》的结论部分曾经引用维特根斯坦那句著名的"哲学仅余下的任务是语言分析"(The sole remaining task for philosophy is the analysis of language)④,来批判哲学传统的堕落。但他却未能清醒地意识到,维氏颇具"叛逆性"的语言哲学思想并不意在揭示客观世界,而是提供了一种理解世界经验的独特方式,将人们对语言和哲学的思考推进到一个前人未曾涉及的思想领域,赋予人们的立身处世强大的精神源泉。一方面,它直接推动了哲学的"语言转向",为哲学的发展扫清了障碍,帮助人们走出哲学的迷宫,并丰富了人类的语言景观,使语言不再在有关认识与存在等诸多哲学问题的讨论中起单一的工具性作用,而是成为哲学反思的基础与起点以及治疗"哲学病"的主要手段;另一方面,它对语言学理论具有"引领性贡献",为语言学的发展开拓了新的思路,不仅催生出"语义学"与"语用学"两

---

① 英国电影 *Wittgenstein*(1993),由著名导演 Derek Jarman(德里克·贾曼)执导。

② 根据电影《维特根斯坦》的台词翻译而成,下载自 https://www. scripts. com/script/wittgenstein_23588。

③ 马尔科姆:《回忆维特根斯坦》,李步楼、贺绍甲译,北京:商务印书馆 2012 年版,第 142 页。

④ Hawking,S.W.*A Brief History of Time:From the Big Bang to Black Holes*.London:Bantom Books,1988,pp.174-175.

大分支学科,还成为认知语言学的"主要理论来源之一"①。

　　当然,维特根斯坦的语言哲学思想并非完美无瑕。部分学者认为维特根斯坦并未仔细界定其提出的"家族相似"或"语言游戏"等理念,过于散乱模糊的论述导致了概念的含混,因而有鼓吹"相对主义"之嫌,也无法对语言研究具有直接指导作用。塞尔也曾指出维氏的"整体哲学概念"(overall conception of philosophy)过于"有限"(limited),也不认同他将"指物"(refer)与"描述"(describe)视为语言"仅有的重要功能"②等。但实际上,严谨细致的说理、创造性的描述与敏锐的洞察力在维特根斯坦独特的哲学研究中并未缺席,我们更无法否认其语言哲学思想的重大价值。

　　第一,维特根斯坦后期语言哲学对日常语言的关注与分析虽然并不旨在直接解释具体的语言现象,但它借助概念考察,从分析语词使用入手,彻底颠覆了以往对语言的看法,帮助人们树立了新型的语言观,即语言并非一成不变,语言的意义也不是对客观现实的镜像反映,而是确定于对语言的具体使用和理解活动之中。这一语言观在重新审视人类语言的共性与差异的同时,彰显了语言与现实之间的张力,鼓励人们走出美丽、舒适的理想语言花园,踏入毫不起眼却又生机勃勃的日常言语灌木丛,在丰富多彩的日常语言使用实景中、在语言组成的"老城""郊区"与"新城"中恰当理解语词的意义,切实把握语言对客观世界的描述,重新审视人与世界的关系。

　　第二,虽然维特根斯坦对任何理论体系均持排斥态度,并未刻意构建某种宏大理论,其思想的表达在表面上也缺乏系统的理论性,但一个层层深入并具有连续性的确定性思想体系其实已经在其语言哲学思想中显示出来。事实上,一种理论的建立是对"借以谈论世界的有趣与有用之物"的"持续流动"(continual flow)的一种贡献,而非对"本质"的探索③。

　　在我们看来,维特根斯坦语言哲学中的确定性思想摆脱了传统形而上学与自然主义的桎梏,具有显著的人文主义取向与人类学面孔,凸显了人作为语言使用者的重要中介作用,强调了语言的社会属性。它的最大贡献在于将以下过程恰到好处地展现出来:意义在使用与理解活动中向人们显现与敞开,确定性通过语言等手段显示与作用于人类实践之中,进而将作为世

---

①　王寅:《维特根斯坦对语言学理论的引领性贡献》,《西华大学学报(哲学社会科学版)》2019年第1期。

②　Searle, J. R. Insight and Error in Wittgenstein. *Philosophy of the Social Sciences*, 2016, 46(6), p. 528.

③　Mumby, D. K. *Communication and Power in Organizations: Discourse, Ideology and Domination*. New Jersey: Ablex Publishing Corporation, 1994, p. 137.

界创造者的人类与语言、思想以及世界连为一体,与此同时,人们也不断地改造与更新对世界、自我与他者的认识。

这一思想还让人们深刻地意识到:第一,语言并非仅具有单一的传递思想功能,还具有强大的表达功能,不仅是交流的工具与思想的载体,更是一种行为甚至"生活形式",是人类认识世界、通达现实与获取知识的重要手段;第二,不应把人类自身与现实世界视为理所当然,而应将其看作当然之事,并如其所是地接受它们;第三,给出描述而非寻求解释才能澄清人类与眼前之物的联系,确定性正是在对"语言游戏"的描述过程中显示出自身,也正是通过这种显示方式为人认识,指导着人们的行动。

此外,维特根斯坦思想的非同寻常之处,比如他所具备的敏锐的"透视感",即能够透过人们"熟视无睹现象"看到现象呈现出来的"事物样式",他关于"综观",即"看到事物之间的相互联系"的看法,以及"言行合一的品格"①,乃至"像写诗那样写哲学"(write philosophy only as one writes a po-em)②的哲学态度等,也均为人们带来有益的启示。

当今日渐兴盛的心智哲学与政治哲学等研究领域引起了研究者的广泛关注,语言哲学似乎陷入一定的困境。然而维特根斯坦绝不是一个过时的思想明星,维氏语言哲学思想凭借着对语言本性与语言活动的最初关切,在语言研究与哲学研究日新月异的进展中历久弥新,持续引导语言哲学在语言、哲学与其他众多学科发展过程中发挥积极的基础作用。维特根斯坦语言哲学思想之所以至今还具有强大的生命力,就在于维氏对语言与日常实践的关怀突破了近代认识论的束缚,不但能够用以应对他自身所处时代的疑惑,也为我们思考现处的时代带来重大启示,还可能随着时代的变迁与发展被不断赋予新的价值。它不仅有助于人类个体对自身境遇与社会环境达成更为深刻的认知,而且于所有时代与各类社会中始终在场的基本问题,乃至当今社会面临的一系列理论与实践的具体问题提供了可能的解决思路。

世界的飞速发展带来社会主体的非中心化,使人类生活的不确定性日益明显。人类永远无法拒绝不确定性的存在,而这种逐渐成为社会生活常态的不确定性备受社会关注也令人类忧心忡忡。事实上,人类社会的不确定性往往源自人类面对现实时渴望开放性、渴望自由的心理期待,这种日益

---

① 江怡:《维特根斯坦传》,南京:江苏人民出版社 2018 年版,"再版前言"第 4—7 页。
② 维特根斯坦:《文化和价值》(修订本),许志强译,杭州:浙江大学出版社 2020 年版,第 55 页。

增强的心理诉求不断驱动人类在切身实践中突破自我、探索世界、改造社会、创造历史。因此,不确定性非但不是事物固有的内在缺陷,成为人类前进的障碍,反而可能在现实中激发出人类无尽的创造力,比如语词与所指对象在不同语境下呈现出的浮动状态往往预示着新型语言游戏的可能性。

同时,人类社会不确定性的程度其实远非想象中那么高。虽然当前国际争端、冲突层出不穷,和平与发展依旧是当今世界的两大主题与人类的共同愿望,协商与对话成为解决争端唯一有效的途径,全球化也是人类发展的必然趋势。尽管各国经济、文化水平发展不平衡,但不可否认,经济、文化方面的频繁交流扩大了人类社会交往,促进了各类经济、文化共同体的形成,合作共赢成为经济发展的基本趋势,不同文化也在平等、对话的基础上共融发展。科技的迅猛进步在带来信息碎片化、催生不确定性的同时,还通过资源共享促进了世界的互联互通,使庞杂的人类社会变成地球村,对大量已知信息进行的大数据分析也大大减少了信息的不确定性。

人类个体在实际生活中感受到的不确定性多来自事物变动等外部环境的影响,从整体来看,这些变化与活动依然需要植根于一定的规范、习俗与文化。人类行为虽然往往由于无法遵循统一的轨道而充满变数,但这并非无法预测,依旧有如对规则的一致遵守与奉行等相对稳定的、不断重复的确定因素作用其中。不过,达成完全的确定性显然不是人类生活的最终目的,确定性也并非完全静止,它可能在不同的语言、信念、生活等共同体中呈现出不同特征并发生变化,对确定性的思考绝不意味将变化排除在外。可见,确定性与不确定性并非相互排斥的两个对立面,它们可能共存于人类社会生活的各个层面,也完全可能在日常实践中达成动态的平衡,甚至相互转化。

尽管人类社会的发展充满动荡与变化,但始终朝着"稳定"这一目标坚定前行,真正的人类生活也建立在"秩序和明晰性"[①]之上,只有基于某些不变的东西,才可能更好地应对不确定性的风险。然而现代社会过分强调外部世界的不确定、争端与差异,淡化了人类共性、行为模式与文化价值等内在因素,忽视了作为人类立身之本的确定性。因此,要真正获得安全感与方向感,全方位地认识世界与理解他人,我们应当暂时搁置对诗与远方的无限憧憬,而将目光投向日常实践,直接面习以为常却容易视而不见的周边世界,亲身触摸周遭的生活,留意敞开在我们眼前的东西,并以平常心面对"变"与"不变"共存的真实世界环境,积极参与到丰富多彩的语言活动中

---

① 霍纳等:《哲学的邀请》,顾肃、刘雪梅译,上海:上海译文出版社 2014 年版,第 12 页。

去。在这一过程中，我们不仅需要敢于想象人类社会的各种可能，能够从不确定的现实世界出发，体察人与物发生的一系列变化，理解不同语境下的语言意义，而且愿意重新审视与日常生活融为一体的确定性，并以它为指南开展一系列认识与理解活动，在对语言的使用与理解等"语言游戏"中建立起人类生活的一致，最后基于自身实际情况作出相对确定的选择。

　　如今，在陷入深度不确定性的人类社会中寻求确定性似乎变得愈发艰难，但人们对确定性的积极探索始终在路上。学会坦然看待作为社会生活常态的不确定性并心平气和地与其安然共生，努力在充满不确定性的现实世界中、从日常生活经验里通过实践与对话重新发现确定性并凭其立身行事，同时留意确定性蕴藏的变化的力量并意识到自身认知与行为的有限性，应当是人类从容应对实然生活的最佳手段，也是维特根斯坦语言哲学中的确定性思想给予我们的最深刻启示。

主要参考文献

一、外文参考文献

（一）维特根斯坦著述

Wittgenstein, L. *Tractatus Logico-Philosophicus*. (trans.). D. F. Pears & B. F. McGuinness. London: Routledge, 1971.

Wittgenstein, L. *Philosophical Investigations*. 4th edition. (eds.). P. M. S. Hacker. & J. Schulte. (trans.). G. E. M. Anscombe, P. M. S. Hacker & J. Schulte. Oxford: Blackwell, 2009.

Wittgenstein, L. *On Certainty*. (eds.). G. E. M. Anscombe. & G. H. von Wright. (trans.). D. Paul & G. E. M. Anscombe. Oxford: Blackwell, 1969.

Wittgenstein, L. Some Remarks on Logical Form. *Proceedings of the Aristotelian Society*, 1929, IX, pp. 162–171.

Wittgenstein, L. *The Blue and Brown Books*. (ed.). R. Rhees. Oxford: Blackwell, 1969.

Wittgenstein, L. *Zettel*. (eds.). G. E. M. Anscombe & G. H. von Wright. (trans.). G. E. M. Anscombe. Oxford: Blackwell, 1981.

Wittgenstein, L. *Remarks on Colour*. (ed.). G. E. M. Anscombe. (trans.). L. McAlishter & M. Schattle. Oxford: Blackwell, 1977.

Wittgenstein, L. *Remarks on the Foundations of Mathematics*. 3rd edition. (eds.). G. H. von Wright, R. Rhees & G. E. M. Anscombe. (trans.). G. E. M. Anscombe. Oxford: Blackwell, 1978.

Wittgenstein, L. *Culture and Value* (Revised Edition). (ed.). G. H. von Wright. (trans.). P. Winch. Oxford: Blackwell, 1998.

Wittgenstein, L. *Philosophical Grammar*. (ed.). R. Rhees. (trans.). A. J. P. Kenny. Oxford: Blackwell, 1974.

Wittgenstein, L. *Philosophical Occasions: 1912–1951*. (eds.) J. C. Klagge & A. Nordmann. Hackett Publishing Company, Inc., 1992.

Wittgenstein, L. *Lecture on Ethics*. (eds.). E. Zamuner, E. V. di Lascio & D. K. Levy. UK: Wiley-Blackwell, 2014.

Wittgenstein, L. & Rhees, R. Wittgenstein's Philosophical Conversations with Rush Rhees (1939–50): From the Notes of Rush Rhees. (ed.). G. Citron. *Mind*, 2015, 124 (493), pp. 1–71.

Wittgenstein, L., Moore, G. E. & Malcolm, N. A Discussion between Wittgenstein and Moore on Certainty (1939): From the Notes of Norman Malcolm. (ed.). G. Citron. *Mind*, 2015,

124(493),pp. 73-84.

Wittgenstein, L. & Smythies, Y. *Wittgenstein's Whewell's Court Lectures*: *Cambridge*, *1938-1941*: *From the Notes by Yorick Smythies*. (eds.). Munz, V & Ritter, B. UK: Wiley-Blackwell, 2017.

Wittgenstein, L.*Remarks on the Philosophy of Psychology*, Ⅰ.Oxford, Blackwell, 1980.

Wittgenstein, L.*Remarks on the Philosophy of Psychology*, Ⅱ.Oxford, Blackwell, 1980.

Wittgenstein, L. *Last Writings on the Philosophy of Psychology*, Ⅰ. Oxford: Blackwell, 1982.

Wittgenstein, L. *Last Writings on the Philosophy of Psychology*, Ⅱ. Oxford: Blackwell, 1982.

（二）其他外文参考文献

Allen, R & Turvey, M.(eds.) *Wittgenstein*, *Theory and the Arts*.Oxon: Routledge, 2001.

Anscombe, G.E.M.*An Introduction to Wittgenstein's Tractatus*.London: Hutchinson & Co. Ltd., 1963.

Appelqvist, H. (ed.). *Wittgenstein and the Limits of Language*. Routledge: New York, 2020.

Ariso, J.M.Learning to Believe: Challenges in Children's Acquisition of a World-Picture in Wittgenstein's *On Certainty*.*Studies in Philosophy and Education*, 2015, 34(3): 311-325.

Aristotle.*Categories and De Interpretatione*.(trans.) J.L.Ackrill.New York: Oxford University Press, 1963.

Austin, J.*How to Do Things with Words*.Oxford: Oxford University Press, 1962.

Baker, G.P.& Hacker, P.M.S.*An Analytical Commentary on Wittgenstein's Philosophical Investigations*.Chicago: University of Chicago Press, 1980.

Baker, G.P.& Hacker, P.M.S.*Wittgenstein*: *Understanding and Meaning*. Oxford: Blackwell, 2005.

Baker, G.P.& Hacker, P.M.S.*Wittgenstein*: *Rules*, *Grammar and Necessity*. 2nd edition.Oxford: Blackwell, 2009.

Biletzki, A.(*Over*)*interpreting Wittgenstein*.Norwell: Kluwer Academic Publishers, 2003.

Biro, D. *The Language of Pain*: *Finding Words*, *Compassion*, *and Relief*.New York: WW Norton & Company Inc., 2010.

Boncompagni, A. *Wittgenstein and Pragmatism*: *On Certainty in the Light of Peirce and James*.UK: Palgrave Macmillan, 2016.

Cassirer, E.*An Essay on Man*.New Haven and London: Yale University Press, 1972.

Cavell, S.Reply to Four Chapters.In D.McManus. (ed.). *Wittgenstein and Scepticism*.London: Routledge, 2004.

Child, W. *Wittgenstein*.London: Routledge, 2011.

Churchill, J. Wittgenstein: The Certainty of Worldpictures. *Philosophical Investigations*, 1988, 11(3), pp. 28-48.

Coliva, A. Hinges and Certainty. *Philosophia*, 2013, 41(1), pp. 1-12.

Conant, J. & Sunday, S. (eds.). *Wittgenstein on Philosophy, Objectivity and Meaning*. Cambridge: Cambridge University Press, 2019.

Corns, J. (ed.). *The Routledge Handbook of Philosophy of Pain*. London & New York: Routledge, 2017.

Coulter, J. *Mind in Action*. Cambridge: Polity Press, 1989.

Crary, A & Read, R. (eds.). *The New Wittgenstein*. London: Routledge, 2000.

Croom, A. M. Wittgenstein, Kripke and the Rule Following Paradox. *Dialogue*, 2010, 52(3), pp. 103-109.

Davidson, D. What Metaphors Mean. *Critical Inquiry*, 1978, 5(1), pp. 31-47.

Davidson, D. *Inquiries into Truth and Interpretation*. Oxford: Oxford University Press, 2001.

Derrida, J. This Strange Institution Called Literature: An Interview with Jacques Derrida. In Attridge, D. (ed). *Act of Literature*. London & New York: Routledge, 1992.

Descartes, R. *The Philosophical Works of Descartes: 2nd Volume*. (trans.) E.S. Haldaney & G.R.T. Ross. Cambridge: Cambridge University Press, 1931.

Descartes, R. *Principles of Philosophy*. (trans.). J. Cottingham, R. Stoothoff & D. Murdoch. Cambridge: Cambridge University Press, 1985.

Diamond, C. *Reading Wittgenstein with Anscombe, Going on to Ethics*. Cambridge: Harvard University Press, 2019.

Eagleton, T. *Culture*. New Haven and London: Yale University Press, 2016.

Eco, U. *Interpretation and Overinterpretation*. Cambridge: Cambridge University Press, 1992.

Egan, D. Pictures in Wittgenstein's Later Philosophy. *Philosophical Investigations*, 2011, 34(1), pp. 55-76.

Enfield, N.J. & Sidnell, J. *The Concept of Action*. New York: Cambridge University Press, 2017.

Forster, M.N. *Wittgenstein on the Arbitrariness of Grammar*. Princeton: Princeton University Press, 2004.

Gebauer, G. *Wittgenstein's Anthropological Philosophy*. Switzerland: Palgrave Macmillan, 2017.

Gill, J.H. Saying and Showing: Radical Themes in Wittgenstein's *On Certainty*. *Religious Study*, 1974, 10(3), pp. 279-290.

Glock, H.J & Hyman, J. (eds.). *A Companion to Wittgenstein*. Hoboken, New Jersey: Wiley, 2017.

Goffman,E.Response Cries.*Language*,1978,54(4),pp.787-815.

Grève,S,S.& Mácha,J.(eds.).*Wittgenstein and the Creativity of Language*.New York：Palgrave Macmillan,2016.

Hacker,P.M.S.*Insight and Illusion*：*Themes in the Philosophy of Wittgenstein*.Oxford：Oxford University Press,1986.

Hacker,P. M. S. A Philosopher of Philosophy. *The Philosophical Quarterly*, 2009, 59 (235),pp. 337-348.

Hacker,P. Wittgenstein's Legacy：The Principles of the Private Language Arguments. *Philosophical Investigations*,2018,41(2),pp. 123-140.

Halliday,M.A.K.*An Introduction to Functional Grammar*.London：Edward Arnold,1994.

Halliday,M.A.K.*Language as Social Semiotic*.北京：外语教学与研究出版社,2001.

Hamilton,A.*Wittgenstein and On Certainty*.New York：Routledge,2014.

Hanfling,O.*Wittgenstein and the Human Form of Life*.London & New York：Routledge, 2002.

Harré,R. Grammatical Therapy and the Third Wittgenstein. *Metaphilosophy*, 2008, 39 (4-5),pp. 484-491.

Harris,D.W.& Unnsteinsson,E.Wittgenstein's Influence on Austin's Philosophy of Language.*British Journal for the History of Philosophy*,2017,26(2),pp. 371-395.

Hetherington,S.(ed).*What Makes a Philosopher Great?*：*Thirteen Arguments for Twelve Philosophers*.Oxford：Routledge,2018.

Hunnings,G.*The World and Language in Wittgenstein's Philosophy*.Albany：State University of New York Press,1988.

Hutchinson,P. What's the Point of Elucidation? *Metaphilosophy*, 2007, 38 (5), pp. 691-713.

Kenny,A.*Wittgenstein*.Harmondsworth：The Penguin Press,1973.

Kolakowski,L. *Husserl and the Search for Certitude*.South Bend：St. Augustine's Press, 2001.

Kopytko,R. Philosophy and Pragmatics：A Language-game with Ludwig Wittgenstein. *Journal of Pragmatics*,2007,39(5),pp. 792-812.

Kripke,S. *Wittgenstein on Rules and Private Language*. Cambridge：Harvard University Press,1982.

Lakoff,G.& Johnson,M.*Philosophy in the Flesh*：*The Embodied Mind and Its Challenge to Western Thought*.New York：Basic Books,1999.

Lascaratou,C.*The Language of Pain*.Amsterdam/Philadelphia：John Benjamins publishing Company,2007.

Laugier,S.This Is Us：Wittgenstein and the Social.*Philosophical Investigations*,2018,41

(2),pp. 204-222.

LeMahieu,M.& Zumhagen-Yekplé,K.(eds.).*Wittgenstein and Modernism*.Chicago and London:The University of Chicago Press,2017.

Lemaire,E.& Galves,J.P.(eds.).*Wittgenstein:Issues and Debates*.Frankfurt:Ontos Verlag,2010.

Lin,F.Y.Wittgenstein's Private Language Investigations.*Philosophical Investigations*,2017,40(3),pp. 257-281.

Loughlin,V.*4E Cognitive Science and Wittgenstein*.New York:Palgrave Macmillan,2022.

Luntley,M.*Wittgenstein:Meaning and Judgement*.Oxford:Blackwell,2003.

Luntley,M.*Wittgenstein:Opening Investigations.* London:Wiley-Blackwell,2015.

Malcolm,N.*Ludwig Wittgenstein:A Memoir*.Oxford:Oxford University Press,1984.

Malcolm,N.*Nothing is Hidden:Wittgenstein's Criticism of His Early Thought*.Oxford:Basil Balckwell,1986.

Malcolm,N. Wittgenstein's "Scepticism" in *On Certainty. Inquiry*, 1988, 31(3), pp. 277-293.

Matar,A.(ed.).*Understanding Wittgenstein, Understanding Modernism*. New York:Bloomsbury,2017.

Mcdowell,J.Wittgenstein on Following a Rule.*Synthese*,1984,58(3),pp. 325-363.

McGinn,C.*Wittgenstein on Meaning:An Interpretation and Evaluation*.Oxford:Blackwell,1984.

McGinn,M.*Wittgenstein and the Philosophical Investigations*.London:Routledge,1997.

McNally,T. *Wittgenstein and the Philosophy of Language:The Legacy of the Philosophical Investigations*.London:Cambridge University Press,2017.

Meyer,C.,Streeck,J & Jordan,J.S.(eds.).*Intercorporeality:Emerging Socialities in Interaction*.New York:Oxford University Press,2017.

Monk,R.*Wittgenstein:The Duty of Genius*.London:Jonathan Cape,1990.

Monk,R.*How to Read Wittgenstein.* London:Granta Publications,2005.

Moore,G.E.*Philosophical Papers*.London:George Unwin,1959.

Morawetz,T.*Wittgenstein and Knowledge:The Importance of On Certainty*.Brighton:Harvester Press,1978.

Mounce,H.O.(ed.).Special Issue:Proceedings of the British Wittgenstein Society 10th Anniversary Conference:Wittgenstein in the 21st Century.*Philosophical Investigations*,2018,41(2).

Moyal-Sharrock D. TheThird Wittgenstein and the Category Mistake of Philosophical Skepticism.In R.Haller & K.Puhl.(eds.).*Wittgenstein and the Future of Philosophy:A Reassessment After 50 Years*.Wieu:Obv & hpt.,2002.

Moyal-Sharrock,D.*Understanding Wittgenstein's On Certainty*.New York：Palgrave Macmillan,2004.

Moyal-Sharrock, D. (ed.). *The Third Wittgenstein：The Post-Investigations Works*. Hampshire：Ashgate Publishing Company,2004.

Moyal-Sharrock,D.& Brenner,W.H.(eds.).*Readings of Wittgenstein's On Certainty*. New York：Palgrave Macmillan,2005.

Moyal-Sharrock,D.& Brenner,W.H.(eds.).*Investigating On Certainty：Essays on Wittgenstein's Last Work*.New York：Palgrave Macmillan,2005.

Moyal-Sharrock,D.Introduction of Third Wittgenstein Conference.*Philosophia*,2009,37 (4),pp. 557-562.

Moyal-Sharrock,D.*Certainty in Action：Wittgenstein on Language,Mind and Epistemology*.London：Bloomsbury,2021.

Ogden C.K.& Richards,I.A.*The Meaning of Meaning：A Study of the Influence of Language upon Thought and of the Science of Symbolism*.London：Routledge & Kegan Paul,1923.

Ohtani,H.World-pictures and Wittgensteinian Certainty.*Metaphilosophy*,2018,49(1-2),pp. 115-136.

Patricia,H.W.*Skepiticism,Rules and Private Languages*.London：Humanities Press International,1992.

Pears,D.*The False Prison：A Study of the Development of Wittgenstein's Philosophy*.Oxford：Oxford University Press,1988.

Perissinotto,L.How Long has the Earth Existed? Persuasion and World-picture in Wittgenstein's *On Certainty*. *Philosophical Investigations*,2016,39(2),pp. 154-177.

Peters,M.A & Stickney,J.(eds.).*A Companion to Wittgenstein on Education*.Singapore：Springer,2017.

Peters,M.A & Stickney,J.*Wittgenstein's Education：'A Picture Held Us Captive'*.Singapore：Springer,2018.

Pritchard,D.Wittgenstein and the Groundlessness of Our Believing.*Synthese*,2012,189 (2),pp. 255-272.

Rhees,R.*Wittgenstein and the Possibility of Discourse*.Cambridge：Cambridge University Press,2003.

Rhees,R.*Wittgenstein's On Certainty：There-Like Our Life*. London：Wiley-Blackwell, 2003.

Savickey,B.*Wittgenstein's Investigations：Awakening the Imagination*.Switzerland：Springer,2017.

Searle,J.*Expressions and Meaning：Studies in the Theory of Speech Acts*.Cambridge：Cambridge University Press,1979.

Searle, J. R. Insight and Error in Wittgenstein. *Philosophy of the Social Sciences*, 2016, 46 (6), pp. 527–547.

Sebok, A. J. Finding Wittgenstein at the Core of the Rule of Recognition. *Southern Methodist University Law Review*, 1999, 52(75), pp. 75–109.

Sharrock, W & Dennis, A. That We Obey Rules Blindly Does Not Mean That We Are Blindly Subservient to Rules. *Theory, Culture & Society*, 2008, 25(2), pp. 33–50.

Shields, P. R. *Logic and Sin in the Writings of Ludwig Wittgenstein*. Chicago: The University of Chicago Press, 1993.

Sillari, G. Rule–following as Coordination: A Game–theoretic Approach. *Synthese*, 2013, 190(5), pp. 871–890.

Sluga, H. & Stern, D. G. (eds.). *The Cambridge Companion to Wittgenstein*. 北京: 三联书店, 2006.

Sluga, H. *Wittgenstein*. Oxford: Wiley–Blackwell, 2011.

Stern, D. G. The "Middle Wittgenstein": From Logical Atomism to Practical Holism. *Synthese*, 1991, 87(2), pp. 203–226.

Stern, D. G. *Wittgenstein on Mind and Language*. New York: Oxford University Press, 1995.

Stern, D. G. *Wittgenstein's Philosophical Investigations: An Introduction*. Cambridge: Cambridge University, 2004.

Stern, D. G. (ed.). *Wittgenstein in the 1930s: Between the Tractatus and the Investigations*. New York: Cambridge University Press, 2018.

Stroll, A. *Moore and Wittgenstein on Certainty*. Oxford: Oxford University Press, 1994.

Sullivan, G. B. *Wittgenstein's Philosophy in Psychology: Interpretations and Applications in Historical Context*. UK: Palgrave Macmillan, 2017.

Tang, H. Wittgenstein and Dualism of the Inner and the Outer. *Synthese*, 2014, 191(14), pp. 3171–3194.

von Wright, G. H. *Wittgenstein*. Oxford: Basil Blackwell, 1982.

Wavell, B. B. Wittgenstein's Doctrine of Use. *Synthese*, 1983, 56(3), pp. 253–264.

Whiting, D. *The Later Wittgenstein on Language*. New York: Palgrave Macmillan, 2000.

Williamson, T. *The Philosophy of Philosophy*. Oxford: Blackwell, 2007.

Wolgast, E. Whether Certainty is a Form of Life. *The Philosophical Quarterly*, 1987, 37 (147), pp. 151–165.

Zhang, X. G. Wittgenstein in China. *Philosophical Investigations*, 2015, 38 (3), pp. 199–226.

二、中文参考文献

（一）维特根斯坦著述中译

维特根斯坦：《维特根斯坦的伦理学演讲》，万俊人译，《世界哲学》1987 年第 4 期。

维特根斯坦:《论确实性》,张金言译,桂林:广西师范大学出版社 2002 年版。

维特根斯坦:《哲学研究》,陈嘉映译,上海:上海人民出版社 2005 年版。

维特根斯坦:《逻辑哲学论》,王平复译,北京:中国社会科学出版社 2009 年版。

维特根斯坦:《维特根斯坦剑桥演讲录(1930—1935)》,周晓亮、江怡译,杭州:浙江大学出版社 2010 年版。

维特根斯坦:《哲学语法》,韩林合译,北京:商务印书馆 2012 年版。

维特根斯坦:《战时笔记(1914—1917)》,韩林合译,北京:商务印书馆 2013 年版。

维特根斯坦:《数学基础研究》,韩林合译,北京:商务印书馆 2013 年版。

维特根斯坦:《维特根斯坦谈话录(1949—1951)》,刘云卿译,桂林:漓江出版社 2017 年版。

维特根斯坦:《维特根斯坦剑桥书信集(1911—1951)》,张学广、孙小龙、王策译,北京:商务印书馆 2018 年版。

维特根斯坦:《心理学哲学研究》(《维特根斯坦文集》第 6 卷),韩林合主编,张励耕编译,北京:商务印书馆 2019 年版。

维特根斯坦:《心理学哲学笔记(1948—1950)》(《维特根斯坦文集》第 7 卷),韩林合主编,张励耕编译,北京:商务印书馆 2019 年版。

维特根斯坦:《最后的哲学笔记(1950—1951)》(《维特根斯坦文集》第 8 卷),韩林合主编,刘畅编译,北京:商务印书馆 2019 年版。

维特根斯坦:《文化和价值》(修订本),许志强译,杭州:浙江大学出版社 2020 年版。

(二) 其他中文参考文献

阿伦特:《人的境况》,王寅丽译,上海:上海人民出版社 2009 年版。

阿佩尔:《哲学的改造》,孙周兴、陆兴华译,上海:上海译文出版社 2005 年版。

艾柯等:《诠释与过度诠释》,王宇根译,北京:三联书店 2005 年版。

艾耶尔:《"能有私人语言吗"》,鲁旭东译,《哲学译丛》1994 年第 5 期。

波普尔:《科学发现的逻辑》,查汝强、邱仁宗译,北京:科学出版社 1986 年版。

波普尔:《客观知识》,舒炜光等译,上海:上海译文出版社 2005 年版。

陈鼓应:《老子注译及评介》,北京:中华书局 2009 年版。

陈嘉明:《维特根斯坦的"确定性"与"生活形式"》,《哲学研究》1997 年第 1 期。

陈嘉明等:《科学解释与人文理解》,上海:上海人民出版社 2010 年版。

陈嘉映:《语言哲学》,北京:北京大学出版社 2003 年版。

陈嘉映:《周边情况——一项维特根斯坦与奥斯汀比较研究》,《现代哲学》2012 年第 2 期。

陈嘉映:《维特根斯坦读本》,上海:上海人民出版社 2015 年版。

陈嘉映:《说理》,上海:上海文艺出版社 2020 年版。

陈维振、吴世雄:《范畴与模糊语义研究》,福州:福建人民出版社 2002 年版。

陈维振、吴世雄、张爱珍:《维特根斯坦的"私人语言"悖论及其怀疑论解决方案》,《外语学刊》2008 年第 1 期。

笛卡尔:《谈谈方法》,王太庆译,北京:商务印书馆 2010 年版。

杜威:《确定性的寻求——关于知行关系的研究》,傅统先译,上海:上海人民出版社 2004 年版。

饭田隆:《维特根斯坦——语言的界限》,石家庄:河北教育出版社 2001 年版。

弗罗姆:《逃避自由》,刘林海译,上海:上海译文出版社 2015 年版。

海德格尔:《通向语言的途中》,孙周兴译,北京:商务印书馆 2013 年版。

韩林合:《维特根斯坦的"哥白尼式革命"》,《云南大学学报(社会科学版)》2010 年第 2 期。

韩林合:《维特根斯坦〈哲学研究〉解读》,北京:商务印书馆 2010 年版。

胡塞尔:《生活世界现象学》,倪梁康、张廷国译,上海:上海译文出版社 2005 年版。

胡塞尔:《现象学的观念》,倪梁康译,北京:人民出版社 2007 年版。

黄敏:《为先验论证的私人语言论证》,《哲学研究》2004 年第 2 期。

黄敏:《维特根斯坦的〈逻辑哲学论〉》,上海:华东师范大学出版社 2010 年版。

霍纳等:《哲学的邀请》,顾肃、刘雪梅译,上海:上海译文出版社 2014 年版。

伽达默尔、杜特:《解释学、美学、实践哲学——伽达默尔与杜特对谈录》,金惠敏译,北京:商务印书馆 2007 年版。

伽达默尔:《诠释学 Ⅰ／Ⅱ:真理与方法》,洪汉鼎译,北京:商务印书馆 2010 年版。

江怡:《维特根斯坦:一种后哲学的文化》,北京:社会科学文献出版社 2002 年版。

江怡:《维特根斯坦传》(修订版),南京:江苏人民出版社 2018 年版。

江怡:《维特根斯坦与当代哲学的发展》,北京:北京师范大学出版社 2021 年版。

焦卫华:《"综观"与"面相":后期维特根斯坦哲学存在论维度解读》,北京:人民出版社 2014 年版。

卡茨:《意义的形而上学》,苏德超、张离海译,上海:上海译文出版社 2010 年版。

卡弘:《哲学的终结》,冯克利译,南京:江苏人民出版社 2001 年版。

卡西尔:《人论》,甘阳译,上海:上海译文出版社 2004 年版。

康德:《实践理性批判》,邓晓芒译,北京:人民出版社 2003 年版。

库恩:《科学革命的结构》,金吾伦、胡新和译,北京:北京大学出版社 2013 年版。

莱考夫、约翰逊:《我们赖以生存的隐喻》,何文忠译,杭州:浙江大学出版社 2015 年版。

李国山:《言说与沉默——维特根斯坦〈逻辑哲学论〉中的命题学说》,天津:南开大学出版社 2004 年版。

里斯:《"能有私人语言吗"》,鲁旭东译,《哲学译丛》1994 年第 5 期。

利奥塔:《后现代状态》,车槿山译,南京:南京大学出版社 2011 年版。

利科:《解释的冲突——解释学文集》,莫伟民译,北京:商务印书馆 2008 年版。

利奇:《语义学》,上海:上海外语教育出版社 1987 年版。

刘亚猛:《追求象征的力量》,北京:三联书店 2004 年版。

罗蒂:《后哲学文化》,黄勇译,上海:上海译文出版社 2009 年版。

罗蒂:《实用主义哲学》,林南译,上海:上海译文出版社 2009 年版。

罗蒂:《后形而上学希望》,张国清译,上海:上海译文出版社 2009 年版。

罗蒂:《哲学和自然之镜》,李幼蒸译,北京:商务印书馆 2012 年版。

罗素:《西方哲学史》,何兆武、李约瑟译,北京:商务印书馆 2015 年版。

罗素:《哲学问题》,何兆武译,北京:商务印书馆 2015 年版。

洛克:《人类理解论》(上下册),关文运译,北京:商务印书馆 2012 年版。

马尔科姆:《维特根斯坦论语言和规则》,翟玉章译,《哲学译丛》1994 年第 5 期。

马尔科姆:《回忆维特根斯坦》,李步楼、贺绍甲译,北京:商务印书馆 2012 年版。

麦金:《维特根斯坦与〈哲学研究〉》,李国山译,桂林:广西师范大学出版社 2007 年版。

梅洛-庞蒂:《知觉的世界:论哲学、文学与艺术》,王士盛、周子悦译,南京:江苏人民出版社 2019 年版。

蒙克:《维特根斯坦传——天才之为责任》,王宇光译,杭州:浙江大学出版社 2011 年版。

蒙克:《如何阅读维特根斯坦》,徐斌译,杭州:浙江大学出版社 2021 年版。

恰尔德:《维特根斯坦》,陈常燊译,北京:华夏出版社 2012 年版。

任韶堂:《食物语言学》,王琳淳译,上海:上海文艺出版社 2017 年版。

塞德曼:《后现代转向——社会理论的新视角》,吴世雄、陈维振等译,沈阳:辽宁教育出版社 2001 年版。

塞尔:《社会实在的建构》,李步楼译,上海:上海人民出版社 2021 年版。

斯鲁格:《维特根斯坦》,张学广译,北京:北京出版社 2015 年版。

斯迈利:《哲学对话:柏拉图、休谟和维特根斯坦》,张志平译,桂林:漓江出版社 2013 年版。

涂纪亮:《语言哲学名著选辑》,北京:三联书店 1988 年版。

王寅:《语言哲学研究——21 世纪中国后语言哲学沉思录》,北京:北京大学出版社 2014 年版。

王寅:《维特根斯坦对语言学理论的引领性贡献》,《西华大学学报(哲学社会科学版)》2019 年第 1 期。

王治河:《后现代哲学思潮研究》,北京:北京大学出版社 2006 年版。

韦森:《语言与制序:经济学的语言与制度的语言之维》,北京:商务印书馆 2014 年版。

谢尔兹:《逻辑与罪》,黄敏译,上海:华东师范大学出版社 2007 年版。

休谟:《人类理智研究》,吕大吉译,北京:商务印书馆 1999 年版。

徐英瑾:《心智、语言和机器——维特根斯坦哲学和人工智能科学的对话》,北京:人民出版社 2013 年版。

徐友渔:《关于后现代哲学的几个问题》,《人文杂志》1996 年第 1 期。

徐友渔等:《语言与哲学——当代英美与德法传统比较研究》,北京:三联书店 1996 年版。

叶闯:《理解的条件——戴维森的解释理论》,北京:商务印书馆 2006 年版。

张学广:《维特根斯坦与理解问题》,西安:陕西人民出版社 2003 年版。

后　记

时光荏苒,博士毕业已近九年。维特根斯坦曾经说过,"思维也有耕耘之时和收获之时。"本书付梓之际,首先感谢我的导师——福建师范大学外国语学院陈维振教授,是他引领我进入语言哲学这片广阔的天地,与维特根斯坦等伟大的哲学家展开思想对话。恩师渊博的学识、缜密的思维与开阔的视野令我受益匪浅,极大地拓宽了我的研究思路,指引着我在学术道路上不断前行。他严谨踏实的治学态度与谦逊和蔼的为人之道也深深地影响着我,让我领悟到做人与做学问的人生哲理。在此谨向恩师表示崇高的敬意和衷心的感谢!

2018 年,我在美国得克萨斯大学奥斯汀分校穆迪传播学院访学期间,还有幸得到了导师 Jürgen Streeck 教授的悉心指导与真诚帮助,在此谨致谢意。

感谢国家社科基金资助本书出版,感谢人民出版社对本书出版的大力支持,感谢责任编辑夏青老师为本书的校订与出版付出的辛勤劳动。感谢多年来一直关心着我的师长、同事、朋友和家人,你们在教学科研工作与日常生活中给予我的无私帮助和全力支持成为我前进的最强动力!

同时,还要感谢维特根斯坦这位"最熟悉的陌生人",是他一次又一次地为我打开新世界的大门,赋予我认识自我、理解他者与感受世界的全新视角。与思想的巨人对话殊非易事,但正是在和他们的持续对话中,我们不断突破自身的局限与狭隘,开辟崭新的思想视域,在理解他者的同时更好地认识自己甚至超越自我,今后我也会努力将这些对话继续进行下去。

囿于本人有限的知识储备与学术素养,本书难免存在疏漏和错谬之处,敬请各位批评指正。

胡　雯

于福建福州

2023 年 12 月 6 日